各章译者

日 本 史

A HISTORY
OF JAPAN

从南北朝到战国

1334——1615

George Sansom

〔英〕**乔治·桑塞姆** 著

苗志娟 张 楠 侯鹏图 译

北京大学出版社
PEKING UNIVERSITY PRESS

图书在版编目(CIP)数据

日本史：从南北朝到战国：1334—1615/(英)乔治·桑塞姆著；苗志娟,张楠,侯鹏图译.—北京：北京大学出版社,2021.7

(世界史图书馆)

ISBN 978-7-301-32077-8

Ⅰ.①日… Ⅱ.①乔… ②苗… ③张… ④侯… Ⅲ.①日本—历史—1334-1615 Ⅳ.①K313

中国版本图书馆 CIP 数据核字(2021)第 053674 号

书　　　名	日本史：从南北朝到战国(1334—1615)
	RIBEN SHI: CONG NANBEICHAO DAO ZHANGUO(1334—1615)
著作责任者	〔英〕乔治·桑塞姆(George Sansom)著　苗志娟　张　楠　侯鹏图　译
责 任 编 辑	张　晗
标 准 书 号	ISBN 978-7-301-32077-8
出 版 发 行	北京大学出版社
地　　　址	北京市海淀区成府路 205 号　100871
网　　　址	http://www.pup.cn　新浪微博：@北京大学出版社
电 子 信 箱	pkuwsz@126.com
电　　　话	邮购部 010-62752015　发行部 010-62750672
	编辑部 010-62767315
印 刷 者	天津中印联印务有限公司
经 销 者	新华书店
	730 毫米×1020 毫米　16 开本　28.75 印张　498 千字
	2021 年 7 月第 1 版　2021 年 7 月第 1 次印刷
定　　　价	108.00 元

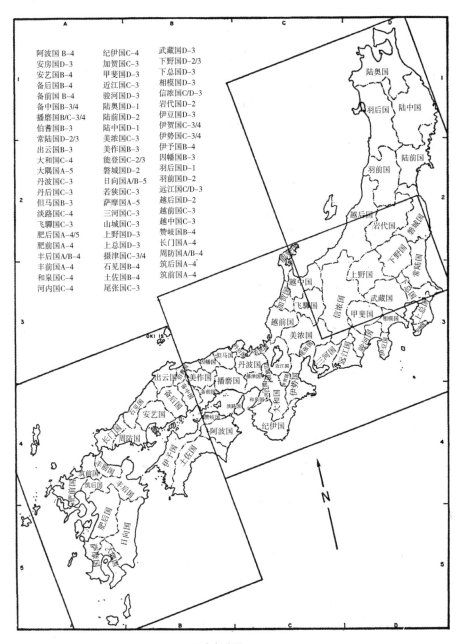

阿波国 B-4	纪伊国 C-4	武藏国 D-3
安房国 D-3	加贺国 C-3	下野国 D-2/3
安艺国 B-4	甲斐国 D-3	下总国 D-3
备后国 B-4	近江国 C-3	相模国 D-3
备前国 B-4	骏河国 D-3	信浓国 C/D-3
备中国 B-3/4	陆奥国 D-1	岩代国 D-2
播磨国 B/C-3/4	陆前国 D-2	伊豆国 D-3
伯耆国 B-3	陆中国 D-1	伊贺国 C-3/4
常陆国 D-2/3	美浓国 C-3	伊势国 C-3/4
出云国 B-3	美作国 B-3	伊予国 B-4
大和国 C-4	能登国 C-2/3	因幡国 B-3
大隅国 A-5	磐城国 D-2	羽后国 D-1
丹波国 C-3	日向国 A/B-5	羽前国 D-2
丹后国 C-3	若狭国 C-3	远江国 C/D-3
但马国 B-3	萨摩国 A-5	越后国 D-2
淡路国 C-4	三河国 C-3	越前国 C-3
飞騨国 C-3	山城国 C-3	越中国 C-3
肥后国 A-4/5	上野国 D-3	赞岐国 B-4
肥前国 A-4	上总国 D-3	长门国 A-4
丰后国 A/B-4	摄津国 C-3/4	周防国 A/B-4
丰前国 A-4	石见国 B-4	筑后国 A-4
和泉国 C-4	土佐国 B-4	筑前国 A-4
河内国 C-4	尾张国 C-3	

日本各分国

北面的五个令制国对应以前的陆奥和出羽。壹岐、佐渡和对马等岛屿不是令制国。

图中的三个长方形对应后面三页上放大的地图。

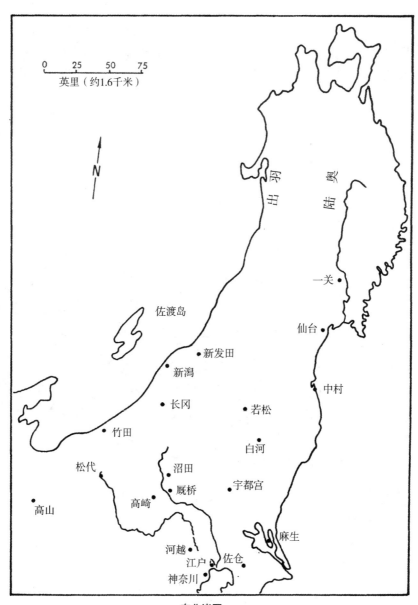

出羽　陆奥

一关

仙台

佐渡岛

中村

新发田

新潟

若松

长冈

白河

竹田

沼田

松代

厩桥

宇都宫

高崎

高山

麻生

河越

江户　佐仓

神奈川

东北诸国

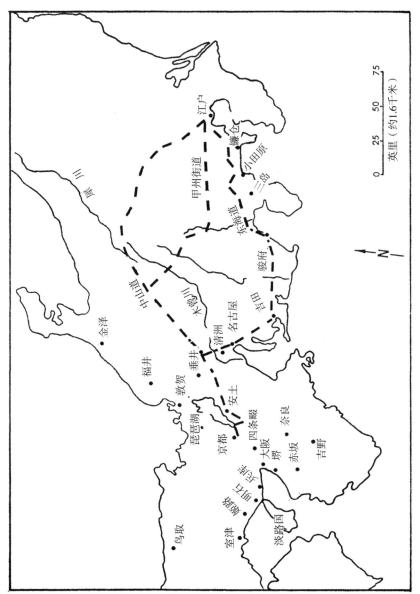

中部令制国与畿内

英里（约1.6千米）

0　25　50　75

N

江户
镰仓
小田原
三岛
东海道
甲州街道
駿府
吉田
名古屋
清洲
木曾川
中山道
金泽
福井
垂井
安土
敦贺
琵琶湖
京都
四条畷
奈良
大阪
堺
赤坂
吉野
鸟取
室津
淡路国

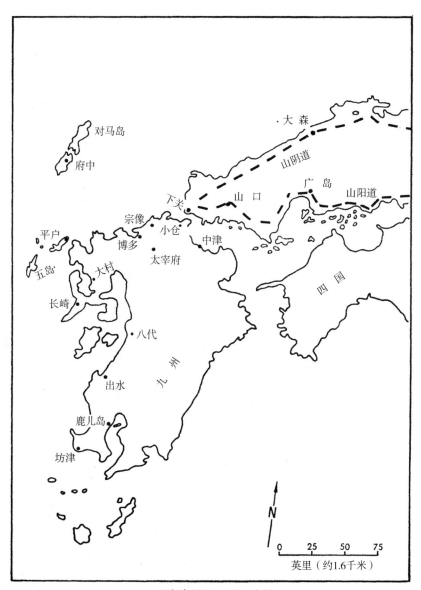

西部令制国、四国、九州

目 录

序　言

本书讲述了日本大约 280 年间的动荡历史,在此期间,整个日本备受派系斗争的折磨,四分五裂,因连绵不休的内战而饱受摧残。直到 16 世纪晚期,杰出的将领织田信长开始了靠武力统一国家的进程,他的继承人丰臣秀吉承袭其大业,最后,德川幕府的首位将军德川家康完成统一。

这一经过漫长的军事斗争才达成的成果,折射出日本领导者道德水准的下降。北条氏的统治以施政谨慎严明和注重公平正义著称,1281 年蒙古人入侵给当时的封建经济以沉重的打击。在世纪之交,北条政府已经显现出明显的衰落迹象,1334 年(也许是因为任何一个封建体制之中都蕴含着不可调和的矛盾),他们被危险的对手打垮。随着镰仓幕府倒台,执权也被罢黜,天皇尝试重新亲政,却徒劳无果,足利尊氏开启了一个新的幕府时代。

足利尊氏的宗亲和部下都是胆大妄为之辈。这些人因对皇室态度蛮横嚣张而备受责备,尽管其所作所为并不甚于曾在 1221 年流放天皇的北条氏,他们真正的问题在于不加掩饰的勃勃野心和难以填满的欲壑。然而,足利氏统治的两个多世纪里(1336 年到 1573 年),国家充满活力,无论在军事、政治还是社会方面,这都是日本历史上最多样化和最富生机的时期。19 世纪,受到皇国史观的影响,足利幕府的将军们被认为是逆臣贼子,史学家们往往容易忽略这段历史。然而,今天几乎各个领域的专家都对它表现出极大兴趣,希望从中探寻出中世纪国家的改革之路。

一些学者认为 14 世纪的王朝战争和其后的一系列战争是一种社会变革。在我看来,这一认识容易使人产生误解,因为战争的发生实际上更多是由于迫于经济压力而进行的封建特权的重新划分,而非政治需要。而重新划分的封建特权以一种无法预知的方式影响着武士和平民的生活。

以下章节中，我将主要关注点放在足利幕府时期的这一方面上。对于 16 世纪西方传教士和商人的活动，则较少提及，因为我认为在这个国家的历史中，他们的闯入不过是无关紧要的插曲。有关这一点，默多克(Murdoch)已经从西方的视角进行了充分论述。

在本书论及的年代里，战争几乎从未停息，因此对于军队的殊死鏖战和短兵相接，我进行了尽可能详细的描写，甚至可能有些烦琐。我本打算对这些内容一带而过，但是它是任何对这个武家社会的研究的必要组成部分。此外，由于兵法的快速发展，多变的军队需求直接影响了整个社会经济的发展方向，也屡屡改变了社会和政治结构。甚至连 15 世纪的审美风气都反映了战争胜利者品味的变化。

致　谢

我深深感谢日本很多朋友一直以来对我的倾力相助和不断鼓舞。福井利吉郎(曾任仙台东北大学的教授)认真审阅我的部分原稿,尽力为本书搜寻照片作为插图。他对中世纪的文艺研究成就甚高,造诣颇深,给了我宝贵的建议。

我从与矢代幸雄(艺术史学家,现为奈良大和文化馆馆长)之间多年的深厚友谊中获益良多,他对我从来都是慷慨相助。

1959 年春天和夏天的几个月里,我有幸得到日本的领军历史学家之一、东北大学教授丰田武的日常指导,受益匪浅。丰田武彼时正在斯坦福大学做客讲学,他满腹经纶,为人和善,我与他的合作和谐融洽,成果斐然。尽管我就像是他的追随者,但是和他并肩坐在同一张桌子前享受工作,收获颇丰。

东京大学史料编纂所所长坂本太郎博学多才,为我提供了很多重要历史价值的图片文献,这些资料对我来说价值千金。

东京国立博物馆的石泽正男,同时也是文化财产保护委员会的成员,热心地为我提供了许多自己珍藏的绘画和文献的照片。

在此,我还要感谢前面提到的文化财产保护委员会授权我使用发表其收藏的图片资料。

斯坦福大学的地理学教授约瑟夫·威廉姆斯(Joseph Williams)为本书的地图和图表花费了大量的时间和精力。

我很感激加州大学伯克利分校的海伦·克雷格·麦卡洛(Helen Craig Mc-Cullough)为我提供的调查帮助,尤其是关于前五章。这些章节中提到的一些事件引用了其对《太平记》的部分翻译。

同样感谢其他身在这里和伯克利的朋友们,尤其是东亚图书馆的工作人员,他们给予我宝贵的支持和帮助。特别要感谢斯坦福大学出版社的 J. G. 贝尔(J. G. Bell)和琳达·布朗里格(Linda Brownrigg)精湛熟练的编辑工作。

第一章

后醍醐天皇统治时期

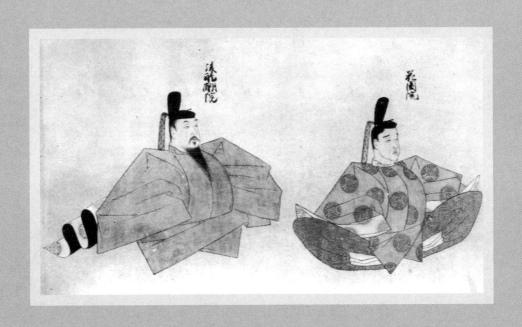

后醍醐天皇和花园上皇的画像。皇室藏画卷的一部分。

一　纷争的朝代，后醍醐天皇的继位，1318

本作在第一卷中详细讲述了从后嵯峨天皇开始的持明院统和大觉寺统*之间旷日持久的皇位争夺。但是为了清楚起见，这里再复述一下其主要特征。

1272 年，后嵯峨天皇驾崩，整个国家在接下来超过 50 年的漫长时间里都处在连绵不断的内战中。1318 年，后醍醐天皇的继位虽然带来了短暂的和平，但是直到 1331 年国家才得以恢复正常。从 1272 年到 1318 年，尽管镰仓幕府不愿偏袒任何一方，但是两派之间毫不停息的龙争虎斗还是使得幕府感到有必要明确对继位者的态度，以此来停止双方无休止的争吵，维持朝局稳定。无论是皇权还是继承人的身份，如果得不到幕府的首肯都不会生效。在两派的斗争中，幕府既希望保持中立的态度，又希望能通过一项计划在两派之间选出一个继承者。虽然幕府知道最终很可能两边都不讨好，但还是想找出一个令双方都满意的方案。而且镰仓幕府的决定是朝廷必须要执行的，因为朝廷对鸟羽上皇在 1221 年对抗幕府，最终被攻破都城、惨遭流放的事情还记忆犹新。

尽管幕府处在强势的位置，但是镰仓的首领在面对候选人的争论时却保持了令人惊讶的耐心。不像北条义时惩罚不服从自己的后鸟羽天皇那样，镰仓幕府将军在经过两三代之后似乎没有信心掌控各个分国的武士阶层、守护和都城贵族的行动。毫无疑问他们已经意识到不满正在社会和朝廷中蔓延，这种不满不仅是对幕府将军本身，同时也是对他们的统治的不满，但在如何应对上幕府将

---

　　* 日本南北朝时代，围绕皇位和领地的继承等问题，皇统一分为二，持明院统是其中之一，是第 88 代后嵯峨天皇之子与第 89 代后深草天皇的子孙。持明院统的历代天皇如下：第 89 代：后深草天皇；第 92 代：伏见天皇；第 93 代：后伏见天皇；第 95 代：花园天皇；北朝第 1 代：光严天皇；北朝第 2 代：光明天皇；北朝第 3 代：崇光天皇；北朝第 4 代：后光严天皇；北朝第 5 代：后圆融天皇；北朝第 6 代（第 100 代天皇）：后小松天皇；称光天皇（第 101 代天皇，南北合体后在幕府安排下践祚）。

　　大觉寺统是皇统一分为二后，持明院统之外的另一系统，包括第 88 代后嵯峨天皇之子和第 90 代龟山天皇的子孙，因后宇多上皇长年住在嵯峨大觉寺而得名。由于镰仓幕府的干预和规定，之后大觉寺统与持明院统交替继承皇位。来自大觉寺统的后醍醐天皇建立的建武政权崩溃后，足利尊氏开始拥立持明院统（北朝）。"本作第一卷"指同作者著 *A History of Japan to 1334*。——译者注

军却束手无策。

虽然不是自己造成的，但是幕府的地位已被削弱却是不争的事实。持续了半个世纪之久的保卫国家免于被侵略的斗争不断地考验着幕府。幕府的财政急剧恶化，家臣们的忠诚也摇摇欲坠。不过这些事实并不足以解释幕府地位的衰落，这种衰落既包括了统治质量的恶化，也包括了财富和力量的流失，毋庸置疑，从13世纪末开始幕府就已走下坡路了。自1284年北条时宗离世，北条氏继任者们的执政能力便成了一个很大的问题。北条贞时（1284—1301在位）虽有能力却勤奋不足；北条高时（1316—1326在位）放荡不羁、不知廉耻（在一部批评性的编年史里有相关真实记载），而且由于亲政时年龄太小，受到一帮小人的摆布。幕府的大小事情都落到了这些小人手中，他们对封臣的不满和嫉妒动摇着幕府的统治，也壮大了朝廷中要求恢复天皇统治的势力。

这毫无疑问是京城人们的期望。然而，朝廷中的大臣并不都支持同一个继承人，由于这个缘故，持名院统和大觉寺统的支持者连一个临时性的协议都无法达成，他们的地位也因此受到影响。其中一个候选者就指出双方的争吵实在不合时宜，此人便是花园天皇。花园天皇是一个敏锐公正的观察者，1318年他被迫退位，将皇位让给了后醍醐天皇。其日记（《花园院宸记》）中记录了发生在1325年1月，双方使者和代表为了各自的主张前往镰仓游说幕府将军的事。人们都嘲笑他们在进行一场赛马比赛。竞争者们甚至在神社和寺院的祷告中也展开了较量，确信神灵能够帮助他们解决眼前的问题。

在漫长的朝廷争论之后，1318年后醍醐天皇登上了天皇的宝座。令人惊奇的是，或者说是无论如何都不会使幕府感到高兴的是，后醍醐天皇打算打破自后嵯峨天皇以来天皇即位和提早退位的方式，还明确表明不会让位于一个婴儿，或者其他任何人。后醍醐天皇31岁继位，打算将其有生之年都用于统治这个国家。他想要实行自己的改革计划，以新的路线、方式来组建自己的政府。

后醍醐天皇统治之初就发生了一段不愉快的经历，这加深了他对幕府的怨恨。1318年4月登基后，在其父亲，隐居的后宇多上皇的指导之下，后醍醐天皇开始了他的统治。讨论关于晋升和退休年龄的议政会议结束之后，时任关白很快辞职，一条内经取而代之。幕府当然不会同意后醍醐天皇的随意任免。因此，在新任关白举行就职仪式的时候，由于害怕得罪幕府，没有任何宫廷贵族敢于参加。后醍醐天皇将此事告诉后宇多上皇，征求其意见，得知此事的后宇多上皇勃然大怒，他在回信中潦草写道："真是岂有此理！"后宇多上皇随后举荐了一位高级官僚，结果此人也没来参加仪式。就这样，新任关白的就职仪式稍后在这种异于常情的情况下举行完毕。这件事以及一些类似的事情更加坚定了后醍醐天皇反抗幕府侵犯皇权的决心。

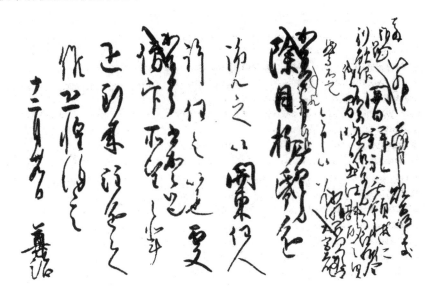

后醍醐天皇致后宇多上皇的信。后宇多上皇的答复写在最右边，
最后几行已经与中间偏右的大字重叠。

由于后醍醐天皇被流放了好多年，所以很难详细记录下他的每一步改革计划。与此同时，他的支持者们也在与北条氏的军队战斗着。但是我们可以简单介绍一下他早期的措施，因为其中一些措施随着后醍醐天皇在 1333 年的复位而得以继续实施。他的第一个重要举措就是废除院政的部分规定。院政从它的第一个伟大拥护者白河天皇起就引起过不少政治纠纷，而白河天皇虽然在 1086 年退位，但是直到 1129 年依然掌握实权。1321 年，[①]后醍醐天皇在父亲后宇多上皇的支持下开始实行这项重要的改革，后宇多上皇的退位是对后醍醐天皇改革的

① 需要注意的是，年号在 1321 年改为"元亨"，它标志着一个新政权的开始。这一年正是一个干支中的第五十八年。从 901 年开始，在这个时间点上改元成为惯例，延喜元年开启了一段良法美治的岁月。这些年号如下：

延喜	901 年	永治	1141 年
应和	961 年	建仁	1201 年
治安	1021 年	弘长	1261 年
永保	1081 年	元亨	1321 年

这些改元对其间其他的年号没有影响。值得注意的是，宇多、醍醐天皇统治了比较富庶的宽平和延喜两个时代。而后宇多上皇和后醍醐天皇的名号表达了恢复宽平、延喜时代典范的意愿。

支持和赞许。尽管这清楚地表明后醍醐天皇的执政权已经获得了优势，但是得知这一消息的幕府还是认可了后醍醐天皇的改革。

天皇的统治结构在此次改革之后必须做出一些改变。在后醍醐天皇的亲自指导下，院政的各个统治机构也被移交给新的支持者。天皇建立的咨询院主要负责做出决策，记录所被重新启用并扩大，在它的基础上设立了一个法庭来处理土地纠纷，或是一般性公众事务的诉状和诉讼。由于很长一段时间内政府的不作为导致了重要的公事都交给院政的文殿处理（文殿也经常草草了事），因此这样一些改革非常有必要。

当时很多朝廷贵族都称赞后醍醐天皇睿智的改革和其奉献精神。因其改革举措，朝政得到了很大的改善。但是他的新政还没有经历时间的严峻考验。从院政废除到北条幕府灭亡，即从 1321 年到 1331 年的 10 年中，为了能够对抗幕府压倒性的军势力量，后醍醐天皇和他的大臣们一定曾把大部分时间用于计划一场反叛的艰巨工作。他只能考虑通过使用武力手段来实施自己讨伐幕府的计划，因为口头上的争论对政策实施不会有任何帮助。后醍醐天皇的这个想法并非即位之后才有。随着镰仓幕府实力的削弱，后醍醐天皇讨伐幕府的信心也逐渐增强。为了改变幕府控制政治的局面，他已经秘密谋划了很多年。他们的密谋和难以置信的冒险故事给当时死气沉沉的京都和朝廷带来了一丝希望，在日本历史上也写下了灿烂辉煌的一章。最令人惊奇的就是幕府竟然对近在眼前的政变视而不见。一个小小的失误便可以轻而易举地毁掉这些鲁莽轻率的密谋者和目光短浅的武士。或许它正揭示了一个普遍规律，那就是任何一个国家的阴谋家们都对自己的计划充满信心，结果却是秘密总会被泄露出去。

1324 年，倒幕活动的主要策划者们在京都组织了一次被称为"无礼讲"的活动（日语为"無礼講"或"破礼講"，意为不拘礼节的宴会）。当时不同阶层的人士经常一起聚会，为了使气氛更好，所有的礼节都被禁止。这样即使社会地位不同，人们也可以畅所欲言。他们摘掉帽子，头发凌乱，衣衫不整，吃喝谈笑，极其随意。僧侣则脱去礼服，外面只穿着长衫。一群 17 岁左右身着半透明礼服的妙龄宫女则在一旁侍奉他们，还有各种各样的美味佳肴和如泉水般清澈的美酒，所有人都沉浸在一片歌舞升平里。在喧哗吵闹声的掩盖下，人们正秘密商议着一件大事，那就是如何打败"东方的敌人"——幕府的武士们。

上面的故事出自《太平记》，这是一部带有浪漫主义色彩的伟大历史著作，不过其中这段记载的可信度极高。有人可能会产生这样的疑问，他们如此奇怪的行为怎么可能没引起夜晚过路人的注意？而且很明显已退位的花园上皇对他们已有所察觉,他记录这次宴会活动就好像很早之前自己被告知过一样。他在日记里写道,这些倒幕人士都半裸着坐下喝酒,他们还邀请了一些不知情的学者前来探讨学术问题,好让活动的气氛变得更加庄重一些。他隐晦地表示京都的人们都已经知道这不是一次普通的宴会。但是依然没有任何迹象显示幕府派驻在京都六波罗的人已经得到此次宴会的风声。

幕府似乎已经方寸大乱,没了往日实用的智慧。作为情报人员他们已经非常失败,但这些幕府的官员们还继续不断干预京都一些无足轻重的事情,不停地激怒朝廷。

无论"无礼讲"的真相是怎样的,1324 年,京都的密使们察觉到一个酝酿已久的对抗镰仓幕府的阴谋。而一些参加"无礼讲"的人被卷入其中,密使们立即逮捕了其中的头目。但是后醍醐天皇的使者藤原宣房辩称天皇对此一无所知。尽管幕府可以肯定天皇也是此次阴谋的参与者之一,但还是赦免了他。毫无疑问,为获取证据,他们对部分嫌犯进行严刑拷打;但被逮捕的人中只有一两个人受到了惩罚,甚至这一两个人都没有受到特别严厉的处置。很难解释如此温和的处理方式,可能是基于政治上的考虑,幕府并不想把矛盾升级,因此小心谨慎地将这场阴谋大事化小,小事化了了。然而更有可能的是,幕府对自己缺乏信心,所以才做出这样的决定。

后醍醐天皇虽然害怕了一段时间,但是并没有放弃摆脱幕府控制的希望。他坚决抵制持明院统试图让他退位的想法。他为了自己的计划继续寻求支持,主要依靠一些比较大的宗教团体在精神和军事上的援助。任何有实力的武士家族都不会效忠后醍醐天皇,但是他希望在获得一些初步成果后——哪怕只有很小的希望——能够劝说那些重要领主中的一个或更多来加入他针对北条家族的倒幕计划。显然,很多分国都觉得在战争中获得的战利品能增加自己的财富。他们对北条家族从无半点尊敬,但却对北条家族的巨大财富心动不已。

后醍醐天皇继续着自己的计划,直到 1331 年的春天,他的三个主要谋士之一吉田定房泄密背叛了他。很快幕府就派人入京,逮捕了一些重要僧侣和朝廷中其他一些参与此事的人。这些人被送往镰仓进行审问,整个计划的性质也被查得一清二楚。后醍醐天皇匆忙召集尽可能强大的力量准备进攻,同时控制了六波罗的总部。可就在后醍醐天皇迈出这重要的一步之前,镰仓已迅速派出军队逮捕了他的部分主要支持者，其中包括日野俊基。他是后醍醐天皇的两个日野姓氏的侍臣之一，曾经在"无礼讲"活动中被捕。①

这件事发生在 1331 年 6 月。幕府没有采取果断行动，可能是由于北条高时与他的主要谋士、一个姓长崎的无良官员意见不合。他们没有意识到这次叛乱范围的大小，认为日野这样的人无关痛痒，叛国罪应该由更高的官员来承担。而且幕府内部在关于如何处理京都的问题上肯定出现了一些分歧，因而没能形成一致的意见，这无疑有利于后醍醐天皇。

尽管行动缓慢，但是幕府还是决定马上向西部派出一支强大的远征军。后醍醐天皇从他的大儿子大塔宫（他的俗名护良亲王更加为人所知）处得知此消息。后醍醐天皇很早就意识到与封建时期最大的领主战斗，必须要让有影响力的宗教团体站在自己这一方，于是，出于军事而非宗教的目的让护良亲王出任比叡山的住持。同时，延历寺和它的小寺院汇集了各个地方的政治信息和流言，使其更具价值。那些高级僧侣可以接触上层，因而先知先觉。

后醍醐天皇与佛教的寺院和高级僧侣之间的关系非常密切。这一时期，禅宗大师在一些政治性的事务上影响力变得越来越大。他们之中最有能力的是梦窗疏石（1275—1351），他的另外一个称号是梦窗国师（国家的老师），这是朝廷赐给他的封号。1325 年，在梦窗疏石的建议下，近五个世纪以来朝廷第一次派使者前往中国。梦窗国师与天皇的密切关系使得后来的禅宗大师得以在朝廷中享有极高的地位。

二　后醍醐天皇的反抗与被流放

1331 年 9 月末，后醍醐天皇意识到已无力抵抗幕府的军队，固守自己的宫

---

① 这两名姓日野的侍臣（两人之间没有关系）深得后醍醐天皇的信任。日野俊基曾向镰仓幕府求情，但是没能救出日野资朝。最终日野资朝被流放到佐渡，不久之后（1332）被处死。1324 年日野俊基被释放后继续效命于后醍醐天皇，直到 1331 年，当时他被六波罗掌权者的手下抨击，遭到逮捕后被押至镰仓，在那儿受到严刑拷问并被处死。《太平记》中最受人称颂的文章之一便是《旅行记》，这是一篇关于日野俊基奔赴东方伤心之旅的行纪，对于他是在路途中被人处死，还是死于镰仓的牢狱中，我们不得而知。这篇行纪模仿了《平家物语》中一篇相似的文章，当游僧们诵读起这篇文章时，一定会引得听者们潸然泪下。

殿。于是他匆忙放弃皇权,先是逃亡到位于奈良的东大寺,①此后继续逃至笠置山,这是一座可以俯瞰木津川的 180 米的高山。在那里,他受到了一些寺院僧侣的欢迎,迅速巩固了自己的地位。但寺院随后受到追踪至此的幕府军队的攻击,尽管顽强防守,最后还是沦陷于一场决定性的攻击中。后醍醐天皇逃掉了,但不久后被俘虏并被带往六波罗。

此时诸侯大臣们从镰仓赶来,准备让量仁亲王(后伏见天皇之子)登基,并于两周后举行了登基大典。② 他们曾尝试劝说后醍醐天皇称臣并正式退位,但遭其拒绝。这意味着年轻的大觉寺统失去了镰仓幕府的支持。后醍醐天皇事实上已经被遗弃。他的前景虽看似无望,但却找到了一些十分有用的盟友。这些盟友主要是中部诸国不忠于北条政权的贵族们,其首领叫楠木正成,是河内国一名地位显赫的武将,日本历史上有名的学者、将领和忠臣。但这样的人毕竟是少数,大部分人只是为后醍醐天皇提供暂时援助,仅有小部分武士听命于他。

楠木正成很快就被幕府认定为危险人物。他一直驻守在河内国的赤坂,直到 1331 年 11 月 20 日赤坂在一场接近一周的激战中沦陷。楠木设法率领随同的将士们逃离,并建立了新的势力。和楠木同行的护良亲王与其分开后来到奈良的寺院,据说他在此藏了很多佛教经书。不久护良亲王设法安全到达了吉野国。后醍醐天皇被俘虏并带往六波罗,在那里受到了虽不能称之为凶暴但却无礼的对待。③ 他被囚禁于一间破旧的密室,因为最好的房间已经入住了其他贵宾,比如前任君主后伏见上皇和花园上皇,下任君主光严天皇,即量仁亲王。花园天皇是一位很敏锐的观察者,他的日记为我们了解当时那里的情况提供了很多有用的信息,不过他的言论明显对后醍醐天皇并不友好。

---

① 象征皇权的标志物尤其重要,缺少它便没有继位的合法性。史料中没有明确说明后醍醐天皇逃亡时带走了哪些皇权象征物。记录中没有提及八咫镜,因为真正的镜子保存在伊势神宫,在王宫内侍所的那个是仿制品;天丛云剑也是仿制的,真正的剑被供奉在热田神宫。但是后醍醐天皇可能把仿制的剑和八尺琼勾玉带在身边。因为剑难以隐蔽携带,他极有可能将其留在东大寺或其他安全的地方;从笠置山逃离时,他可能向其他人隐瞒了八尺琼勾玉。与其同年代的一幅画描绘了 1331 年 11 月 6 日六波罗的一场典礼,当时天丛云剑和八尺琼勾玉都在新任天皇的手里。但是此后后醍醐天皇和他的追随者们也据理力争,称持明院统派拿的都是伪造的。有趣的是,这个情节也被记在花园天皇当天的日记中。

② 这次继位是在元弘九年(1331),但登基却推迟到第二年的年末,这是因为幕府希望到那时可以得到真正的神器。

③ 花园天皇引用了一则史料,提到后醍醐天皇身处不幸的境地,筋疲力尽,穿着一件薄长袍,相当衣冠不整。他写道:"糟糕的待遇。"

第二年（1332）的 4 月，后醍醐天皇连同他的一些随从被流放到隐岐岛。大觉寺统的前景虽然暗淡，但也不乏一些支持者。楠木正成因在丘陵地带成功采用游击战术而闻名，并不断地与护良亲王接触。这位后醍醐天皇的儿子已经放弃了在比叡山的职位，现在从事政治活动，征募支持者。楠木通过进攻不断地给北条军制造麻烦。与此同时，护良亲王也频繁利用将士们对北条政权的不满，将吉野的一些多山地区作为基地，向更远更广地区的武士们，尤其是一些寺院的僧侣发出呼吁，号召他们加入推翻镰仓幕府的队伍，并相继取得了一些武士首领的信任和援助。1332 年年末，尽管护良亲王和楠木正成没有形成持续进攻的力量，但他们的行动足以引起北条政权的焦虑，迫使幕府使用几乎所有的力量去对付他们。

楠木正成和护良亲王倒幕的大胆尝试虽然没有达到更大规模，但却收到了意想不到的效果。幕府为了镇压他们在核心地区发动的叛乱，强制从外围诸国召回军队，比如播磨。赤松则村是赤松家族的首领（出自村上源氏），他利用幕府力量的削弱设法控制了播磨地区，并先后进军摄津、山城，在自己的领地发动了叛乱。虽然最终以失败告终，但是一个中级的地方首领冒险进攻京都这一事实却为当时的京城敲响了警钟。镰仓幕府不断地被挑衅和反抗，这一消息逐渐传至偏远地区，那里的首领也开始对北条政权发起挑战，其中有九州的菊池氏和陆奥北部的结城氏。

抵制北条政权的各种活动都是由后醍醐天皇的支持者所发起的。无可否认，他们并非支持恢复天皇亲政，更确切地说只是表达对封建社会下北条政权统治地位的不满和嫉妒。但这却给了后醍醐天皇很大的勇气，他从隐岐岛逃离，开始了建立临时朝廷的计划。但当时采取行动的时机尚未成熟，因为必须确认一旦后醍醐天皇回归，他的支持者们是否已经具备足够的军力将其带回京城并加以保护。同时护良亲王呼吁倒幕的反响不断增强，其地位也随之提高，这使六波罗总部的北条军面临巨大的困难。整个京城笼罩在阴暗的气氛中。

在 1331 年 9 月后醍醐天皇逃到笠置山后，京都的幕府代理人（北方六波罗探题和南方六波罗探题，北条仲时和北条时益）将矛头指向了密谋倒幕的可疑人物，并通过审问和惩罚嫌疑犯的方式来证明自己的忠诚。武士们跑到街上，闯入那些众所周知的与天皇关系甚密的人家，逮捕了一些著名人物如万里小路宣房，以及官员和僧侣。虽然大部分被捕者均被释放，但是一些主要的密谋者却难逃惩罚。日野俊基不幸地丢掉性命,被认定可疑的僧人也受到惩戒,还有一些名人被流放。天皇及其拥护者之所以遭受如此残酷的惩罚,是因为幕府借此向京都示威,他们担心再度爆发1221年承久之乱那样的动乱。但事实上,北条政权已经逐渐失去威信。在东日本虽然有很多武士家族的祖先拥护北条时政、北条义时,但他们的后代却对北条政权的继承者失去信心。

随着后醍醐天皇被俘,幕府曾一度恢复了在京都的政治势力,但是这并没有给国家带来和平,整个京都仍然笼罩在战争气氛中。武士们四处巡逻,这不仅是为了维护治安,而且主要是担心六波罗被突袭或发生营救被监禁的天皇等突发事件。后醍醐天皇被流放之后,京都的局势不像以往那样紧张,但紧张气氛扩散到了周围地区,楠木正成和护良亲王不断地激励武士家族,呼吁他们加入倒幕队伍。

1332年年末,京都拉响了警报。已退位的花园上皇在京都监视居住,他曾在日记中记载:"11月末楠木正成曾向京都发起进攻,传说楠木氏已经走出低谷,并在护良亲王的帮忙下采取了攻势。京都各个入口突然加强了守卫,武士们也都全副武装。楠木军从东边发起进攻,整个京都处于恐慌之中。"

1332年9月,护良亲王驻守在吉野的总部整整一个月,与此同时楠木正成也在河内国表现活跃。当传闻楠木的军队向山城国边境移动时,引起了京都的骚动,很明显他们是在打京都的主意。1333年1月楠木控制了河内,当地的贵族十分友好,他在去京都的路上对天王寺发起了进攻。对此,六波罗的将领集合了五千兵力与楠木氏抗衡。这场殊死搏斗从清晨持续到深夜时分。楠木正成诱使北条军渡过淀川追击,然后对其发起进攻。北条军面对突如其来的攻击一退再退,但楠木却终止了进攻,撤回河内休整。毫无疑问北条军已溃不成军。

1333年年初,护良亲王的倒幕呼吁在西日本主要岛屿地区也得到了强烈的响应。[①] 他向九州的同情者发出命令,要求他们攻击那里的幕府机关——镇西探

---

① 这种性质的传唤叫作"令旨",是传达天皇或高官大臣指示的公文。传达护良亲王指示的公文中这样写道:"和泉附近的领圣俸者和久米田寺院的僧侣必须要认真履行他们为天皇祈福的职责,抵抗外部军队进入寺院或管辖区。"一个官员把护良亲王的令旨传达给妙智住持,目的是鼓励僧侣们抵抗双方军队的入侵和掠夺,以维持寺院的善意。

在这些公文中最有趣的一封是给战略要地——播磨大山寺的令旨。1333年3月,公文陈述了北条时政及其子孙们的罪行,称其为"东方野蛮人",并认定他们是背叛后醍醐天皇甚至将其流放的罪魁祸首。北条家颠倒社会秩序,试图从低处爬到高处,罪大恶极,必须予以镇压。随后,15支西部沿岸地区的势力集合起来站到了支持天皇政权的前线。这个令旨并没有下达一个直接的命令,只是建议寺院应该支持忠臣的事业。事实上,大山寺和赤松则村的势力处于敌对双方之间,能够抵抗北条的进攻从而保护播磨,并且把它用作京都周边的一个战斗基地。

题。他们设法招募军队,虽然成果不得而知,但这一举动却足以让幕府惊慌。于是,幕府在镰仓召开会议,决议发动一场势不可当的战争来镇压正在滋长的尊王派力量,因为后者的活动正在不断吸引西日本越来越多的武士。

1月下旬,二阶堂氏率领幕府大军进入首都。他是一位深受幕府信赖的将领,也是频繁进出朝廷的使者。(除六波罗驻军外的)讨伐军由三支队伍整合而成,从三个方向攻击南部叛乱者的队伍。这三支队伍分别听令于麻生、大仏和名越,①他们是坚定的北条亲族。他们各带领一支精兵从东面出发与当地的一些幕府军队汇合。

第一支队伍由麻生带领,按计划从河内及邻近地区征召士兵,沿河内路朝金刚山方向进军。

第二支队伍由大仏带领,按计划与大和、伊贺、丹波及其他邻国提供的援兵合并、构成"大番",作为保护京都、捍卫天皇的常备兵力。这支队伍按计划向南通过大和,朝吉野方向进军。

第三支队伍由名越带领,按计划从尾张、越前及其他共11个地区征召士兵,沿纪伊路进军。

这三支队伍在幕府的指令下协调行动,他们深信战场上的功绩将会换来丰厚的奖赏。因为当时无论任何人,无论其地位高低,只要能够杀死楠木正成就会被授予高官。这一行为与传统思想相背离,在这之前幕府刚刚宣称"以贿赂为目的的奖赏是受人鄙视的",因此幕府当时的做法可以认为是一种难以置信的违背传统思想的罪行。

第一次行动是1333年3月上旬的两军交战。麻生的军队包围了正在逐渐壮大的赤坂城。这次进攻虽然残酷并且付出的代价甚高,但一个月内城池被攻陷。大致同一时间,二阶堂的军队和大仏的部分军队向位于吉野的护良亲王发起进攻,并成功摧毁了集合在此的守军,其中包括很多来自附近寺院的僧侣们的顽强抵抗。护良亲王逃往高野山并隐匿于此。而名越的军队未遭遇抵抗,继续沿纪伊路向南进军。

这三支队伍已经完成了第一阶段的作战任务。他们现在将注意力转移到了金刚山的千早城。在那里双方进行了迄今为止最持久最顽强的攻防战。战事激

---

① 名越是幕府军队中的资深将领。《太平记》将大仏和名越的名字记成了大仏和名古屋。

烈,历时甚久。①

　　楠木正成的队伍之所以在此次战斗中取得出色的战绩,是因为他们灵活的作战技巧和楠木正成的勇敢。在赤坂城沦陷之后,楠木集合并训练了一支精锐部队,并且在策划千早城的防守时,灵活地利用了当地的地形条件,成功地阻止了先头的大仏军队,以及紧随其后的麻生、名越军队的反复进攻。从楠木正成的角度来看,金刚山非常有利于防卫战。其海拔高于河内和大和平原1112米,在山顶附近有很多古老堡垒的遗迹。这些遗迹虽然已经难以鉴定和追溯,但是很明显楠木正成策划的主要防卫工事是在千早城,在其他几个地方的一些次要工事,只是为了拖延敌军和向进攻方纵向射击。

　　楠木正成的胜利不但给他的追随者们带来了信心,也为他的倒幕大业聚集了大批新的支持者。

三　后醍醐天皇的回归

　　一些历史学家认为楠木正成故意诱使幕府军队集中于千早城,以便自己的追随者可以占领其他地方。这可能是一种夸张的认识,但是幕府发现在蒸蒸日上的尊王派面前,继续固守京都已变得十分困难,而且在中心地区附近,三位将领的征敛使得田野荒芜,便利了后醍醐天皇追随者的行动。

　　在这种背景下,这位被罢黜的天皇开始看到了成功的希望,他常使用渔船与其他人联系。在1333年的春天,他收到了护良亲王和楠木的密信,鼓励他冒险离开隐岐岛。在一个或者更多守卫的默许下,后醍醐天皇逃进了一只小船,他被惊恐的守城士兵追了一路,但成功逃脱。天皇成功抵达出云湾后,又到了伯耆国,那里一名叫名和长年的追随者为他提供了一支护卫队。后醍醐天皇被安排

―――――――――――

　　①　这三支幕府军队的规模记载不详。一些战争纪事将其记载为高达100万,这是无比荒唐的数字。新井白石遵循《承久记》中的记载,认为1221年在京都调遣的士兵总数为19万,其中以镰仓为基础的部队为10万人。这是难以置信的。更有可能的是,从镰仓派出的骑兵是一支由北条泰时带领的大约1万人的快速纵队。主要的士兵留守在靠近山路的东部地区(东山道),多达5万人,从越前南来的士兵到达太晚,有4万人。总动员人数大概有10万。

　　1333年的这场战役中幕府调遣的士兵不可能超过这个总数。由镰仓供应的关东军队的核心战斗力大概不超过1万人。大仏在当地和附近地区招募的士兵达到2万人,总兵力大概5万人。名越不可能集合多过这个数目的兵力。这三支队伍的总战斗力可能已经超过了10万,但是在荒芜的吉野地区调遣真正很大数目的兵力是不容易的,在奥斯特里茨战役中敌对两军的人数也分别只有8万人。

　　这次内战参战人数的进一步分析参考第125—126页。千早城之战详见第127—128页。

住进了一座离名和家不远的寺院里，他在那里等待护良或者楠木的消息的同时，又建立了临时性政府，号召追随者和他一起努力，也收到了一些积极的响应，这也是他在到达该处后着手做的第一件事情。尊王派的游击队逐步开始控制西日本，甚至六波罗驻军也深感压力。他们击退了一次次进攻，但是也必须争取获得东日本势力的有力增援。为此，幕府的回应是派出两支部队，分别由名越高家与足利尊氏率领。

这两位将军都来自于大封建家庭。名越是北条家族的一员；尊氏是足利家族的首领，足利家族原是清和源氏的一支，是源赖朝于 1180 年平步青云时所创立的。现在尊氏家是东日本最为富庶的家族之一，也是最有名望的家族。执权北条高时对尊氏信任有加，而尊氏也已经于 1331 年被征召参与对西日本的战事，而且他还参与了攻击笠置的战斗。从京都出发的这两支队伍于 1333 年 6 月初起程。名越很快战死，留下了尊氏在西日本独自掌管幕府的队伍。① 但他马上利用这些队伍对抗幕府。

尊氏带领大军沿着山阴道向着伯耆国的方向前进，一路上打倒、活捉后醍醐天皇的口号喊声震天，同时支持者成倍增加。然而在刚刚离开山城国之后，他的队伍却突然停了下来，折返，将矛头指向了幕府一方。他旋即袭击了京都北条守备军，把它赶出了京都。他的倒戈并不突然，这个决定在他从东日本出发到达京都之前就已经做出了，而且（似乎）在那不久后他就秘密地联系了后醍醐天皇。他向伯耆国派出代表，请求受命讨伐幕府的委任状。命令到达时，尊氏仍然在近江。他随后（1333 年 6 月）秘密地向从奥州到九州的潜在盟友们发送消息，这些消息被写在碎纸片上，这些纸片有的被藏在信使们头饰里，有的被藏在他们衣物的缝隙里。

从被擒获的恐惧中解脱出来的后醍醐天皇与在伯耆归属他的旧部，经过一条安全而迂回的道路回到了京都，然后于 1333 年 7 月底在皇居里建立了自己的政权。他又重新回到了都城，仿佛是从一次旅行中归来。他随身携带玉玺，现在举行一次就职典礼也没有必要了。他非常慷慨地对待年轻的量仁亲王（在北条氏看来是光严天皇），授予他作为一名退位天皇的特权，将后嵯峨天皇的一大片庄园（包括长讲堂的控制权）转交给他或者其他的皇族要人。而后他着手处理统

---

① 名越和尊氏的队伍是同一天离开京都的。名越计划沿着山阳道穿过播磨与备前，进入伯耆国。但是他在淀川遭遇赤松则村的伏击，最终被杀死。赤松雄心勃勃，带士兵四处游击，他的部队一般是由播磨出发。名越的队伍随后败退到京都，可以想象镰仓幕府得到这一消息时有多么的沮丧。

治的重任，以最大的善意施行了最差的措施——忽视了当时的政治现实。他引进改革的努力将在下一章阐述。同时，我们有必要了解在其他听从于尊氏号令的地方这种改革将会产生何种影响，这位复位的天皇实际上是在什么条件下执行改革的。

在尊氏的目的变得明朗之后，有一些关于京都情势的信息需要先提一下。尽管人们并没有多么期待在尊氏强大的队伍面前六波罗会抵抗多久，在这已经统治了都城长达一个世纪之久的封建总部的厄运中，有某种悲剧式的趣味。

在丹波积聚了大量兵马之后，6月19日尊氏开始向着京都进发。当晚他的先遣部队已经抵达京都近郊，并且从七个方向开始鱼贯而入，最终在六波罗重新集结。破晓之后巷战开始，守卫者们被迫回到他们的总部。与此同时，赤松以及其他西部的一些头领们从山崎和八幡进逼六波罗，一路上他们分头行动，纵火将建筑物烧毁，为进城开路。《增镜》对此有如下的描述："傍晚前，天空中弥漫着从八幡、山崎、竹田、宇治、濑田或者是从法成寺升起的烟。这里没有白天。天空仿佛是被墨汁涂抹过一样。"在这令人沮丧的环境中，两名幕府代官（探题）决定必须把两位上皇和年轻的光严天皇解救出来。他们借着夜幕的掩护克服重重困难到达近江，希望与仍在战斗的幕府军汇合。他们在路上遭到了袭击，并且其中的一个（时益）牺牲了。他们转而向东，被尊王派士兵所阻，遭受了不少损失。幸存者们后来又重新集结，但是第二天早上他们发现向东走的路已被一名皇室亲王封堵了，这位亲王在伊吹山附近集结了一支部队。这就是五辻兵部卿亲王，他无疑与后醍醐天皇是有联系的。尊王派的追随者们也从美浓靠近，这时，北方六波罗探题北条仲时发现已没有希望突破阻碍到达东海道了。他与他的随从们跑到一个小寺庙中，在那里自杀。时至今日，在一个叫作莲花寺的寺庙里，保留着超过400人的死亡名单。皇室的逃亡者被抓获，而后获得了安全。

这也就是曾做出了辉煌贡献的镰仓幕府在西日本的终结。它曾控制首都及其邻国，向天皇和贵族发号施令，自1221年第一组六波罗探题（北条泰时、北条时房）就任以来，在近一个世纪里，它监视西部各国的诸侯。现在它已经彻底被推翻，北条政权的复辟毫无可能。当六波罗军队溃败的消息传到仍在围攻千早城的部队时，将领们决定停止包围，开始撤退。他们向南走，以图喘息恢复，不过他们马上就意识到这已经是不可能了。他们随后投降，投靠了尊氏。其中有一些人被尊氏下令处死。

幕府灭亡的下一幕就是镰仓幕府将军世系的终结。它开始于赖朝，随后是源氏的两位将军。而后幕府落到了藤原氏家族的手中，并持续了两代，然后就是四位皇族血统的亲王。最后是守邦亲王，他从 1308 年到 1333 年执政，这比他的任何一位皇族前辈都长，直到最后由于幕府崩溃丧失了政权。在五年之后，新的一条将军世系又开始了，它的第一位将军是足利尊氏。

尊王运动的成功使得后醍醐天皇重新执掌政权，再次回顾这一段历史时，我们不得不为护良亲王所发挥的重要作用而叫好。他的果敢、他的勇气以及他的名望三者综合作用，使得众多的旧臣和寺庙住持纷纷响应他提出的倡议；而且他有一位完美的同僚，果敢、足智多谋、意志坚定的楠木正成。

乍一看，你会对后醍醐天皇能够获得旧臣们如此多的支持而感到诧异，因为后者对于忠于君主也没有什么特别的感觉了。英雄们诸如楠木是属于世世代代耕种皇族土地的忠诚的佃户家庭，所以幕府的土地掠夺必定会使他们深受其害。除此之外，还有另外一些家庭，他们虽然没有服务于皇族，但是在后鸟羽天皇1221 年的失败之后，他们的土地被幕府没收或是削减，因而对于幕府也有敌意。尊王派坚决抵抗的第三个也是非常重要的因素就是来自尊氏家族强大政治对手的敌意，特别是新田和赤松。

这场历史性争斗的价值并不在于其是一场王朝斗争，而在于它代表了一种新型封建社会的出现，是迄今没有任何特权的家族领导了这场变革。你们会在后面的章节中看到朝廷之上的纷争并不局限于继承王位的竞争，而是在波及全国的大利益集团之间的一场内战。如果它只是一场王室之间的小争吵，不可能持续 50 年。

四　镰仓幕府的灭亡

当其势力在西日本迅速地衰落之时，镰仓幕府的前景变得十分黯淡。许多封建首领开始加入讨伐北条家族的队伍。足利尊氏在前线的转变已经削弱了北条家族在首都周边的势力，除此之外，北条还面临另外一个危险的敌人，即一位叫作新田义贞的武士，他随后就对北条发出了致命一击。

新田也许认为没有必要为攻打北条寻找任何借口，但是他确实有理由不喜欢他们。他的家族与足利有着同样的渊源，但是地位却比足利低，尽管新田的祖先是足利祖先的哥哥。① 新田家长期定居在上野国,但是在镰仓幕府时代却没有飞黄腾达,这是因为他们的祖先在赖朝平步青云的时候并没有听从源氏的召唤。所以就没有能够到达封建社会的顶层,他们两家相距遥远,同时彼此间的怨恨也在积聚。他们的势力扩展到越后以北的其他地区,在那里有一定发展,(据说)伺机打败北条氏东山再起。

直到 1331 年战斗在京都打响之后他们才觅得机会。作为一名家臣,新田被幕府命令参加战争,他负责千早城这个要塞的工作。但是他不喜欢这个差事,于是在收到护良亲王的召唤(令旨)之后找了一个借口回到了自己的领地。同时他也收到了后醍醐天皇要求他加入推翻北条政权斗争的命令(纶旨),无疑他也在秘密地与护良的机构联系。他找到了将这个召唤传达给位于越后、甲斐、信浓的源氏其他家臣的方法。1333 年 6 月中旬,他成功地在领地内的生岛神社之前升起了自己的旗帜,在那里有之前收到他的召唤的一些旧臣,或者准备推翻北条政权的人加入他的队伍。

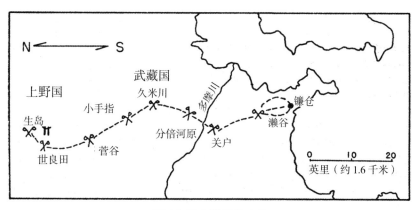

新田向镰仓进军的路线

① 家谱如下:

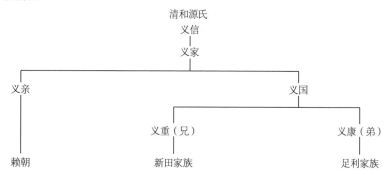

　　队伍行进到了上野国时，他驱逐了姓长崎的守护，另一方面，新田本族的队伍渡过利根川到达武藏国境内。他们到达多摩川，在这里与北条高时派遣来的部队交战。战斗在分倍河原湾和临近关户隘口的路上进行，自从赖朝执政以来，这些地方就被认为是镰仓幕府的北大门，而箱根山口则被认为是西大门。北条部队起初将敌人击退，但不久溃败，而后被新田从利根川向南追向镰仓。

　　在稍作休整之后，新田从左、右、中三个方向向镰仓发起进攻。镰仓政府迅速地组织起三支队伍保卫主要道路。7月1日晚，战斗已经到达了镰仓市郊。这场战斗是惨烈的，部队试图穿过狭窄的通道进入城市，但是这些道路从东到西都被守卫部队占领，这使得他们进入城市变得十分困难。其中一位将领退了出来，让他的部下绕道山上，他们从那里到达极乐寺后守军的后方。大馆带领右翼部队走近路到达了城市的南郊，但随后被击退，折返越谷，义经曾在这里被他哥哥赖朝拒之门外。大馆重新集结部队，然后向前进攻，但是他的队伍最终被打败了。听到这个消息，新田命令主要兵力穿过片濑和腰越，到达稻村崎，他在那里利用潮位较低的条件，沿着沙滩穿过水湾，最后从南面进入了城市。

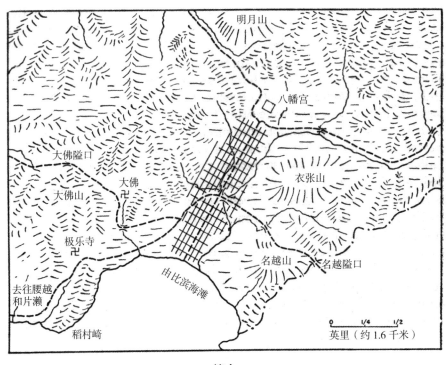

镰仓

守军拼死抵抗，但最终还是被突破了。接下来是巷战。编年史作家以一种习惯性的夸张手法写道："旧臣们的喊叫声、箭的呼啸声、军人们的跑步声、战马的嘶叫声五天都没有结束。"五天后（7 月 5 日），北条高时将幕府建筑物付之一炬，而后与几百随从撤退到了一个叫东胜寺的地方，他们在那里选择了自杀。

尽管在东日本新田义贞是策划、执行打败北条政权计划的人，实际上最终使得他们走向灭亡的也是新田，但无疑，他是从足利尊氏那里得到了道德上的支持与鼓励。而且对于他是否有必要冒险违背尊氏的意愿也是值得怀疑的。他与从镰仓来的其他首领们一起参加战斗，他们中的一些人后来成为封建社会赫赫有名的人物，如山名、里见、堀口、大馆、岩松和桃井。

为了摧毁北条政权，解决他们在九州和长门的部下的问题就变得很有必要。镇西探题北条英时在其位于博多的总部做了一些垂死挣扎之后最终被杀。他在长门的同僚，由于并非是北条家族的一员，最终被饶恕。就这样，在 1333 年年底，镰仓幕府和其所有的机构都被摧毁，北条家族被彻底消灭，赖朝建立的城郭的大部分成了一片瓦砾。但是就如同一位编年体作家观察的那样，尽管几百位北条时房家族的人失去了性命，他们家族制定的一些法律是不可改变的。封建制度得以幸存，但是它会遇到更大的挑战。

第二章

建武新政

水月观音。镰仓时代晚期的雕像,预示着足利时期宋朝艺术的强烈影响。木制彩绘,47 厘米高。现存镰仓博物馆,东庆寺所有。

一 后醍醐天皇的政策

1318 年，后醍醐天皇登基，尽管尊重父亲后宇多上皇的意见，但是他仍然清楚地表明自己没有退位的打算，并且要在不受幕府干扰的情况下执政。在其执政理念中土地制度占有很重要的位置。后醍醐天皇重建了始建于 1069 年的记录所*，并通过记录对大地主们声称拥有的土地豁免权进行调查。但是实际上记录所从未发挥过作用，过了几年它的一些职能便被院政**的文殿取代。为了解决土地造成的争端，后醍醐天皇打算对过时的法律进行改革。而改革范围的扩大是自然发展的结果，因为很多抱怨和诉讼都与土地和土地产出物的所有权有不可分割的关联。

在和谋士们商议的过程中，后醍醐天皇强烈地感受到不断增长的土地豁免给国家带来的混乱。这些权利的滥用必须得到抑制，只有这样才能重新建立一个良好的朝廷。但是从即位开始到 1331 年逃亡笠置山，后醍醐天皇既没有时间也没有权力来统治这个国家。他急切想做的事是在与幕府的对抗中站稳脚跟。在逃亡的途中（1332—1333），后醍醐天皇也只是幻想一下自己作为君主的职责，甚至当他已逃离隐岐的岛屿时，仍然要面对他的敌人——身在镰仓的北条统治者们。后醍醐天皇逃至京都时获得了片刻的喘息时间，在这短短的时间内他把精力投入朝廷政务，实施了一些适当的改革措施。从 1334 年到 1336 年的年号为建武，因此这些改革措施被称为"建武新政"。

从这段时期后醍醐天皇的所言所行可以看出，他认为让国家重新回到理想

---

* 记录所最初是平安中期后三条天皇为推进庄园整顿所设立的政治机构，全称为"记录庄园券契所"。它是建武新政后，后醍醐天皇为实行改革而重新设立的中心机构之一，职能也发生了变化，主要负责诉讼等政务。——译者注

** 院政是指日本政权由摄关政治向幕府过渡时期的政治体制，是天皇让位后自称上皇，在"院"中执政的政治形态。这是皇权为了抵抗摄关政治而实行的政治体制。——译者注

中的黄金时代非常有可能实现。为了恢复已被废除的朝廷的某些年度仪式，他甚至还撰写了一篇论著（《建武年中行事》）。总之，后醍醐天皇坚信自己能够恢复那些已逝的过往。然而，后醍醐天皇以及他的谋士们出人意料地丧失了正确的理解力和判断力，因为任何一个用公平眼光看待这个问题的人都清楚地认识到那些旧政除了被当作文物欣赏以外毫无用处。既然内战、火灾和其他种种灾难都已经彻底改变了皇位的权威和宫廷生活的礼制规矩，那么再对先例顶礼膜拜也毫无意义。1177 年，人们称之为"太郎"的火灾——与之相应，接下来的一场火灾被称作"次郎"——一下子摧毁了京都的大部分公共建筑，学校和数以万计甚至数十万计的书稿全部被付之一炬，造成了无法挽回的巨大损失。这些灾害终结了古老的都市文化。当权力的中心转移到幕府后，天皇由于过度关心如何使自己免受更多屈辱，而无暇顾及优雅和端庄体面。

当然，后醍醐天皇和他的谋士们所实施的改革中最重要的内容就是从幕府手中夺回天皇应有的权威。不可避免的是，土地所有权的问题一定会引起大家的注意和关心，因为它是这个国家的经济基础。北畠亲房，一位品德高尚的乡绅，日后成为后醍醐天皇的主要谋士，在其著作中论述了有关受保护财产的合法继承权的问题。他写道，中世纪大庄园的发展已经破坏了整个国家的秩序，还称大约从 1190 年起开始的守护和地头职的设立改变了很多传统的东西，也因此造成了朝廷统治艺术的丧失。①

大地主们所享有的赋税豁免权减少了朝廷收入，使朝廷的财政状况日益恶化，同时也导致全国很多地方自治现象的出现，这极大地削弱了朝廷的权力。然而，北畠亲房也承认不管是那些拥有军事力量的家族，还是朝廷中的贵族，他们甚至从没考虑过废除这些豁免权。因此，所谓的建武新政前景黯淡，命运堪忧。北畠亲房心中的改革目标是改变封建统治下的土地制度，这就需要废除守护和地头职，实际上也就是要改变幕府所依赖的土地所有权和税收机制。

虽然还不清楚要用什么制度取代它，但是北畠亲房似乎是在试图效法古代，即前封建时期的大宝律令（702）和随后的法律中都规定的农村的管理者受领。当然，他从没设想过在天皇和军队首领之间进行权力划分，对于很早以前就跟天皇作对的武士阶层（他们被描述为天皇的"数代の朝敌"），北畠亲房是恨之入骨

---

① 北畠亲房对守护和地头职的认识是正确的，但是他应该补充说明他们的前身，即各分国各地方的受领（日本旧国、郡县等的统领）们，对土地也是同样贪得无厌。人们常常戏称，如果一个受领跌倒了，在站起来之前也一定会从地上抓两把土。

的。很明显北畠亲房是一个拥有大无畏精神的人，但是他的崇高理想从某种程度来讲却是错误的。他认为重建或恢复和改革是一样的，而那些古老的东西总是美好的。因此他提倡国家应该回到延喜和延长时代（901—931），当时的法律比较合理，朝廷也比较开明。然而，事实却并非如此。旧时的制度也许在结构上看起来很合理，但是从它被引入的那天起就从未发挥过作用。所以1334年旧制度的提倡者们要么是在空谈，要么是在诡辩。

没有有力的证据证明后醍醐天皇试图恢复那些旧时代的政策。他改革的目的是为了重获个人的统治权，而他主要的政治关注点在于如何限制幕府权力。由于必须要应对很多突发情况，所以后醍醐天皇对精心设计复兴计划没有表现出太大兴趣。事实上，朝廷里的很多贵族都在嘲笑"重回延喜"这一行动。后醍醐天皇施行的改革中唯一可以被看作是重回旧时代体制的两项措施是：一、他坚决拒绝任命一位像源赖朝那样掌控全部权力的将军，二、废除关白这一职位。

毫无疑问，守护和地头职滥用职权的行为非常泛滥，但是从后醍醐天皇和他的谋士们所制定的改革计划中可以看出，他根本没有打算认真管理那些大庄园，更不用说废除了。而且，此时的庄园是一个权利和义务纠缠不清的极其错综复杂的系统，胡乱地干预庄园很多情况下会剥夺忠诚武士和官员靠劳动得来的奖赏，因而会招致武士和官员的愤怒，并且很容易演变成暴力行为，从而威胁到皇权的稳固。为了对抗幕府，后醍醐天皇、北畠亲房，还有楠木正成和护良亲王，都把战胜幕府军队的希望寄托在来自西部郡县庄园的武士们身上。

后醍醐天皇在位时的和平时期非常短暂，也并未取得太多成果，因此没有必要详细论述他的各项具体政策。不过他在土地所有权方面所采取的一些措施是值得关注的，尽管这些措施以失败告终，但是仍有其启发意义。后醍醐天皇从流亡中归来以后，曾在等持院度过一段短暂的时间。等持院是位于京都南部的一座真言宗寺庙。他流亡归来后住进被称为富小路殿的宫殿，宫殿位于二条街和富小路的交叉口。后醍醐天皇入住之前这里已翻新扩建。一切安稳下来之后，他的注意力马上就转向了持明院统留下的遗产，其中包括后伏见天皇、花园天皇和伏见天皇的土地资产等。后醍醐天皇希望能够使这些由他掌控的庄园得到合理分配。例如，他在分配时把播磨国的税收分给了竞争者光严院。同时也很小心地保证寺院如等持院和大德寺等的既有财产，以此表明他对寺院的虔诚礼敬，也希望能够继续从僧侣中得到长久有力的支持。自后醍醐天皇继位以来，这项政策就成了他的一贯方针，因为他认为来自宗教的影响可以制衡幕府的力量。在他流亡途中发生的一系列事情已经说明大寺院的支持对于护良亲王和楠木正成的重要性。

尽管后醍醐天皇的土地改革政策在大地主中获得了一些赞许，但是并没有给底层的佃户和农民留下任何好感。新政没能消除他们哪怕一丝不满。等持院僧侣的记录显示，和所有贪婪的世人一样，寺庙也是不肯放弃一分一毫既得利益的地主。佃户和劳动者们对执事和其他官员的不满不断地涌向寺庙。等持院的卷宗中记载了一个有趣的故事。1334 年 7 月的一天，一群来自某庄园（多良庄园）的农民抱怨道，当土地资产被转交给寺庙管理时，他们原以为可以过上平静的生活，但令他们失望的是，等持院不但没减轻自己的负担，反而开始征收更甚于北条时期的繁重赋税。曾经的北条政府还为自己的课税政策感到愧疚，而此时的寺庙却肆无忌惮。很多请愿书也表达了同样的观点，那就是掌控绝对权力的幕府时期情况反而好些。1334 年 9 月等持院的一份文件中记录道，在作为地主的等持院管辖的一个庄园内，600 余名劳动者的土地被剥夺，并且被逼到地头所拥有的土地上劳作。而像这种臣属滥用权力的事情在幕府和执权管理土地时期都是禁止的。

此外，僧侣们自己也是苛刻的地主，来自农民们的诉求不管是在等持院还是其他类似机构都不受欢迎。因此，1346 年，后醍醐天皇重新掌权十多年以后，54 个农民签署了一份针对等持院的诉状，恳求天皇罢免两个压榨农民的不良僧人。他们的要求得到照准，但是这两个僧人很快又回到了他们原来的岗位上，并且肆无忌惮地继续他们的劣行。事实是封建体制已经被无政府状态所取代。1333 年，当后醍醐天皇将一座庄园授予等持院时，被派去接管这座庄园的人被之前拥有该庄园的执事带着一群恶棍赶走，他们甚至敢于对抗朝廷的使者。直到 1335 年，各分国的守护才有能力让寺院归还这些土地资产。

可以看到，广大农民完全不相信后醍醐天皇的改革。小土地所有者无法指望京都的政府给予他们庇护，农民们也意识到自身的处境并没有比以前好多少，甚至变得更糟糕。像 17 世纪的祖先们一样，受压迫的他们有时候会反抗，有时候会渴望到逃跑。他们对那些地主口中的正义毫无信心，建武年间的一封请愿书清楚地表明了这一点："虽然阁下不应该把我们当人看，但是……"（"人と思し召され、そうらわずとも……"）那些地主们，不管大小，都不希望对围绕土地的权力进行重新分配，哪怕仅仅只是在纸面上。他们不会白白帮助朝廷实现大业;作为支持朝廷应得的奖赏,绝大多数地主都向朝廷索要更多的土地和更大的权力,而且(实际上),没有地主们的支持,朝廷不可能获胜。

值得怀疑的是,后醍醐天皇,甚至是北畠亲房是否已充分理解武士阶层的想法,抑或是否认识到这个国家到底需要他们做些什么。天皇似乎已经设想到了劝说武士阶层和身居高位的朝廷贵族协调合作的可能性。但是实际上,后醍醐天皇的性格像谜一样模糊不清,因为他采取的行动和他被称道的学习才能和智慧总是不相符。北畠亲房这样评价他:"天皇勤政,披星戴月,废寝忘食,倾听百姓疾苦,受到所有人的尊敬。"相像的是,已经退位的花园上皇(可能对后醍醐天皇怀恨在心)对于他在困难时期的政务处理也进行了赞扬,甚至夸赞道:他使朝廷再次变得清廉文明。但是几乎没有证据能证明人们对从隐岐归来的后醍醐天皇执政的赞扬,因为它不过是关于出于善意的蠢行和暴政单调乏味的传说。然而,对于学识上的名声,他或许当之无愧,根据记载他对宋朝大师们的新儒家哲学非常感兴趣,正是在这个时期,朝廷中的年轻贵族开始满腔热情地学习这些东西。

也许后醍醐天皇的学识可以让他进行有关政治理论的论述,但是他的哲学知识不能使他处理好眼前的实际事务。后醍醐天皇第一件要处理的事情就是解决接连不断涌进裁判所的封赏请求。北条统治者早已发现他们很难满足这些支持者的狮子大开口,因为他们的财产已经支持不住。后醍醐天皇在击败北条家族后,便将其财产全部充公,他可以支配北条家族的全部财富。然而如此宝贵的资源却被他用到了最不该用的地方。徇私舞弊、贿赂盛行,这些财富都被分配给了本来不需要的人,反而应得的那部分人的贫困问题没有得到任何缓解。

有关奖赏的事需要详细讲述一下,因为这对于理解接下来几十年的复杂政局非常有必要。第一步是,1333 年 8 月,一些宗教组织得到了过多的酬谢,然后天皇准备分配从北条家没收来的财富。这一消息不胫而走,武士们得知后立刻大量涌向京都表达他们的诉求。假如历史记录者们所言不虚,"武士们接踵而来"。9 月中旬,反抗运动中的领袖们得到奖赏的事情被传开了。当时的主要任命、相关的物质收入以及其他大的封赏如下所示:

> 北畠显家,陆奥守;
>
> 足利尊氏,武藏守和其他关东分国的守护;
>
> 新田义贞,越后守、上野介、播磨介;
>
> 楠木正成,摄津守和河内守;

> 名和长年，伯耆守；
>
> 少式贞经，筑前守护和筑后守护；
>
> 岛津贞久，大隅守护。

从这些任命中可以看出，武士阶层而非文官得到了最有实权的官职，其中包括守这一职位，这个职位历来都是由文官占据。他们几乎是广阔领土的独立统治者，领土面积有的大到相当于三个分国。① 所以，后醍醐天皇的第一步改革就是否决任何把分国政权交还给文官的建议。然而必须指出的一点是，在一些分国他同时任命守和守护，不偏向文官和武士中任何一方。

如果朝廷想继续实现自己的美好愿望，迫在眉睫的事情便是奖励一部分投诚于倒幕事业的武士。正是在这点上，后醍醐天皇和他的谋士们犯下了无可挽回的错误，因为这件事被无限期地延迟了。一部分原因是处理这些事情的裁判所官员经验不足，另一部分原因则是完成这项任务太困难了，即便不是不可能的。

后醍醐天皇从隐岐回到京都一个月后，就设立了一个机构来决定效忠天皇应得到怎样的奖赏，这个机构被称为恩赏方，负责执行天皇在朝会中下达的封赏武将的旨意。恩赏方成立于 1333 年 9 月初，当时大批的请愿者不断涌入京都，他们在恩赏方的门前叫嚷吵闹。除了大量武士，寺院和神社的代表们也声称自己对倒幕运动的成功做出了贡献，其中包括为倒幕事业诵经念佛、为军队提供装备和补给等。毫无疑问，他们曾经提供过这些服务，而且朝廷倒幕派曾经对他们做出无法兑现的承诺。

城市内的混乱状态被以一种娱乐性的方式描写出来（《建武年间记》），很多聪明的市民在墙上胡乱写下讽刺嘲弄之言，其中一条写道："当今城市里流行什么？——夜袭、抢劫、杜撰文件标题。"其他一些市民不是取笑那些模仿贵族打扮和礼仪的乡下武士，就是取笑那些靠尔虞我诈来获取邀功机会的请愿者们。还有一些市民感叹德行教养都已消失殆尽，取而代之的是粗俗不堪。就像一句话写的那样："在一个充满混乱的世界里无所谓高低贵贱。"

不得不应付这些要求的恩赏方和其他机构组织严密，纸面上的描述令人印象深刻，不过其人员对政务都毫无经验，他们得到任命也只是因为曾经支援过倒幕运动，这是一群享受着本没有资格得到的高额俸禄的人。我们不能忘记的一

---

① 千种忠显被赐予三个面积很大的分国和很多小块领地，但是他还没有得到它们就死了。

点是,这些朝廷机构已经很长时间没有真正拥有过实权了,而另一方面,镰仓幕府已经确立了一套高效的行政机制。① 因此,机械地裁定判决不仅增加了负担,而且成本高昂。同时,政府可以支配的财产连最基本的合理要求都已无法满足。朝廷的错误触怒了一大批有见识的请愿者们,从而导致他们失去原有对朝廷的忠诚也就不足为奇。

后醍醐天皇的轻率行为使得政府机构更加难以胜任其职能。返回京都不久,后醍醐天皇准备建造一座新的宫殿来显示皇权的威严。新宫殿的营造确实很有必要,原来的内殿在 1227 年被一场大火烧成灰烬,之后没有再重建。这使天皇居无定所,不是把高门贵族的庄园作为临时宫殿,就是住在区域内的大寺院中。然而,现在不是浪费经费的时候,一个贤明的天皇本该把他计划的奢侈之举推后,但是后醍醐天皇固执己见。由于国库已被掏空,他下旨命令各守护和地头把他们从土地中得到收益的二十分之一连同一些实物一起上交。同样是为了后醍醐天皇的奢侈计划,两个分国的全部税收都被留下供其专用。另外,天皇还下令铸造新的铜钱。② 与此同时,裁判所对那些请愿者却置之不理。

所以,当那些理应愤愤不平的请愿者们在等待中变得愈加愤怒时,一条消息在整个国家疯传开来,消息的内容是武士们不仅要继续等待他们本该得到的东西,而且还必须负担将要在都城建造的豪华宫殿的费用。该月后醍醐天皇还发布了一条穿戴不许讲究奢华的法令。在当时的局势下,这条法令很是带有讽刺的味道。

对于百姓们的心思,后醍醐天皇和他的谋士们认识错误的例子还有很多,不止这一个。朝廷仍然深信武士们奋起打倒幕府是出于对天皇的忠诚而不是为了获得这场战争的战利品。然而,在投身于这场战争之前,武士们是有所要求的。因为他们或是他们的父辈们在抗击蒙古人的战争中为幕府所做的牺牲和奉献没有完全得到回报。事实很清楚,朝廷违背了自己的誓言,还硬要用尽武士们过去有,而此时已消失殆尽的忠诚。

朝廷承认所有忠诚地主占有的土地,但是基本上没有谁的个人诉求得到回应。正如我们所看到的,被派去调查各类诉讼的官员大都毫无经验。其中有一

---

① 可能我们要把负责处理不重要杂项诉讼的"杂诉决断所"视为例外。杂诉决断所设立两年,由经验丰富的官员任职。最近的研究显示,它的裁决公正且迅速。发生相关诉讼的各分国通常会服从杂诉决断所下达的指令。传达杂诉决断所裁决的公文在全国各地都有保存。

② 纸币已经被提议使用,但是没有记录显示纸币的流通。

部分社会地位较高的文官和武将，他们经历了所有战争，比如楠木正成和名和长年；其他一部分人在幕府时期有过一定的管理经验。然而，一般的官员都被自己面前堆积如山的案卷所淹没，无从下手，不知所措。不过，缺少经验只不过是困难的一部分而已。就算每个机构和裁判所都组织严密，任用的都是非常有能力有才干的人，他们也只能用可支配的没收财产来满足一部分的要求。应该说，就算是经验最丰富的调查者在最有利的情况下，要解释清楚日本土地制度的复杂性也是一件费时费力的事情。

因此可以预料到，很多请求者会通过行贿来达到自己的目的。讨好后宫里受宠的妃子比巴结官府的官员要容易得多，通过这种不合规矩的做法，他们最后甚至可以得到原本不属于自己的土地。一个接一个的头人*绝望地从恩赏方解职离开，相当一部分可用的没收财产落到了侍臣或他们的亲朋好友手中。据说后醍醐天皇最宠爱的妃子阿野廉子通过这种方式得到了北条一族的大佛领地，胥吏、舞女等也都成了腰缠万贯的富人。

这些记录的出处并不完全可信，尤其是记录这一时代的历史演义《太平记》的作者们喜欢给这一时期的历史事件添油加醋。但是很清楚的一点是，不管这些官员应不应该受到指责，这种由规定机构行使分配权的体系已经崩塌，武士们自行其是。

有些情况下，问题必须要归咎于朝廷。因为很有力的证据显示朝廷中的侍臣和女官干涉了裁判所的事务，他们迫使朝廷对处于审查中的或是已经赏赐给申请人的土地进行重新封赏。这些土地封赏通过一种被称为纶旨①的旨意进行。（据一位权威人士说，）纶旨非常普遍，逐渐变得一文不值。尤其是从伪造的纶旨开始泛滥后，它反而变成大家嘲笑的对象。

北畠亲房在其《神皇正统记》中承认政府在土地分配的问题上犯了错误，但是他坚持认为那些请愿的武士们也应该承担责任。因为为天皇献出自己的财物，甚至牺牲性命都是武士应尽的本分，但是拼命地争夺天皇封赏却不该是一个真正武士的所为。北畠亲房在书中还提到，后醍醐天皇重新即位后的王朝战争是由有限的土地上无数庶民的要求引发的。在北畠亲房的陈述中——尽管他自己无从得知——他正在总结从古至今的全部日本历史。

---

* 恩赏方的长官。——译者注

① 纶旨是一种传达天皇旨意的公文。为了简化手续，纶旨在平安后期开始使用。它以最高统治者的名义发出，但是上面没有天皇的玉印，只会附上某个官员的署名。

京都的不满如此严重,早在1333年8月底,来自朝廷的命令就被传达至各分国。该命令要求各地防止武士和平民擅离职守,防止他们进京起诉请愿。但是任何说教的命令都阻止不了请愿武士的大军在京都街道上四处游行,阻止不了他们踏上通往京都的自西向东的路程。不久以后,由于朝中贵族对待武士的态度傲慢,武士们的不满情绪进一步加深。不过,一个连侍臣也不敢慢待、名为足利尊氏的武士首领在第一次封赏中就被封为武藏守和东部几个分国的守护。在这次封赏中,足利尊氏地位上升,他深得后醍醐天皇的重视,甚至还得到了额外的封赏。① 北畠亲房并不喜欢足利尊氏,他认为足利尊氏不过是一个贪婪的士兵,既没有为朝廷立过汗马功劳,也非名门贵族出身。北畠亲房这么想是因为足利尊氏来自村上氏的一个分支清和源氏。相比于清和源氏,村上的血统更加尊贵,地位更加显赫。②

后醍醐天皇和足利尊氏各自的花押

北畠亲房是一个贵族,但是他对武士的憎恨不完全与他的政治立场有关。所有的贵族都从心底鄙视那些傲慢的士兵,因为这些武士曾经夺走他们的权力超过一个世纪。此时京城里不光是贵族,就连平民也在取笑这些士兵。他们不懂宫廷礼仪,不懂穿着打扮,口齿发音不清。他们嘲笑那些为请求封赏从乡下来的武士们,这些长途跋涉来到恩赏方的武士们身后都背着一个篮子,里面放着领赏用的文件。

但是朝廷贵族们不能像对待乡绅一样对待伟大的源氏家族后代。京城中的贵族希望能够回到源氏和平氏时代,那时的士兵只是仆人和守卫。但是足利尊氏和他的武士们有着不同的想法,也有把自己的想法付诸实践的能力。他们很

① 后醍醐天皇特许足利尊氏书写自己名字中的"尊"字,当时这个字只被用在天皇自己的名字"尊治"中,这史无前例的恩赐震惊了朝中贵族。

② 在《神皇正统记》中,北畠亲房非常轻蔑地提到足利家族,他写道,当源赖朝当上将军时,他们只是源赖朝步行护驾人员中的一般奴仆。

清楚正是靠武力，皇权才得以重新确立，只要他们愿意，就可以轻松推翻自己建立起来的东西。这就是传统的力量，那些出身高贵的东部家族没有把北条家族的覆灭看作是对武士制度的一次打击，而只把其看作平氏家族统治的结束和源氏家族复兴的开始。此时急需一位强大有力并且智勇双全的领导者，人们可能确实也在等待这位领导者的出现，因为到 1335 年（建武新政的第二年）年底，整个武士阶层已经失去了对所谓的新政或者改革所抱有的最后一点信心。朝廷中一些比较顾全大局的官员竭力想要维持文官和武士之间的和谐状态，但是最终还是失败了。就像以前发生过或者是以后将会发生的那样——甚至直到 19 世纪中叶，①公家和武家*之间的复杂矛盾仍是交织存在于国家生活中的一种常态。

关于 1333 年年底日本的公武关系，某历史书里用"水与火"来形容——水与火般不相容。

二 分国政治

后醍醐天皇和他的谋士们很自然地将大部分注意力放到了京都的事务上，但与此同时他们也不能忽略国家的偏远地区，尤其是东部和北部的一些分国，这些地方原本一直都由幕府直接控制。任命一个将军并让其驻守在镰仓是重返军事统治的第一步，为此也必须做出一些让步。因此，一项新的任命在很小的范围内下达了。1333 年年底，北畠亲房的儿子北畠显家护送后醍醐天皇的八皇子义良亲王（当时六岁）前往陆奥国。义良亲王被任命为奥州探题，管理北方区域，包括陆奥和出羽两个分国。陪同他的有北畠亲房和一些武士、文官。他们居住在位于多贺的一个要塞。9 世纪的时候，这里是一个边疆据点，当时殖民者们正试图将土著居民赶往北方。②

毫无疑问，作为对这个任命的对抗手段，1334 年年初，足利尊氏的弟弟足利

---

① 当时（江户末期）发生了呼吁"公武合体"的政治运动，公武合体即"公家"与"武家"的结合、朝廷传统权威与幕府体制的结合、但结果却以失败告终。具体内容请参照 *The Western World and Japan*, pp.272, 311, 317。

* 在古代日本，"公家"本来指天皇和朝廷，平安时代后期以后将天皇、朝廷和效忠于天皇的侍臣统称为"公家"。"武家"本来是指武士血统的家族、人物，镰仓幕府成立则是包括幕府、将军、御家人在内的武士的统称。——译者注

② 北畠亲房马上离开了，之后又周游四方。据说他曾不时地秘密探望后醍醐天皇。1336 年，北畠亲房和义良亲王回到南方。不久义良亲王被立为皇太子，继后醍醐天皇之后于 1339 年登基，成为后村上天皇。

直义(没有正式的朝廷任命)护送后醍醐天皇众多皇子之一的成良亲王(11 岁)到达关东,他在镰仓被任命为上野守,足利直义则成为他的代理人。① 这项任命并不代表镰仓幕府的复兴,但是给足利直义安排如此重要的职位本身传达出一个信号,那就是作为武士首领的足利尊氏势力强大,他不打算把所有政治决策都交给京城文官部门的公家来制定。1333 年,后醍醐天皇返回京都不久后便成立了一个新的机构,该机构是为管理城市中的武士而设。然而,这些武士此时已经变得暴力横行,无法无天。新成立的机构继承了以前一个机构的名字——武者所,意在管理京都这些武士,防止他们冲撞复辟的后醍醐天皇和破坏宫殿。新成立的武者所听从新田家族的差遣,由 64 名官员组成,其中包括楠木正成和名和长年。该机构的人员组成说明它是对抗足利尊氏的。而毫无疑问,足利尊氏图谋让新田家的人远离关东,因为他们有可能在那里扰乱生事,而把他们都送去京都,就可以监视他们的所有行动了。新田家的人很可能与护良亲王保持着密切联系。护良亲王放弃了皇家身份,转而做了天台宗的一个住持,但是他的一举一动都处在足利尊氏下属机构的严密监视之下。

护良亲王被后醍醐天皇提名为征夷大将军,也因此招致了足利尊氏的不满和敌意,他对这个官职垂涎已久。事实上,护良亲王从来没有正式接受过将军的封号,但是足利尊氏仍然把他看作是自己往上爬的绊脚石。正如我们看到的那样,足利尊氏并不相信打倒北条家族和镰仓幕府预示着武士阶层在朝廷中权力的下降。他视自己为镰仓幕府的替代者,他不是一个篡权者,而是重建或者延续真正的源氏传统。足利尊氏本人就拥有来自伟大源氏祖先的直系血统,他的出身和才智都足以使其成功地成为武士阶层的首领。

1333 年,六波罗的驻地被摧毁后,足利尊氏立即进驻,并且在京都设立了一个奉行所,其目的是保持城市的秩序。很快这里就聚集了大批武士,它不仅管理着城市的秩序,还发挥着以前的六波罗总部的职能。这是一个清楚的信号,足利尊氏打算在政府中维护武士的力量。对城市中不守规矩的士兵和其他行为不端之人受到的惩戒,足利尊氏感到非常不满,他将奉行所的职权范围推广到了相邻的分国,奉行所控制着大道的通行,签发通行证,还具有原本属于幕府探题的一般职能。

---

① 这里应该指出,在指派年轻皇子和得力的护卫作为皇权代表奔赴各边远分国确立自身地位方面,后醍醐天皇和他的谋士们在关键时刻表现出了非凡的远见卓识。1375 年,幼年就到了关西的怀良亲王已是九州地方有力的政治人物。

在此之后,尽管足利尊氏仍然享受着后醍醐天皇的恩宠,但是他不去做任何可以使自己获得朝廷贵族认可的事情。恩赏方和其他裁判所处理各项申诉时,他也不闻不问。失望的申诉人很自然地向其寻求帮助。当时足利尊氏的军事实力已经超过其他任何领主;即便实际实力并非如此,潜在的军事力量也远超同侪。仅次于足利尊氏的是新田义贞,但是他也不足以抗衡足利尊氏。在封建社会中,血统和出身非常重要,这一点上新田家族远不及足利家族。只有护良亲王的声望足以阻止足利尊氏的计划。护良亲王致力于皇家事务,由于性格原因,他希望建立一个真正的文官政府,也不会允许一个野心勃勃的将军或者一个像之前幕府那样的军事机构存在于这个文官政府里,这两个有勇有谋的人之间注定要有一场争斗,而且,这场争斗很快便会到来。

这并不是一个有趣的故事。1333 年 3 月,护良亲王仍然隐居在吉野,他在这个远离京都的地方认真地观察着京都的风吹草动。直到这一年晚些时候,他去了京城,在那里受到了倒幕派极大的尊敬,他们把护良亲王看作是能够重建天皇统治的主要缔造者。与此同时,足利尊氏认为自己注定要成为封建统治的领袖。此时只要新朝廷犯下不可避免的错误,在那些不满于朝廷的武士们心中,足利尊氏便会成为那个可以拯救他们的人。他们相信足利尊氏可以把自己带回那个盛极一时的安稳公道的幕府时代。尽管北条家族后来的领导者德行不够,但是一般来说,人们仍然认为幕府政权在超过一个世纪的时间里维持了有效的统治和公正的裁决。因此,足利家族拥有数量庞大的追随者,随着对理想的文官政府的希望一点点破灭,其追随者的数目还在不断增加。

另一方面,护良亲王可以依靠新田义贞和名和长年等人的同情以及适当时候的积极辅佐,足利尊氏曾得罪过他们。随着足利尊氏的计划变得越来越清晰,天皇和他的谋士们试图通过武力手段解决问题,但是他们还不够强大,因此尽量避免表现出任何对足利尊氏的不满。但是 1334 年 7 月,足利尊氏听到了一些关于护良亲王要攻击他的流言,他还怀疑新田义贞和名和长年。(后醍醐天皇最宠爱的妃子阿野廉子非常讨厌继子护良亲王,很可能是她激起了足利尊氏对护良亲王的不满。)足利尊氏在京都的宅邸进入了完全防御态势,附近街道上满是全副武装的士兵。流言所传发动攻击的日子过去了,足利尊氏的宅邸周围一如往常,没有任何风吹草动,足利尊氏也没有采取进一步的行动。

后醍醐天皇对发生的所有事情一清二楚,但当足利尊氏向他控诉时,他却表示一切事情与自己无关,把责任都推到了护良亲王身上。等待了数月之后,足利尊氏用一份朝廷公文逮捕了护良亲王,并将其幽禁在武者所的总部。又过了数周,护良亲王和跟他一起被逮捕的侍从们被送到了镰仓。在那里他受到了严密的监视,直到1335年8月底,足利尊氏的弟弟足利直义将其杀害。①

在这个悲伤的故事中,后醍醐天皇扮演了一个软弱无能的角色。在传统的日本历史著作中,他通常都是一个传奇的化身,是一个与恶势力苦苦斗争的牺牲者。但是我们很难欣赏和尊敬,甚至很难原谅一个一次又一次舍弃自己朋友和追随者的男人。正是后醍醐天皇对幕府发誓他对那些(反抗幕府的)事情一无所知。他最忠实的追随者被捕之后遭受严刑拷打,此时的后醍醐天皇甚至没有表示出半点不满和抗议,没有采取任何行动营救自己陷入困境的儿子。假如关于后醍醐天皇统治的记录真实可信,那么他并非一个值得敬佩的人。如果他是一个值得大家敬仰的英雄,那么在接下来的半个世纪里日本就不会经历这么多的腥风血雨。

后醍醐天皇身边既不缺少忠实勇猛的谋士,也不缺少和平时期守江山、战争时期打江山的能人异士,但是他似乎并不知人善任。其中一例就是万里小路宣房(藤原宣房)的儿子万里小路藤房(藤原藤房),万里小路宣房曾是一名激进的大觉寺统支持者。万里小路藤房被任命为恩赏方的长官,但是他对后醍醐天皇所实施的新政不抱任何信心,于是辞去所有职务离开了。对于后醍醐天皇作为统治者的执政能力,著名的日本历史学家和学者新井白石做出了准确的评价,他总结道:"毫无疑问,当时的国家正处在动荡不安中。"《日本外史》一书也表达了相似的观点。

1351年梦窗国师(梦窗疏石)的一次说教进一步证实了人们对后醍醐天皇的糟糕印象。关于护良亲王的感受,《梅松论》中的一段话写道:由于父亲对自己的背叛,护良亲王对父亲的憎恨要远远超过对那些充满敌意的武士们。也许我们可以为后醍醐天皇的行为做一些辩护,在那个冷酷无情的动乱社会,掌权的人很少会因为手段野蛮而受到责备。但是毕竟无论在任何时代,也无论在任何文明社会,勇气和同情心都是一种美德。

总而言之,对于京都的官僚阶层,我们无法拍手称赞。在两个世纪或者更长的时间里,日本一直由幕府统治,在管理国家方面官僚阶层是缺乏经验的。当轮

---

①　据北畠亲房所述,足利尊氏正在实行一项蓄谋已久的计划。关于护良亲王和足利尊氏两人的不同之处以及他们各自的野心,我们可以在今川贞世的《难太平记》中找到最可信的记载,《难太平记》对《太平记》做出了进一步的补充和修改。

到他们真正开始施行管理时，他们不知道如何下命令，也不知道怎样去说服大家。因此，年长的官员们看着朝廷每况愈下却漠不关心，少壮贵族则激烈地讨论着中国儒家思想，试图将其理论运用到日本国家事务的处理上。他们最多也不过就像是现在年轻热情的政治学专业的学生，在艰难时期试图处理一些棘手的日常事务。

不容置疑的事实是全国各地的武士阶层正处在动乱之中，而且仅凭朝廷嘴上的几句话根本无法消弭这种动乱。每一个成功的请愿武士的背后都至少有另一个，通常是多个失意者。所以即便京都的长官和调查者在做出裁决时都非常迅速公正，各分国的乡绅贵族仍然会被激怒，然后参加暴动。不仅仅是不满的请愿者们在各分国制造紧张空气，各分国官位的封赏同样也使朝廷政权和乡下主要封建贵族之间的关系变得愈发紧张。

后醍醐天皇原本想调和朝廷中的公武关系，为此也采取了一些措施，比如在司法机构的任命上他就考虑到了双方的利益关系。不过，后醍醐天皇也一定深刻地认识到了一点，即他执政的主要考验和难点在远离都城的地方。如同手握土地的既得利益阶层一样，想要回到原来旧的体制，即地方官由天皇任命，地方官府执行京都的各个部门的指示，是不可能实现的。源赖朝对地头和守护的任命摧毁了以前地方政府的结构。他们的继任者们如此根深蒂固，以至于天皇派来的官吏根本无法取代他们。

整个形势都很反常，1333 年后醍醐天皇进行第一次封赏时，同时任命了守和守护，尽管守护之职是源赖朝的发明。守护是源赖朝为了确保战略或经济上的关键职位掌握在自己人手中而设立的。守护实际上相当于地方的军事长官，经常不理会朝廷下达的各项旨意。天皇第一次任命的守护是一个叫岩松经家的人，1333 年 8 月他被任命为飞驒国的守护。岩松家曾与新田家一起攻击过镰仓，为朝廷尽忠卖命，后醍醐天皇需要补偿这些军事将领，这也是文臣候选者和武将候选者不能得到平等对待的原因之一。

在第一次论功行赏时，后醍醐天皇授予武士们过分的赏赐，其中一个极端的例子便是千种忠显，此人曾经在流放途中陪伴后醍醐天皇，稍后攻击六波罗驻军时，他又冲锋在前。后醍醐天皇赏赐给千种忠显三个分国，还有大量没收来的财富。事实证明他配不上如此丰厚的报酬，他的名字一下子成了奢侈和浪费的代名词。千种忠显是一个个性鲜明的人，但是他的那些令人捧腹的愚蠢行为很难配得上其在财富上得到的莫大补偿。尤其是对比天皇对其他一些值得同样赏赐的武士的吝啬封赏,比如赤松则村。这个英勇的战士曾经从播磨国出发,对北条的军队展开突击,扰乱并最终击败对方,因此也加速了六波罗的覆灭。可赤松则村最后只得到一座庄园,其守护的职位被解除。

在任命北畠显家赴陆奥任职的指令中,天皇嘱咐他务必平等对待文臣和武将。但是在镰仓,足利直义新总部的组织结构却和以前的幕府相同,尽管范围较窄。必要时,镰仓将是足利尊氏未来采取军事行动的据点。在镰仓以外的其他地方,无论天皇下达什么样的新任命,不管是守还是守护,地方大员们都会向一方之主的方向发展,不断地扩充自己的统治权限,有时会大到控制两个甚至三个分国的区域。简而言之,随着全国范围内军事力量中心的不断形成和增长,京都的各项事务——任命、册封、下达旨意,已经不起任何作用。在接下来几十年的时间里,它们的分分合合都将以一种不可预知的方式进行下去。而这场由尊王派发起的改革或者说是复辟运动到目前为止都只是虚有其表。

三　建武新政的失败

足利尊氏对一项朝廷命令的违背是引发公家和武家最初一系列矛盾的导火索。他未经允许私自离开京都前往镰仓,尽管后醍醐天皇亲自下令召其回京,他仍然拒绝执行。通过描述促使足利尊氏离京的一连串的事件,我们可以很好地解释他的这一行为。这些事件同样也预示着,1336 年 2 月,足利尊氏将作为一个得胜的军阀向都城进发,面对强大的足利尊氏,后醍醐天皇只能仓皇出逃。

1335 年 3 月初,来自相模国的两位首领发动了一场叛乱,他们开始攻打镰仓城,随后在极乐寺附近的一场殊死战斗中被足利尊氏的属下击败。叛乱的消息很快传到京城,引起朝廷的警觉。这可以看作是武士妄图夺回权力,重返北条家族时期的证据。至于足利尊氏,他怀疑可能会有一次营救正被囚禁的护良亲王的奇袭,因此下令加强武装力量,镰仓的主要街道都布满了他的人。而另一方面,由于不清楚哪些力量会站在足利尊氏一方,护良亲王一方不敢轻举妄动。

我们有理由怀疑北条家族的支持者们将会进行一次尝试,因为(事实证明)西园寺家族的一个成员与北条家族的幸存者一直保持着联系。此人曾在镰仓的军队中度过大半生,他希望通过这场政变扶持光严天皇登基,恢复持明院统。时至 1335 年夏末,北条家族的残余力量进行的零星反抗大都被扑灭。但是 8 月,镰仓幕府晚期执权北条高时的儿子北条时行仍然未被肃清,并且拥有很大的势力,指挥着一支中等规模的军队。他对镰仓发起进攻，成功地将年轻的成良亲王和其摄政足利直义驱逐了出去。足利直义在离开前还下令谋杀了护良亲王。

北条时行猛烈的追击将足利直义沿着海岸赶到很远的地方，直到进入骏河国。听闻弟弟陷入困境，足利尊氏向天皇请求委任自己为征夷大将军和总追捕使，以镇压叛乱。请求没有获得照准，于是他便恳求天皇，称救弟弟于危难是作为家人的职责所在，并于1335年8月21日自行率部出征。[1]

足利尊氏和足利直义在三河国的矢作川会合，他们准备一起沿海岸向镰仓方向进军。北条时行已经在远江国靠近大井川的河口地带筑造了强大的防御阵地。大井川是一条很宽但是比较浅的河流，渡过并不困难。足利尊氏部队的前锋在一处浅滩抢渡，转向北条时行的侧翼。这次是足利尊氏开始追击正在带兵撤退的北条时行，并在远江国和骏河国的一次次遭遇战中将对方打得溃不成军。最终在镰仓城下，尊氏没有再给北条时行任何喘息的机会，1335年9月8日，足利尊氏攻陷镰仓，杀死了北条时行，击溃了北条的残余部队。到此为止，仅仅过了20多天的时间，北条时行便和他的祖先们在地下相聚了。北条时行年纪尚轻，没有贤明的谋士给他出谋划策。他的将军们和各个派系，包括大佛流、极乐寺流，还有名越流的同族们，曾经都是封建社会的领袖，此时却都四散逃命，纷纷投靠了附近的禅宗寺院。

足利尊氏在镰仓叡福寺内二阶堂家的一处住所安顿下来，大批前北条政权的支持者纷纷前来投靠。从京都传来祝贺他击败"东方的野蛮人"的消息，还有对他表示褒奖和鼓励的消息。同时还命他即刻回京，朝廷已经准备好庆典和感恩祭，将专门为他举行嘉奖仪式。足利直义以他兄长的名义回复天皇（实际上是足利尊氏在幕后指使）称，足利尊氏在京都无时无刻不处在危险中，朝廷贵族中的阴谋家和新田义贞都想加害于他。他在镰仓感到很安全，希望能继续留在这里。而此时的足利尊氏也开始在以前幕府将军的住所遗址之上修建新的宫殿。像高师直这样的封建首领，也在附近建造了庄园，很快这个城市又变得富庶、雄伟、漂亮。

足利尊氏的动向传到京都，很明显他僭取了未经天皇允许的权力。足利尊

---

[1] 关于当时足利尊氏请求和后醍醐天皇答复的情况还有几个不同版本，但是可以确定的是足利尊氏没有被授予征夷大将军的封号和全部权力。没过多久他将再次遭到类似的拒绝。根据一则记载，足利尊氏请求天皇授权去打倒新田义贞的次日，尊良亲王和新田就被授予了宝剑，宝剑是委任二人平定叛乱的象征。这些都发生在1335年年底。

氏此时正在对手下的武士论功行赏,甚至把信浓国和常陆国的一些领地封给忠心耿耿的属下。这些行为都侵犯了皇权,京都开始讨论委任新田义贞统率军队讨伐足利尊氏。尤其是在足利尊氏宣布任命上杉家的一人为上野守之后,上野本来一直是新田家出身之地。此时,忠于朝廷的贵族开始迅速从关东赶回都城,而那些不再效忠天皇的贵族则急忙赶往镰仓。一时之间,大路上赶往两个不同方向的人川流如梭——日本史书中如是记载。

　　1335 年的秋末,整个国家陷入一片混乱,因为有消息称来自朝廷的成千上万的大军正准备进攻镰仓。与此同时,在高师泰①的率领下,庞大的军队也从镰仓出发向西进军准备开战。高师泰收到的命令是必须穿过三河国,然后在矢作川的左岸建立一个阵地,与足利尊氏从自己领地派出的增援队伍会合。高师泰不能渡过矢作川,那样的话就会进入美浓国,脱离足利尊氏的控制范围。1335 年 11 月 17 日,足利直义向全国的武士发出号召(以足利尊氏的名义):"新田义贞必须被消灭,大家要聚集起自己的族人迅速加入我们。"

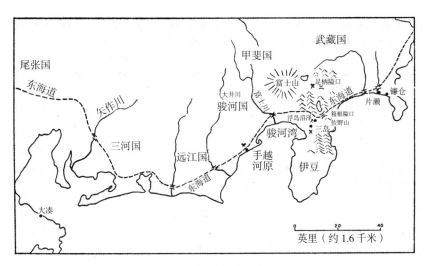

1335—1336 年战役图

　　与此同时,足利尊氏的独立进一步激怒了朝廷,朝廷向各国发布公告,命令武士们向镰仓集结,镇压煽动叛乱的足利尊氏和足利直义。1335 年 11 月底,后醍醐天皇的次子尊良亲王被任命为征东大将军,负责镇压东方的叛乱,新田义贞则为尊良亲王的大将,负责前去消灭高师兄弟。

———————————

① 高师直和高师泰兄弟俩是足利尊氏的主要将领,高师家是足利家世袭的家臣。

然而,到此时,全国上下的武士大都对朝廷失败的政策感到失望,他们准备服从一位兼具高贵出身和才干胆识的领导者的命令。在大部分人心目中,足利尊氏便是最合适的人选,尤其是在他宣称要重建源氏家族的霸主地位之后。对于平民来说,他没什么影响力,但是在种地的农民看来,毕竟受镰仓幕府约束的地头要好于直接为朝廷管理庄园的地主,因此农民们都转而支持足利尊氏。

新田义贞的军队于12月10日到达矢作川的右岸,之后两军对峙数天之久。除了一些小冲突,没有任何大的举动。几天以后,高师泰将军队一分为三,南、北两端的部队渡河,吸引对面部队的注意力。而中间正对着新田义贞阵地的部队则按兵不动。一位姓堀口的武士从新田义贞军中冲出,奋力战斗,正式拉开了大战的序幕。新田的部队紧随其后渡过矢作川,开始猛烈攻击。结果高师泰大败,他带领残部逃往骏河国。在那里重整部队,站稳了脚跟。不过,他仍然处在危险之中。12月20日,经过一系列的战斗,高师泰在手越河原①被新田义贞彻底击败,足利直义的数千援军也无法助他获胜。大批武士向新田义贞投降,但是他们的名字被史书的撰写者们省去了,撰写者们要"为他们保留尊严"。

这次战败之后,足利直义退入箱根的山中。在那里,他建立了牢固的阵地,与勇敢的高师兄弟和其他指挥官一起准备背水一战。到目前为止,天皇一方的军队前景都非常乐观。不过前来援助弟弟的足利尊氏巧妙地避开了新田义贞军队的注意,来到足柄西部并偷袭成功,重创新田义贞,迫使其后退数公里。遭到重创的新田义贞停下来安营扎寨,整顿军队。

足利尊氏意识到现在是战争的关键时刻,他把自认为可以支配的一些庄园赏给武士们,以此来激励他们的斗志。足利尊氏僭取了源赖朝曾经使用过的权力,实际上他要更进一步,因为他是在战场上进行封赏的。这一新的策略十分成功,因为正如一位坦率的历史学者所说:"鱼跃为饵。"

12月27日,后醍醐天皇的军队退入骏河国,于佐野山建立了阵地,在那里他们遭到了猛烈的攻击,还失去了九州一位武士首领的支持。这位来自大友家族的首领率领手下数百名武士投靠了足利尊氏。由于此次叛变(这在那时并不少见),朝廷的军队开始瓦解溃败。他们向南朝着三岛的方向逃跑。雨下了一整夜,到第二天早晨,镰仓的军队已经在高处搭建起营地,俯视三岛。胜利的旗帜

---

① 这是东海岸大路上的一个地方,位于现在的静冈市。

下聚拢了大量援军,军队实力大大增强。还没等到天气放晴,他们就像潮水般涌向这个小城,新田义贞被迫弃城,朝着海岸线的方向连夜逃走。天刚微亮,他就在沿骏河湾的大道上被足利尊氏追上。根据一位叙述者的说法,一场殊死战斗开始了,"全副武装的士兵们的跑动声使大地颤抖"。新田义贞的残部历经千辛万苦才逃至富士川,并通过一座吊桥渡过了湍急的河流。

足利尊氏和足利直义的部队会合,然后迅速向浮岛进军,他们在那里选了一处靠近大道的空地安营扎寨。随后举行了一次战时会议,讨论他们两人之中是否应该有一人或两人都返回,以确保镰仓的安全。最后决定两人同时向京都进军。此时正值隆冬时节,地上被厚厚的积雪覆盖,甚至连平地和山丘都无法分辨清楚。正如一句谚语所说,东边的武士总是要面向西方的。以前源范赖和源义经如此,北条泰时和北条时房如此,此时的足利尊氏和足利直义同样也是如此。他们朝着京都的方向出发了。

在足利尊氏追击朝廷败军的时候,来自东方八国和沿海地带的武士们不断地加入进来,当到达美浓国时,漫山遍野都飘扬着他的旗帜。就在此时,一些忠诚于朝廷的、在山中修行的僧侣打算对足利尊氏军队的后方发动突然袭击。但是这一计划被察觉,他们最后被击溃。琵琶湖就在附近,所以很多人乘坐小木船逃离了战场。

从这里开始,镰仓的军队被分为三个独立的部分,他们将沿着一些传统的路径展开攻击——穿过濑田、宇治的桥梁,沿着淀川的大路前进。战斗在新年的第三天,即 1336 年 2 月 16 日开始。那时新田义贞已经在宇治川的桥上竖起一座防御塔。2 月 21 日夜间,足利尊氏对这座桥展开了猛烈攻击,但是新田义贞的防守非常坚固,他坚信北畠显家会率领大军从陆奥国出发前来援助自己。在河的两岸,战斗不分日夜地进行着。同时,越来越多的武士们源源不断地加入足利尊氏的队伍中,他们有的来自河内国、摄津国,有的来自西边更远的地方,甚至还有的来自四国和九州。在这些武士中,有一位是来自播磨国的赤松,在过去的论功行赏中,这位英勇的首领曾被后醍醐天皇忽略。

2 月 22 日,这些新的同盟者们打算于次日凌晨攻击位于山崎地区的朝廷军队。他们约定以烽烟为暗号,在合适的时间点开始全线攻击。黎明终于在焦急的等待中到来,赤松一马当先,冲出营门,很快就席卷了山崎。紧接着士兵们冲向久我和鸟羽,势不可当,朝廷的军队在街道上四散奔逃。到 2 月 23 日晚,战斗已经结束。京都和其他各街区的战斗从第一支箭射出后就从未停止过。伴随着足利尊氏的胜利，一个新的时代来临了，同时也宣告了后醍醐天皇重塑皇权计划的失败，他再一次踏上了流亡之路。

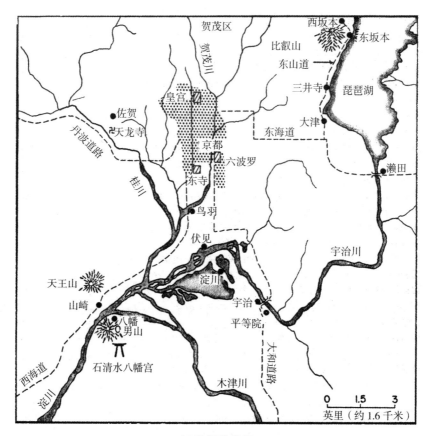

14 世纪的京都

第三章

足利尊氏的崛起

足利尊氏。尊氏的骑马画像，上面有尊氏之子足利义诠的花押。原属守屋（Moriya）家。这幅画曾经受到质疑，但几乎可以肯定它并非伪作。

一 京都的足利尊氏，1336 年

2 月 23 日，足利尊氏的先锋在细川定禅的率领下，急行军进入都城。后醍醐天皇提前得知足利尊氏的先锋将要到达的消息，连夜逃到东坂本避难，得到延历寺的保护。接下来的两天里，细川的军队在街道上巡逻，放火烧毁了宫殿、朝廷贵族和大臣们的住宅，尤其是敌人楠木家、名和家和结城家。

第三天，也就是 1336 年 2 月 25 日，足利尊氏抵达京都，占据了右大臣洞院公贤的住所，但是他没有继续破坏。因为一支强大的军队在北畠显家和结城宗广的率领下（尽管名义上是由年仅 9 岁的义良亲王统率）从北方出发抵达比叡山，同时尊良亲王的部队也从东面沿着山路向京都进发（东山道）。北畠显家竭尽全力追击足利尊氏，他的部队经过长途行军，疲惫不堪。

进攻的部队于 2 月 27 日跨过琵琶湖，抵达坂本。他们受到山中僧侣们的热烈欢迎，这些僧侣曾为后醍醐天皇提供过避难所。由于园城寺（通常被称为三井寺）的僧侣们与延历寺不和，因此细川定禅很自然地驻扎在了园城寺。而北畠显家也将在那里对他展开攻击。足利尊氏的军队在这次战斗中被打得七零八落，园城寺也被一把火烧毁。足利尊氏向后方撤退，占据了其他一些据点，但这并不能阻挡天皇军队的猛烈攻势。三天激战过后，京都失守，足利尊氏被赶到丹波国。

足利尊氏意识到不可能马上恢复元气，为避免再一次和敌军正面冲突，他绕道进入摄津国。他在经验丰富的将领的带领下穿过了丹波国和播磨国，于 3 月中旬抵达兵库海岸。但是天皇的军队发现了他，并且穷追猛打了 10 天左右，再次被击败的足利尊氏乘船逃向九州。① 许多足利尊氏的追随者们此时投靠了新田义贞和楠木正成，随他们的部队返回了都城。3 月 16 日，天皇从比叡山回朝。

二　向西方撤退

足利尊氏在战斗中一次又一次被击溃，最后一次在兵库停留之后，他发现除了在西部各国和九州岛中寻求同盟重整军队外别无他法。这并不是一个新的计划，足利尊氏以前就小心地在西部各国的一些首领中寻求支持。一支舰队将他带到了西部，而它曾经从周防国和长门国为他送去了 500 名精锐的骑兵。这两个分国的守护已是他的同盟。一些熟悉本地情况的将领向他建议，即使他想击败楠木正成重返都城，此时也很难实现。他必须向西进发，让自己的士兵和战马得到充分的休息，鼓舞士气，为将来的胜利打好基础。播磨国的赤松则村是这些将领中比较积极的一个。在士气这一点上，足利尊氏已经清楚地意识到自己的不足，他知道士兵们需要一面旗帜去为之奋斗。朝廷的军队被天皇的"锦御旗"鼓舞，然而足利家的首领似乎成了朝廷的敌人（"朝敌"）。

补救的办法很简单，足利尊氏需要的是一个真正的皇位继承人的命令，此人必须是皇族高层的代表。在得到朝中有影响力的内臣日野资名的帮助后，他的计划开始实施。经过一番沟通，皇族中持明院统一位隐居的天皇——光严天皇授予了足利尊氏一项任务。任命文书（"院宣"）中允许足利尊氏以光严天皇的名义行动，随后的补充文书（"御教书"）中命令他打倒新田义贞和其他反叛者。

对于院宣传达的时间和地点还有一些疑问，足利尊氏似乎早已经得知院宣的内容。当他到达备后国的鞆（港口名）时，院宣还没到，但是他提前宣称自己已经得到隐居的光严天皇的任命。他开始号召全国的武士追随自己打倒"逆贼新田义贞"。

在接下来的几个月里，足利尊氏把大量时间都用在向本州岛的西部分国和九州岛寻求支持上。他的船于 3 月底在室津（港口名）做过短暂停留，甚至在此

---

① 有一种说法是这样描述当时的情况的：经过在兵库附近一系列的战斗之后，足利尊氏情绪低落，打算与足利直义一起自杀，但是细川定禅劝说他前往九州。这听上去不可思议，但是可以肯定的是，他们对下一步行动犹豫不决，足利直义或许更倾向于对京都进行孤注一掷的攻击。关于 3 月 25 日晚上发生的事情，争议很多，最终足利尊氏同意从兵库乘船离开。部队在 3 月 26 日清晨到达这里，傍晚时分开始上船，天黑之后出发。足利直义最初还返回摩耶山下驻扎，打算对京都进行拼死一搏，但最终他放弃了这个想法，并在午夜时分乘船离开。

期间他还积极会见了当地有影响力的人，为他们划定势力范围和军事指挥的权限。因此，整个四国岛都被分配给细川家族，赤松家族则确立了他们在播磨国的领主地位。备中国的今川家、周防国的大内家、安艺国的桃井家等一些大家族在很多方面都被授予极大的权力。做出这种安排谈何容易，因为足利家族与西方的封建贵族联系甚少，对他们没有实际控制权。事实上，只要这些西方领主们愿意联合，那么他们将会决定足利尊氏的命运。况且，从足利尊氏在京都附近的失败中，他们已经很清楚地看到，没有他们的帮助，足利尊氏不可能东山再起。

足利尊氏当然也意识到了这些。甚至早在 1331 年，他还在对抗镰仓幕府的时候，就开始笼络九州那些有权势的首领，像大友、少式和岛津，并且保证他们将会被委以高位。从那之后，足利尊氏和他们之间一直都保持着联系，并且深得其心。在骏河边上佐野山的战斗中，正是来自大友家小分队及时的（和狡猾的）援助才帮助足利尊氏成功地转向天皇军队的侧面，从而大获全胜。此时，除了大友家之外，少式家和其他一些人也都打算带领大批武士跟随足利尊氏。1336 年 3 月底，当足利尊氏到达长门国时，他很有可能在九州受到了积极热情的接待。4 月初，足利尊氏到达下关，随即进入筑前国，在那里很多九州的贵族都欢迎他的到来。不久，少式家派使者前来拜访，随之而来的还有他们的首领少式贞经送来的一支由 500 名武士组成的部队和其他礼物。

并非所有九州的大家族都站在足利尊氏这一边，部分强大的首领还是反对他的，尤其是菊池武重。虽然菊池武重已经前往关东帮助新田义贞，但是他的弟弟武敏和九州的一些其他头领仍然在肥后国保持警惕，这里是菊池家的大本营。因此足利尊氏必须要对付一群势力强大的人，包括麻生、三原和黑木，他们都注视着他在九州的发展。为此，他们在足利尊氏穿过下关海峡的前几天就已进入肥后国。

4 月初，菊池家袭击了少式家在筑前国太宰府的要塞，赶走了少式贞经，①少式贞经在附近的山上进行抵抗，但被彻底击败了，随后他和部分家眷自杀。同时足利尊氏已经在少式家长子的引导下走陆路离开了芦屋浦，但是在他们到达位于宗像（地名，蒙古入侵时，这里发生过激战）的一个神庙看守人的房屋时，他们得到一个坏消息：少式贞经战败自杀。足利尊氏对眼前形势做出判断后，在宗像

---

① 少式贞经此前已经从家族的高层中退出，出家为僧，法号妙慧。但是他感觉自己有义务帮助足利尊氏战斗，因为他们的家族原本就是幕府将军的忠实部下。其子少式赖尚不久之后加入反击菊池家的战斗，在战场上他身穿源赖朝赐给他一位祖先的盔甲。

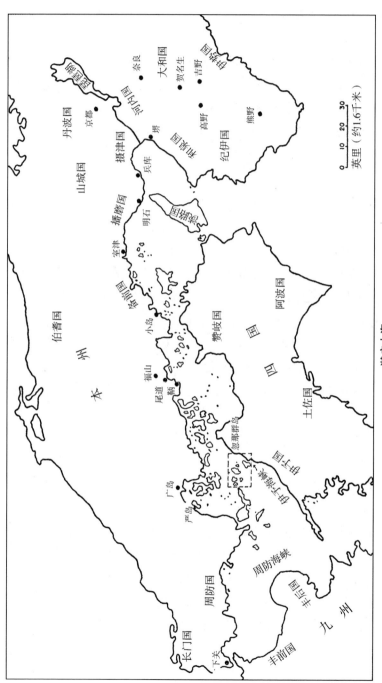

瀬户内海

附近招募了一队武士。作为回应，菊池家的部队向足利尊氏逼近，其中包括曾经击败太宰府部队的人马和其他一些在博多招募的士兵。4 月 15 日，足利尊氏离开宗像，向西南方向行进 24 千米，来到位于博多湾一个叫多多良滨的地方。《梅松论》中对此处是这样描述的："这里有一片超过 4.8 千米长的干燥沙滩，向南延伸至一条小溪。箱崎八幡神社的周围是面积大约有 13 平方千米的松树林。它的南边是博多市，东边八九千米的地方是丘陵地带，西边则与中国隔海相望。"

两支军队在白沙和苍松包围的战场上交锋，在激战之后，菊池家的部队被迫投降。胜利在很大程度上要归功于足利直义，是他把敌人一直驱赶到太宰府。菊池武敏逃向山里，然后后退至筑后国，其他一些对抗足利尊氏的首领则像麻生和秋月那样投降或者自杀。

对于这次战斗的胜利，足利尊氏欢欣雀跃，因而奖赏了那些战功卓著的统帅。镇压了反叛之后，作为王权的代言人，他保证立功将领将会得到奖赏，也不再对曾经反抗过自己的人施以惩罚。足利尊氏的宽厚使很多原本站在菊池家一边的人倒向了他。足利家一举成为九州的真正领袖。与少式赖尚商讨之后，他邀请九州北部所有势力强大的首领加入自己。大部分人，包括锅岛和后藤等一些非常重要人物，很快齐聚太宰府。这样，他们就形成一股非常强大的力量，足以镇压重地镇西地区的所有反对派。

三　从九州回归

这次会议之后，足利尊氏选出部分将领，把镇压敌人未来反抗的任务交给他们。这些将领们都成功地击败残余敌人，占领了他们的据点。在支持者，尤其是在少式和岛津的帮助下，足利尊氏几周之内在九州确立了自己的地位。尽管菊池和麻生势力曾经很强大——实际上，他们在多多良滨的军队数量一度超过足利尊氏——但是足利尊氏和足利直义获得了最后的胜利，他们朝着征服全国的方向迈进了一大步。

此时足利尊氏放心地留下仁木、一色、松浦党①和其他值得信任的官员在博多指挥足利家的军队留守九州。同时，足利尊氏和弟弟带领着精心挑选的部队于 5 月 14 日从太宰府出发，跟随的有少式、大友和其他一些可靠的下属。留守

---

①　松浦党或称为松浦联盟，由 48 个松浦家族构成。1620 年，松浦党的首领允许英国在平户创办工厂。

的部队在博多乘船前往下关，而足利尊氏和足利直义走陆路向北前进，而后穿过下关海峡，在府中建立了总部，在长门国成立了政府机构。从那时起，足利尊氏开始了他的东进步伐。

朝廷似乎处在孤立无援中，足利尊氏在沿着海岸进军的途中没有遇到过真正的抵抗。整个四月，保皇派*都显得死气沉沉，与足利尊氏的活跃形成鲜明对比。甚至在逃往西方的路上，足利尊氏感到前途未卜时，他还在四国和中心地带的一些要地谨慎地留下分遣队和一些食物及武器储备，以待日后卷土重来。可以肯定的是，保皇派在多多良滨被打败后不久，后醍醐天皇便任命结城宗广为下野守，麻生为萨摩守，但是这些举动都无关紧要，因为下野国是足利尊氏的属国，萨摩国则由九州的大家族，尤其是岛津家统治了长达数世纪之久。

不过，保皇派确实在东面和北面采取了一些实际行动，以对抗足利尊氏。1333年义良亲王被任命为陆奥国和出羽国的太守，4月初他就在顾问北畠显家的陪同下赴任。此时，北畠显家被封为镇守府将军——旧时被称为北方防务令外官，两百年以前源义家曾被授予此职。在北畠显家的指导下，北方（奥羽）的很多家族组成联盟。他们之中有一些非常有实力的家族，如结城家、南部家、伊达家、相马家、田村家。楠木家的一些族人加入常陆国以及附近一些分国的武士中，增加了凝聚力。这两个组织在日本东部（关东地区）保证誓死效忠于天皇。尽管足利家族在此很有声望，但是从单纯的军事角度来说还是相对薄弱——事实上，在畿内、九州、关东这三个具有重要战略意义的地方中，关东是足利尊氏最容易受到朝廷一方进攻的地方。对于这一点足利尊氏心如明镜，他成功地说服相马和其他一些首领改投自己一方，抵抗奥羽的北畠显家。与此同时，足利尊氏以东方①镇守府将军的名义命令佐竹和另外一些人反复偷袭骚扰驻扎在常陆国的朝廷军队。而就在此时，新田义贞被派往西部抗击足利尊氏。

然而朝廷采取的这些对抗足利尊氏的措施不够及时，因为它们都是在足利尊氏离开京都一个月后才开始实施的。4月26日，作为作战部署的一部分，新田义贞首先在播磨国的斑鸠攻击赤松。赤松被迫向播磨国的西部撤退，退至其在白旗城的大本营，在那里坚持抵抗。赤松清楚，假如自己无法在播磨国立足，足

---

　*　本书作者以 loyalist 一词指称后醍醐天皇及南朝的支持者，以下视语境酌情翻译为"保皇派""南朝支持者"等。这或许多少反映出20世纪初以来日本社会以南朝为正统的影响。——译者注

　①　即关东地方，以区别于北方地区。

利尊氏东进的道路将会被封锁。新田义贞的计划是在足利尊氏的援军到来之前占领此地。5 月初他将这里团团包围,希望对方守军弹尽粮绝,继而投降。同时新田义贞派出一支部队包围了备前国、备后国、美作国的各个据点,大部分地方已经向他投降,只有白旗城和三石城(位于备前国)仍在坚守。

足利尊氏得到赤松传来的消息后,决定加速前进,白旗城和三石城由于缺少粮草坚持不了多久。足利尊氏早有再次打回京都的打算,计划于 1336 年的春末或夏初实行。因此当赤松送来消息时,他已经做好攻打京都的准备。如前文所述,足利尊氏在 5 月 15 日离开太宰府,随后在府中停留了三周,他想必是在一边检查为讨伐京都做的准备,一边审视自己的政治处境,密切留意着自己的同盟和追随者们的动向。足利尊氏继而前往周防国的加佐登,6 月 10 日自那里前往严岛。6 月 13 日,足利尊氏到达尾道,在那里参观了净土寺。净土寺是一座真言宗的寺庙,足利尊氏在净土寺举行了一场诗会,当众朗读了一首三十三行诗,并亲手抄录下来赠予寺里的僧人。

足利尊氏不慌不忙的行动很可能使朝廷的将领对他放松了警惕,因为他没有表现出任何急于动身的迹象,但实际上他正稳步向前推进。当所有部队都到达鞆港附近后,足利尊氏召开了一次作战会议①,决定兵分两路,一路由他带领走海路,另一路由足利直义带领走陆路。6 月 19 日,两支部队同时离开鞆港。少式赖尚率领 2000 骑兵作为陆路先锋部队打头阵。值得注意的是足利尊氏将这一职位作为荣耀授予了一个来自九州的武士,此人之前并没有效忠于足利家族。陆路部队在行军路上能够看到足利尊氏的海上舰队,当船队向东行驶了三四海里后,瞭望台看到了大量船只正在靠近,其中一艘上悬挂着足利尊氏的旗帜。这些旗号一度被认为是楠木正成的诡计,但是很快证实这是来自四国的援军,是由细川率领的一支强大军队。

根据《梅松论》中记载,细川的舰队由 500 艘船组成,载着 5000 余名士兵。不必过多地介绍这支舰队的规模,但是毫无疑问其中包括战船和运送人员、粮草的货船。军队中还有数千骑兵,所以(假如数目正确的话),除了船员以外,平均每艘船还必须运载十名士兵,以及他们的战马和马夫。足利尊氏和他的舰队于 6 月 24 日到达备前的儿岛郡。与此同时,在突破了几道防线之后,足利直义在陆

---

①　作战会议在 6 月 14 日召开。两天前,身在严岛的足利尊氏收到了后伏见天皇驾崩的消息。

地上与足利尊氏保持着同样的前进速度。几天之后，迫于足利直义大军的强大压力，朝廷军只好放弃对白旗城和三石城的进攻，退向兵库。

7月2日左右，趁着退潮之时，足利尊氏的一支小舰队在月光下乘风离开了室津，7月4日晚在明石市大藏谷下锚，①这支先锋舰队由细川定禅指挥。同时，足利直义率领的陆军已经抵达须磨和一之谷（1184年，源义经立下卓越战功的地方），在盐谷和大藏谷安营扎寨。部队在海岸上点燃了火堆，船上的人则用信号弹照亮了整个夜空来回应。这是大战一触即发的前奏——这场战斗就是日本历史上具有决定性的战役之一，被称为凑川之战。

四　凑川之战

从白旗城撤退之后不久，天皇军队的大将军新田义贞急忙将此时的战争形势呈报给京都。天皇焦虑不安，但是并没有手足无措，他命令楠木正成立即前往兵库援助新田义贞。根据《太平记》中记载，楠木正成并不同意新田义贞的计划，他建议当前新田义贞应该避敌锋芒暂停作战，天皇应该暂时到比叡山避难，而楠木正成自己则退回河内国，以此诱使足利尊氏进入京都。这样足利尊氏便会受到来自比叡山和河内国的夹击，同时新田义贞也会切断其补给线。当楠木正成得知天皇身边的公家大臣不同意自己的计划后，他便抱着必死之心前往了兵库。

另一个版本中关于凑川之战爆发原因的记载则不太可信。② 楠木正成是一个天才军事家，他的计划本来可以成功。然而，朝廷总是在危急时刻犹豫不决，他们的迟缓正中足利尊氏的下怀。两军的第一次接触发生在7月5日早上，关于此次战斗，当时的史书上有丰富详尽的描述，很多家族的记录中也有关于他们卷入这场战斗的记载。下面这幅图能够很好地再现当时的战况。

---

① 为了等待天气好转，部队在室津拖延了几天。大家对于是否应该冒险出发意见不一，争执不下。迎着顶风，负载过重的船只无论是升帆还是划桨都无法前行。在暴风雨里，船只极有可能相互撞击或者漂回岸边。《梅松论》中描述此时迷信的战士如何采取预防措施的内容很有趣。战士们解读梦境，请求神谕，住吉神社（供奉船只和水手的守护神）的一位女神官宣告足利尊氏的大业必将成功。最吉利的是，一个能预知天象的船夫不同意同伴们迷信的观点，他预言部队将在微风中一帆风顺。

② 《梅松论》的内容是另一个完全不同的版本，具体如下。足利尊氏在京都附近被击败，继而逃往兵库不久，楠木正成向天皇进言，处决新田义贞，召足利尊氏回京都，使其和天皇和谐相处。楠木亲自把这一信息带给足利尊氏。朝廷中的大臣都嘲笑他的这一计划，但是楠木正成却反驳说足利尊氏比新田义贞要忠诚。他预言足利尊氏将以胜利者的身份返回，并说就他自己而言，宁愿死在和足利尊氏的战斗中。这个故事是否真实我们不得而知，但是楠木正成很有可能不喜欢也不信任新田义贞。

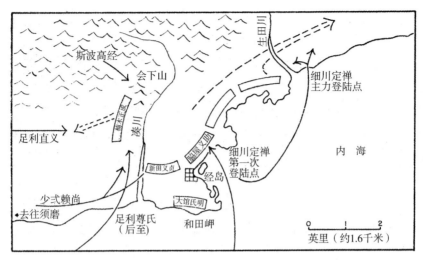

凑川之战

天皇军采取守势,在和田岬到生田川一线布防。新田义贞(他从邻近的美作和备前两国得到支援)负责指挥所有的部队。他将部队主力放在面向大海的和田岬的山丘上,其部队两翼占据了海岸线的位置。楠木正成的军队则背对凑川,分布在会下山和长田村一带,直面足利直义的陆路大军。① 天皇军还分出一支相当力量的部队控制播磨道的须磨入口。

在足利一方,足利直义率军占领了与新田义贞所占区域相对的三个区域。其中足利直义自己占据了中心位置,以攻击楠木军的中央;斯波的队伍则集结在高地,意图进攻楠木正成的后方;第三支队伍在少式赖尚的带领下,沿着河岸缓缓向东挺进,与足利尊氏的海军配合行动。一队大小战船在细川的指挥下沿着海岸平行地向生田川河口前移,左舷是凑川和兵库。之所以这样布阵,是为了能让足利尊氏的军队在兵库东部上岸,在那里可以切断保皇派的退路。

战斗开始于细川定禅试图强行登陆,结果登陆失败,并且损失惨重。因此,他不得不继续向东移动,在生田川河口附近上岸。与此同时,新田义贞的队伍被少式赖尚的精锐部队偷袭,遭到重创。意识到后方正受到细川的威胁,新田义贞匆忙撤退。结果证明他此次撤退犯了致命的错误。留下的楠木正成失去了全部掩护,足利直义抓住时机迅速对楠木发起猛烈攻击,最后保皇派全面溃败。楠木

---

① 凑川的河口经常发生变化。1180 年,为了保护新城福原(位于兵库),平清盛疏导凑川改经现在的河道。到了足利时代,河床常年干涸,只有暴雨降临之后才会有水流。楠木正成是在河床石滩上战斗的。

正成绝地反击，曾一度打得足利直义连连败退。但是在没有任何支援的情况下，楠木正成抵抗不住直义的反攻，而且此时他面对的不仅是足利尊氏派给足利直义的援军，还有来自细川部队的压力。将新田义贞赶出战场的细川部队，此时出现在楠木正成的后方。遭到全面包围后，楠木正成失去了通往丹波的退路，他继续奋战，直到他和他的族人们（包括他的兄弟）最后战死或者自杀。根据足利的记录，楠木部队的战死者多达 700 余人。1336 年 7 月 5 日的炎热午后见证了他们连续 6 个小时的浴血奋战。

在日本的历史长河中，楠木正成是忠勇的典范。他品德高尚，不负盛名。但是他势单力薄，是一个孤独的存在，因为天皇基本上不指望能从武士阶层获得无私的帮助。遗憾的是，在重塑皇权的斗争中，无论是 1221 年的后鸟羽天皇还是一个世纪之后的后醍醐天皇，都高估了自己的追随者的力量。他们主要依靠的都是某些大家族的同情，而这样的军事力量主要是由地方上对幕府不满的贵族乡绅或者因租佃天皇土地而站在天皇一边的农民构成。

在后醍醐天皇所有的支持者中，楠木正成是为其做出真正牺牲的人。他出身于河内国乡下一个富裕的贵族家庭，尽管不算大富大贵，他可以自称继承了橘诸兄的血统，橘诸兄是 8 世纪（奈良时代）的贵族高官。他既是一位学者，也是一名虔诚的佛教徒，通晓真言宗的神秘教义，和当时一些地位显赫的佛教人士关系密切。无法确定他的土地是来自于镰仓的领地，还是他只是朝廷的佃户，不管怎样，他对保皇事业的拥护似乎来自他和寺庙中高层僧侣的交往，如和泉国的久米田寺和观心寺，（需要记住的是）当后醍醐天皇流亡时，护良亲王曾向这些寺庙寻求过帮助。

毫无疑问，一些对楠木正成的描述是带有演义性质的，但是在他国家的历史长河里，他就是一个武士的完美代表，文人情怀和武士道精神在他身上得到了高度的统一。保皇派因为他的死而蒙受了重大损失。和楠木正成不同，大觉寺统的很多支持者是出于对足利尊氏的敌视，而非对统治者的责任才行动的。其中新田义贞尤为如此，他最初的战斗动机就是想阻止足利尊氏主宰这个国家，然后向新田家族发号施令。但是也必须承认，即使经历了凑川之战的失败，新田义贞仍然不屈不挠地领导着抗击足利尊氏的战斗，并取得了不可思议的胜利。

楠木正成的忠诚之所以伟大，是因为他完全不为私欲私利。后醍醐天皇争夺皇权的战争事实上并不是王朝斗争，尽管它以这种形式发生了。它实际上是一场关于土地的战争,绝大多数封建主参战的目的并不是为了向天皇表达自己的个人诉求,而是为了增加自己家族的财富。经常有家族故意分为两派,然后分别效忠于两边,如此一来无论结果如何,家族中总会有胜利的一方。在这场封建战争中最好的例子就是有权有势的岛津家族。岛津家族的首领是岛津贞久,他的领地包括萨摩国和大隅国的广大区域。1360 年,当战争蔓延到九州的时候,他带着萨摩国的土地所有权宣布忠于幕府,而他的弟弟则在大隅国的土地上宣布效忠天皇。有时候,这样的家族分裂是真正的信念之争,但是一般来说两个分支之间会有一定的默契,它们之间的分歧也只是停留在表面上。

五　足利尊氏的胜利

湊川之战是具有决定性意义的一战,但是它的作用并没有马上体现出来,直到 1336 年 10 月初,足利尊氏才得以拔掉新田义贞这根刺。

在一系列艰苦的迟滞作战之后,新田义贞带领他的军队撤出湊川退向京都,终于摆脱险境。他的军队 7 月 6 日进入京都,次日大臣们一致决定后醍醐天皇应该到比叡山避难。后醍醐天皇于是立刻带着神器返回东坂本。天皇的侍从非常寒酸,但是由新田义贞亲自率领的一支精锐部队护送。和新田一起随行的有其家眷以及宇都宫、千叶、菊池、土居、名和等早已名扬沙场的军队首领。后醍醐天皇深受比叡山僧侣的欢迎。一行人中本来还有持明院统的前任天皇——光严天皇,不过他托词生病,途中又折回京都。不久之后,足利尊氏在男山八幡宫建立了他的指挥部,在那里迎来了光严天皇和丰仁亲王(后来的光明天皇)。

足利尊氏此时所处的位置相当有利。仁木和今川从丹波路进入京都,随后,足利直义的部队在两三天之后也进入这座都城。同时,足利家族来自美浓国、尾张国、伊贺国以及附近地区的下属们都涌入近江国,都城的北部区域被划分给了他们,指挥部设在修学院离宫。

足利直义统一指挥所有部队,命令他们准备攻击比叡山。攻击于 7 月 13 日开始,但是连续两周的战斗都徒劳无功。足利尊氏当然没有料到结果会是如此,于是决定进入京都并在等持院拥立光严天皇,以此来激励部下。与此同时,天皇军的小股部队在摄津国和都城的南部区域活动频繁。他们在从南到北的区域内威胁着足利直义的活动空间。没过多久,西坂本的足利军便陷入了危险之中,足利直义不得不疏散其在那里的将领,让他们撤退至京都。

8月7日拂晓，天皇军对京都发动了强大攻势，他们点燃了京都大部分地区的建筑。名和长年率领一支部队突袭了等持院，足利尊氏的安全受到威胁。在这个关键时刻，足利尊氏亲自出马，在盟友的帮助下迅速反败为胜，名和长年阵亡。

战败的天皇军又退回比叡山，足利军依然按兵不动，接下来则是一段僵持期。天皇军的小部队不时发起突袭和包围，威胁着足利军的安全。终于，足利尊氏决定进行一次强力反击。10月初，淀川附近的天皇军遭到沉重打击，被迫撤退。不屈不挠的新田义贞展开反击，但却没有收获任何战果。从10月5日起，运气开始远离天皇一方。他们继续在宇治和其他一些地方进行分散性的抵抗活动，但是比叡山开始被渐渐孤立，天皇军岌岌可危，越来越难站住脚。

足利尊氏并不想让战争继续下去，他向"山上"发出一份文书，给在寺庙里面避难的后醍醐天皇。他说尽管就目前形势来看自己是一个反叛者，但是他的目的只是为了摧毁新田义贞和他的家族。既然现在他已经无足轻重，那么恳求天皇回到京都管理国家。根据一种说法（《太平记》的记载），1336年12月13日，天皇以会谈的名义同意了他的请求，从坂本来到了花山院。

这只是足利尊氏的一个战术策略，这个时机选在保皇党形势不利而战败的后醍醐天皇孤立无援之时。毫无疑问，后醍醐天皇知道要小心应付足利尊氏的提议，也没放弃重获原有权力的希望。这至少是北畠亲房的态度，北畠亲房在他的《神皇正统记》中评论说，在北方各国中，恒良亲王和尊良亲王仍然手握重要力量，他们与新田义贞关系密切，打算在敦贺建立一个据点。

根据新井白石在《读史余论》中记载的一个故事，后醍醐天皇下山之前，一位来自新田家族的使者前来拜访，使者说为了天皇的权威浴血奋战的新田义贞已经失去了自己家族的163个成员，还有7000名士兵。假如天皇打算接受足利尊氏的邀请前往京都的话，那么他将提前一步砍下家族中幸存的55名成员的头颅。也许是为了回应这位使者的抗议，后醍醐天皇把尊良亲王和恒良亲王派往新田家的首领处，由他们护送到了越前国。

后醍醐天皇一到花山院，就被限制了行动，并且被要求把神器交给光明天皇。此后，他将被看作太上天皇。光明天皇是光严天皇的弟弟，当后醍醐天皇流亡之时，光严天皇曾被镰仓幕府拥立为天皇，但在1333年后醍醐天皇回归后，他便不再被视为天皇。根据当时一位地位显赫的朝臣所述，光明天皇从后醍醐天皇那里得到的神器是赝品，他于1336年9月20日登基，从此日本开始了两朝相争的历史。①

据《太平记》记载，在决定向足利尊氏投降的前一天，后醍醐天皇已秘密让位于自己的正统继承人恒良亲王。关于这段历史是否真实存在我们无典可寻，但是恒良亲王和尊良亲王当天离开花山院去往日本北部却是事实。此外，他在北方指挥部曾至少正式颁布过一次圣旨。

1336 年 12 月 17 日，后醍醐天皇的儿子成良亲王被立为皇储。这意味着足利尊氏仍然把已经退位的后醍醐天皇当作是曾经的真正的天皇，因此他认为光明天皇之后的皇储人选应该从大觉寺统中挑选。北畠亲房认为足利尊氏的行为是为了取悦后醍醐天皇，是希望调和大觉寺统和持明院统。无论原因是什么，后醍醐天皇是一个顽固执拗的人，只要能看到一丝逃脱的希望，他就不会轻易服从或是放弃自己的天皇地位。

足利尊氏采取了一些其他方法来争取支持。他确认了京都附近大部分神社和寺庙的土地所有权，并命令将 1333 年年底以来没收的财产全部物归原主，同时他削减了朝廷贵族和官员们的职能和特权。总的来说，足利尊氏在朝着建立一个新幕府的方向迈进。

1336 年年底，足利尊氏被封为权大纳言（大参赞），号称镰仓大纳言，这表明他代表着镰仓幕府象征的理念——实行武士阶级的统治。如果不是贵族（公家）和武士（武家）之间的矛盾变得那么尖锐以致他无法离开都城，或许他早就前往镰仓了。因此，足利尊氏决定把大本营或者幕府设在京都。

新幕府一成立，足利尊氏便召集了熟悉律法的官员和学者，讨论制定政府的基本制度。他原则上希望按照《御成败式目》（《贞永式目》）管理新政权，这是源氏的首领们在 1232 年颁布的。但是他的谋士们还建议他对此进行进一步的说明和解释。这些规定被总结为《建武式目》，并于当年年底前公布。值得注意的是，它阐明了那个时代的理念和观点，是法学家和官员们的劳动成果，而并非只是足利尊氏个人意志的体现。② 因为无论幕府建在哪里，无论采用什么样的法律管理国家，足利尊氏都不会为了解决朝廷事务而削减自己的权力。他的权力不

---

① 光明天皇，即丰仁亲王，是后伏见天皇的第二个皇子。为了保证持明院统的正当性和正统性，光严天皇名义上复位，1336 年 9 月光明天皇即位，但其登基大典直到 1337 年年底才举行。

② 在这部法律的序文中作者阐述了新幕府应该建立在哪里。二阶堂（世代为官的二阶堂家族中的一位德高望重的长者）认为尽管从历史和传统的角度来看，镰仓的地位非常重要，但是新幕府该建立在哪里不应取决于惯例，而应该取决于民众的要求。但是正如我们所见，它最终是由足利尊氏决定的。

会被任何法律或者先例所左右。假如无法劝服后醍醐天皇，他就会考虑另换一个持明院统的继承人，找一个年轻的、顺从他的人来做天皇。

六 《建武式目》

《建武式目》的内容一共十七条。自从圣德太子颁布十七条宪法的那天起（604年），对于这类的法令文件来说，十七就成了一个神奇的数字。它与理论无关，不如说是一系列处理当前问题的规定。其主要内容总结如下：

1. 厉行节约。

2. 严惩酗酒和赌博行为。

3. 令行禁止，防止暴力犯罪。

4、5. 处理因内战造成的巨大损失，并进行重建。不经过仔细的调查不能没收私人财产，据实据理，赏罚分明。不可胡乱加罚于昔日敌人。

6. 重建过程中，建筑必须防火。

7. 守护官尤其要正直能干，守护很久以来的职能便是维护和平。将土地作为有功将士的奖赏。

8. 政府必须遏制权佞、后宫和僧侣对封赏的干预。

9. 公人必须严格遵循朝纲。

10. 禁止行贿受贿。

11. 皇宫官员和朝廷官员收到的礼品必须退回。

12. 天皇和将军的随身侍从必须德才兼备。

13. 庆典活动必须合乎法度，遵守上下之别。

14. 论功行赏。

15. 掌权之人要体恤百姓，体察民情。

16. 仔细批阅神社寺庙的奏请，因为他们所声称的动机并不一定属实。

17. 判决必须坚决迅速。不可有不必要的拖延，不可含糊断案。

《建武式目》只是根据近期发生的事件对一个世纪以前《御成败式目》的主要内容进行了重新阐述。毫无疑问，在如此关键的时刻发布，使得它更具有政治方面的特点。从它的内容中不难推断出当时主要问题的性质，它代表了一群经验丰富的官员们的观点，比起理论，它更关心政府面临的实际问题。《建武式目》看起来就像是对后醍醐天皇执政失败的指责，希望以此纠正其最明显的弊端。

这并不是一份司法文件,只是对封建主行为的基本纲领做的一个阐述说明。

　　足利尊氏获取了大将军的名号和官职后,把都城二条街①的一处宅邸改造成了自己的府邸。他任命功绩最高的高师直作为他的副职(执事),还让太田家族的一员掌管主要执法机构问注所。② 足利尊氏大体上沿袭了镰仓幕府的主要模式,尽管他并没有为下属们成立相似的实体机构。由于经常发生的巷战所造成的破坏(纵火烧房成了一种习惯),直到 1378 年,在一个叫室町③的地方为新幕府营造的宫殿建造完毕,他们才终于有了相应的建筑来安置官员。

　　足利尊氏和他的官员们没有懈怠于政务管理,但是在接下来的几十年内,他们的主要精力都放在了对抗后醍醐天皇以及大觉寺统支持者们的内战上了。

―――――――――

　　① 京都是一个方形的城市,由南北和东西方向的平行马路组成,习惯上用它所在或者靠近的某个十字路口来描述道路位置。所以靠近二条街和高仓路交叉口的宫殿就被称为高仓二条殿。

　　② 这个职位最早由三善康信于 1191 年担任,太田和町野都是他的后代,所以该职位就由这两个家族的人来继承。

　　③ 室町地区位于七条街和东洞院交叉口的北部和西部,室町街是它的西部边界。1338 年,足利尊氏在这里建造了他的府邸和军事统治机构。因此,从它建立那天起到 1573 年覆灭,足利幕府通常被称为室町幕府,足利幕府时期也被称作室町时代。室町离皇宫很近,而北条氏在京都的代表曾经把指挥部设在城市外面的六波罗。

第四章

南　朝

右為代、祖考及已息贈從一位右大臣等可
於當山連三一院始置近善勤行由年来之
素意心中之頻念亡而如聞者當院學業
殆為一山傳法之惠余料所錯乱之後
學頭學衆之依怙一向如無令思此事
不勝嘆息然乃甄開彼發願欲厚補
件闕分仍以當庄地頭職所充料所々備
案物理泛新造寺院始置勤行不如継欲
紀之幾興欲廢之學　高祖照見此志
可感者已覩得違其理不弐欲料所復
本學衆安堵者且應衆望且迴思慮近可
計沙汰右龔勒事狀督白如件
　正平七年四月一日進三宮一品沙門⬚⬚

可以安覧芸國海田庄地頭職便補高野山
蓮花来院勧學料所事

这是一封北畠亲房的(亲笔)信件,展示了一位安艺国地头的权力,他可以把庄园的收入用于支持高野山的寺庙。

一 后醍醐天皇的抗争

足利尊氏感觉到天皇军无法干涉他的行动后,就立即将后醍醐天皇监禁了起来,并派兵严加看守。京都的街头巷尾流传着这样的流言,人们经常开玩笑说:"天皇下一个将要参观的是哪个小岛呀?"但后醍醐天皇是一个顽强的人,他从来没有放弃过自己的人生追求,一定要夺回天皇的统治权。他有他的朋友和支持者,经过周密策划,他设法逃离了京都,并且在吉野①的一个偏远地方安顿下来。这件事发生在 1337 年的 1 月。

当足利尊氏和他的大臣们得知后醍醐天皇逃走的消息后,便对外声称他们毫不在意,但实际上却非常沮丧,他们想尽一切办法查探后醍醐天皇的逃亡路线,却一无所获。当时,天皇的一个忠实支持者(四条隆邦)在河内国原属于楠木正成的领地上集结了一支军队,因此,后醍醐天皇逃跑后,极有可能是四条隆邦护送了他一天,助其翻过山路并到达吉野。到达吉野后不久,后醍醐天皇就派使者前往真言宗在高野山上的一座有名的寺庙寻求支持。他许诺如果有一天能够平息战乱,自己将加入他们的宗派,捐献土地,还会广泛传播他们的信仰。在使者携带的信件上,他署名"天子尊治"以表明他(尊治)才是"天之骄子",并没有将皇位传给光明天皇。

后醍醐天皇在吉野建立了自己的政权,改年号为延元,延元元年即是 1336

---

① 吉野位于大和国的南部,由一大片山地和村落组成。那里草木丛生,人烟稀少。崇山峻岭之间,最高峰超过了 1524 米,山坡上覆盖着繁茂的树林。这里离城市和大道非常远,非常适合后醍醐天皇建立流亡朝廷,在这样的地形上大规模的部队无法作战。吉野和高野山的东边是高位沼泽地,向上延伸到大台原山,从那里可以远眺伊势湾。

年①。从此日本开始进入南北朝并立时期，分别是光明天皇在京都建立的"持明院统"（北朝）朝廷和后醍醐天皇在吉野建立的"大觉寺统"朝廷（南朝）。

在吉野，大批官员和朝廷大臣加入了后醍醐天皇，但是他无法稳固自己的军事实力。楠木正成战死、新田义贞战败之后，后醍醐天皇试图重建一支军队来对抗足利尊氏的精兵猛将，但却毫无希望。不过，他仍然可以博得不少政治同情，假如能够巧妙运用，他此时的军队也将是一股不可忽视的力量。此外，后醍醐天皇还有地理上的优势，在多山的伊势国、纪伊国和大和国地带活跃着他的小部队，这点完美地跟他的军事需求相契合，这里易守难攻，而且作为据点便于对其他各国进行突袭。正是由于这里优越的地理环境，后醍醐天皇在匆忙中建立起来的南朝才得以存在了半个世纪之久。②

幸运的是，由于后醍醐天皇自身的影响力，他在其他很多分国也同样拥有不少追随者。根据记载，66 个分国中的 25 个都有其支持者。尽管这些支持者能够提供的直接军事力量有限，但是他们却能够分散敌人的注意力，或者将敌人的一部分力量从主战场牵制到很远的地方。而其中最有价值的力量就是北朝的保皇派，足利尊氏的部队必须严密监视他们，以防止他们袭击东方各国腹地。在足利尊氏远赴九州的这段时间里，北畠亲房已经在陆奥国和常陆国召集了大批的支持者，除此之外，后醍醐天皇其他的追随者们也在北朝的士绅中鼓动反抗运动。他们之中很多人都担心自己的利益会受到足利尊氏那样的封建领主的残酷剥削。

古老的战争记录都单调乏味，但是这些战争在一个国家的历史上都有着重要意义，并且是一段历史时期形成的重要因素，所以不能简单地一带而过。后醍醐天皇逃到吉野之后的战争中，幸运之风来回吹动，双方互有胜负。也许这场旷日持久的战争的最大特点，就是保皇派在受到看似毁灭性打击之后的顽强回归了。

---

① 从这一天起北朝和南朝开始使用不同的年号。1334—1340 年的年号分别如下：

	1334	1335	1336	1337	1338	1339	1340
北朝	建武 1	建武 2	建武 3	建武 4	历应 1	历应 2	历应 3
南朝	建武 1	建武 2	延元 1	延元 2	延元 3	延元 4	兴国 1

② 后醍醐天皇于 1337 年前后离开吉野，之后的确切行踪我们则无法得知。不过，1337 年这一年他似乎经常变换位置。稍后（1349 年）朝廷被定在吉野南部名为贺名生的偏远地区。

兵败凑川后,新田义贞巧妙地逃脱了,此时正与皇储恒良亲王和尊良亲王一同迅速赶往越前国的敦贺。尊澄法亲王(宗良亲王)从比叡山前往伊势国,他在那里加入了北畠亲房。其他的保皇派领袖都四散躲藏在河内国和纪伊国,为即将到来的战争做准备。吉野的复杂地形就像是一个天然的屏障,非常适合做周边分国志愿军的大本营。

建武新政的第三年年末,准确的日期为1337年1月27日,后醍醐天皇在吉野安顿下来,几天后向陆奥国的北畠显家传信,命其增援南朝的部队,即增援处于京都南部的军队。北畠显家回复称由于附近有强大的敌人在活动,他已经被迫放弃多贺的军事要塞,和义良亲王一起撤退至一个名叫灵山寺的堡垒中(伊达郡)。同年晚些时候,一支由伊达行朝和结城宗广带领的、曾在宇都宫一带活动过的天皇军向灵山寺突围。得到他们的帮助和鼓励后,北畠显家护送义良亲王到达宇都宫,途中还收拢了一些追随者。

北畠显家的军队士气如此高昂,他们开始从宇都宫四处出击,1337年年底离开宇都宫向西进发。途中他们遭到了足利尊氏之子足利义诠的抵抗。足利义诠以镰仓为根据地,在东方各国召集起一支军队,但是在利根川被击败(1337年11月24日),随后逃往三浦(市)。同时,天皇军穿过武藏国到达府中,打算从那里出发攻取镰仓。

此时日本东部保皇派的形势一片大好,但是并没有持续很长时间。第二年早春(1338年2月),北畠显家沿着东海道向西进军,途中遇到远江国当地的援军,之后进入美浓国。但是足利直义和高师冬(高师直的堂弟)的大军已经在此列阵,截断其去路。同时,另一支足利氏的军队正从后方逼近北畠显家。3月22日,两军在关原交战,此地的战略重要性在三个世纪后的一场大战中显露无遗,彼时发生了日本内战史上最具决定性的战役。

北畠显家在此被阻,被迫夺路前往伊贺国,一周之后到达奈良,在那里休整了一段时间。就在他打算攻打京都的时候,遭到了高师冬率领的足利幕府大军的进攻,他九死一生,逃至河内国。与此同时,义良亲王启程前往吉野。北畠显家在河内国重建了他被击败的军队,4月底穿过敌军防守来到了天王寺(京都西南16千米左右,这里是日本最早的佛教寺庙之一)。北畠显家向都城方向追赶敌军将领(细川显氏)。保皇派的不断胜利让足利直义开始担心,他连忙到等持院整顿城市防务,并将光明天皇置于保护性监禁中。足利直义派遣了所有战斗力强的部队赶赴天王寺和男山对抗保皇派。著名的石清水八幡宫就在男山上。

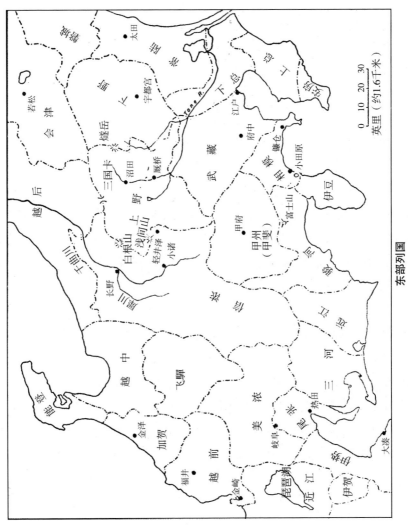

东部列国

在天王寺经过惨烈的战斗之后,保皇派不得不撤退,北畠显家率领疲惫不堪的军队撤向和泉国,在那里他又受到增援而来的幕府军的攻击,最终被彻底地击败。1338 年 6 月初,北畠显家战死在和泉国的石津,年仅 20 岁。北畠显家父亲的《神皇正统记》中描写他战死的内容催人泪下,《太平记》中关于他的死也有一段充满悲情的歌颂,称他为无与伦比的领袖。

北畠显家的弟弟北畠显信坚持抗击敌军对男山的进攻,但最终因补给断绝被迫逃入河内国。8 月,高师直和其同僚在神社肆意纵火,神社毁于一旦。自此保皇派在都城附近对足利氏的抵抗被压制了,而其他地方的形势对后醍醐天皇来说也不乐观。击败北畠显家在光明天皇看来至关重要,他奖赏了足利尊氏,任命他为征夷大将军——后醍醐天皇曾经不愿意授予足利的一个封号。

北方另一支由新田义贞带领的保皇派军队正在越前国活动。我们知道,天皇在离开比叡山之前曾将恒良太子托付给新田义贞,之后新田义贞于 1336 年 11 月前往敦贺。新田义贞的北进行动受到越前守护斯波高经的拦阻。天寒地冻,新田的将士们在冰天雪地中前进,当他们在 12 月末到达金崎①时已是筋疲力尽。

一支足利氏的部队立即从信浓国出发前去拦截新田义贞,年底,大规模的远征军在高师直和高师泰的率领下紧随而来。新田义贞似乎并没有意识到此时自己面临的困境,他在当地征税并派遣弟弟脇屋义助②前往越前国的杣山与重要的保皇派人士瓜生保联络。瓜生保的加入大大增强了新田义贞的实力,同时,可以预想奥州的结城亲朝也会为他提供进一步的帮助,因为新田义贞已经以太子的名义向结城亲朝下达了旨意。新田义贞认为自己已经做好展开大规模行动的准备。而这个时候,他的军队也成功抗击了敌方一系列对金崎的猛烈进攻。同时,瓜生保从杣山开始进攻,并占领了越前守护斯波高经的大本营。

假如新田义贞和瓜生保能完美联络和配合的话,他们联合起来的实力将非同小可,但是他们的力量却被敌人一点一点蚕食。最终,1337 年 3 月中旬,瓜生保不得不退回杣山。金崎在遭到三个月的围攻之后,已经孤立无援,粮草短缺。新田义贞没有丧失信心,他秘密离开被包围的堡垒,和脇屋义助以及其他人进入了杣山,打算制定救援金崎的计划。但是金崎的守军早已力尽筋疲,弹尽粮绝,他们已经沦落到要杀战马充饥的地步。③ 在敌方军队昼夜不停的攻势中,他们又

---

① 金崎位于敦贺临海一面,可以俯瞰海港的地方。
② 义助通过联姻形成了新田家族的一个新的分支,称作脇屋。
③ 对于一名佛教徒来说,吃马肉会打破因果,使他沦入畜道。

坚持了 20 多天，直到 4 月 7 日黎明高师泰攻破了正门，岛津的队伍带头，大军一拥而入。尊良亲王和新田义贞之子新田义显自杀身亡，恒良亲王在混乱中逃脱，但是他在寻路前往杣山的途中被捕，之后被押送至京都，足利尊氏将其囚禁了起来，他的弟弟成良亲王几天后也落得和他一样的境遇。①

金崎陷落后，足利尊氏宣称自己在关西获得了胜利，扬言新田义贞和其追随者们都已被处死，城堡也被一把火烧了个精光。但是，足利尊氏言之过早，尽管新田义贞在北国取胜的计划失败了，但是他和弟弟正在杣山招兵买马，继续对抗足利尊氏。新田义贞团结了越后国的很多族人，找到了其他的一些支持者，甚至包括平泉寺的僧兵。不久之后，他又成功地聚集起一支相当强大的军队。为了回应吉野的朝廷在 1338 年 4 月发出的召唤，新田义贞派脇屋义助前往协助保皇军在男山进行的攻击，他本人则继续率主力绸缪自己的计划。这个计划一定非常重要，因为足利尊氏觉察到它的危险，他严令越前守护斯波高经攻克杣山。结果斯波高经的进攻受挫，不得不退向福井城附近，他在那里的平原地带构筑了防线来阻止新田义贞的前进。

此时命运之手伸了出来，老天开始眷顾一方。足利尊氏派细川显氏率军增援斯波高经，助他防守要塞黑丸城（黑城），细川显氏的这支小部队意外遇到了新田义贞亲自率领的大概五十骑的小队。在接下来的混战中，新田义贞被箭矢射中要害。这发生在 1338 年的 8 月，新田义贞当时还不满 38 岁。他的不幸遭遇似乎是由前线的平泉寺僧兵造成的，他们已经被斯波高经收买。由于平泉寺僧兵的叛变，新田义贞匆忙奔赴防线的薄弱处，而途中撞上细川显氏的军队则纯属意外。

新田义贞战死的时候，几乎没有任何关于其名声的资料。不过从当时有关他的一些引用文献中可以看出，作为一名将领，他并没有获得己方太高的评价。《太平记》中记载了新田义贞战死前后发生的事情，但是关于其人物性格则只有一段简短的描写。北畠亲房在《神皇正统记》中记载，新田义贞经常受到天皇的召见，但却从不应召，而且他的战死没有任何意义（"させることなくして"）。这一部分还提及北畠亲房的儿子北畠显家的死，（北畠亲房多半认为）如果新田义贞不一直在北国作战的话，北畠显家的死本来是可以避免的，儿子的死对他来说是太过沉痛的损失。

---

① 其他丧命的人中还有一位著名的书法家，即一条行房，他一直是后醍醐天皇的忠实支持者。一条行房在保护尊良亲王时和他一起遇害。

《太平记》中关于新田义贞结婚的一段记录写道,他更像一名彬彬有礼的年轻人而非一位崭露头角的将领。他的妻子(被称作勾当内侍)是朝廷贵族一条经尹的女儿。《太平记》用抒情的语调描述她 15 岁时的样子:"她宛如花朵上一片精致的花瓣,从不施粉黛,但是脸颊看上去就像是被纱布一样的云彩轻轻抚摩过一样,皮肤如秋天的月光般晶莹洁白。"勾当内侍作为一名宫女(内侍)进入宫殿,当时新护卫官新田义贞对她一见钟情。这件事传至天皇耳中,他便鼓励二人结成姻亲。新田义贞甚是欣喜,(据说)爱慕对方的他相思成疾,以致延误了奔赴战场的时间,甚至忘记了自己是受天皇召唤的正统武士。当在北陆作战的时候,他曾派人去接妻子,但是在两人见面之前他就已经战死。勾当内侍的余生都在为救赎新田义贞而祈祷。几年后,有传闻称这个悲伤的姑娘投身琵琶湖香消玉殒,到地下追寻丈夫去了。直到近代,她墓地附近的村庄每年都会举行一场简单的演出以告慰其逝去的灵魂。

毫无疑问,新田义贞是一位伟大的战士,但是除了战胜北条幕府时的战功外,作为保皇军的主帅他再没有取得过任何真正的胜利。新田义贞有着大胆的战略谋划,但是自始至终从未得以充分地执行,这也许是他太过自信缺乏谨慎所致。那些批评者们认为,在凑川之战中新田义贞辜负了自己的战友,如果对保皇事业最大的效忠是集中尽可能多的军队来收复朝廷的所在地京都的话,那么新田义贞选择继续留在北国战斗而不加入在关东和南朝活动的北畠显家部队是一个重大错误。

像其他武士首领一样,新田义贞的行为有其自身的原因。他出生在一个长期定居在日本北部的家庭里。之所以选择在那里打仗或许是因为他在心底希望能在那里重建新田家族的财富和威望。足利尊氏曾向后醍醐天皇上奏请命攻打新田义贞,他甚至还将世代为新田家族所有的领地赏给了自己的追随者,对足利尊氏的仇恨驱使着新田继续战斗。

1338 年秋,南朝的处境已经江河日下。它最得力的支持者也只剩寥寥数人。楠木正成、新田义贞、北畠显家和其他许多骁勇善战的将领都已经阵亡。要知道自从凑川之战以来,保皇军一直承受着巨大的损失,此时在军事上几乎山穷水尽。尽管如此,天皇和他的朝廷依旧没有丧失信心。意识到短时间内不可能有机会收复京都,他们开始构想在东北形成一个新的力量核心。他们特别提到陆奥的一些分国,希望以那里为根据地,适时地向南拓展影响力。

为了这个目的,当新田义贞正在进行他生前最后的战斗时,由义良亲王和后醍醐天皇其他一些家族成员组成的队伍正赶往伊势国，由北畠亲房和儿子北畠显信率领一支小队护送，他们一路上招兵买马。此次出征（1338 年 8 月）的目的就是在从吉野不难到达的地方建立一个战斗据点，以之作为战略性的桥头堡，既能向其他各国发动攻击，也能够通过海路与北方各国保持联系。

1338 年 10 月，义良亲王根据计划到大凑（港）乘船，他率领的舰队装载着士兵和补给前往陆奥，他将在那里再次就任陆奥守。同时，北畠显信也被任命为陆奥介和北方防务令外官（镇守府将军），这个职位的前任是他的哥哥北畠显家。就是此时，义良亲王被封为"皇太子"（太子），成为皇位继承人。

他们从大凑出发的具体日期无法确定，最早可能是在 10 月 15 日。启程后不久，他们就遇到一场暴风雨，船只四处漂散。义良亲王乘坐的船上载着北畠显信和结城宗广，他们一起被暴风吹回至伊势国的筱岛。可能是运气太好，也或许是舵手驾船熟练，北畠亲房乘坐的船到达了常陆国的一个港口。北畠亲房旋即送信给在白河城的结城亲朝（结城宗广之子）。白河是通往陆奥国的入口，北畠亲房信中说明了自己此时的处境，并让结城亲朝去搜寻其他的船只，因为它们肯定被风吹到了不会太远的岸边。北畠亲房把精力都投入与周围友善的首领建立联系和争取附近据点武士的支持上了，其中包括伊达家族的成员。他将他的指挥部设立在筑波山的脚下、小田城的主要塞和居住点中。

载着义良亲王的船被吹回伊势国的消息很快传到身在常陆国的北畠亲房的耳朵里。他认为有必要尽快拜访陆奥国，但却发现道路已经被足利家的追随者阻断。义良亲王和北畠显信同时返回吉野。1338 年就这样结束，到 1339 年，依然没有任何北畠显信将从伊势国带回援军的迹象。很明显，没有援军，北畠亲房就不可能继续向陆奥国前进。3 月，一些地方武装尝试削弱一些挡住北进去路的据点，但是没有成功。北畠亲房请求结城亲朝打开一条前往北方的去路，也遭遇挫败，他只能安定下来，等待从南朝传来进一步的消息。

二　后村上天皇

1339 年夏末，后醍醐天皇的身体状况开始恶化，病后不久于 9 月 19 日亡故，时年 52 岁。后醍醐天皇生前已经将义良亲王确立为自己的继承人，他是后醍醐天皇在生命的最后一段时间内最宠爱的妃子阿野廉子的儿子。几周之后，在吉野举行了一场简单的登基仪式，义良亲王登基成为后村上天皇。

无论犯过什么样的错误，后醍醐天皇都是一位拥有坚定信念的男人。他坚决不向幕府妥协，宁愿选择流亡和艰难险阻也不在原则问题上让步屈服。无疑，有着百折不挠精神的北畠亲房进一步坚定了他的决心，不过后醍醐天皇的个人意志也非常强大。他在病榻上向自己在各个分国的支持者们宣布了一项命令（纶旨），敦促他们要用不渝的忠诚继续战斗。

年轻的统治者——他还不到 12 岁——身边没有兼具才智和声望的谋士。不过，好在北畠亲房可以通过信件和后村上天皇保持联系，他还把自己的两部有名的著作《神皇正统记》和《职原钞》寄给了天皇。前一本为年轻的天皇当政提供借鉴，后一本则是为了教导谋士们。

北畠亲房的《神皇正统记》按照各天皇的统治时期记录了日本历史，从最早的众神时代一直到后醍醐天皇以及他的继任者后村上天皇。它的主要目的是支持南朝的正统地位。在后来版本的序言中，北畠亲房这样介绍自己的著作："此书完成于延元四年（1339）。一位老人想通过此书用文字为年轻一代指引方向。在旅途中没有任何卷宗供我参考，要找到相关文献资料谈何容易。我最后终于艰难地找到一份简单的历代天皇名录，不得不依靠它进行写作。当得知人们四处传抄我写的东西时，我已经有五年没看过它。我非常担忧，重新检查后发现有不少错误。兴国四年（1343），我对之前的内容做了部分改正，这是修改之后的版本。无论如何，我希望以前读过旧版本的人不要耻笑它。"

1339 年著作完成后，北畠亲房从常陆国将其送往吉野，他在常陆国的要塞尚处于敌军的包围之中。这是一部有趣且有些夸张的史书，辞藻华丽，文笔优美。[①] 不过关于最后几位天皇的记录却非常有历史价值。北畠亲房曾经服侍过五位天皇（后伏见天皇、后二条天皇、花园天皇、后醍醐天皇、后村上天皇），他深知这期间的政治和军事情况。北畠亲房既是一位广博精深的学者，也是一名优秀的战士。

《职原钞》也是北畠亲房的一部力作，它完全凭作者记忆编纂而成，于 1339 年完稿。《职原钞》记录了上层统治机构以及各分国的起源和类型特点，同时也包含了记录官员选拔和晋升的文章。

可以想象，充满忧虑的吉野朝廷几乎无暇深究这些无关紧要的事情。后村上天皇刚一继位，就下旨命令脇屋义助进攻斯波高经位于越前国的要塞黑丸城，

---

① 和很多日本历史学家一样，北畠亲房不擅长数字。在关于蒙古进犯日本的记录中，他描写道，"强风暴雨中，敌人丧失了几十万船只"。

后者的兄长新田义贞就战死在这座城前。最终战斗获胜，斯波高经被迫投降。稍后的 1340 年，保皇派在北方一些分国和美浓国取得局部胜利，幕府在这些地方的力量相对比较薄弱。但是保皇派的前景仍然不容乐观。他们的军事力量已经无法再扩充，运气也开始眷顾足利尊氏一方，作为征夷大将军，足利尊氏可以期待更多的盟友和将来进一步的胜利。

三　保皇派在北方的活动

后醍醐天皇去世后，千斤重担便落在了身在常陆国小田城的北畠亲房肩上。如我们所见，北畠亲房想打通一条从常陆向北的道路，但是却遭到势力较强的武士结城亲朝的阻断。结城亲朝占据着白河的关键位置，一直保持中立态度，不支持北畠亲房北进。① 大约同一时间，陆奥国的朝廷机构所在地多贺被斯波家族的成员石堂氏攻占，石堂氏击退了保皇派的所有进攻。对于北畠亲房来说，雪上加霜的是 1339 年年底到 1340 年年初高师冬率领大军离开镰仓前去攻击常陆国的保皇军。时至夏天，北畠显信终于离开吉野前往陆奥国就任镇守府将军。为帮助北畠亲房，他在小田城停留了一阵子，之后便赶往多贺，在那里遭到了石堂氏的阻拦。

翌年，无论是北畠显信还是北畠亲房都没有取得任何进展。1341 年 7 月，高师冬率领的大军对保皇派一个又一个的据点展开猛烈攻击。北畠亲房不断以结城宗广的名义向结城亲朝求助。结城宗广是结城亲朝的父亲，是一名疯狂的天皇拥护者，于 1338 年与北畠亲房并肩作战时阵亡。

但是结城亲朝不为所动，到了 1342 年春天以后，保皇派的所有据点都被分割包围起来，其中包括北畠亲房一直顽强据守的关城。1342 年 6 月，北畠亲房最后一次向结城亲朝求援，但却徒劳无果。同时，足利尊氏清楚地意识到，结城亲朝的白河据点是保皇派取得胜利的关键，假如保皇派能争取到它或者让它保持中立的话。足利尊氏向结城亲朝施加了强大压力，北畠亲房 7 月得知结城亲朝已经投向幕府。他无法改变现实，于是写了一封信愤怒地指责结城亲朝。② 对于

---

① 结城亲朝的据点在关城或者临近关城的地方，是一个控制着通往会津的入口关卡的军事据点。这个据点位于可以俯瞰阿武隈川上游的高地，它所在的位置控制着由上野到北方常陆国和由上野至西方会津国的通道。这里是一个关键的地理位置，到了 1868 年，白河也依然是重要的城堡。

② 北畠亲房在被围困时写给结城亲朝的部分信函被保存了下来，这些信的内容都感人至深。

常陆国的保皇派来说,终点即将到来。9 月,高师冬包围并攻打了两座仅剩的保皇派据点——大宝城和关城。① 这两座城池受到包围已经三年了,守军疲惫不堪,饥饿难耐,最终陷落。

北畠亲房成功逃脱,可能先乘船至伊势国,然后前往吉野。他在常陆国的这些城堡中坚持奋战了 4 年,但是此时北畠亲房在关东和北方的计划都已经落空。这一糟糕的消息传到了身在陆奥国的北畠显信那里,不过他决定坚守,并在这片区域保持了一定的影响力。

在北陆②的其他地方,由于新田义贞战死,保皇派的实力受到重大影响,但是天皇军并没有完全被打垮。新田义贞死后不久,他们在脇屋义助的指挥下重新控制了金崎,并且开始逐步向敦贺扩张影响力,但是他们的胜利也只持续了很短的时间。到 1339 年 10 月,脇屋义助被赶出越前国,军队也逐渐溃散。他与仅剩的部下前往伊势国,随后去了吉野。

这是一封北畠亲房的(亲笔)信件,表现了一位安艺国地头的权力,他可以把庄园的收入用于支持高野山的寺庙。图片由常盘山文库提供。

---

① 关城位于大宝湖的西北岸,与筑波山西侧相距 13 千米,大宝城则位于湖对面的东南岸。
② 北陆道通常被认为包含陆奥国、出羽国,以及关东八国北部等区域。

北畠亲房回到吉野的时候,南朝的前景已经跌至谷底。尽管保皇派英勇奋战,但是由于缺少兵员,补给不足,他们几乎在所有前线都处于劣势。然而他们的将领们从没有放弃过希望。

他们的乐观是有理由的。理由之一也许就在于日本中世纪战争固有的特性。我们已经注意到,哪怕是遭到毁灭性的打击,被击败的一方也能够在较短时间内恢复元气,重新进攻并获得胜利。在大多数的战斗中军队都不会被完全歼灭或者屠戮到无法复原的程度。尽管白刃战中的武器是致命的,但当时的战术并不会造成真正严重的损失。真正能够打垮一支强大部队的大规模军事行动非常少见,因为日本武士倾向于单对单的决斗,甚至以大规模的近距离交战开始的战斗也往往会在将领的指挥下变成两个人或是小队间的决斗,尤其是在经过一轮互射之后,骑士们打算持剑搏斗的时候。

此外,交战双方都没有笨重的辎重需要运输,受到重创的一方不难(假如有地方可去)迅速撤退从而脱离战场;而在另一种战斗中,一方可能被碾得粉碎,例如在运动战中冲锋的骑兵可以让步兵粉身碎骨。① 因此,新田义贞虽然在对战北条的第一次胜利之后便一次次战败,但却能在相当长的时间内使一支相当规模的力量保持完整。北畠亲房也知道怎样在兵力不足时坚守一个地方数周之久,在常陆国抗击敌军时,他能使自己的军队免受猛烈的攻击,一部分原因就是他超乎寻常的智慧和坚持。事实上,假如北畠亲房能说服结城亲朝保持中立,或许早已在常陆国占了上风,这样他也就能够动摇足利氏对北方的控制。

南朝军队的另一个优势在于他们的敌人并不团结。京都的各个大领主之间经常出于自尊或者利益爆发争吵,足利直义和高师家族之间纠纷不断;而团结一致是保皇派最强大的武器之一。

---

① 日本战马健壮但是体型较小,很少或没有护具。因此它们并不适合大规模集中作战,而且通常来说,它们也不能冲散一支大规模的步兵,或者任何"密集的阵列"。到了室町幕府晚期,大规模的步兵开始发展起来,导致在一些战斗中开始运用步兵战术。步兵在巷战中展现了其价值,而骑兵在巷战中处于劣势。

日本早期几乎全军覆没的战斗的最好例证是发生于 1185 年的坛浦合战,在这场海战中战败方几乎全部被淹死。一边倒的战斗在陆地上非常罕见,或者说除非因为地形的原因无法逃散或从战场撤退,通常都不会战斗到最后一刻更合理。

四　怀良亲王在九州的使命

保皇派在日本西部和九州的胜利一定程度上抵消了他们在关东和北朝的挫败。我们知道当足利尊氏于 1336 年离开九州时，就把自己的注意力放在了控制岛津、大友和少式这些有实力的大家族上。南朝获得了菊池、阿苏这些家族的支持，但是整体形势依旧令人担忧。它的力量相当分散，支持者们往往将精力都浪费在一些小的私人恩怨上。也是由于这个原因，1336 年年底，身在比叡山的后醍醐天皇派 7 岁的怀良亲王作为征西将军（关西防务令外官）前去平衡九州区域的保皇派利益关系。

当时，怀良亲王不可能以从陆路去长门国的方式到达九州。1336 年年底，怀良亲王乘船到达赞岐国，他很可能已经提前和熊野国的海盗接触并从他们那里获得了一些信息。他沿着海岸线前进，最先到达的地方是伊予国，然后去了伊予滩的忽那七岛，这里是强大的忽那家族①的大本营所在地。

忽那家族很长一段时期内都在这里拥有强大的势力。他们既是武士又是海盗，靠着不懈的努力和险要的位置控制了濑户内海的交通路线，他们占据的岛屿沿着伊予滩东西延伸约 3 千米。而且他们还是那些在濑户内海讨生活的海盗们的领袖。假如他们不肯合作，保皇派就很难在关西或者九州站稳脚跟。幸运的是，忽那家族是保皇派大业的忠实支持者。1333 年，他们的家族领袖曾经响应护良亲王的号令，也曾经在与北条幕府的战争中，为天皇军提供过巨大帮助。随后，忽那家族在其他的分国（大和、纪伊、安艺、和泉）也站到了天皇一边。在他们的家族卷宗中，详细记录了其家族做出的重大贡献——包括提供兵力和补给。

怀良亲王在他的护卫一色范氏的陪同下于 1337 年到达忽那七岛，并受到忽那家族的热烈欢迎，在那里和他们一起生活了三年。此时，九州的形势令怀良亲王有力难施。终于，局势好转。1339 年年初，他与菊池和阿苏建立联系，同年夏末，得到更多的支持后，他准备离开忽那七岛。

1339 年秋，怀良亲王和他的幕僚收到后醍醐天皇病逝的消息，并且得知义良亲王将会成为继任者。这一消息推迟了他们的行程，但在 1340 年他们还是出发

---

① 　12 世纪，他们被镰仓幕府任命为地头和总追捕使。

了，4 月末，也可能是 5 月初到达丰后－日向海岸。此时九州的事务都由怀良亲王和其谋士五条赖元打理，五条赖元经常收到北畠亲房的密友四条隆资送去的消息和建议。

怀良亲王可以依靠九州保皇派提供的支持，但是他既没有军队，也没有智勇双全的军事将领。正是因为这个原因，脇屋（新田）义助在 1341 年受命指挥西部的防御。还不清楚当时脇屋义助的具体行动，但是他好像在 1341 年离开吉野前往西国，途中不停招募新兵以弥补 1339—1340 年前后在越前国战斗中的损失。

脇屋义助在高野山请求神佛保佑，然后前往纪州国海岸，在那里准备一次远航。他在熊野设法将部队扩张到不少于 300 只船的规模，还收到了来自日本中部和四国领主的鼓励信函和随之而来的援兵。土居通增和得能通纲①这两名重要武士的亲族派来了强大的增援。离开吉野三周之后，脇屋义助带领一支全新的部队来到伊予国。他受到礼遇，因为这里的守护是新田家族的成员大馆氏，守则是四条隆资之子。

脇屋义助此时面对的前景非常令人鼓舞，事实上他已经引起足利尊氏的担忧。然而，他在伊予国突然染病，在登陆一个月之后就死了。细川家族的一员立即对其部队发起进攻，此人是附近区域（安房国、赞岐国、土佐国）的武士领袖，很快伊予国的保皇派便土崩瓦解。

我们相信脇屋义助的死对九州的保皇派来说是一次致命的打击，而后幕府开始在这里占据上风。太宰府的少式和博多的一色实力雄厚，他们帮助幕府控制了北方，在南方和萨摩国，实力雄厚的则是强大的岛津家族。支持天皇的人主要来自阿苏和菊池家族，他们的势力主要分布在萨摩国北部和肥后国，假如能够有一位英明的军事领袖来整合他们的力量，那么他们也许会取得重大成就。

1340 年，怀良亲王到达日向国的海岸，我们对他之后两年的活动知之甚少。只知道他在 1341 年给肥后国和日向国的保皇派官员写过信，1342 年 6 月怀良亲王似乎到萨摩国的一个港口向阿苏家族寻求帮助。很显然，阿苏家族没有响应他，于是他住在一个姓谷山的武士的城堡中，和当地的保皇派贵族接触。他的计

---

① 二者曾在北方与新田义贞共同作战，金崎港陷落时，得能通纲和新田义贞在一起。得能通纲的家族在伊予国势力强大，而且与忽那家族关系甚好；实际上，得能通纲可能跟他们有亲戚关系。

划是提升和巩固自己在萨摩国的地位,然后前往肥后国。

1342 年,肥后国的保皇派曾一度抵挡了奉命前来攻击他们的大友和一色大军。但是 1343 年,当怀良亲王派使者北进,试图劝说菊池家族参与抵抗幕府军时,一色和其他人攻打并击败了菊池,这样一来怀良亲王在萨摩国的军队几乎完全被孤立。

萨摩南部由岛津家族控制,尤其是从这个世纪初开始,岛津家在九州发展出了一支无可匹敌的军队。得知怀良亲王的意图后,家族首领岛津贞久攻打了谷山的城堡,但是城堡守卫异常坚固,最终他们被击退了。这场战斗给附近的家族首领留下了深刻的印象,很多人因此前来加入保皇大业中。这些人的投奔对于保皇派非常有价值,他们点亮了保皇派的未来,因为在此之前九州的支持者们都是一盘散沙。怀良亲王和他的幕僚们这时感觉到可以制定一个反攻岛津贞久(贞久已经进入萨摩国的中心地带),并最终在一定程度上控制萨摩北部的计划。他们开始重新与阿苏家族取得联系,讨论采取何种策略来达到这个目标。

但是就在保皇派互相联络的时候,岛津贞久的军队突然在谷山城前方以及其他地方袭击了天皇军,天皇军被打得七零八落,溃不成军。1344 年的 7月,岛津贞久占据萨摩国的整个中心地带。此后双方都按兵不动,怀良亲王被困在城堡中无法动弹。他没有放弃进入肥后国的计划,不过这个计划的成功还要寄希望于阿苏家的两位将领阿苏惟时和阿苏惟澄。但是到了 1344 年,希望却落空了。

阿苏惟时和阿苏惟澄两位将领的行动说明,阿苏家族属于同族成员分别投入两方的情况。阿苏惟澄对怀良亲王保持忠诚,但是他的部队几乎被一色和大友的军队团团围住,处境十分艰难。怀良亲王写信给阿苏惟澄,称自己把所有希望都寄托在他的身上,因而阿苏惟澄生命的价值要远大于他自己的,随后便是对阿苏惟澄进一步的嘉奖和封赏。而阿苏惟时尽管还与保皇派保持着良好关系,但是并不急于表明立场。1342 年 8 月,北畠亲房号召阿苏惟时向南朝效忠。北畠亲房已经有一定的根据怀疑他的真诚,但是阿苏惟时仍然保持中立。1343 年,当足利尊氏得知九州的形势后便送给阿苏惟时大量的赏赐,最终他选择倒向足利尊氏。阿苏惟时不再隐瞒他同少式的盟友关系,并且还强烈向足利尊氏要求更多的赏赐。他的贪婪永无止境,所以双方都不再信任他。阿苏惟时的反水使得天皇军无法进入肥后国（就像结城亲朝阻止北畠亲房进入陆奥国一样），因而造成了一个僵持不下的局面。少式更是为阻止怀良亲王进入肥后国增设了额外的障碍。

因此，一段时期内，怀良亲王的部队被彻底切断了去路。当北畠亲房得知怀良亲王身处困境后，他和他的同僚们决定向纪伊国、伊势国和濑户内海沿岸的盟友们寻求海上力量的帮助，他们尤其致力于借助海盗的力量，请来的海盗对九州沿岸形成牵制，制造了威胁，为天皇军提供了帮助。到1345年，在这些海盗的帮助下，天皇军得以在九州南部站稳脚跟，并进一步挺进至肥后国的八代地区。此时更加有利的是，吉野的南朝朝廷开始看到重夺都城的希望。1347年6月，一支海盗舰队袭击了筑前国的海岸。几天之后，来自四国和对面岛屿海滩的大约三十艘舰船出现在日向国和大隅国，进而在鹿儿岛登陆。

此时的形势开始对怀良亲王有利。参加了萨摩防守战的一个足利家族的武士在一份呈报中写道："数千名"来自熊野国的海盗从陆地和海洋上发起攻击，摧毁了防线，守军除了献上头颅外别无选择。

1348年年初，一份来自吉野朝廷的鼓舞人心的呈文中提到了关于怀良亲王的消息，他和他的部队已经在海盗的护送下乘船离开谷山，并向北航向肥后国的新指挥部。该呈文也传达了对畿内发展情况的乐观态度。

五　畿内的前景

1338年北畠显家战死后，保皇派在京都附近的形势变得非常严峻。从1340年到1343年，他们的补给几乎完全被切断，在这期间北畠亲房回到吉野开始制定协调一致的策略。保皇派保持反击非常重要；同时由于遇到危险时可以马上转移朝廷，所以不用过多顾虑对吉野的保护。此时一位天才军事将领脱颖而出，楠木正行追寻着父亲的足迹，从1340年开始一直勇敢积极地战斗着。1347年，楠木正行率军进入纪伊国，攻打那里的幕府支持者并取得重大胜利。这次胜利之后，他发现部队在不停地壮大，甚至吸引了纪伊国、熊野国、和泉国和摄津国的人们纷纷前来投靠。

如此一来造成了让京都感到忧虑的局势，于是细川显氏被派至和泉国的堺，但是他遭到了楠木正行率领的优势兵力的攻击。细川显氏的攻势被瓦解，不得不向京都上奏称自己无力抵挡楠木的进攻。消息传来,京都陷入一片恐慌,武士们体面全无,感到非常丢脸,而民众则感到危险正在一步步逼近。根据洞院公贤的日记①记载,灾难降临的恐慌笼罩着整个幕府,他评论道:"正当幕府惬意地实行统治之时,噩梦来袭了……如天空般神秘莫测。"当天晚上(9 月 26 日)都城的寺庙内都传出一片祈祷声。

此时楠木正行已经重返河内国,在那里他与敌人于 9 月 29 日、10 月 13 日、10 月 21 日连续进行了激烈的战斗,他击败细川显氏,并于一场夜袭中击溃了幕府的军队,幕府军死伤无数(据洞院公贤记载)。当这一消息传到京都时,来自关东的信使也带来了那里天皇军胜利的报告。幕府慢慢意识到这些行动并不是孤立发生的事件,而是长远战略计划的一部分,这一计划肯定是由吉野南朝的北畠亲房和其他人一起策动的。

细川显氏被打败后回到天王寺,幕府随后派山名时氏去援助他,但是这两支军队一整个月内都没有动静。楠木正行察觉到他们的消极,于 1347 年 11 月 28 日(派和田为先锋)展开了攻击。细川显氏无意战斗,尽管山名时氏竭力抵抗,但是仍于事无补。他的兄弟们被杀,他和他的儿子负伤而逃。这一战震惊了整个京都。将领们情绪低落,朝廷大臣和贵族惴惴不安。

怀良亲王在九州得胜的消息使足利尊氏和他的将领们感到沮丧,但是天皇军在京都附近的力量也已经构成很大的威胁,他们不能继续放任对方在自己眼皮底下不断壮大。1348 年 2 月,高师直和高师泰率领大军攻打楠木正行在河内国的据点。北畠亲房亲自率军试图进军到和泉国,以分散敌人的进攻,而楠木正行则正面迎击高师直的部队。在这场战斗中,楠木正行与约 40 名亲族阵亡。这对于楠木家族来说无疑是非常沉重悲痛的损失,同时对保皇大业也是

---

①　这本日记就是著名的《园太历》,是唯一一本当时人写的记载 1311 年到 1359 年间历史事件的日记。整个历史时期内,洞院公贤都一丝不苟地有规律地坚持写日记。他一生中的大部分时间都身居要职,1350 年卸任前的洞院公贤已官至太政大臣,对宫廷生活和幕后政治了如指掌。辞官之后的洞院公贤也经常受到其他官员的拜访,他的影响在关白二条良基之上。

现存的这部分《园太历》中没有 1311 年到 1342 年这段时期的记录,因为这段时期和后醍醐天皇执政期重合,这令人遗憾。当时,洞院公贤是后醍醐天皇的臣子。现存《园太历》中第一次提到幕府的年份是 1347 年,随后的内容则生动地描写了足利尊氏、足利直义和足利义诠三人之间复杂的关系,以及各敌对政权之间互相争斗的过程。洞院公贤 1359 年出家,次年去世,终年 70 岁。所有人都为他的死感到悲痛。

一个重大打击①。

高师直此时可以放手进军吉野，他希望能够抓到后村上天皇。但到达南朝朝廷所在地时，他却发现朝廷上下都已离开，只剩下空荡荡的宫殿，他将这些建筑一把火烧毁了。② 在追击逃亡的南朝朝廷时，高师直落入楠木正行的弟弟楠木正仪设的陷阱中，被击败，损失惨重。同时高师泰也在河内国遭到天皇军的猛烈阻击，总的来说幕府的旗帜已经摇摇欲坠，或者，用一句日本的习语来说就是"旗色变坏"（"旗色が悪い"＊）。此时已经是 1349 年的秋天了。

经过 13 年的挣扎之后，此时的南朝可以为自己的处境欢呼呐喊了。在陆地上，幕府仍然占有优势地位，但是就像它对京都的控制被削弱了一样，它的优势从未如此脆弱。从表面上来看，南北朝廷基本势力相当了。对峙了这么多年后，双方开始讨论通过将持明院皇统和大觉寺皇统合二为一来结束战争。

---

① 这场战斗就是著名的四条畷之战，它是一场有关忠诚的战争，地点在河内国。到 1347 年年底，楠木正行至少四次击败了幕府的军队，幕府将领们发觉他们必须尽最大的努力，于是开始在 20 多个国内广泛征兵。战斗中，当楠木正行就要在一对一的决斗中砍下高师泰首级的关键时刻，忽然被箭矢射成重伤，并因此阵亡，时年 22 岁。他在日本传奇故事中的形象非常感人。故事中写道，楠木正行知道自己几乎不可能取胜，也做好了埋骨沙场的准备。战争开始前他前往后醍醐天皇墓前吊唁，在祠堂门前写下一篇诗歌，并且附上自己和其他同赴战场的同族的姓名。

② 洞院公贤用"难以启齿"来描述高师直部队的所作所为。

＊ 意为战斗中形势不利，岌岌可危。——译者注

第五章

幕府的内部纷争

足利直义像。

一　对足利尊氏政策的反对

毫无疑问,在皇位争夺战中,南朝希望幕府内部的问题被放大,从而获益。1349 年,足利尊氏和他的朝臣之间存在的严重分歧和矛盾使保皇派重新看到希望,从他们在四条畷之战中的重大挫折到现在也不过才一年的时间。

不过,这些分歧和矛盾尽管会因为军事将领们的互相猜疑嫉妒而变得错综复杂,但在军事上却不是那么重要。它们也许拖延了南北战争,但是其真正致命的地方却体现在政治方面。足利尊氏、足利直义以及其他幕府官员全都是些野心勃勃的人,其中高师直和高师泰兄弟尤其自负、暴躁和好斗。但是在这些个人积怨的表面下,他们之间的意见分歧更加严重。不仅在军队事务上,还包括足利尊氏施政方针的方方面面。

击败镰仓幕府并迎回后醍醐天皇之后,足利尊氏几乎成为整个国家的主人,必须决定下一步行动。是否应该摧毁皇权的势力和其影响力,建立以自己为中心的政权,重塑一个新的由自己掌控的农村社会体系?假如这样做的话,足利尊氏必须要废除庄园制度,确立一套新的封建制度。这些需要适当的改革方略,而且会在全国范围内利益受到威胁的人群中引起摩擦和对立。

作为另一种选择,足利尊氏可以尽量地向君主制做出妥协,然后通过获得的霸权慢慢摧毁它。

正如我们所见,这就是足利尊氏选择施行的方案。经过 1335 年的第一次挫败后,足利尊氏最终将后醍醐天皇赶出都城,扶持光明天皇做自己的傀儡。在逐渐削弱皇权并持续扩张自己的权力后,他认为威胁对未经允许而强行进入著名寺庙或者朝廷贵族私人领地的武士进行惩罚是一着妙棋,希望借此安抚这些寺庙和贵族。

但正是这一点,导致都城的同僚对足利尊氏非议四起。在此次争端中,派系划分并不明确,但是可以肯定的是高氏兄弟,即高师直和高师泰倾向于采取极端手段,拒绝做出任何让步。他们对天皇毫无敬意,只崇尚武力,认为足利尊氏的政策从一开始就是错误的,因为他们觉得所获奖赏没有完全体现出自己的战功。高氏兄弟尤其讨厌足利直义,因为在政治方面的事务上,足利尊氏总是对足利直义言听计从。

接下来20年里的争吵和战争是个人恩怨的体现,但是从回顾历史的角度来看,它们呈现出来的是足利尊氏政权内部守旧派和改革派的碰撞。导致这些冲突的另一原因不容易一眼看出,那就是足利尊氏的政策对广大乡村的人心向背的影响。

很多武士阶层的小土地主都盼望北条政权的瓦解,这样他们就能从税负和其他负担中解脱出来。我们知道,后醍醐天皇的复位并没有平息这些人的不满,足利尊氏也没有进行土地改革。因此,当足利尊氏禁止他们擅自行动,禁止他们闯入他人庄园夺走财产时,这些人极其不满。从长远来看,与其说是大城市里达官显贵们的纷争,不如说是那些地方士绅和获得自由的农民的反对造成了足利幕府的瓦解。这些渴望土地的乡下人希望维持现有的秩序,甚至更希望一种混乱的状态,这样就会有获得更多战利品的机会。

二 高师直和高师泰

无论在兵法上造诣如何,高氏兄弟崇尚暴力,傲慢狂妄,更不理解言辞的作用。1348年,他们在四条畷之战的胜利使都城惊喜异常。因为期待和平早日到来,人们设立了一个新的国家假日。但是高师直和高师泰并不满足于自己取得的成功,变得趾高气扬,二人的放纵行为很快招致了反感。

前面提到,高师直沉湎于对吉野的临时朝廷所留下建筑的肆意破坏,途中劫掠财物,焚毁当地百姓的房屋。之后他便向贺名生进军,南朝朝廷曾经在那里避难。但是在到达那里之前他被一支南朝军队打败,这支军队得到了长谷寺和砥峰的大量僧侣的支援。于是高师直踏上了返回都城的行程。退回奈良之前,他烧毁了更多的寺庙;在奈良,他吹嘘自己平定了大和国,成百上千的保皇派人士投降于他。高师直的行为非但没有帮到幕府,反而给幕府带来麻烦,招致了民众的憎恶。

弟弟高师泰的行为和运气都并不比哥哥好。在攻打楠木正仪率领的南朝军队的路上,他在河内国的东条纵火并毁坏房屋和神社。之后高师泰遭到楠木正仪猛攻,被迫撤离。双方相持不下,直到 1349 年 9 月高师泰收到高师直命其返回京都的召唤。四条畷之战之后,南朝已经坚持抵抗了一年半。尽管没有获得胜利,但是至少他们此时的局面非常乐观。高师泰退兵的消息很快传到其他地方,甚至远至九州的南朝支持者那里,所有人都欢欣鼓舞。

当高师直带着在吉野仅有的一点点战绩回到京都时,他发现这里充满了令人不悦的气氛。足利直义和高氏兄弟之间的关系十分紧张,可谓剑拔弩张。到了 1349 年 7 月,双方已经兵戎相见。高师泰在高师直的召唤下返回都城,都城的百姓人人惊慌,深感一场大战一触即发。

此次争端持续了七八年之久,这绝不仅仅是个人之间的恩怨。我们知道,高氏家族是足利家族的亲戚和臣属,而足利直义是足利尊氏的亲弟弟,并且对他忠心耿耿。足利尊氏在 1335 年违抗后醍醐天皇旨意前往镰仓后便一直处在幕后,他一人居住在一座寺庙内,并把所有的事务都交给足利直义处理,希望借此来洗脱自己不忠不义之名。1335 年年底,当足利军在箱根附近击败新田义贞之后,足利尊氏决定重返京都。在京都,表面上他掌管了所有事务,包括政治和军事。当时他与足利直义齐心协力,一起治理国家。足利直义主要负责政务,他也证明自己可能比足利尊氏更为适合理政。但是随着时间流逝,一些尖锐的问题浮现出来,他们曾经的亲密关系也开始变得紧张起来,京都的人们都认为一场叛乱在所难免。这场分歧的导火索是足利直义和高氏兄弟之间的争吵。高师直已经在几次战役中证明了自己是一名优秀的将领,在幕府早期的组织工作中也做出了很大贡献。除此之外,还有一些类似的原因使得足利尊氏对他和高师泰越来越倚重,后来他们的地位已经可以和足利直义相媲美。

甚至早在 1342 年,都城中就已经出现这种事态。京都不和的消息传到身在常陆国的北畠亲房那里,他正被敌军围困在关城要塞。到了 1349 年,不和的流言已经尽人皆知。毫无疑问,看到令人鼓舞的幕府内部的紧张关系,保皇派们暗自窃喜。洞院公贤这一时期的日记中写道,足利直义的指挥部附近麻烦不断。低矮的建筑和其他障碍物都被一扫而空,以预防突然袭击,"有流言称足利直义和高师直的部队之间发生了冲突。京城里的男男女女都发疯一般来回乱跑。这简直就是魔鬼在作恶!"

一些禅僧似乎也卷入其中,有传言称足利直义的谋士妙吉,可能还有梦窗国师曾经鼓动足利直义对抗高氏兄弟,他们认为高氏兄弟作恶多端。足利直义拜访了持明院,持明院是持明院统所在地。足利直义在这里参劾了高氏兄弟的所作所为,不久高师直就被解除将军执事一职。正是在此时,高师直把高师泰从河内国召了回来。兄弟二人的府邸由强大的军队守卫着,足利直义则躲到足利尊氏在三条高仓殿的新住处暂避一时,殿外同样也是守卫森严。高师直和高师泰随即(9月26日)包围了足利尊氏的府邸,并要求交出足利直义的两个执事,他们称是这两个人在他们和足利直义之间制造矛盾①。足利尊氏没有答应,但是承诺会惩罚此二人和妙吉,还让自己的儿子足利义诠接替了足利直义的职位。

足利尊氏处在一个很艰难的位置,因为当时他手下的军队还不到高氏兄弟兵力的一半。据说当时他本想向高师直让步,但是还好有梦窗国师的调解,足利直义又恢复了他以前将军执事的职位。10月,高师直及其盟友参加了在足利直义理政的地方举行的例会。然而,高师直的怒火仍未平息,为了泄愤,他向远至备后国的鞆派遣远征军攻击足利直冬(此人是足利尊氏的亲生儿子,但是被足利直义收养),足利直义在1349年5月任命他为长门探题,总领西部八国。这份任命的公开目的是防止保皇派在西部起事,实际上是足利直义想要控制那里高师直的派系。

正如我们看到的那样,足利尊氏和高师直已经同意让足利尊氏的儿子和继承人,即正在管理关东的足利义诠离开镰仓,前往京都接管足利直义的职位。因此,11月初,足利义诠到达京都,搬进足利直义的官邸。足利直义则搬至锦小路殿,那里是他的老盟友细川显氏的住处。足利尊氏的一个小儿子则前往镰仓顶替足利义诠,高师冬和上杉宪显担任其执事。在高师直的压力下,足利直义渐渐失去其他的权力。到了1350年年初,他剃度出家,远离红尘,不理世事。高师直乘胜追击,派刺客前往越前国暗杀了被流放到那里的足利直义的两个执事,他此前还迫使足利直冬向西逃到了九州。

足利直冬却没有被高师直的行动打倒。他在西国交游甚广,在九州也找到了共同对抗幕府的支持者。人们的立场含混不清,主要原因可能是幕府内部的纠纷造成了各国政治中的混乱。西部各国的封建势力正在重组,这比起对天皇效忠更加重要。原来的封建主开始割据一方,尤其在九州,足利直冬到达这里不久便发生暴乱,因此足利尊氏决定进行一次远征。1350年12月底,在高师直的陪同下,足利尊氏离开京都,1351年1月到达备前国的三石城。就在这时,看似放弃了所有雄心壮志的足利直义,开始露出真正的面目。

---

① 此二人是上杉重能和畠山直宗,出身名门贵族的他们瞧不起高氏兄弟,并通过妙吉和尚怂恿足利直义除去高氏兄弟。妙吉对足利直义影响颇大。

这些相关联的事情大部分都被记录在当时任太政大臣的洞院公贤的日记《园太历》中。日记里他频繁提及且毫无掩饰地表明了自己对武士暴乱的厌恶，从他对京都生活的描述可以了解当时情势是多么混乱复杂。洞院公贤还仔细记载了定期举行的朝廷仪式，讨论了礼节规矩的流程要点，除此之外，他还（在单独的章节中）详细记载了崇光天皇 1351 年 1 月登基大典的全部过程。这场大典已经因 1349 年到 1350 年间种种接连不断的不确定状况被推迟了一年有余。

在这些动荡不安的日子里，局面被那些狂暴的割据武士首领所左右。但是北朝的天皇和他的大臣们还在继续着他们的日常礼仪。幕府将军表面上对那些有头衔的官员贵族和退位的天皇也表现出尊重。就在高氏兄弟引发骚乱时，足利尊氏还计划着举行一场宴会庆祝自己搬进一座新宫殿。洞院公贤记下了将军家人给宫女的简单信件的主要内容，他们信中询问这种场合应该准备什么样的甜品。宫女谦恭地回信列出五种蜜饯，信中还提醒道最好能够配合使用银盘和银筷。

三　足利直义和南朝

1350 年 12 月，在足利尊氏动身前往九州的前几天，足利直义换上僧袍，突然乘夜色离开都城前往大和国。幕府很快得知了他离开的消息，虽然高师直一再奏请责罚足利直义，但是足利尊氏仍然没有下令追捕。足利直义宣称效忠南朝，大约在 1351 年 1 月 12 日，足利直义发布了天皇旨意（御教书），号召武士们加入他讨伐高师直和高师泰的队伍。① 其中的一份"御教书"被保存了下来。它简单地写道："高师直和高师泰必须被打倒。命你们即刻去攻打他们。"大概 10 天之前足利直义已经向南朝投诚，宣誓效忠，但是尚未收到答复。但是他确信高氏兄弟遭人怨恨，自己肯定会得到支持和拥护。足利直义到达河内国，之后又到了备前国。在河内国时，他写信给足利尊氏，信中解释自己并非有意背叛足利尊氏，只是看到高氏兄弟的所作所为，不由怒火中烧，他迫切希望足利尊氏能够远离二人。但是信使最后却被高师直抓住，押往都城囚禁了起来。

足利直义迫切希望在幕府军返回之前夺回京都，但是他发现附近的天皇军并不能给予自己多大帮助。于是急忙前往八幡建立阵地，很快来自西北的朋友

---

① "御教书"是指定的高级官员所颁发的命令，拥有圣旨的效力。

带来了增援,尤其是桃井,踏着冰雪前来相助。1351 年的整个 2 月,战斗打得都很惨烈。掌管京都的足利义诠感觉自己无法应对此次攻击,便离开京都投奔足利尊氏。当时,足利尊氏已经返回京都增援足利义诠,并派高师直为前锋,但是最终他们的联军没能收复已经丧失的土地。

足利尊氏沿着大道撤向兵库,他并不是第一次这么做。1351 年 3 月,在摄津国的打出浜之战中足利尊氏被击败,高氏兄弟也双双负伤。在梦窗国师的调解下,双方休战,足利尊氏被迫告诉高氏兄弟,只有他们出家为僧才能保住性命。一周之后,足利尊氏陪同二人离开兵库前往都城,高师直加入了禅宗,高师泰则成为一名念佛僧。但是他们的旅程还没有结束,当到达武库川的时候,他们被一支部队拦住了去路,部队的指挥官是上杉能宪,其父上杉重能被高氏兄弟杀害。上杉能宪抓住高氏兄弟并宣称他们是自己的囚犯,为了替父报仇,没过多久他就将二人处死,被杀的还有他们的几十个族人。

高师直和高师泰为足利尊氏做了很大贡献,在谋得权力的过程中他们树敌太多,招致了太多敌意。《太平记》中关于他们性格品行的观点可能带有偏见,但是二人的狂妄自大和罪恶行径却是毋庸置疑的。

四 足利尊氏和足利直义的手足之争

将两个牺牲品送给上杉能宪后,足利尊氏返回京都,但是此时足利直义控制着整个京都。足利尊氏低落沮丧,相反,足利直义却正得意扬扬、信心满满。二人看上去已息争和解,足利直义重新做回行政官,足利义诠则是他的上司。在百花竞放的 4 月,他们三人一起到西芳寺的花园游玩,这是西郊的一座庄园。三人一边赏花,一边聆听国师讲经说法。

但是表面的平和与优雅与彬彬有礼之下却暗流涌动。一方面,足利直义对杀死高师直的上杉能宪过于仁慈,足利尊氏对此非常不悦。足利尊氏希望将上杉能宪处以死刑,足利直义则把刑罚减轻为流放。不过,还有更严重的事情。近来的冲突把全国范围内很多庞大的武士家族卷入其中,使他们之间的敌意不可能消解。仇恨最初来自战场,而后论功行赏时又因利益分配不均而加剧。所有这些问题都阻碍着兄弟二人和睦相处。另外,也是出于父辈的自尊,足利尊氏希望自己死后可以由长子足利义诠和小儿子足利基氏(小的时候被叫作光王)继承他的位置,而不是足利直义和他的子孙。由于足利尊氏担心足利义诠执掌不了一个需要明辨是非和谨慎稳重的部门，所以决定由足利基氏出任镰仓公方，即将军在关东的执事。这一职位非常重要，因为它可以统领、支配并直接指挥关东的所有武士。[①] 大将军的职位自然落到长子足利义诠身上，他也将会得到经验丰富的大臣的辅佐。

1350 年年底，足利直义（勉强，结果却不令人满意地）想要在南朝和北朝之间实现和平。1351 年 4 月，他又做了一次尝试，促成了持明院统和大觉寺统两派之间的一次讲和谈话。后村上天皇想要前往京都参加此次讲和，他将一封表明自己愿意讲和的信件交给中间人楠木正仪，由他带给足利直义。但当给南朝去信确定和解条件后，南朝却在 6 月回复称北畠亲房强烈反对两皇统之间的和解。楠木正仪原本以为经过此次讲和会得到一个解决问题的实际方案，但是交涉的失败让他怒火中烧。不仅如此，此次失败也将足利直义置于尴尬的境地，同时在京都引起了不安，因为这似乎预示着兄弟二人之间矛盾重燃。各自的支持者们都担心被卷入到这一次的争吵中，因此大部分都在 7、8 月份率部队离开京都，回到自己的封地。这暗示着一些以前支持幕府的人将要投诚于南朝，但是足利尊氏拒绝讲和。

开始怀疑足利尊氏和足利义诠对自己的企图后，足利直义立刻离开京都前往越中国，他的一些盟友也跟随而去。他的行为在全国范围内又引发了担忧。《太平记》这样描述这个时刻："人人惶惶不可终日。全国一分为三，看样子三方要无休止地争斗下去。"此时的局势变幻莫测，前景暗淡严峻。足利尊氏进逼佐佐木道誉，足利义诠计划攻击南朝的忠实支持者赤松则祐。南朝军队在河内国活动频繁，毫无疑问，此地必将发生冲突。与此同时，足利直义与北方的桃井（直常）及其盟友并肩作战。

经过几轮交战和几番商谈，战斗暂时停止。足利直义带着招募的新兵向近江国移动，并在那里获得了一位友军将领的增援。但是足利直义似乎已经失去

① 当幕府在镰仓的时候，将军的执事驻守京都。第一个正式的任命是 1219 年的六波罗探题，从那之后到 1333 年这一职位一直由北条家族的人担任。当足利尊氏掌权之后，新设了关东执事（管领）。这个职位的首任是足利义诠，从 1337 年到 1455 年它的就任者都来自足利家族，而后由上杉家族的人接任。足利将军在京都也任命了一名类似关东管领的管领，这个惯例从 1379 年一直持续到 1552 年。

（作者在行文中并不严格区分"公方"与"管领"，以英文 Deputy 泛指代表将军行使治权的职位。1337 年，足利义诠负责代表尊氏镇守镰仓一带，但此时仍为战时的权宜措施，并未形成定制；其后基氏成为首位镰仓公方，关东管领名义上是公方的辅佐。1455 年，镰仓公方断绝，此时关东管领之职由上杉氏担任。1379 年，斯波义将就任管领，在他任内，管领制度得到完善，但此前斯波义将本人及细川赖之已担任过管领一职；高师直等还担任过管领的前身执事。——译者注）

信心，因为他在 10 月 15 日左右与足利尊氏见面并与其和解。然而两人间的和睦并没有影响到他们的支持者们。两派之间的分歧和冲突愈演愈烈，战斗在全国各地不断蔓延，两派首领的协议也没能终结这一切。足利直义返回镰仓，开始致力于关东的事务。

足利幕府的内部问题给了南朝的军队很多采取行动的机会，一些保皇派首领现在开始向京都进发。时机尚不成熟，但是这表明开始转守为攻的南朝正密切注视着幕府，等待它下一次失足出错。

足利尊氏肯定已经察觉到了这一点，他提议向南朝做出让步，并表示自己同意两个朝廷之间达成协定。足利尊氏认识到从长远看来良机绝不可错失。他知道最好为自己的提议表示出诚意，并劝说赤松则祐促使南朝接受他的让步和提议，促使持明院统和大觉寺统两派统一。

经过短暂考虑之后，1351 年 12 月南朝同意接受足利尊氏和足利义诠的请求。他们派了一名僧侣前往京都传达消息，并声称必须恢复后醍醐天皇执政时的年号，即"元弘"（1331—1333）。

同时，足利尊氏受命讨伐足利直义。足利尊氏下令全国停战，并宣布听候天皇的裁决。他表明自己将遵从天皇旨意中的每一个字。这一天是 1351 年 12 月 22 日。几天之后，崇光天皇和太子直仁亲王"退位"，北朝的年号也被取消，年号统一为"正平"。年底，持明院统将神器交给大觉寺统，大觉寺统虽声称这是赝品，但还是接受了。

不用说，足利尊氏此次低声下气仅仅是他为了争取时间而耍的手腕；也可能其真实动机只是为讨伐足利直义找一个借口。同样，对足利尊氏的口是心非，南朝肯定也心知肚明——这种伎俩北畠亲房一眼就能看穿——但是他们不会放弃此次重返都城的机会，这个假协定甚至可以促使两个朝廷达成一次真正的联盟，一起对抗幕府。

足利尊氏向全国宣称已接受天皇的旨意，于 11 月离开京都，1352 年 1 月初进入骏河国，并在手越河原①附近建立了大本营。他邀请宇都宫和结城亲朝加入己方，希望借他们的力量"剪除"此时驻扎在伊豆的足利直义。当足利直义到达骏河国兴津东面的萨埵卡时，两军遭遇。宇都宫的部队给了足利直义当头一击，他被迫撤往北条，然后进入伊豆的山区。看样子足利直义在精神上受到了打击，

---

① 手越河原是静冈附近一条干枯的河床，这里是 1335 年 11 月新田义贞率领南朝军队取胜的地方。

失去立足之地的他已经崩溃到想要自杀。就在此时,一份协定带来了和平。足利直义投降了,之后他便被带到镰仓,监禁在净妙寺内,最后死在那里——显然是被毒死的——当时正值 3 月,足利直义 46 岁。

关于足利直义的性格,众说纷纭。《太平记》基本上不太欣赏他,但在记录了足利直义之死后,评价道"足利直义热心政事,对仁慈和公正的诉求明察秋毫"。很难相信《太平记》在讣告中这样赞美他。足利直义做过的坏事,尤其是杀害护良亲王、囚禁年幼的恒良亲王,在当时被认为不可饶恕,人们因此厌恶他。当洞院公贤得知他的死讯后,评论道这也许是结束当下旷日持久战争的契机。毫无疑问,他认为是恶人们造成了这些流血牺牲。

《难太平记》中记载,足利尊氏从来没有忘记自己欠足利直义一份恩情,因为早期足利直义曾经侍奉过他,他甚至没有因为足利直义煽动他人处死高师直和高师泰而责怪于他。但是他决定幕府只能由自己的直系后代来继承,他选择与足利直义反目的真正原因很可能只是因为他对足利义诠的宠爱。据说足利尊氏和足利直义在个人生活方面都无可指摘。

在讨论足利尊氏和足利直义的关系时,新井白石提到在智力和政治才能上足利尊氏逊于足利直义,但在兵法上却远超后者。①

五　京都争夺战,1352—1355 年

足利直义被击败后,南朝的大敌就只剩下一个,南朝意识到现在已经到了殊死一战,击败武家社会力量的时候,而此时武家的力量发生了分裂。他们计划在关东对足利尊氏,在京都对足利义诠展开攻击。

相应地,关东大部分足利直义的支持者都投靠了新田家族,他们一起进入武藏国。同时其他原来足利直义的支持者们与新田家族的支持者们则开始联合起来攻击镰仓。于是,足利尊氏不得不匆忙返回镰仓布守防务。1352 年 4 月,足利尊氏被赶出镰仓城。保皇派的主要将领在更远的北方愈发活跃,这些行动都在预先制定的计划中,而此计划则由在贺名生的朝廷的北畠亲房直接指挥。

尽管保皇派的军队取得了不俗的战绩,但不够彻底。新田义宗(新田义贞的

①　这一时期的史书鲜有谈及足利幕府将军们的名字,了解这一点对学者们可能会大有裨益。这些史书提到他们时常使用职位头衔,如下所示:足利尊氏被称为"大御所"或者"大纳言",足利直义被称为"御所"或者"大给仕殿",足利义诠被称为"坊门"或者"宝筺院"。

第三个儿子）率领大军从越后国出发攻打足利尊氏，并在几次短暂的交战中击败对方。但他最终还是不敌足利尊氏，被驱赶到一处名叫小手指原的地方，新田义宗无奈撤往笛吹峠（现在被称为碓冰峠，来自轻井泽的旅行者们对它很熟悉）。此后不久，他又与足利尊氏在此交战，溃败后逃往越后国，新田义宗的其他兄弟们也都同样被击退。足利尊氏重新占据镰仓。尽管保皇派在相模国建立了据点，直到 1353 年春天，他们打退了一波又一波敌军，但是最终还是溃不成军，四散逃亡至山上。不过，他们的抵抗还是吸引了很大一部分的幕府军，邻近的关东地区的保皇派因此得到了喘息的机会。

　　幕府在关东的形势岌岌可危。两个朝廷达成协定之后，足利义诠得知后村上天皇意图迁至都城，而且已经到达河内国的东条，准备赶赴摄津国住吉的一处临时住所。1352 年 3 月 14 日后村上天皇进入住吉，在简短的准备之后，于 4 月初前往天王寺。足利义诠不得不采取行动，他意识到南朝朝廷的意图不只是简单的联合，而是要对京都进行全面攻击。足利义诠猝不及防，又深知不能指望正在关东鏖战的足利尊氏，苦于自己没有足以抗衡敌军的强大力量，因此他一边准备撤退，一边向天皇提议解决争端。为了做到第一点，足利义诠在濑田整修和加固桥梁，以使自己的大军能够迅速通过；另一边主动提出提供一些帮助，包括运送朝廷贵族的重要财产。

　　天皇没有给出明确答复，不过他告诉足利义诠的使者慧镇和尚，自己将在到达八幡之后回复。4 月 4 日，天皇到达八幡，住在一处行宫内，但是仍然没有回应慧镇一次次的询问。根据洞院公贤的日记记载，当晚幕府的军队已经准备撤离，京都的百姓"吓得面无血色"。第二天，4 月 5 日，在八幡集合的天皇军队整军列队涌入都城，将领有来自鸟羽的北畠显能，来自桂川的楠木正仪和来自丹波国的千种显经。足利义诠马上应敌，但却被北畠显能击溃，落败的足利义诠经濑田桥逃往近江国。

　　隔天（4 月 6 日），已经退位的三位持明院统的天皇（光严天皇、光明天皇、崇光天皇）和太子直仁亲王被南朝的大臣带到六条宫，被软禁在那里一段时间，之后则先被转移到八幡，继而又到了河内国的东条，最后到了贺名生，他们跟后村上天皇的行程正好相反。城市中一片混乱，北畠亲房一如既往地追随着他的君王。在父亲北畠亲房的帮助下，北畠显能试图恢复秩序。

　　占领京都是一次辉煌的胜利，这是靠良策妙计和骁勇善战的武士们血拼鏖战换来的结果。但是正如这一时期的其他战斗一样，他们只是击败而非歼灭了敌军。足利义诠采取了在现代被称为战略性撤退的行动。这可能并非足利义诠本意，但是当到达近江国的一处安全地带后，他不得不停下来重整一盘散沙的军队，同时也要从附近的首领们那里获得增援。撤退之后 20 天左右，在 4 月 25 日，重整旗鼓后的他信心满满地对京都发起攻击。京都防守非常薄弱，北畠显能没有充足的兵力去同时维持城市的秩序和把守通往京都的各条要道。仅仅用了 48 个小时，足利军便重新攻入都城，并且在东山的高地站稳了脚跟，俯瞰全城。不久足利义诠就将他的指挥部搬至等持院。6 月 7 日，他对男山展开进攻。就在此时，足利义诠得到来自细川显氏和赤松则祐的增援。赤松家族曾是忠于南朝的勇士，也沾染了逐渐盛行的改旗易帜的风气。

在这样的援军助力下，足利义诠轻而易举地将保皇派的军队赶回八幡。5 月初，细川显氏和其他将领们从宇治辗转迂回，穿过木津川，出现在楠木正仪的后方。楠木正仪被迫向男山方向撤退，如此一来所有的天皇军都集中到了一起，准备做最后的抵抗。几天过后，也就是 5 月中旬，足利义诠再次得到各方增援，其中包括来自山阴道的山名、来自萨摩国的岛津，还有穿过伊予国而来的河野。此时的足利义诠兵强马壮。6 月上旬，他对楠木正仪和北畠显能发动了一次极为猛烈的进攻。对方顽强防守，但是损失还是很大。天皇亲临军中鼓舞斗志，将士士气大振，才终于击退敌军。在一次夜袭中，他们甚至成功地冲乱了细川显氏的阵形，细川显氏被迫仓皇后退，才得以重整部队。

经过数天连绵不休的激战，守军被团团包围起来。他们最终精疲力竭，有些士兵开始逃跑，食物也越来越短缺。他们意识到已经无法再保护天皇，因此决定撤离。6 月 23 日夜晚，守军悄然突围，数百名骑兵追击他们到大和国。断后的是忠诚的四条隆资，一位效忠于南朝朝廷 20 余年的贵族。他在保护天皇退往贺名生的战斗中阵亡。（据《园太历》记载）为掩人耳目，天皇着甲，混在一队骑兵中，途中被追兵射中一两次，但是箭没有穿透他的盔甲。他把装有印鉴的盒子挂在了马鞍的前面。

围绕都城的战斗并没有结束，但是保皇派可能已经失去了这千载难逢的取胜良机。《太平记》中写道，如果他们能够再多坚守一段时间，可能就会使足利义诠溃不成军，再难翻身。这当然只是一个推测，值得注意的是，新田义宗已率 7000 人从越后出发，桃井的 3000 人马也加入了他的队伍。吉良和石堂率大军离开骏河国到达美浓国的垂井。土居和得能已经准备从海滨出发，在那里从 700 条运输船上登陆的士兵正在等候命令。

这些数字意义重大,说明有 1 万人到 2 万人的军队将前来援助八幡的守军。这些数字可能有些夸大,不过比史书中想象的或者是大致估计的数字要可靠得多。最起码它证明只要保皇派的将领们表现出决心,只要幕府有衰落的迹象,那么大批的支持者就会投奔他们。保皇派近期的节节胜利表明,此时南朝的力量比以往任何时候都要强大。

在足利直义被毒死后,足利幕府内部的情况就已经江河日下,很多同族成员开始反对足利尊氏;有的就算不是真的反对,也不再支持他。因此,即便是足利直义死了,原来存在于兄弟二人之间的对立还在继续,并从都城的封建主向偏远地区的武士首领之间不断扩散。这些站在足利直义一方的乡下贵族并不是要反对足利尊氏的行径,只是看到冲突四起后不得不做出选择。因为只有这样,两位位高权重的首领之间的碰撞才能为他们带来诸如土地或者高官厚禄等奖赏。而且,如果他们不表明立场的话,则可能会因为自己的中立受到惩罚。

反对足利尊氏的主要力量都转而支持足利直冬。足利直冬是足利直义的侄子,也是足利尊氏的儿子,不过他的父亲却长期忽视他,不肯承认他。足利直义甚是疼爱这个孩子,让他担任长门探题这一要职,统领本州岛西部八个国,这发生在 1349 年。后来当足利尊氏和足利直义之间的矛盾演变为激烈的冲突时,他选择站在叔叔足利直义这一边。足利直义的死对他来说是一个沉重的打击。由于被家族疏离,他在家族高层中得不到支持。时至 1351 年,足利直冬已经控制了九州北部和长门国,同年他在太宰府居住了一段时间。年底其住处遭到一色范氏①联同由怀良亲王率领的在九州中心和南部占据强势地位的保皇派军队的进攻。足利直冬被迫逃离九州,前往长门国避难。

足利直冬无法回到京都,因为此时足利尊氏和足利义诠是他的敌人。无路可走的他便向管辖区内的几个名门望族求助。第一个回应他的是在安艺国举足轻重的毛利家族,而后是其他几个在石见国和出云国比较有影响力的家族。在他们的帮助下,足利直冬获得了统治西国的实权,但是他还没有强大到足以对九州的一色范式发动远征。除非找到一个强大的盟友,否则前景依然渺茫无望。他很快想到自己父亲和叔叔经常使用的手段——向南朝称臣,这样就可以与保皇派的军队配合协作,一起对付自己的敌人。于是他马上提出请求,并得到了恩准。

---

① 一色家族一直以来都忠于足利家族,被后醍醐天皇任命为怀良亲王参谋的一色范氏则是一个特例,然而 1352 年他也倒向了足利家族。

有了这些优势后,足利直冬拉近了与少式赖尚以及其他将领的关系,计划攻击一色范式,此人不久前曾作为保皇派与少式赖尚作战。形势错综复杂,但在当时并不鲜见,正如我们看到的那样,改旗易帜司空见惯。九州的少式赖尚一度效忠足利尊氏,但此时却准备加入南朝支持者的行列。然而《梅松论》中记载,少式赖尚一片赤胆,忠贞不渝。其父因为在战斗中令足利尊氏失望而自杀,他的兄弟们也都为足利尊氏丢了性命,少式赖尚自己则跟随足利尊氏参加了在本州的很多战斗,为此他得到了丰厚的赏赐和辽阔的封地。

在足利幕府时代,变节是非常普遍的现象。少式赖尚的行为令人吃惊,但与大人物的反复无常相比,即使不能说是正当的,至少也是可以解释的。那些大人物很少能做到正道直行。他们的下属,那些普通武士们,心思则都在自己家族所得的私人财富上,哪里还管是非原则。他们渴望赏赐,南北战争正好给了他们一个绝佳的机会,因为获胜者可以得到敌人的土地。少式赖尚自己就是一个这样的例子。

因此,来自意想不到的地方的人们纷纷加入保皇大业,保皇派首领欢迎这些志愿者们的加入,也不关心其动机如何。《太平记》记录了这样一个故事,尽管并不一定真实,但却充分地描述了我们所关注的这一历史时期武士家族的惯例。它描写的是日本关西伯耆国的大家族山名家族中的一个人。此人在1352年6月攻打男山的战斗中战功卓越,他提出想要若狭国的一处庄园作为奖赏。这一要求得到恩准,但是后来山名却被告知这一庄园要让予一个当地豪族,由于忌惮此人的强大势力,足利家族的首领们不想冒犯他。因此山名不可能从若狭国的土地上获得任何收益。他求助于足利尊氏的副将佐佐木道誉,但对方却拒绝见面。此次受到的怠慢促使他变节更换了阵营。

当一名武士愤懑不满,两个朝廷之间的争斗便给了他报复的机会,甚至是可以获得补偿的机会。关于那些本来一直是为足利氏和北朝战斗的武士为何转而投奔南朝,这一点是最重要也是最常见的原因。投靠一个新的首领并不能确保胜利,因为双方的实力在不断变化,然而对于那些效忠南朝的武士来说,仍然可以抱有长远的期望。而且,不少武士首领不愿意成为幕府将军足利尊氏的下属。足利尊氏从未获得1180年源氏家臣给予源赖朝的那种传统的忠诚。

山名就是一个很好的例子。山名家族是清河源氏的分支,其封地在临近新田家族的上野地方。山名家族的首领是源赖朝的宠臣(御家人),受其器重。室町幕府时期,他们为足利尊氏贡献颇多,并获得伯耆国大片土地的封赏。在那里,他们失望之余将佐佐木道誉赶出出云国。之后便和足利直冬取得联系,宣布与足利尊氏为敌。山名家族的立场导致山阴地区的大批,也可能是大多数武士家族加入反对足利尊氏的行列。没过多久,关西各国开始援助足利直冬,因此也就同样帮助了南朝。

1342 年,后村上天皇被迫返回吉野,天皇军在楠木正仪的带领下继续活跃在河内国的东条附近。足利直义的旧部吉良和石堂等都给予了他们很大帮助。都城受到的威胁更甚于从前,而足利直冬在西国取得的胜利则十分振奋人心。1353 年年初,足利义诠被迫对东条采取行动,但是毫无成效。时至夏天,已经改换阵营的山名时氏从伯者国出发增援天皇军。7 月,从丹波国出发的先锋到达京都的近郊(佐贺)。为配合其行动,楠木正仪进军天王寺,随后占领八幡,同时援军在四条隆俊的带领下从纪伊国出发向北行进。四条隆俊是忠心耿耿的四条隆资之子。足利直冬的态度转变使保皇派士气大振,鼓舞着他们努力斗争。新的一年刚刚到来,京都的百姓就开始盼望南朝朝廷的回归,但是显然他们心情复杂,百感交集,因为这肯定会给他们之中很多人带来困扰。当更多盟友加入的消息传到京都后,人们更加振奋。5 月中旬,已经有传言称保皇派会在城市袭击足利义诠,幕府也因此逮捕了部分嫌疑犯,其中一些人被处以死刑。但是这并不能阻止坊间关于足利直冬获胜以及山名时氏的意图的种种流言。

7 月,保皇派军队展开强大攻势,楠木正仪从八幡向北进军,山名时氏则从西山向京都推进,同时其他的部队也加入他的军队,他们一进入城市便开始烧毁建筑。足利义诠设法逃脱,撤到城市北边的神乐冈,随后退往东坂本。

很快京都便落到保皇派军队的手上,山名时氏立刻向身在吉野的后村上天皇呈文致贺,同时查抄了那些在最近足利军占领京都时附庸北朝的贵族们的财产。

洞院公贤在1353 年 8 月 1 日的日记中从自己的角度描述了人们对当时形势的认识:"由于对方势力强大,锐不可当,据说光严天皇和足利义诠意图向关东撤退。他们已经上路,不过毫无疑问,局势变幻莫测。各种谣言四起,有人说足利义诠陷入困境,缺少武器和供给。真相难以辨别,众说纷纭,什么是真什么是假黑白难辨。现在唯一可以做的事情就是相信自己的好运。"记载中显示朝廷的高官对当时的真实情况也知之甚少。洞院公贤似乎认为已经退位的光严天皇在京都,然而他和其他两位已退位的天皇却被南朝监禁在贺名生。

在 1352 年 4 月保皇派的胜利后,对于该由谁来继承皇位,足利尊氏和足利义诠很难做出决定。北朝三位退位的天皇和直仁太子被幽禁在贺名生,处于严密监视之下。印玺则在后村上天皇手中。经过长时间的讨论,他们决定将直仁太子的一个弟弟立为崇光天皇的继承人,称为弥仁亲王。1352 年 9 月 25 日,弥仁亲王登基为后光严天皇。历来登基典礼都有神器在场,从来没有过无神器举行典礼的先例,因此仪式被延迟。① 足利义诠对这次不合规矩的做法有些担忧,因为后光严天皇只有 14 岁,于是他建议由后光严天皇的母亲广义门院(以前的藤原泰子)暂时垂帘听政。广义门院是个聪慧的女人,聪明地拒绝了足利义诠的邀请,因为她深知女性执政将招致大臣们的强烈反对,更何况是院政执政。

此时已是 1353 年,保皇派又一次占领都城,足利义诠不能把这位年轻的天皇置于险境,因此他认为此时最好将北朝朝廷从延历寺转移到更安全的地方,后光严天皇曾经在延历寺避难。他护送后光严天皇和他的大臣们进入美浓国,并在离开时击退追击者。他们在美浓国的垂井停下修整,足利义诠在那里重建了北朝朝廷。

足利义诠的败退在全国范围内的足利家追随者中引起很大的反应,此次败北促使他们做出更大努力去收复失地。足利尊氏在邻近的镰仓已经平定南朝军队最后的抵抗,他现在必须前去助足利义诠一臂之力。足利义诠离开垂井奔赴周围各国争取援助,意图对都城展开一次强大攻势。关西的援兵陆续到来。在幕府的召唤下,赤松则祐从播磨国和备前国率援军而来,并于 8 月 11 日到达兵库,斯波率军从四国进入摄津国。楠木正仪和山名时氏没能抵挡住这些援兵的进攻,和有堂、吉良一起被迫撤退。翌日,足利义诠和他的前锋进入近江国。在援军的帮助下,足利军轻松地扫除了南朝军队的拦截,继续向京都进军。1353 年 8 月 24 日,都城又一次回到足利义诠的手中,南朝军队全面败退。

直到 9 月初,足利尊氏才离开镰仓。10 天以后,他抵达近江国,10 月 11 日又到达垂井。在那里等待他的是焦急的后光严天皇。这个场景被同时期的游记作家用热情洋溢的文字记录了下来:"这是多么幸福美好的时刻。连着两三天,军队接踵而至。路上堆满了他们的行装,长途行军之后武士们仍然士气高昂。他们接连不断地来到此地,像一条长长的绸带,又像是一卷展开的布匹。大纳言(足利尊氏)的锦缎披风罩着他的明盔亮甲,胯下是一匹栗色战马。他被结城、小

---

① 曾经有一个笑话,当一位天皇登基因为缺少神器而陷入困境时,解决的办法就是用关白二条良基当他的玺,足利尊氏作他的剑。

田、佐竹、仁木和其他武士簇拥着。士兵的盔甲在午后阳光的照耀下闪闪发光，营造出一幅欢快而有生机的画面。后卫部队由仁木和其他首领统领，其中还有无数来自关东各国的武士。"

接下来是关于足利尊氏和他的将领们骑乘的战马的赞歌，然后是对前往垂井首领庄园的行军队列的描述，这个庄园便是此时后光严天皇的住处。行至庄园前，足利尊氏命所有部队停下，独自走向大门，一位宫廷大臣接引他入内。他在短暂的接见和宣誓效忠之后退了出来①。几天过后，足利义诠从京都赶来表达对后光严天皇的尊敬。足利尊氏和足利义诠这对父子护卫天皇和朝廷返回京都，于 1353 年 10 月 18 日到达。此后直到 1354 年年中，他们享受了一段难得的太平。

占据京都的足利尊氏并不满足于此。他早先就已经派军队对山名时氏发动讨伐，因为在他内心认为山名时氏背叛了他。山名时氏向足利直冬求援，并通过足利直冬得到南朝朝廷制裁足利尊氏的承诺。1354 年 3 月，足利尊氏命萨摩国的岛津攻击足利直冬。同年夏天足利义诠亲自发动了对中部各国的远征，然而却遭到强力反击。面对足利直冬和山名时氏的联军，足利义诠无计可施。事实上，风向又一次发生了变化，足利义诠很快撤退。1354 年年末，足利尊氏断定整个局势已经无法挽回，因此带着后光严天皇逃入近江国，避难于当地一处名为武佐寺的寺庙中。不久之后，1355 年的第一个月，南朝军在桃井和其他后村上天皇支持者的率领下重新收复京都，而且足利直冬、山名、有堂和其他来自中部各国的武士们齐聚京都，这些人都对幕府怨恨甚深。

---

① 此日记的作者是关白二条良基，他跟随北朝朝廷，并服侍后光严天皇。这本日记被称作《口里》，里面有很多细节描写。关于这一时期军事场景的描绘，二条良基侧重用重笔浓墨形象地刻画武士们的生活。他笔下的英雄们神威凛凛，盔甲武器金光闪闪，光彩夺目。

第六章

南朝的败北

梦窗国师。同时代人的画作，现存妙智院。西芳寺的画像更为平实，或许更好地反映了一位高级僧侣的性格。

一 足利尊氏收复京都

1355 年 2 月,足利直冬金戈铁马,抵达京都,山名时氏也率取得胜利的军队随即到达,南朝形势一片大好。但是足利尊氏没有打算就此放弃这场战争,他马上开始准备反攻京都。早在足利直冬入城之前,他就已经开始用浮筒和木料对濑田桥进行了加固。当准备工作完成之后,他命令各个寺庙和神社为自己的胜利祷告。3 月初,他告知后光严天皇自己计划即刻向京都进军。

翌日足利尊氏整装开拔,3 月 5 日他穿过濑田桥向东坂本行进,不久之后在那里安营扎寨。在得知足利义诠已重整部队,并和赤松则祐、细川赖之一起进入了摄津国,占据了通往山崎东部的位置之后,足利尊氏把指挥部搬到了西坂本。

获知足利尊氏的举动后,保皇派的首领们匆忙准备抵抗。足利直冬和楠木正仪占据了等持院和男山一带,而山名时氏则计划与从丹波国前来的仁木赖章会和。

3 月 20 日,山名时氏加入楠木正仪与足利义诠的战斗,战场在山崎西侧。战斗异常残酷,双方都损失惨重。山名时氏被迫向淀川撤退,足利义诠因此控制了山崎。

3 月 22 日,足利尊氏从坂本出发,沿着鸭川前进,途中遭遇都城的天皇军。双方在锦小路、猪熊和大宫附近的地区酣战不止,两军拼尽全力,但没有决出胜负。第二天,足利尊氏将基地从坂本转移到了东山,之后又搬到了清水山。几天之后,都城内爆发了更为激烈的战斗,但仍苦战无果,胜负不分。战斗一直持续到了下个月。4 月 20 日,足利尊氏来到了细川赖之的指挥部,与此同时细川的两个将领分别占领了七条东洞院和西七条的宫殿,攻打守军。激战过后,他们将桃井从戒光寺驱逐了出去。

同时,足利尊氏和足利义诠则忙于打通从西面进入都城的道路。三四天之后,他们的大军开始攻击足利直冬。足利直冬顽强抵抗,痛击敌军,细川赖之负伤,他的几个将领也被杀死。但是,这只不过是一次局部胜利。由于无法守御八幡以外的地方,而且缺乏补给,不久,南朝军开始大范围地撤退。4 月 25 日,足利尊氏进入等持院,足利义诠攻入法胜寺。就这样,京都又一次回到了足利氏的手中。

京都重新得到了安宁。南朝军过去多次遭到打击,随后都得以恢复,然而尽管这次打击并不比过去大,但是他们对京都再也构不成威胁。避难于近江国的后光严天皇此时被护送回了都城。在接下来的两年里,退位的天皇们(光明天皇、光严天皇和崇光天皇)发现他们轻而易举就能逃脱监管,返回京都。

1355 年,战争告一段落,年复一年的战斗已经使都城千疮百孔,满目疮痍。《太平记》中有这样一段话:几乎所有的皇家宫殿、贵族宅邸和各处理政务的官署都被大火烧毁,只有十分之二三幸存下来。城市里很多地方已经成为一片空地,不见一户百姓居所,只剩下了兵营。城市郊野外的残垣断壁上已是荒草萋萋,一眼望去,尽是横尸沙场的森森白骨。很多人饿死,也有很多人在绝望中自溺而亡。我们没有理由怀疑这段话的真实性。在这场内战中,城镇是受到波及最严重的地方,因为战斗大部分发生在这些地方。乡村地带常常幸免于军队的侵扰,因为他们需要这里的粮食。

结束这场内战的主角是足利尊氏和足利直冬父子二人。1355 年 4 月,随着足利尊氏入驻都城,针对南朝的斗争便暂时告一段落,尽管九州的怀良亲王、信浓国的宗良亲王和其他一些地方的保皇派还在继续活动。就在此时,足利直冬告别了历史舞台,他选择辞官隐退,避世幽居于西部某国。

足利尊氏则定居在京都,并在接下来的三年里巩固了幕府的统治地位。1358 年 3 月,足利尊氏收到西部倒幕活动获得胜利的呈文,感到不安,决定率军前往九州。就在此时,足利尊氏患上了肿瘤。病后不久,1358 年 6 月 8 日,他在京都去世,时年 54 岁。同年年底,足利义诠被拥立为幕府将军,承继其父所创的幕府大业。

早在 4 年之前就死于贺名生的北畠亲房天赋异禀,足智多谋,是足利尊氏的劲敌。他亲眼见证了南朝一次又一次的起落沉浮,却从来没有对最终的胜利失去信心。他和足利尊氏都是那个时代的英雄人物,他们身上的个性特点值得我们特别关注。

二　足利尊氏

足利幕府统治下的内战时期被描述成了一个屡现变节背叛者的时期,有关足利尊氏生平的研究也论证了这一观点。足利尊氏发迹于反抗北条家族的活动,北条执权正是他的君主,也是北条家族的首领。足利氏与北条氏通过家族联姻保持着密切的关系。足利尊氏在推翻北条执权的过程中起到了关键作用,获胜之后,对于后醍醐天皇意图重建天皇政权,可以说他是支持的,至少没有反对。不过没过多久,当时机成熟,他马上背叛了后醍醐天皇,并迫使后者躲避到吉野山上一个偏远的小山村中。

很显然,此时的足利尊氏被个人野心驱动着,任何道德上的顾虑都阻止不了他。这是日本一位著名的历史学家新井白石的观点,他写道:"尽管他得到了远超于他服侍天皇所应得的奖赏,然而他的目的一直都是为自己谋求利益。"不过,新井白石认为足利尊氏一些受到攻讦的背叛行为和残暴行径实际上应该归咎于他的弟弟足利直义,因为纵观足利尊氏的行为,可以看出他是一个通达开明并且随和易处的人。谋杀护良亲王、囚禁恒良亲王和成良亲王两位年轻皇子便是足利直义在足利尊氏毫不知情的情况下策划的。1335 年,足利尊氏违抗天皇的命令,拒绝从镰仓返回都城也极可能是受到了足利直义的挑唆煽动。从那时起一直到他们分道扬镳,足利尊氏将政治事务完全交由足利直义做主,自己从不干涉。

事实上,除了军事事务以外,足利尊氏几乎没有时间分心去做其他事情,因为从第一次起兵到他去世为止的 26 年间,战火从未停息过。新井白石说,这样的政治形态从古到今都未曾有过,这是由足利尊氏的性格所造成的。他并不是一个正直的人,因此他也不能使别人正直。他走到了武士社会的顶峰,因为很显然武士们比贵族们更有能力统治这个国家。人们清楚地意识到了这一点,因此他们已经做好准备去迎接任何一位可以将他们带回到军事首领统治的领袖。新井白石是一名严格的儒家学说卫道士,他认为足利尊氏的功绩微不足道。但是作为德川幕府的文学侍臣,他又主张稳固的政府统治,而且他不认为足利尊氏是天皇的敌人。新井白石指出假如足利尊氏当初能够保证光明天皇皇位的稳固,那么他早已名垂青史,流芳百世了。在他看来是新田义贞破坏了南北朝的关系,尽管新田义贞表面上是为了南朝而战,但实际上他是为了消灭自己家族的敌人,足利尊氏别无选择，只能应战。

一些当代的日本历史学家对足利尊氏的评价远比新井白石高。作为源氏的首领，足利尊氏必须将他对武士的职责使命置于对天皇的效忠之上，基于这点，这些历史学家为足利尊氏背叛北条氏、不忠于后醍醐天皇的行为进行了辩解。这种论调不能够让人信服，尤其是后醍醐天皇对足利尊氏极尽慷慨，在他人眼中，天皇给了足利尊氏过度的厚封重赏。足利尊氏很清楚这点是自己的软肋，因此他把背叛的行为归咎于弟弟足利直义，试图以此来掩饰自己的罪行。但是很显然，他的目的是重建并壮大幕府，自己做幕府首领——源赖朝的继承者。就这样，他的野心轻松地战胜了他也许曾经有过的对天皇的忠诚。足利尊氏知道自己的恶劣行径会触犯众怒，1336 年，在扶持光明天皇登基不久，他祈祷能获得观音的慈悲，让他不要因为此世的罪恶而在来世受苦。他认为人生一世只不过是梦一场，未来才是真实的。但是对于足利直义而言，他想得到的却是世俗的成功。

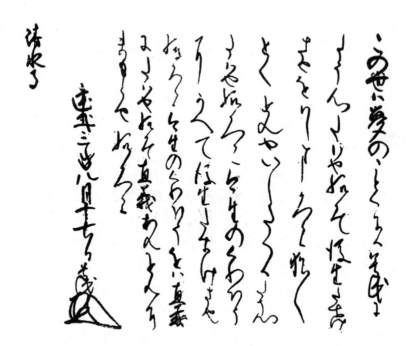

建武三年，足利尊氏向清水观音许愿的内容（亲笔文件）

这些表示悔改的言辞和与神灵的讨价还价令人厌恶，即使他确实对自己的罪过做出了频繁的忏悔也依然改变不了这一点。足利尊氏对观音有一种特殊的感情,他说在鞆港(1316 年),观音冥冥之中曾降临他的旗舰。他还坚称在他一败涂地濒临死亡之际,地藏菩萨曾出现在他的梦中。据说他甚至曾命令铸造成千上万的地藏菩萨小雕像,每一个雕像代表一个因他而战死沙场的将士,表达了他对战死将士们的灵魂的怜悯。一项触目惊心的统计显示埋骨沙场的将士达到了 60 万人,这个数字当然不准确;但是,说在足利尊氏的战斗生涯中战死的人数估计有将近 6 万人则不会相差太远。为自己祈祷的同时,他也为被他推翻的北条家族祈祷。对于因自己而受尽苦难的后醍醐天皇及其支持者们,他也日日表达着深切的悲痛。

然而,足利尊氏并没有采取任何措施来消除或弥补这些他带来的不幸和伤害。尽管他为死者痛哭流涕,但却从没停止过战争,他染疾、死亡之时,正是他率兵前往九州之时。我们很难相信他的宗教情感是真诚的,而且很容易看出他喜怒无常,性情多变。足利尊氏是一个行动主义者,学识有限。不过,他对艺术有一定了解,喜欢诗歌,对大自然的美丽也很敏感。学问渊博的梦窗国师有时会给他一些精神方面的建议,他称赞足利尊氏的品位,欣赏他的诗歌,经常与他在诗会上静坐至深夜。其他一些资料也证实了梦窗国师对足利尊氏的评价:战场上勇猛无惧,素无仇怨,大方慷慨。时而放荡不羁,拊掌大笑,激越亢奋,时而又情绪低落,陷入忧思。

今天是屠夫,明天却在忏悔,他的形象呈现出了难以调和的矛盾,因为当时很少有对他公正的评论。不可否认,他在日本历史上扮演了重要角色,但是他使他的国家陷入了不必要的战争泥潭,连绵不断,长达数十年。值得怀疑的是,他引发的战争是否对国家有什么好处。

当代学者中村直胜在他的研究报告中将足利尊氏描绘为一个渴望维护武士社会("武家社会")的保守派,这似乎是一个比较合理的观点。可以肯定的是足利尊氏肯定没有高师直那样彻底打破传统进行大变革的极端观念。我们有理由相信,假如保皇派当时能巧妙应对足利尊氏的话,他很有可能早已被说服与后醍醐天皇合作,而非驱逐天皇。

开始掌权的几年里,足利尊氏并没有对镰仓的体系做出大的变革。就算意欲变革,他也小心谨慎地缓慢进行,以避免触及高官贵族和大宗教体系的经济特权。足利尊氏保留了镰仓幕府的大部分机构,并且,他最初授予各国守护的权力并不比他们的前任们大。

梦窗国师与足利尊氏关系密切，除了这层直接关系外，他的一生也见证了足利兄弟对宗教不同的看法，这一点值得我们特别关注。

假如梦窗国师记录正确，那么除了足利尊氏自身的性格特征之外，他的叙述可以向我们传达更多信息。《梅松论》中便引用了梦窗国师关于足利尊氏的记述：足利尊氏比源赖朝伟大，因为他集美德和仁慈于一身，他镇压叛乱，维持国家安定，为天皇尽忠职守，对这样的一位将军，国家应该感恩戴德。关于足利尊氏服侍了哪位天皇，梦窗国师并没有提及，不过他不能否认受尽足利尊氏粗暴对待的后醍醐天皇是正统的天皇。

事实上，梦窗国师是一个极其喜欢结交名人权贵的人。而且，因足利尊氏对禅院，尤其对天龙寺（它后来通过赞助商船航行，在促进日本与中国的贸易往来方面扮演了重要角色）的慷慨捐赠，梦窗国师对其心怀感激。足利氏重视佛教的另一个例子是足利尊氏和足利直义于1338年宣布在66个国中各建造一座佛塔、一个神社或一座叫作安国寺的寺庙，人们可以在这里为那些战争牺牲者的灵魂祈祷。这个计划是由一个被称为国分寺的地方神社提出来的，它是在奈良时代被敕令建造的。

在这样的背景下，梦窗国师在14世纪的历史中扮演了重要角色也就不足为奇了。像其他著名的禅僧一样，他也被军队的将领们当作谋士和谈判时的中间人，无论是在武士中，还是在宫廷上他都能从容应对，游刃有余。梦窗国师谨言慎行，名声很好，在其他人看来，他是大才子、伟大的学者。但是，无论是他在世时，还是对他往事的回顾，其品格和成就都似乎或多或少被夸大了。

年轻的梦窗国师头脑聪明，野心勃勃，受到了后醍醐天皇和北条执权的重用和宠爱。尤其是北条高时与其交往甚密，和北条家族的很多人一样，他喜欢结交满腹经纶的禅僧。梦窗国师很是自满于自己斡旋调解的才能。他确实天生就有说服别人的才能，再加上作为学者他已声名远播，因此，皈依禅宗的他便被天皇授予了国师的称号。不过，梦窗国师喜欢站在胜利者的一方，当后醍醐天皇潦倒落魄时，他便转而效忠于足利兄弟和北朝。他为足利兄弟尽心竭力，于是在二人的帮助下成了临济宗的领袖，直到圆寂都是禅宗的领导人物。他出生于1275年，卒于1351年。

1325年，后醍醐天皇执政的时候，已经退位的花园天皇在日记中写下了一段有关梦窗国师的话，这段话清楚地描述了他的一生，主要内容如下：

今天我见到了宗峰大师［大灯国师］和禅林寺的住持［梦窗国师］。梦窗住持说为了讨论他撰写的宗教训诫，他们在宫殿里受到了后醍醐天皇的招待。

主持最近因为博学广识获得了很高的声望，这也是他被召见的原因。但是从他对讨论的描述中可以看出它不过是对一些基本问题老生常谈。哎呀！一想到达摩宗的衰落就莫名地伤心难过。

看起来被召见的人应该要保守秘密，守口如瓶。梦窗住持受到了幕府统领们的信任，天皇并不希望幕府得知他们的谈话内容，这也得到了宗峰大师的证实。但是我不能理解为什么天皇陛下担心谈话细节会被泄露出去，这简直荒谬至极。陛下告诉我们他热切地希望佛法兴盛起来，但是另一方面，他又害怕自己与这位大禅师的交往被他人得知。为什么这个人［梦窗国师］被当成了禅宗的领袖？这难道不是自达摩以来的伟大传承的毁灭？想到此我怎能不感到悲伤啊。

由于花园天皇被迫同意让位于后醍醐天皇，可以猜想他对这位继承者的评价并不公允。不过，观察其整部日记，尽管他经常悲观地冷嘲热讽，他仍然在努力避免自己的偏见。他对梦窗国师的评价很可能与事实比较接近。花园天皇自己并没有皈依禅宗，或许他以从禅宗高层身上挑剔找碴为乐。但是，他并无恶意，并真诚地认为，让那些满脑子政治的僧人担任宗教领袖会迷惑信徒，从而削弱信仰。

三　北畠亲房

北畠家族属村上源氏的一个分支，其祖先起源于伊势国。在那里，北畠家族几代人都受到过朝廷的册封。名门出身的北畠亲房也是宫廷贵族的一员，他对新崛起的军事领袖一向厌恶。因为在他眼里，他们只不过是一群愚昧无知、自命不凡的武夫。北畠亲房毫无疑问是他那个时代最引人瞩目的人物，他才华横溢，博古通今且深谋远虑，智勇双全又远瞩高瞻。无疑，在日本历史上北畠亲房是最值得讴歌的人物之一。

北畠亲房与天皇关系甚密，1323年，后醍醐天皇嘱托其做自己第三个儿子世良亲王的老师。1330年世良亲王去世，北畠亲房则遁入空门，皈依佛门。然而，当后醍醐天皇在1333年从流亡途中归来后，他又还俗返朝。重新回到朝廷的北畠亲房为后醍醐天皇尽心竭力。1326年，为躲避足利尊氏，后醍醐天皇避难于比叡山，北畠亲房则继续留在京都。但当后醍醐天皇听从足利尊氏的建议返回都城后，本就不喜欢也不信任足利尊氏的北畠亲房便离开京都前往伊势国，在那里为朝廷的将来做打算。目光长远的北畠亲房早已看到自己必须为后醍醐天皇的复位进行长期艰难的斗争，在他心中，后醍醐天皇才是正统的天皇。正因为此，他对后醍醐天皇尽忠竭诚，付出了自己的整个成年时代。

1337年1月，后醍醐天皇逃至吉野。此时的南朝必须找到一个易于防守的地方以稳固自身，同时要竭力建立一支军事和政治力量来打败足利尊氏。所有这一切都需要制定一个大胆缜密的计划。正是在这点上，北畠亲房表现出了他非凡的才能。他的谋略、决心，还有他个人的勇气，在1337年后短短几年之内，就帮助逃亡的天皇整合了全国的保皇支持者们，这些联合起来的军事力量使他们有实力进行长达50年的抵抗活动，而且不止一次成功地抗击了足利一方。

在保皇派每一次重要行动的背后，都可以看到北畠亲房的远见和想象力。他对后醍醐天皇的事业赤胆忠心。为了击败足利尊氏，北畠亲房小心谨慎地谋划全局。是他提议让天皇的皇子们到国家的各个地区活动，每个皇子都可以形成保皇派的一个力量中心——义良亲王到北方各国，宗良亲王到信浓国，尊良亲王、恒良亲王与新田义贞一起到越前国（这两位皇子都因此丧命），怀良亲王到九州。

北畠亲房还建立了一张情报网，有了这张网，他可以通过信件与其他人保持联系，为他们出谋划策，并给予鼓励慰勉。对各地发生情况了如指掌的北畠亲房意识到天皇军在数量上不可能与足利尊氏的大军相抗衡，于是他又推行了让自己一方在不同地点不同时间开展行动的策略，这样就能分散敌方注意力，使其对己方的下一步行动摸不着头脑。这种游击战策略迫使对手必须分散其军事力量，这样就削弱了他们的整体实力。同时，因幕府内部的矛盾日益激化，加之北畠亲房的极力劝说，保皇大业的支持者们在不断增多。

北畠亲房从没有闲暇时间。他足迹甚广，探访过最偏远的地方，尤其重视鼓舞陆奥和九州的抵抗运动。这也是基于他欲将敌人牵制在较远地区，以减轻畿内抗敌压力的考虑。

1338年，保皇派溃败，北畠亲房之子北畠显家阵亡。他决定在北方和西方重新起兵，陆路已经不再安全，所以他在伊势国的大凑港建立了一个补给站，从这里可以走海路至常陆国。一到达常陆国，他马上开始统领这里所有的保皇军，并且亲自建立了一座堡垒,来抵抗足利军的反复攻击。正是在这段战争间隙中,他写下了《神皇正统记》和《职原钞》,并把它们送往吉野。关于吉野此时所处环境,前文已经有所描述。

年复一年,北畠亲房在常陆国与数不清的困难做斗争,同时也与其他前线保持着联系。然而当后醍醐天皇去世后,他最终不得不放弃努力,返回吉野。在那里他继续为南朝尽忠献策,直到 1354 年去世。直到最后,他也没有放弃自己的原则,反对幕府提出的一切企图使两派继承人达成和解的建议。

作为一名军事统帅,北畠亲房讲究策略,有勇有谋;除此之外,他还是一位才华横溢的学者。他的《神皇正统记》是一部伟大的著作(假如你能接受他书中所立的前提),他合理地、令人信服地论述了南朝的正统性。它是带有历史专著性质的辩论,也是对政治改革的呼吁。他深信日本是神赐之地,神赐的血脉(神皇正统)必须代代传承下去。他举了几个过去偏离神皇正统的例子,但又提到这些都被后人匡正,随后回归了正统。他谨慎地指出人非圣贤,孰能无过,统治者们也不例外,并引用了后鸟羽天皇的例子。1221 年,后鸟羽天皇犯下大错,因而遭到流放。书中还提及其他两位境遇相同的退位天皇。北畠亲房认为统治者可以动用武力对付那些为非作歹之辈,但不能对那些无冒犯之意的人使用武力。当后鸟羽天皇意图靠武力镇压并无过错且尚得民心的北条家族时,就已经铸成大错。笃信神皇正统的北畠亲房在书中盛赞了传承已有 300 余年的藤原家族。

北畠亲房精通佛教教义,一生相信因果报应。这与他关于远古以来的遗产恒久不变的理想相适应。但是实际上,他的宗教思想更加接近神道教义,从其关于皇室血统的观点中可以看出这一点。同时,他也受到一种后来发展成伊势神道的思想的影响。根据伊势神道的思想,佛陀和菩萨是日本原生神的示现,而非日本诸神是佛陀的化身。① 北畠亲房信仰坚定,有着广泛的兴趣和清醒的头脑。和同时代的很多人一样,他也受到了朱子儒学的吸引。一些作家指出北畠亲房曾学习过朱熹为司马光《资治通鉴》而著的《资治通鉴纲目》,他对中国宫廷争斗的部分尤其感兴趣。

除了使其声名远扬的著作之外,北畠亲房的一些信件也被保存了下来。他坚定而有些自以为是的性格以一种聪察明断、朝气蓬勃而又明晰的风格在作品中表露无遗。北畠亲房的确实异于常人。

---

① 这种思想后来完全颠覆了研究日本宗教的学者们很熟悉的"本地垂迹说"。

对政治理念的发展感兴趣的学者会不由自主地翻读北畠亲房的著作，希望能从中发现日本的政治理论是如何演变的。不过他看完这些作品后肯定会大失所望，因为里面涉及的几乎全是神话和神统继承的奥秘。北畠亲房希望通过作品记录早期理论的纯粹性，而非简单地呈现起源于传说的思想在数世纪之内的流转变化。他极少提到君主的职能，认为臣民除了绝对忠诚和服从之外没有其他职责。被统治者们没有任何权利，相反，君主则不受任何约束，尽管人们总是希望自己的君主能公正严明，体恤民情。

在武士阶层的首领看来，北畠亲房的观点并不值得尊重。事实上，那个时代他的作品只能激励那些已投身保皇大业的人士，除此之外别无影响，也就很少为人所知。很久之后人们才开始关注这些作品。17世纪，这些作品的新版问世，那些志在摧毁德川幕府，恢复合法统治者权力的人读后发现它大有裨益。从这个意义上讲，可以认为北畠亲房影响了日本的政治思想；不过，有另外一种更接近事实的观点，即北畠亲房的主张是被那些想要打破当时社会体制的人所利用，因为他们自己的思想尚未形成清晰的政治理论。之后他们在行动中逐渐发展了自己的统治原理。

没有多少证据表明日本的思想家在连年战争之后致力于从自己国家的过往探索理性的国家理论。日本中世纪作品中常常引用的关于权利和义务的基础观念似乎是源自儒家思想或佛教思想。人们只是单凭经验在使用这些观念，观念本身则缺少系统性和条理性。

虽然间或有短暂的和平，但两个朝廷在接下来的纷争中却是两败俱伤。双方的首领不知道是应该遵循古老的政治传统还是建立一个新的政治体系。他们的主要目标就是摧毁现有的秩序，如果说他们有共同的政治原则的话，那就是对赤裸裸的权力的信仰。因而当足利尊氏掌权时，他的将军高师直就曾公然叫嚣："天皇有什么用？为何他可以高坐在宫殿里？为何我们要向他屈膝跪拜？假如出于某种原因必须要设一位天皇，那就让我们用金属或木头造一个出来，把那些活着的天皇赶走吧。"

北条家族倒台之后，这种观点变得非常普遍。当足利氏执掌国家大权后，打破传统观念的行为变得更加暴力化。随着足利尊氏的去世，建立一套政治思想的希望也随之破灭。实际上，没有任何思想可以将足利尊氏造成的政治混乱合理化。

可以说，镰仓幕府只在早期的统治中遵循了清晰的政治原则。幕府将军制定了粗略的理论,而这一理论很明显是直接出自《贞永式目》和他们的行为习惯。他们认为好的幕府应该是稳固安定的幕府,他们相信正义和公理的存在。如果幕府有一套社会理论的话,它将把严格划分的社会功能和固定不变的社会等级视作当然。

四 保皇派负隅顽抗

北畠亲房死后,南朝朝廷从贺名生转移到了河内国的天野山,将金刚寺作为大本营,1354 年和 1355 年进行的战斗都是在这里指挥的。1355 年 4 月京都失守后,南朝意识到再战无益,于是短暂沉寂了一段时间。1358 年年底足利义诠继任大将军,尽管信浓国和怀良亲王持续攻城略地的九州仍有保皇派的抵抗中心,但这些都没有对足利义诠造成直接威胁。

足利义诠没有执行足利尊氏攻打九州的计划,而是利用南朝的弱点,直接攻打天野。他命令弟弟足利基氏(足利义诠在关东的代理人)在关东各国内召集一支部队,因为在那里足利义诠有可靠的支持者。1359 年年初,足利一方开始招兵买马,但是 9 个月之后这队人马才在畠山国清的率领下到达京都。足利义诠和畠山国清共同计划,足利义诠率领一路大军向南挺进,并于 1360 年 1 月到达尾崎,而畠山国清则率另一路人马进入摄津国,行至四条畷遭遇了南朝军队。听闻敌方大军压境,南朝从金刚寺仓皇撤离至偏远的观心寺。

到达摄津国之后,畠山国清势如破竹,一路攻入河内国,足利义诠的先遣部队则驻扎在金刚山附近。南朝朝廷的前景如此暗淡,一些保皇派纷纷投向敌人。南军则部署在 1332 年北条的将领大战护良亲王及其盟友的乡村中。楠木正仪据守在赤坂的要塞,呼应附近其他据点,建立了一道防线。四条隆俊首先遭到了足利义诠的攻打。在敌人的强势攻击下,一个又一个据点接连陷落,最后只剩下赤坂。接下来发生了什么我们无从知晓。6 月,楠木正仪撤退,但是他并没有遭到敌军的追击,而且足利义诠也没有打算打扰南朝在观心寺的临时朝廷。义诠和他的将军们胜利班师回京。

据说在离开战场之前,足利义诠与南朝达成了一项协定。无论真假,和谈时机已经成熟,因为支持南朝的贵族们已经失去希望和勇气。他们中的一些人早已为敌人提供帮助——根据一份记载,年轻的兴良亲王甚至自荐做幕府将军在吉野的执事。在旷日持久的内战中,保皇派的前景从来没有像现在这样暗淡无光过。

然而,幕府自身也是问题重重。1355 年的春天,对时势洞悉无遗的洞院公贤描述了都城令人恐慌的境况:"将领之间明争暗斗,互相猜忌,我们仿佛生活在人间地狱。"足利尊氏死后情况变得更加糟糕。贵族们开始钩心斗角,尔虞我诈,对于抗击南朝,则都漠不关心。足利义诠返回京都后,幕府将领仁木义长前往伊势国,倒向了正在那里战斗的南朝军队。而畠山国清因不满足利义诠的指挥,一怒之下率领军队返回了镰仓。足利义诠的处境越来越艰难。这一年的晚些时候,足利义诠打算处罚违令不遵的执事细川清氏,但是最终细川清氏逃走并于 1361 年投降南朝。①

由于幕府内分歧不断,连续出现变节,南朝军队的处境大为改善。细川清氏建议对京都主动出击,受其鼓舞,南朝将领们再次转守为攻。1362 年年初,一支相当规模的军队从摄津国的住吉出发(后村上天皇曾在此建立自己的大本营)。足利义诠认为撤退是明智的做法。他护送后光严天皇到比叡山,尔后又至近江国。楠木正仪和他的盟友没折损一兵一卒便顺利进入京都。这是南朝军队第四次进入都城,然而他们不得不再次选择撤退。因为足利义诠马上就集齐了一支强大的力量向京都靠近,楠木正仪和其盟友迅速撤向南边的宇治。他们占据京都还不到 20 天,后光严天皇被护送至北山行宫安顿了下来(这里曾是贵族西园寺家族的住处)。

尽管表面上楠木正仪和其支持者们仍未被击溃,但实际上已无多大用处。他们藏身于山上的要塞,非常安全,却没有足够的实力发起进攻。楠木正仪最终在 1369 年放弃坚持,保皇派只剩下九州这最后一个据点。

回顾 1355 年之后保皇派的抵抗,不难发现南朝注定要失败。九州之外的南朝军队寡不敌众,指挥不力,且士气低落。南朝将唯一的希望寄托在幕府内部的不和。正是由于这点,没有了北畠亲房的南朝依然在负隅顽抗。很中肯地说,它的垂死挣扎根本不可能成功。

1368 年后村上天皇在摄津国的住吉去世。他是那个时代的斗士,心甘情愿地承受艰难险阻,从一个避难所逃到另一个。他的兄弟们本可以继承其位,但是幸存者都远在千里之外,因此他的一个儿子继位成为长庆天皇——长庆天皇空有尊严,没得到任何支持。此时,楠木正仪是抵抗北朝的中流砥柱,但是他在

---

① 1362 年,为南朝卖命的细川清氏离开河内国,回到四国的家中,他在这里一度地位显赫。但是足利义诠想要他的人头,最终细川清氏被堂兄弟细川赖之杀害。细川赖之在足利幕府的早期扮演了重要的角色。这是一个残忍的时代。

1369 年转向了北朝。楠木正仪不像父亲楠木正成那样为了理想奋不顾身,他遇事沉着理智,又有势利的一面。很长一段时间内,楠木正仪都扮演了赤子忠臣的角色。但是,当 1362 年京都失守后,他深知想获得军事上的成功已是痴人说梦,于是欲通过政治途径解决朝廷问题。楠木正仪已经与佐佐木道誉秘密接触(1367 年),但却毫无进展,主要原因在于南朝认为幕府会乞和,这一姿态使足利义诠愤怒地终止了和谈。楠木正仪再次尝试与对方和谈,但是后村上天皇死后,和谈无法重启。

南朝贵族,甚至其家人都将楠木正仪视为叛徒,但是没有长年出生入死的人没资格这样批评他。寻求和解是正当的。

1368 年 1 月,足利义诠去世,幼子足利义满继位。幕府的事务暂时由细川赖之打理,足利家族的领袖们都认为他是当时最能胜任的人。

五　九州战役

幕府清楚地意识到重新控制九州至关重要,而此时怀良亲王在这里占据上风。自足利尊氏死后,尽管幕府多方努力,但其声望还是不断下滑。为了战胜保皇派,为了重建足利幕府的声望,一场争夺九州的战役迫在眉睫。

到 1365 年,整个九州都在怀良亲王的控制之中。少式家族、大友家族、岛津家族都已不再显赫,幕府在九州的探题一色和斯波双双被击败削弱。此时的怀良亲王意气风发,信心在握,意图领兵攻打京都。此时,因为日本中部和东部的军阀发生骚乱,足利义诠的地位已经受到削弱,九州的形势更使之雪上加霜。在临死前不久,足利义诠还向九州派遣过一支远征军,但却没能穿过海峡,军队的将领涩川回来报告称怀良亲王打算前往南朝商议下一步的抗击行动。足利义诠死后,幕府陷入一片混乱,这一计划极有可能实现。不过,觉察到危机的细川赖之和其他统领早就未雨绸缪,假如怀良亲王意图穿越海峡登陆,一支强大的军队已经蓄势待发,准备迎战。

这支力量的形成打碎了怀良亲王和保皇大业的最后机会。随着敌人东山再起,怀良亲王也渐渐失去其在九州的军事优势。很快幕府便转守为攻。1370 年,细川赖之被召回京都商讨对策,在他的建议下,足利氏首领决定派最有能力的人赴九州任探题。这个人就是今川贞世,他是一名优秀的战士,作为文人在诗歌圈子中也赫赫有名。生于 1325 年的今川贞世早期的大部分时间都在为足利尊氏效命。当幕府传召时,他已皈依佛门,取名今川了俊,在京都过着平静的生活。

1370 年 10 月底,今川贞世走马上任。他的前任赴任时受到敌人阻拦,连海峡都没穿过,因此他异常警觉,小心地计划着行程。为避免腹背受敌,今川贞世与周防国守护大内达成协议,得到对方的通融和谅解;行至四国时他也采取了同样的方法,并要求细川家承担起维护四国秩序的职责。今川贞世命儿子今川义范率领一支分遣队做前锋和侦察,从尾道出发乘船前往九州。1371 年 8 月,在大分地方登陆的今川义范占领了高崎的要塞。在攻击附近的南朝军队之后,他马上受到了菊池武光的反击。菊池家族势力强大,是怀良亲王对抗幕府最为倚恃的家族。不过,今川义范殊死守住了高崎。此时,还在大陆的今川贞世命其弟今川仲秋侵入肥前国,从后方攻击太宰府。遭到阻挡的今川仲秋无法顺利进入九州。直到年底,他到达松浦,受到当地武士的帮助后才穿过乡村到达肥前国。

今川贞世此刻正边吟唱诗歌边游览风景,沿着西海岸骑行,悠闲怡然。看到自己的策略已经奏效,今川贞世便离开安艺国,前往九州的丰前,经由与下关相隔 8 千米水程的小仓,接着沿海岸向西到宗像,最后迫近太宰府。如此,今川贞世便处在镇守高崎的今川义范与在肥前西部的今川仲秋之间的位置。这种掎角之势迫使菊池武光放弃了对高崎的包围,着手防御太宰府。得到足利氏支持者的援助后,今川贞世从小仓出击,占领了太宰府的防守要地。足利氏的这三支军队将太宰府团团包围,不到 1372 年 9 月底,太宰府就已落入他们手中。菊池武光被迫撤退,护送怀良亲王逃入了筑后国。

得益于今川贞世的计划和适时的行动,九州北部的大部分地方都被平定了。自 1361 年以来怀良亲王努力得来的统治地位在短短数天之内就丢掉了,十二年的心血毁于一旦。保皇大业并未失败,但保皇派需要足够强大的力量和好运来抑制今川贞世。怀良亲王此时在筑后川盆地里的一个平原上,这里既可作避难所,也可作防守基地。今川贞世按兵不动,等待时机。他等待着自己的"天时"和"地利",并主动争取"人和",亲自登门拜访九州南部的名门望族,游说他们加入战斗,并许以丰厚的回报。

菊池武光洞悉了今川贞世的企图,他决定先发制敌,在今川贞世的计划成熟之前发起进攻。1373 年 3 月,菊池武光发动大规模夜袭,眼看就要攻破今川贞世的防守,但最终还是功亏一篑,被迫撤退。双方僵持不下,今川贞世一度处于不利形势。然而,这一年的晚些时候,菊池武光撒手人寰,剩下的保皇派没有一位可以担当大任。菊池武光的继承人菊池武政,一位前途无量的战士,也于 1374

年去世。

今川贞世已决定倾尽全力攻打位于高良山的怀良亲王。他成功地将怀良亲王赶入肥后国。此时的今川贞世本可以乘胜追击,但是他异常慎重,抵抗住了追进肥后与敌决战的诱惑。今川贞世找到了其他打击菊池家族的途径,不久便掌控了整个筑后国。1375 年,今川贞世将据点转移至距菊池的大本营 4 千米的地方,此处是水岛平原的脖颈要害,他计划举全军之力对菊池的主要防线发动正面攻击。

今川贞世向岛津、大友、少式寻求帮助。对新探题的任命极其不满的少式冬资最初拒绝前来。然而,在岛津氏久的压力下,他终于点头答应并适时来到水岛。因怀疑少式冬资有背叛行为,(据说)今川贞世命令弟弟在酒会上刺死了少式冬资。曾劝服少式冬资加入今川贞世一方的岛津氏久对今川的行为极为不耻,盛怒之下返回萨摩国,公然对抗他。

这样一个各方面都超群绝伦,而且有足够才智的执牛耳者,居然也会做出如此的愚蠢行为,着实令人惊讶。今川贞世,看似聪明绝顶,机敏过人,却棋错一着,失去了两位珍贵的盟友——这个国家势力最强大的家族首领岛津氏久和世代为将军封臣的少式冬资。

不过,对于做困兽之斗的保皇派,今川贞世的过失却是天赐良机。这次肆意谋杀导致筑后国许多摇摆不定的家族加入到对抗今川贞世的战斗中。在他们的帮助下,菊池家族的新首领得以在 1375 年 10 月率军攻击今川贞世,将其赶入肥前国后依然紧追不舍。战无不胜的今川贞世不复存在,此时的他陷入被动防御。借用日本一位现代历史学家的话,"他的长矛已不再锋利"。

今川贞世向京都的幕府报告了自己的情势并请求支援。幕府派使者前往周防国,命令大内前去援助今川贞世。这是一步险棋,至少前途并不明朗。今川贞世认识到自己在九州已身陷险境,不能坐等援军。他连忙争取九州的武士力量,劝说他们与自己联合起来,同时他还恳求九州南部的武士家族为他提供援军。今川贞世看出保皇派和岛津氏久之间的关系不会长久,终会破裂。南部三国(萨摩国、日向国和大隈国)的大批武士已加入今川一方,但是岛津氏久仍然顽强抵抗。

1376 年 9 月,幕府革去了岛津首领们萨摩守护和大隅守护的官职,命今川贞世取代他们。当前形势对今川贞世非常有利,岛津氏的军队逐渐被孤立了。岛津家的首领意识到怀良亲王率领的保皇军逐渐失势。但是,自命不凡的岛津家依然认为自己是九州的领袖，正因为此，他们不愿投向幕府。他们犹豫不决，既没有做出明确的选择，也没有表明立场。1385 年，岛津氏久的死标志着这一时期的结束。他的继承人宣布效忠足利氏，如此一来三国（萨摩国、日向国和大隅国）都落到了幕府手中。然而，对于今川贞世来说，形势依然没有任何改观，他被召回京都述职。岛津心甘情愿服从幕府的命令，但是他们不肯为今川贞世卖命，今川贞世曾经在水岛下令杀害他们的盟友少式冬资，使他们颜面扫地。

此时，北方的战事已渐渐平息。1377 年，今川贞世的军队对肥前国的菊池家族展开猛烈攻击，迫使他们退入肥后国。今川贞世紧追不舍，越过筑后川，进入肥后国，攻占了熊本。大内进入筑后国，继续攻打菊池。翌年，1378 年，双方停战进行休整。到了 10 月，今川贞世与大内、少式家族新首领、大友一起对菊池家族的大本营展开了攻击。主要战役是发生在熊本附近的诧磨原合战，战斗异常惨烈。尽管敌众我寡，但是南朝军队士气高昂，拼死战斗，菊池家族很多人都英勇战死。最终今川贞世被打败，不得不退向筑后国。他重整旗鼓，再次发动攻击。菊池规避了一场激战，1380 年整年都风平浪静。然而次年春天，幕府军逐渐瓦解了菊池的防守。1381 年 7 月，菊池的主要据点隈府城陷落。随后，菊池的所有防御工事都被幕府占领。

这样，保皇派在九州的抵抗逐渐瓦解。1383 年，随着怀良亲王的去世，所有光复的希望似乎都破灭了。南朝军队很大程度上得益于菊池的顽强抵抗和怀良亲王的领导有方，从 1370 年今川贞世被任命为探题起，南朝军队在这位将才指挥的大军面前抗击了长达 12 年。

毫无疑问，怀良亲王才华过人。九州各大家族之间的纷争给了他选择盟友的良机，不过，他肯定也有过人的谈判本领。怀良亲王在太宰府的地位很稳固，他在此接待了来自明朝的使节。事实上，1371 年他也向明朝派出了自己的使节。怀良亲王与日本海盗的关系使他如虎添翼。明朝正是为阻止日本海盗才于 1369年派出了第一位使节，怀良亲王起初对这位使节粗暴无礼，不过他很快意识到保持与中国的友好关系对南朝来说有利无害，（根据明朝记载）他甚至称日本是明朝的附属国。然而，1372 年，今川贞世自封探题，将怀良亲王赶出太宰府。中国的下一个使团于此后到达日本，开始与北朝进行贸易。

关于今川贞世取得成功的原因，人们难免会认为正是南朝和幕府间的战争成就了楠木正成、北畠亲房和今川贞世这样一些通晓新式战法的将领，引领了兵法的进步。参与 12 世纪源平合战的将领们缺乏指挥大规模作战的经验。他们偶尔运用战术上的技巧,但却没有远见,缺乏谋略。14 世纪的将领也大都如此,没有任何变化。新田义贞不是一个深通谋略的军事家,足利氏的将军们,尤其是高师直,依靠的是蛮力而非判断力。当形势不利时,他们往往束手无策。足利尊氏则非常自信,懂得巧用地形,擅于抓住时机。不过,足利尊氏缺乏预见形势并据之进行部署的能力,算不上一流的军事领袖。

相反,楠木正成、北畠亲房和今川贞世都是深谋远虑,运筹帷幄之人。这不是巧合,三人都出身名门,学识渊博,风流倜傥,多谋善虑。楠木正成和北畠亲房的性格特点前文已提及。接下来我们要认识今川贞世,因为他也同样善用谋略。

六　今川贞世

今川家是足利氏的一个分支,在三河国的今川拥有领地。今川贞世的父亲是足利尊氏的追随者,在足利尊氏的一系列行动中起到了重要作用,被封为骏河守护。之后,今川家族在东海岸各国显耀一时,并与宫廷贵族联姻,建立了联系。这样的联姻在镰仓幕府统治的封建时期不同寻常,当时的军队将领和朝廷关系有所缓和,但谈不上亲密。至少原则上,足利幕府和以往的幕府一样,不赞成文臣和武将之间交往过密。但是,当足利将军在京都建立统治后,两方之间的交往变得更加频繁了。足利尊氏和他的继任者们必须慎重处理如何与皇室家族成员及他们这一阶层相处的问题。两个朝廷之间的分歧恰好增加了公家与武家之间接触的机会。

今川贞世出生于 1325 年,早期生活不详,年纪轻轻就做了足利义诠的侍臣,在戎马生涯的间隙中,他一定曾在京城生活。众所周知,今川贞世跟随二条良基学习创作连歌。和今川贞世年纪相若的二条良基,不仅官至摄政和关白,而且是一个有品位的批评家、诗歌流派二条派的保护人。今川贞世一生都充满学习和钻研和歌的热情。前文中我们已经看到,在前往九州的途中,他在大军之前策马作诗,放声吟诵。今川贞世的诗作鲜少流传,不过其作品(旅行日记『道行き触り』)中部分是他在前往战场时,因欣赏沿途风景有感而创作的。

14 世纪的一次和歌运动将日本和歌分为斗争激烈的两个派系*,这种斗争甚至产生了政治后果,今川贞世在和歌运动中态度坚定。两派是著名的藤原定

---

* 冷泉派和二条派。——译者注

家之后的两个分支,代表人物分别为冷泉为秀和二条为世。藤原定家是 13 世纪日本和歌界最耀眼的一颗星。这场争论备受瞩目,吸引人们不停地探究和品味。这次争端有一定的历史价值,因为歌人以外的普通人也参与其中,它是人们日常生活的方方面面发生变革的结果。简而言之,两派之争实际上是旧传统和新自由(甚至是不羁的创新)之争,它也因此折射出当时社会的发展、各阶层的混合、除旧布新的渴望。

今川贞世站在自由这一边,指出二条派的严苛教条让人窒息,而冷泉派则激发和鼓励自然流露。今川贞世喜欢传授传统和歌和连歌,而其本人的诗作并不受内行推崇。但是,正如在战场上一样,在文坛上他也奋力战斗。今川贞世的随笔都与和歌有关,他和冷泉派曾受到攻击,其最后寄往诗歌局的作品是对这一攻击的反击。今川贞世毫不留情地攻击二条派和二条良基,尽管他们早期交往甚密。

1395 年,旧时盟友大内和大友指控今川贞世阴谋反对足利义满,时任九州探题的今川贞世遂被召回,他必须做出解释。大内和大友栽赃陷害今川贞世,想让涩川满赖取代其九州探题的职位。他们的目的显然是复兴涩川家族,因为 1368 年正是由于涩川满赖父亲的懦弱才成全了今川贞世的任命。

几年后,似乎出现了更好的证据质疑今川贞世对将军的忠诚,其中一件事是 1400 年今川贞世统领的远江国并没有积极回应幕府的征兵计划。或许因为这个原因,足利义满向镰仓下令免去今川贞世的骏河守护和远江守护。今川了俊(此时人们这样称呼今川贞世)感到自己不能坐以待毙,于是开始极力反对足利氏。[①]然而,他失败了,之后便隐退于乡野了其残生。1402 年,今川了俊写下《难太平记》,[②]尔后在乡野过着平静的生活,偶尔会前往京都处理诗歌方面的事务,其他则无从知晓。

今川贞世卒于 1420 年。当时的文学舞台主要在朝廷,作为武士阶层一员的今川贞世本可以成为一名文学巨匠。可以肯定的是,他被这个排外的群体平等地接纳,这一点反映了当时人们的变革精神,新的武士形象即将流行开来。

---

① 有证据表明足利义满试图暗杀今川贞世。足利义满写给今川贞世的族人今川泰范的信中暗示今川贞世意图谋反,应该格杀勿论。"倘使汝能有所行动,吾心自然大悦。"上杉档案馆保存着足利义满的这封信。

② 今川贞世能引起历史学家兴趣的文学作品是其对《太平记》的批评,他在作品中指出这部编年史存在的一些错误,尤其指出那些因忽视自己家族成员的功绩而造成的遗漏错误,并为自己族人正名。读《难太平记》需要体会字里行间的言外之意,因为今川贞世写作时正身处险境。

第七章

南北战争的结束

足轻正在破坏一座建筑。出自《真如堂缘起绘卷》，京都极乐寺所有。

一 南北和谈

1368 年,足利义满继承足利义诠成为大将军,足利家族的统治根基得到进一步巩固。幸运的是,一批忠臣贤士愿意继续拥戴年仅 9 岁的足利义满,为其所用。今川贞世是天生的领袖,细川赖之则或许是当时最具宰相之才的人。

足利义诠挑选细川赖之为执事(管领)来辅佐足利义满。细川赖之恪尽职守,对部下管理严格。他严惩荒淫行为,招致怨言,尤其引起一些禅宗僧侣和武士首领的不满,细川赖之已经查明这些人的所作所为应该受到谴责。他心高气傲,一度因受到敌人的弹劾,而辞官归乡。引发争议的问题是如何对待南朝。

使楠木正仪倒向北朝的一个原因是他与细川赖之的联系,他被细川赖之的人格魅力和才能所折服。实际上,细川赖之的独断政策(包括向楠木正仪提供军事援助)触犯了足利义满,并引起了一些武士的不满。由于他们的反对,细川赖之很是生气。尤其在 1372 年间,细川赖之欲远离朝堂,却一次又一次被年轻的将军劝说留任。1379 年,政敌斯波义将和其他贵族对他施加压力,逼其辞官。足利义满试图安抚他们,但却徒劳。细川赖之就是此时辞官剃度,立誓出家。后来他对自己的所作所为有些后悔,试图补过。1391 年,他被召回京都,重新担任管领的职位,*再次为大将军出谋划策,但在一年之后的 1392 年去世。

1379 年,细川赖之被弹劾时,九州的幕府军队在今川贞世的率领下逐渐取得优势。这一南朝军事地位最为稳固的地方也开始分崩离析。多年之后,双方再次和谈的时机终于成熟,由于 1367 年足利义诠去世,此前战争中所有的领袖人物都走到了幕后,他们被一些对继承问题不那么看重的人所取代。但是大大小小的战斗并没有停止。1373 年,后龟山天皇在南朝继位,1383 年,后小松天皇在京都登基。从后醍醐天皇一脉开始流亡至此已经过去近 50 年。保皇派对南朝

---

* 1391 年任管领之职的应是赖之的养子赖元。——译者注

的热情几乎要被耗尽了。屡次失败后，保皇大业的成功已无可能。身在天野的后龟山天皇和朝臣不断受到邻近各国足利将领们的攻击，已危在旦夕。

足利义诠死后，幕府本可很快解决皇位继承问题，不过足利义满和他的谋士们有更加亟待解决的问题。九州漫长的战争直到 1383 年才结束，除此之外，足利义满还要对付部分顽固不忠的武士首领，尤其是狂妄放肆的山名时氏家族。山名家族已控制日本西部 11 个国——全部分国的六分之一，危及足利政权。镇压山名家族迫在眉睫。直到 1392 年年底，足利义满才终于从打压山名家族中抽身，得以处理与南朝的和谈。

我们没有看到相关详细记载，不过幕府提议双方合并，打开了和谈之门①。南朝后龟山天皇最终同意合并。他打算让神器归位，将它们转交给北朝。各方都赞成此方案，心照不宣地承认将来大权将由双方——持明院统和大觉寺统交替继承。重要的条件是八条院领属于大觉寺统，而富庶的长讲堂领*归属持明院统。此协定于 1392 年 11 月达成。

表面上这是一个平等的协定，南朝也愿诚心执行。11 月，后龟山天皇离开吉野，前往大觉寺（位于佐贺城西郊，大觉寺统也因此得名），11 月 16 日到达。他打算举行一场隆重的退位仪式，归还神器是仪式的一部分。退位是日本的惯例，而举行仪式是完成它的传统程序。只有遵循这个惯例，后龟山天皇才能宣示自己统治的正统性。后醍醐天皇坚定拥护大觉寺统，藐视北朝一切主张，与持明院统的任何交易都是对后醍醐天皇的背叛。如果在仪式这一点上做出让步，必定给多年的流亡生涯画上痛苦的句号。然而，足利幕府似乎注定要将背叛进行到底，足利义满违背了自己的誓言，命令后龟山天皇交出神器。11 月 19 日，一小队侍臣踏着泥泞的道路冒雨将他们从佐贺带到了土御门殿，这里是北朝后小松天皇居住的地方。

并没有为转交神器而进行的典礼，后龟山天皇和后小松天皇没有进行和谈，也没有协定好的"让国"仪式，足利义满更没有遵循协定内容。1412 年，后小松天皇传位于子，尽管足利义满曾承诺让两派轮流继承皇位，但是对于此事他并无

---

① 1392 年 10 月 29 日，足利义满给南朝的一封信中提出协定的条款，它的副本保存在近卫家的档案馆中。南朝曾提出退位仪式要在转交神器前举行，协定订立后天皇的继承权要在两派之间传承。足利义满在信中接受了这两点。

* 八条院领是鸟羽天皇和美福门院死后留下的庞大遗产。长讲堂是后白河法皇在京都六条殿内设立的持佛堂，"长讲堂领"是持明院统皇室拥有的大小约 180 处领地。——译者注

反对。分配给大觉寺统的领地足利义满也没有兑现,更准确地说,他们很难向民众征税。

毫无疑问,幕府并不认为北朝的说法足以服众,不过却想有意避开有关皇位继承的细节问题,因为幕府唯一关心的是继位天皇是否听命于自己。他们认为神器是正统的最好证明,拥有神器便拥有正统。北朝和幕府在和解的这一点上失信背约,名誉扫地。而南朝丢掉了一切,只剩下尊严。

退位后的后龟山天皇处境十分凄凉,北朝甚至轻蔑地认为他没有资格做"太上天皇"(上皇),因为他从来没有登上过皇位。拖延了两年之后,足利义满才勉强为他取得"太上天皇"之名。幕府的无视和欺骗深深触怒了后龟山天皇,他回到佐贺,尔后隐居于此。后龟山天皇似乎曾触犯足利氏的第四位将军足利义持,因为访问完室町宫殿之后,他突然离开佐贺。据称他在吉野的群山之中游荡,失意颓废,之后又返回佐贺,1424 年被葬于附近。

从后来发生的一系列事情可以看出,两个朝廷之间的争斗并没有解决正统性的问题,此后也一直没有解决。拥有神器便拥有正统性的说法并不是决定性的,也没有证据证明南朝持有的神器是赝品这一指控是事实。一些现代学者认为北畠亲房解释某些细节时的证据有误,因此质疑南朝的主张。他们的观点在 20 世纪早些年间颇为流行,甚至得到了政界的认同。但是 1911 年,宫内大臣的正式声明却否定了此观点。

假如目的是解决正统性的问题,那么可以说内战是徒劳的。然而,从它的历史背景来看,这场战争并非两个朝廷在争夺霸权,而是两个军事集团的较量。双方各自追逐的都是物质利益,除此之外别无其他。内战带来了变革,因为它摧毁了镰仓幕府建立的封建等级制度,新的武士社会登上历史舞台。名门望族享有巨大的自治权,只在特殊事情上服从足利大将军。

持续了半个多世纪的纷争摧毁和破坏了许多制度,随之而来的是时代的变迁,虽有时猛烈,却总是充满生机。因此,从 1337 年南朝朝廷迁址吉野至 1392 年两朝签订和平协议这一时期,我们不仅可以看作是国家政治生活的转变,更可以看作是经济生活的显著转变。和大多数战争一样,两个朝廷也是为了某个目的而战,但是却解决了其他的问题。随着战争的进行,那些未卷入战争的人们的生活正发生着难以察觉的变化。

前几章很少涉及在土地上劳作的平民的生活环境和状态。对于这些问题没有太多直接的证据，因为当权者们很少停下来关注农民。不过，很清楚的一点是尽管大多数劳动者仍是农奴的身份，但是他们逐渐获得了解放。这种变化并非因为地主们有意改革，而是出于封建主们的实际考虑。封建主们不得不奔赴战场，通常会留下有能力的劳动者管理自己的土地。如此一来，他们创造出一种新的农民阶层，这一阶层享有以前从未有过的独立。庄园制的崩塌和频繁的农民起义是足利幕府时代的特点，此后涉及此内容的章节也会对这一过程的高潮进行描述。

二 中世纪战争札记

使研究无休无止的战争时代（指从 1300 年至 1400 年）的学者感到震惊的是这一时期的军事史如此千篇一律。军事名著所包含的一切要素都能在此时期看到：兵刃相交、激战和小摩擦、胜利和失败、死亡和灾难。然而，不同的冲突大都如出一辙，没有哪一场展示出战略上的天赋。其中没有将帅之才，也没有在西方文化中会归功于领袖，比如亚历山大大帝和恺撒大帝，还有后世少数伟人的巧妙战术和出色执行力。

也许是因为日本没有色诺芬和恺撒这样的通晓文学的将军，所以相关历史记载才给人以这种印象。古代西方国家的领袖们都有撰写描述自己经历的战斗的正式报告或回忆录的习惯，而日本历史学家可以参考的战争记载大多来自僧侣或受雇于封建家族的文人，而他们不仅不懂兵法和科学，连自己笔下参加战斗的具体人数也不知晓。

有关源平合战（发生于 1180—1185 年）的历史记载过分夸大了参战军队的规模。《平家物语》是一本传奇故事，作者的写作目的并非忠实记录历史。不过，可以视《吾妻镜》为史料，因为它部分基于官方的记录。然而，举一个简单的例子，源氏将领源义经和源范赖 1183 年年底奉命攻打源义仲，对于他们率领军队的数量，两本著作都给出了不可信的数字：源范赖率兵 5 万，源义经率兵 2 万。在 12 世纪的日本，即便拥有天时和地利的条件，数量如此庞大的军队在补给、宿营和移动上也都非常困难。而且，当时大部分战士都配备马匹。在现代 1000 名骑兵相当于半个旅，可列队 800 米长。很显然，一支一两万人的骑兵部队与源义经军队采取行动的条件不相符，比如在崎岖多山的乡村中快速骑行 48 千米，然后天色将晚时发动猛烈攻击。毫无疑问，一支所谓 1 万人的部队实际上通常不会超过 1000 人或 1500 人。①

14 世纪,运输和补给的条件大大改善,大规模军队的移动变得更加容易。不过,《太平记》与早期的史书一样,夸大记载了军队数量。对于日本军事史的研究不幸的是,这一根本问题从 14 世纪一直持续到 15 世纪。

《太平记》的第六章写道,镰仓幕府为镇压本州的叛变大规模召集军队,指出 1332 年 10 月,30.7 万余骑兵离开关东各国,前锋只用了 20 天就到达京都,而后卫部队还在箱根附近。同时数万士兵从西部向京都前进,军队总数达到了 80 万,另一种说法为 100 万,这一数字令人难以置信。然而,《太平记》是日本的历史学家必须参照的一部著作,因为它记录了 1332 年反抗北条和之后的战斗。这部著作有不少版本,其中的 9 种被整理校对成一本杰出的作品,题为《参考太平记》。关于重大战斗中士兵的人数,各研究结果也大有不同。1333 年,北条家族攻打楠木正成在赤坂的大本营,被普遍接受的版本记载北条家族率军 30 万,而其他版本的数字则有的是 20 万,有的是 2 万。前两个数字太荒谬,第三个数字比较可信。之后在附近地区战斗的人数则在 1 万到 10 万之间变化。

据官方记载,足利尊氏的军队规模在撤离筱村之前是 2 万,但是到达京都时成了 5 万,也有分别是 5000 和 2 万的说法。

从这样的例子中可以明显看出史书对军队规模的概念非常模糊,千万不分。因此,在著名的小手指-关户合战(1333)中,某版本写道 3000 支箭齐射,战斗打响,另一版本则称是 300 支箭。低一点的数字可能比较接近事实,因为呼啸着飞过的箭通常是行动开始前的试探。在这场战斗中,北条氏的军队规模被记载为 20 万或者 30 万,两个数字都不太可信,实际上士兵不可能有这么多。当北条氏的军队对敌人(新田义贞)展开一波又一波的攻击时,新田被迫撤退,采取守势,直到三浦的意外增援。据一种版本记载,此时新田义贞的军队总数达到了 4 万,而其他版本则是 10 万。

新田义贞和盟友们的军队总数可能是 5 万到 10 万之间的某个数字,而敌军也许规模会更大。《太平记》中的另外一章记录了 1333 年新田义贞攻打镰仓的

① 有趣的是这一数字比例在《玉叶》中得到了证实,《玉叶》是来自藤原家族的九条兼实于源平合战时期所著的日记。他写道当平氏军队入城时,自己的一个仆人数了数士兵的数目,发现仅有 1000 余人,然而,官方给出的数字却在 7000 到 10000 之间。平氏军队正赶去援助源义仲。林部与吉中佐指出了《玉叶》中的这段话。林部与吉是本书接下来要讨论的一部军事作品的合著者之一,他认为源义经和源范赖的联军数量应该在 3000 左右。

战斗，它写道穿过多摩川后，他收拢了三支部队，其中的一支从"后门"（搦め手）进城，但是没有说明一支部队的总人数是多少。在其他段落中，他和盟友的部队总数则为 50.7 万，很显然是把 5.7 万错写成了 50.7 万[1]。

如果对参加封建战争的军队数量知之甚少，那么不足为奇，在其他方面也只有极少量可靠信息，可以帮助历史学家们讨论将领们筹划、指挥作战的技艺。从现有的证据来看，可以认为凑川之战是一场经过地形勘察和精心计划的战斗。不过，足利尊氏的胜利或许更应该归功于新田义贞的草率撤退，而非尊氏的谋略。我们知道后醍醐天皇的一些大臣希望避免决战，不赞成新田义贞的防守计划。我们也知道新田义贞和北畠显家两人曾不止一次无视楠木正成的建议，招致了不幸的结果。另一方面，和新田义贞的任何行军行动相比，足利尊氏向东水陆并进乘势进军凑川肯定要组织得更好。

今川贞世深谋远虑，谨小慎微，是一位老练的武士，也是一位优秀的组织者。也许他是那个时代最好的将领，有趣的是他与关西那些喜欢记录自己战斗的指挥官们走得很近，但是他和同时代的人在战术上都没有做出重大改变——没有步兵战术中的密集阵形和稀疏阵形，也没有巧妙使用骑兵力量。这一时期军队的重要变化体现在结构而非指挥方面，步兵数量增多，出现了用于巷战的"足轻"。

我们不知道那些指挥过重大战役的武士首领们对于策略和战术有怎样的看法。事实上，一旦双方将士各自就位，接下来的战斗将不受他们控制。毫无疑问，这些武士首领们有自己的战斗计划，但是由于命令无法有效传达，战斗往往发展为武士之间毫无章法的单打独斗，或是几派家臣间的冲突拼斗，而这些行动与形势所需的战术几乎毫无关涉。因此，《太平记》等一些作品中浓墨重彩地描述的战役虽然讲述了英雄们的传奇故事和戎马生涯，读起来让人感觉紧张激烈，但同时也会令读者感到困惑，因为它只是反映了战争的本性而没有进行严密的分析。

《陆奥话记》对八幡太郎（1041—1108）的功绩看似有着真实可信的描述。然而奇怪的是在这样一个尚武传统如此源远流长的国家，对于八幡太郎之后的战役，无论是其性质还是每次单独行动都缺少相关记录。Y. 林少将和林部与吉中

---

[1]　新田义贞攻击北条氏的军队总数很有可能多于实际参加攻占镰仓的军队总数。在日本北部和关东等地区，新田义贞很可能得到了不少势力强大的家族的帮助，所以他这一方的军队数目，包括那些不一定受他指挥或为他所用的军队，可以想象或许已高达 20 万，不过这个数字也不太可能。

佐合著了一本有关日本军事史的现代作品,①内容严谨,不过由于缺乏可信的史料,该作品对中世纪战争的战术谋略涉及很少。作者认为日本历史上最伟大的五位将军是源义经、楠木正成、织田信长、丰臣秀吉和德川家康。这五个人中只有前两个属于中古时代,源义经不是一个目光长远的战略家,更像一个精明胆大的战术家。楠木正成则是一位伟大的指挥官,这一点毋庸置疑。在河内和大和山区的几场防守战役中楠木正成曾以薄弱兵力抵御敌军的千军万马,其军事才能展现无遗。

对于楠木正成的成就我们总是充满兴趣,因为他让人们看到了幕府指挥官的传统战法存在的缺陷和弊端。

1331 年 10 月,后醍醐天皇把楠木正成召到笠置,向其询问如何率军对抗北条幕府。楠木正成召集自己的族人、家臣和附近贵族的一些志士,组织了一支小规模的部队。楠木正成将他们聚集在位于金刚山上的赤坂城的防御工事里,但是他们缺乏训练,很容易被打败。于是,楠木正成率部队撤离,秘密谋划,等待时机。他明白他必须构建更加强大的防御系统。1332 年冬,楠木正成决定在上赤坂城的后方进行防御,这里比敌军一年前占领的下赤坂城地势更高,将成为他的防御系统的前方据点。《楠木合战注文》中这里被称为"前闸",这本书描述了敌人多次进攻楠木正成的防线时下达的军令和有趣的战争细节。

楠木正成顽强防守上赤坂城,但是由于被切断水源,上赤坂城最终还是被攻破。此时必须将敌人攻击的势头阻挡在千早城的防线之外,这也是楠木正成早就计划好的。尽管守军薄弱,但是两个半月里,他击退了一波波的进攻,甚至不时发起猛烈反击。北条的大军受到牵制动弹不得,当六波罗的守军被击败的消息传来后,阿苏、大仏和二阶堂惊恐不安,匆忙撤退。

我们有必要简单描述一下楠木正成运用的战略,因为他的成功除了其直接体现的军事价值之外,还鼓舞了天皇的军队。它告诉后醍醐天皇的支持者们,就算在军队数量上处于劣势,仍然可以痛击敌人,可以看到坚持战斗取得胜利的希望。

经过 6 天的苦战之后,1333 年 4 月,阿苏占领上赤坂城,并率军沿着河内道路继续前进。同时,沿着大和道路进军的大仏对千早城发动了强大的攻势。显然,楠木正成早料到会如此,已有所防备。他并未打算在赤坂城坚守太长时间,

---

① 　林八十吉、林部与吉《日本战史的研究》,东京:偕行社,1937。

此据点只是为了拖延阿苏的分遣队。楠木正成本可以在千早城的前方建立更多据点，但是他的部队只有不到 2000 人。于是，他决定利用这里的险峻地形。楠木正成用石块和树干精心加固了防守严密的千早城，其士兵可以从此处发动突击。他确保了水供应的充足，摆好巨石，必要时准备将其抛下或滚下以钳制敌军。为了让敌人无法发挥人数上的优势，楠木正成还在金刚山顶竖起由灌木组成的屏障以阻挡弓箭，他熟悉这里的山脉、峡谷和其他地貌，但是他的敌人对此毫不知情。这项策略相当成功，虽然阿苏、名越、二阶堂都在支援大仏，但是经历了数周猛烈攻击的千早城依然岿然不动，难以攻克。

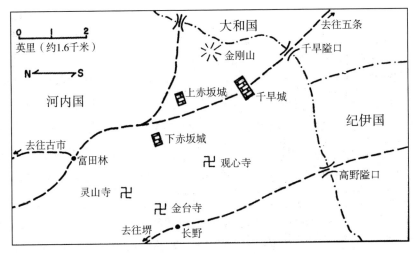

楠木正成在千早城的防御

如果千早城被攻下，保皇派的抵抗很可能会土崩瓦解。也正因为如此，楠木正成的兵法战略被认为是日本军事史上最伟大的成就之一。

三　足轻

随着南北朝之间的战争中巷战的频率越来越高，双方对京都一次又一次的争夺改变了传统作战方法。传统上战争双方一般交战于开阔的田野，包含大量小团体的混战，武士之间常常会单打独斗（"一騎討ち"，意为单骑对敌）。一场经过精心策划的战斗通常可能会以多场缺乏配合的小规模战斗结束。在南北内战期间，这种作战方法逐渐被列阵而战所取代，但通常规模不大。

然而，巷战却要求特殊的战法。因为大规模的军队，尤其是骑兵很难完全在狭窄的街头巷尾展开攻击。如此一来，一种被称为足轻的特殊兵种应运而生。《太平记》描述发生在吉野一处要塞的夜袭战时提到过足轻，但是直到应仁之乱（1467）这一兵种才开始广泛出现，他们开始扮演致命的角色。根据同时期的记载，山名和细川曾利用"被称为足轻的精兵"。足轻只携带一件武器——一把剑、一条枪或是一张戟，他们有时潜入敌营试图抓捕俘虏，有时又在夜色的掩护下放火烧毁敌方的瞭望塔等建筑。他们热衷于劫掠，火是他们最喜欢使用的武器。

应仁之乱发生后，著名学者和政治家一条兼良从京都逃到奈良，之后他在对政府法令的请愿书中建议废除足轻这一兵种。"这些最近开始在军队中出现的士兵是最危险的无赖恶棍。他们在知道自己不会被敌人抓住的城内外任何地方破坏或放火，不会遗漏任何私人住所和寺庙，他们四处搜寻的唯一目的就是洗劫。他们就是一群光天化日下的强盗，是新的魔鬼，应该被清除。他们是我们国家的耻辱。"

我们无从得知什么样的人会成为足轻，不过其中一部分人很有可能是潜逃的农民，其他人则效力于本地武士，为寻求冒险和自由而成为足轻。

关于室町幕府时代的记录中有不少潜逃者的详细内容。寻尊方丈的日记中关于越前国舆福寺庄园的描述记载，1460年，由于庄稼歉收和传染病，9268人饿死，757人逃亡。

四　妻儿老小

王朝战争史中很少提及武士们的家庭生活，尽管妇女在室町幕府时期的地位要高于以后是众所周知的事情。当提到妻子和孩子时，通常是在赞扬他们的美德和虔诚。文学作品中，可以在《太平记》中找到最令人不适的例子。事情是关于凑川之战中战死的楠木正成的头颅：

> 楠木正成的首级被放置在六条的河床上示众，因为在春季曾有别的首级被当成是楠木正成的，因此有人认为这也是假的……但是，足利尊氏稍后派人取回首级，将其送往楠木正成的家中，并写信称："每每想到我们一起相处的那些时光，无论是在公开还是私下，我都心如刀割。毫无疑问，他的遗孀和孩子们想再看他一眼，即使他已经为国牺牲。"

足利尊氏的宽宏大量实在让人敬佩不已！

前往兵库时，楠木正成不仅留下各种训诫，还嘱咐儿子楠木正行留下，他说：

"我此去有死无生。"因此，他的妻儿从一开始就深知他不会生还。当见到头颅时，他们无法抑制内心的悲伤，痛哭不已，因为他们明白这是真正的楠木正成。头颅眼睛紧闭，皮肤变色，几乎无法辨认。

那年楠木正行才 10 岁。看到父亲已经失去生气的头颅，看到悲痛欲绝的母亲，他用衣袖遮住自己满是泪水的双眼走向佛殿。母亲被他的突然离去所震惊，她从侧门进入佛殿时，看到楠木正行正准备自杀。他松开衣带，露出腹部，右手拔出了刻有家纹的剑，这把剑是楠木正成前往兵库时留给他作纪念的。

楠木正行的母亲急忙跑过去拉住他的胳膊，声泪俱下：

> 他们说白檀木即使在还是一片子叶时，就已经芳香扑鼻了。你还很年轻，但是假如你还是你父亲的儿子，就应该学会辨别对错。虽然你还是一个孩子，但是你好好想一想，判官（即楠木正成）前往兵库之前，把你从樱井送回家。他当然希望有人继承他的遗志，而非留下你让你去自杀。"就算我武运不再，命丧沙场，"他那个时候说道，"假如你得知陛下的下落，你要为那些幸存的族人和家臣祈祷，举起旗帜，消灭天皇的敌人，让天皇重回皇位。"你曾不止一次信誓旦旦地向我重复你父亲的遗言，这么快你就将它抛到脑后了。假如你自尽了，你将玷污你父亲的名字，陛下也将无法夺回皇位。

就这样，在母亲的劝诫下，楠木正行哭着扔掉了拔出的剑。

楠木正行不再想自尽，他跪倒在祭坛前，和母亲一起抱头痛哭。

第八章

宮廷生活

身着僧袍的花园天皇，出自一位同时代的宫廷画家之手。早先属于长福寺，有一位同时代的人评论说这幅画与本人非常像。

从严格的政治意义上说,统治日本的王朝从藤原家族时代就开始缓慢衰落,1221 年后鸟羽天皇被镰仓幕府废黜后,君权彻底丧失,此后留下的仅仅是一个权力的傀儡,在公共场合受到一点可怜的尊敬。后醍醐天皇曾试图重新掌权,随后朝廷的分裂使得皇族命运跌到谷底。

事实上,两个朝廷的天皇都在继续履行祖先的职责,继续作为民众的代表祭祀国家的神灵。在这方面,虽然不如以往,天皇仍受尊崇,仍是国家忠诚的中心。此外,君权在一个方面还有重要影响力。在动荡混乱的时代,当权力落到那些双手沾满血腥、大字不识的武士手上时,让文化火种延续的正是天皇和他的贵族们。

《源氏物语》的读者们倾向于认为宫廷生活醉生梦死,尔虞我诈,充满阴谋。毫无疑问,后醍醐天皇的朝廷中确有耽于酒色的年轻贵族和诡计多端玩弄权术的大臣,他们活在京城军事将领的阴影下。但是,朝廷依然崇尚传统,有其严肃甚至庄重的一面,厌恶贵族中那些愚昧无知之辈和横行跋扈的浪荡之徒。① 碰巧中世纪几位君主和皇子的日记被保存了下来,这些珍贵的资料揭示了宫廷生活中贵族们敏而好学的一面,这让那些认为宫廷生活只有枯燥乏味的登基仪式,偶尔伴有一些宫廷秘事的学者大吃一惊。

日记中最让人感兴趣的内容来自花园天皇,其中一些描写是宫廷生活的真实写照,表现了一个非凡人物的性格特点。花园天皇生于 1297 年,是伏见天皇的第二个皇子,因而属于持明院统。1308 年,花园天皇继承大觉寺统后二条天皇的皇位。统治了 10 年之后,他在 1318 年将皇位传于后醍醐天皇。其日记记录了1310 年到 1332 年间的大事,包含其在位的大部分时间和其退位后作为太上天皇的 14 年。花园天皇殁于 1348 年,时年 52 岁。他的很多日记中都记有政治趣闻,其中不少是第一手资料,其他则来自一些不太可信的报道。不过,作为历史素材

---

① 《九条殿遗诫》著于 10 世纪,记述了严格的道德准则,作者(藤原师辅)是一位著名的政治家,这类文献在此后的时代里非常普遍。

更有趣、更有价值的是花园天皇记录自己日常生活的部分,自我反省和自我检讨、对过往事件和英雄伟人的评论等勾勒出他与众不同的形象——学者、诗人、艺术家、虔诚的佛教徒,还可以称得上是一位哲学家。

花园天皇日记的第一篇写于1310年的冬天,那年他14岁。从以下略有删减的译文可以看出其日记的特点:

第十个月(1310年11月)

x.1　像往常一样,朝臣们的夏衣变成冬装。玄辉门院[后深草天皇的妃子]染恙。

x.2　晴空万里。连歌。今夜会谈商讨僧侣的晋职问题。主事大臣,洞院公贤。

x.3　今晚我的新诵经师初次登门。他来到走廊一侧,我倚卧十字椅中诵阅《古文本纪》。玄辉门院的病情不见起色。

x.4　连歌的私人诗会。练习射箭。

x.5　风和日丽。连歌。练习小弓。玄辉门院病见好转。心中大悦。

x.6　晴。连歌。小弓练习。

x.7　雨。汉诗和连歌的创作集会。诗歌主题:"冬季降临在荒野上。"

x.9　晴。今天早上听闻妹妹朔平门院昨夜归天。为表达哀悼将五节会推迟。

x.10　晴。今天服用了七天量草药的第一剂。

x.13　今天无朝会。辅名(Sukena)被赦免,洞院中纳言[洞院公贤]当值。

x.19　今天是一年一度的七夕。由莹山和尚主持。

x.23　元服礼的日期确定。将于后宫举行。

x.25　由于一条狗的死玷污了[神圣的领域],日常祭拜被推迟。

x.28　举行完特殊仪式,一心向佛的皇子觉如顺利皈依佛门。

x.30　真珠庵的住持主持完起誓仪式。[以下是参与者的名单]

需要注意的是,礼仪的任务并不繁重,花园天皇时常在私人住所举行诗会。翌月,他必须亲自主持几个仪式。他并非在所有仪式上都担任要职,经常有代表或信使代替他,而在某些重要的国家祭祀中他则是民众和神灵间的媒介。这些特殊场合包括祈年祭、新尝祭和鸭神社祭,鸭神社祭在传统上就和皇室关系密切。

第十一个月

xi.1　历法被呈交上来。大会的主事大臣是权中纳言藤原朝臣*。即日起一切礼物和祭品如常。由于内侍[供职于内侍所,内侍所是天皇祭祀和供奉神器的内室]染疾,她的位置被一个年轻官女代替。忌火[洁净的火]如常。

xi.2　为夜间值班室安排特殊仪式。今日为从自然灾害中恢复重建而感恩。

xi.7　初雪,雪厚约5厘米。

xi.10　今天信使启程前往春日神社祭。他们很晚才到,直到后半夜才离开清凉殿。祭礼如常。今晚去单独住所。

xi.12　今早是平野神社祭。祭礼如常。

xi.13　松尾祭和梅宫神社祭。为鸭神社祭举行特殊仪式。

xi.14　内侍所有圣舞和神乐,我在南殿细细聆听。

xi.15　关东送来了惯常的礼物和金粉。还有其他一些东西。

xi.16　园韩社祭[祭祀朝鲜和其他国家的神明]。

xi.17　镇魂祭[为了安抚灵魂]。

xi.18　新尝祭[第一次收获的节日]。

xi.19　无传统节日。普通朝会。这是为哀悼朔平门院。

xi.21　一次小小晋升。

xi.22　特殊节日。检查皇家马厩。

xi.23　吉田神社祭。

xi.24　特殊的鸭神社祭。一切如常。派出的信使是有仲。

xi.28　摄政主持[后伏见天皇之子的]元服礼。

xi.29　携带送往宇佐神社的祭品的信使前来报告日期和时间。

xi.30　今夜六乘神圣的御舆将被送回日枝神社。

此后每个月的记录都大同小异。这一年的最后两个月和新年的头一个月,由于典礼仪式众多,尤其繁忙。但是,全年下来天皇的日常工作大部分都在大殿内进行,特别是在内侍所祷告,神器也由这里的宫女看管。天皇也有一些需要代表朝廷的职责,比如从各地官员那里听取呈报,察看数不清的朝廷政务机构,尤其是藏人所。另一项有时略显繁重的职责是要正式拜谒三位退位天皇。尽管自己是在位天皇,但是他对这三位已退位的天皇还要尽家族责任和保持尊敬。

---

*　朝臣,敬称,用于三品以上官员的姓氏后,四品以下官员的名字后。——译者注

天皇的生活枯燥无趣，身不由己。他的大部分职能都是一种形式，对实际的政府事务几乎无任何影响力。这是和幕府达成的协议，任何行动之前天皇一般都不知情。所以这一时期的天皇们在履行完约十年的职责后，大都乐意退位悠闲度日也就不足为奇了。

思想敏锐的花园天皇是一位青年才俊，他天生醉心于严谨的研究，不时在诗会和小酒会上寻求解脱。1312年，花园天皇记录了一场主题为"桃花映川"的诗会、有关重建皇宫的讨论、更改年号的决定、关于朝会流程细节的讨论。这一年还发生了一次日食，大量的占星家和卜者集聚一堂；私人和非正式的宴会在天皇的私人宫殿里频繁举行，甚至持续至午夜之后。

有时也会有一些让人头疼的问题。1312年9月，由于奈良一神社的僧侣们游行示威，京城陷入一片恐慌和混乱。这些僧人带来他们的神器，以示威胁并以此来护卫自己不被逮捕。此类事件频繁发生，常常引起皇宫内的不安。因为天皇一旦有任何偏袒，便会触及某个强大集团的利益，无论是东大寺一方还是神道神社中属于兴福寺的春日神社一方。在这段时期内，一些神道党徒正制造骚乱。天皇总是小心翼翼避开佛教的仪式，甚至到了要提前开斋，或者在宫殿里取消部分佛教礼仪的地步。

人们担心1312年的这场争端可能引发动乱。各处的门卫都全副武装，骑兵巡逻队穿梭在皇宫四周。这件神器被护送至法成寺，为表示尊敬，它被呈交上来之后，天皇在宫殿庭院内以僧侣姿势在蒲团上打坐，一个官员手持天丛云剑在旁侍奉。这场可怕的争端得以和平解决，奈良的僧侣们最后也离开京都。

当一切归于平静，人们恢复了以前轻松惬意的生活。我们知道，10月玄辉门院在女侍臣的陪同下以个人名义拜访了花园天皇。她用自己的马车运送《为兼和歌抄》。这是一个非常重要的场合，因为京极为兼不但是一位聪敏的政治家，也是诗界的名人。月光洒下一片清辉，一切都顺利进展，集会小心谨慎地将范围严格限定在少数人之内，因为第二天便是宗教节日。花园天皇对诗歌、绘画等一切艺术表现形式都有浓厚的兴趣，此时的他正学习难度比较高的古典文学，从其日记中也可以看到这一点。不过，诗歌是他最大的赏心悦事和放松方式，所以京极为兼这样的诗伴给他带来了很多的快乐。

1312年，京极为兼完成诗集《玉叶和歌集》，里面包含了花园天皇年轻时作的一首诗。花园天皇表现出超出他年纪的成熟，这首诗被认为是一则佛教寓言，有其独特的形式和美感：

（日语）	（英译）	（汉译）
燕鳴く	The light of evening sun	燕语呢喃
軒端の夕日	fades from the eaves	滑落屋檐
かげ消えて	where swallows chatter	落日余晖
柳に青き	and in the garden the Spring breeze	柳绿春烟
庭の春風	blows green through the willows.	风卧庭园

花园天皇的父亲伏见天皇同样是一位有真才实学的诗人，同一部诗集中也有他的不少诗作。诗歌是花园天皇的爱好之一，他总能够在自己周围聚集起很多爱诗之人。他的连歌诗会经常会变成两派诗人的竞争。不过，汉诗和和歌都是严肃的文学作品，讲求技巧和情感。

1317 年春，一个刚从关东返回的僧侣从镰仓带来了意料之中的坏消息。皇位的继承人已经确定，信使不久便会到达。关东似乎倾向于选择大觉寺统的尊治亲王（稍后继位为后醍醐天皇），这位亲王年长于花园天皇，聪慧灵敏，学识渊博，多数人认为其是继承皇位的合适人选。花园天皇对这一消息的第一反应是尽管尊治亲王德行有所欠缺，但是他自己已经做了九年天皇，比两位前任都要久。花园天皇已经做好随时退位的准备，唯一的遗憾就是他不能搬进新建成的宫殿。他补充道："我乐于接受上天的安排，不会感到生气或者嫉妒。"

又过了几个月，幕府才做出明确的决定。同时我们也可以看到花园天皇像往常一样埋头于诗歌研究。学者们定期拜访他，他既阅读中国诗歌，又翻阅佛教著作。一个满腹经纶的住持前来讲述《成唯识论》，这是一部艰涩的有关理想理念的梵文著作，主持用的是汉语版本。花园天皇几天都研读此书，当感到自己已抓住个中精髓时，他和友人便马上进行诗歌练习，通宵达旦。

几天之后，花园天皇通过秘密渠道得知了关东的信使带给主持院政的哥哥后伏见天皇（此时已退位为上皇）信件的事，信中提议将后二条天皇的长子立为继承人，其后则是大觉寺统的另一位皇子。这一内容与上封信相矛盾。花园天皇被激怒，他写道，"我无法理解……国家的命运被陈腐的思想所决定，实在令人担忧。如此重要的国家大事竟用这样随便的方式宣告，实在应该受到谴责啊。这一计划肯定出自那些无知的乡野之辈之手。近来，关东人的规矩和礼数越发退化了。看起来关东已无可造之才"。花园天皇对幕府所谓的提议非常不满，原因在于它们相当于公开宣布将会有来自大觉寺统的两人相继统治，这就违背了两派交替继承的协定。①

　　花园天皇退位的确切时日并没有被记录下来。不过他终究还是在1317年春天搬去了新的宫殿。宫殿坐落在二条富小路，和闲院宫风格相同，但房间较少。从1317年年中到1318年的第一个月中间有一段空白，直到1318年第一个月对新年盛典有一篇长长的描述，之后直到1319年的第一个月都没有任何记录。可以推测，花园天皇退位于1318年1月，因为后醍醐天皇在1318年的第二个月宣告即位，他的登基仪式就在几天之后。

　　1319年年初，花园天皇22岁，从其日记中可以看到其迅速成熟的思想。他勇敢地承担起自己的责任，检讨自己所犯下的错误，甚至愧疚地认为那些给国家带来痛苦的灾害是由于自己德行的缺失所造成的。弱不禁风的花园天皇总是过分担心自己的身体，时常陷入忧郁之中。1319年1月，他详细记录了一些新年庆典，包括在朝廷贵族和贵妇两队人之间的纸牌游戏和诗歌竞赛，一支队伍由后伏见上皇的夫人带领，另一队则由花园上皇亲自带领。但是他似乎被这些节日所困扰，因为第二天他这样写道：

> 　　雨已经停了，但是乌云还未散去。昨晚脚气病发作，今天似乎更加严重了。尤其从去年夏天开始，这种状况越来越糟糕，过去两三年的调治对我毫无作用。我本就是体弱多病之人，会产生退位的想法也是很自然的。从很小的时候起我就很孤独。我无法使自己内心平和，我无法表达出自己有多么沮丧。我总是有气无力，提不起精神，毫无疑问我的生命不会太长。我投身于佛教的学习与传播，但是我的努力没能实现我的心愿。

多愁善感的花园上皇埋怨自己没有勇气与这个世界一刀两断，因此隐居到一处寺庙内，继续着这种忧伤的旋律。所以他说自己注定要度过日复一日的空虚而窝囊的一生。他能做的只是抒发与宣泄内心日渐堆积的情感。然而，这种忧郁的气质没有使他失去戒备之心。

　　成为太上天皇后，花园上皇的人生开始了新的阶段，由此引起的情感压力在他写日记的过程中得以释放。正如他的日记中写的那样：对于1318年被迫让位于后醍醐天皇，他并不感到遗憾，因为他对天皇的职责大都兴味索然。

　　1319年第三个月的记录中描述了一场由一群无法无天的僧侣们引起的暴力冲突，这些僧人是朝廷的心头大患，京都的幕府探题也因此头疼厌烦，他们的职

---

① 　幕府和朝廷在1317年相互妥协，达成此项协定。

责是维持治安,防止任何叛乱行动的蔓延。由于神职授任的问题引发的此次冲突发生在三井寺和比叡山之间,某些寺院一直努力把这些权利据为己有。这件事非同小可,因为它不仅激发了宗教狂热,也使人们因追求物质利益变得暴力和贪婪。这次争端以一种悲剧性的方式收尾,比叡山聚众火烧三井寺,寺院的大部分地方被烧成平地。目睹此类暴行,虔诚的花园上皇极为愤怒,他在这些暴行中看到了"神圣律法的终结"。

就在此时,花园上皇记录下了对后伏见上皇的拜访、一些个人学习研究、与学识渊博的僧侣和诗歌学者的日常研讨、读过的书和给自己制定的虔诚功课。尽管已经不在皇位上,但是他的生活依然很严谨,并没有逃避祭礼的职责。家族职责有时也很费心力。7月,花园上皇的嫂子广义门院生育时,他必须伴其床侧背诵咒文,在新生儿的左耳边细声祷告,诵读三遍:"天为汝父,地为汝母。带上这九十九枚硬币为汝长寿之兆。"这种仪式和以往一样,复杂烦琐,极耗心力。成群的僧侣、占卜师和驱魔人列队进行祷告、符咒、请愿,还有祈福的法师。仪式的每一步都不能省去。

次月,花园上皇赴长讲堂①拜见了后宇多上皇和后伏见上皇两位上皇,此次拜见冗长而又繁杂,并举行了供花等宗教仪式。在佛像前献花,是对死者所做的宗教礼拜的一部分。几天之后是更多精心安排的复杂仪式。随后花园上皇又恢复了往常的生活,他经常与学富五车的僧侣反复探讨,进行教义问答,讨论佛教信条。比如他提出的这个问题:"潜心侍奉观音可驱除三毒,*原因到底是信念之力还是持久的付出?"回答是:"信念之力。但是付出可以带来结果。"

这些庄重严肃的任务间隙偶尔也会有其他的消遣。8月,天气非常炎热。花园上皇和后伏见上皇为感受凉爽的天气进行了一次私人的远足,同行的还有一群仕女。他们拜访了一位前摄政的乡间宅邸,这是一个美丽的地方,装饰精美雅致,内有珍贵画卷和其他艺术珍品。客人们在凉亭内歇息,府邸的主人赶回来迎接,问候后退下,但是马上被请回,并在箭术表演后受邀请共享茶点。酒过三巡,他们举行了一场醉意朦胧的宴会,摄政请大家欣赏自己最喜欢的舞女,这些舞女表演了几曲。摄政酒醉晕倒,很快便被扶走。

秋初,因伊势国的领地问题,花园上皇与隐居的后宇多上皇之间发生了一场争执。这里本该由花园上皇继承自其父(伏见天皇),但却被后宇多上皇夺走。

---

① 一处占有大规模田产的宗教机构,是皇室的主要收入来源。

* 三毒为贪、嗔、痴。——译者注

花园上皇并不贪婪，具有正义感。他将此事告知左大臣，请求其主持公道，但得到的回复却只是敷衍托词。花园上皇没有怒不可遏，但在日记中表示对于后宇多上皇的做法难以理解，"看起来后宇多上皇也是一位博闻多识、通晓和汉典籍的人"。花园上皇想找出后宇多上皇这样做的理由，并非为了责怪他，而是本身就对他人的行为极感兴趣，他还一如既往地引用了孟子的话。

花园上皇开始发现宫廷生活的繁重琐碎，尽管也有自己的快乐时刻，但是他总是想着自己的神圣职责。受到兄弟羁绊的花园上皇最终认定"自己不能背离世俗人的生活"，但他仍然随时都乐于与人探讨宗教。他与一位僧人谈论一向念佛宗。这是崇拜阿弥陀佛信仰（净土信仰）的一个分支，是由亲鸾倡导的因信获救教义发展而成的激进主义。花园上皇赞同因信获救的思想，认为阿弥陀佛信仰是"深奥"的教义，但是他觉得当一向念佛宗信奉者提到小乘佛教和大乘佛教这样开放和神秘的教义应该被废除的时候，他们便大错特错。他宁愿压制崇拜阿弥陀佛信仰，也不愿看到它排斥其他宗派。于他而言，他希望同时发扬天台宗和真言宗。

花园上皇的思想时常回归到人生的悲惨和上天的赐福来。一天（1319年2月8日）他写道："今天早上梦到自己马上就要获得重生，这是我的心愿，今天已经是我第三次有这样的感应了。现在我不得不把心思都放在重生后的生活中。我不会告诉任何人这个梦，因为它给我带来了巨大的快乐。"第二天，花园上皇许下一个新年愿望——学习《往生要集》，这是源信所著有关融通念佛宗往生要义的作品。花园上皇认真地学习佛经，但是各种新年典礼也都不能推脱。几天之内，他不停参加各种夜宴，有的是酒会，其他则有关音乐、博弈和诗会。

花园上皇的日记中记录了其退位后几年内的学习研究。他与朋友们谈论书籍直到深夜。他指出无论是经典文学还是宗教教义都不能为政务处理提供思想指导，它们是塑造人格的道德践履。他认真地参加佛教仪式，研读经文甚至法典。"除了吃饭时间，"他写道，"我整天都会手握一本书，我反应比较迟钝，理解力差，但是应用能力强。我希望自己能够慢慢接近真理。我还没有得到智慧，这是我此生的遗憾。"

毫无疑问，花园上皇给自己制定了非常严格的标准。他被同时代人的行为习性所困扰，高居殿堂之人"沉溺于安逸享乐"，年轻人的学识教养如此贫乏，他们只懂得那些用于押韵或者缀句的词汇，对理解经文所需的知识一无所知，传统的文学学习已经被空洞的纯文学①所代替。尽管钟爱诗歌，但是花园上皇还是坚持把学习经典放在首位。他日记中很多鲜为人知的典故说明其对经典一定非常擅长。

1320 年的春天，百花始开，花园上皇和他的兄弟、后伏见上皇一起前往北山殿游玩。他们漫步花园，欣赏建筑，只有几个宫廷侍臣陪伴左右。在位天皇前来拜谒，表达敬意。一番畅谈过后，他们小酌了几杯。日落时分，众人登上在鸭川河畔等待的船只，然后顺流而下。重要的宫廷贵妇乘坐第一只船，普通仕女乘坐第二只船，男人们则都在第三只船上。后伏见上皇直到天黑才上船。然后，大宫大纳言在船上吹奏起长笛，皇后的内侍也弹起琵琶相和，上皇不时亲自拨动和弦。"皎洁的月光下，音乐伴着歌声，瀑布流水声不绝于耳。随着船的漂流，传来了黎明的钟声。"

随后的一个月中，后伏见上皇的宫殿举行了一场盛大的佛教仪式，已故伏见天皇的中宫永福门院从北山殿赶来。这场仪式是阿弥陀佛的千场日常祈祷的高潮。为了表示尊敬，祭坛上放一幅阿弥陀佛的画像、三张净土卷轴、一千个阿弥陀佛的小塑像以及上皇和很多皇子、公主抄录的佛经。这幅画像出自何人之手无法得知，但是通篇日记中花园上皇多处提到绘画，表明了他对绘画艺术的喜爱。花园上皇个人品位极高，从其日记中的素描可以看出他才华横溢。著名的画卷《东北院职人歌》，画有诗歌比赛参与者的生动形象，便保存在 1337 年花园上皇退位后一直居住的荻原殿。崇光院的题词暗示此画为花园上皇所作。花园上皇非常熟悉宫廷内优秀画师的作品。他本人的画像由藤原隆信的后代藤原豪信所绘，当时他 42 岁。画中的花园上皇身着僧袍，手持一串念珠，同时代的人（洞院公贤）称赞此画惟妙惟肖，宛在眼前。画像虽只有寥寥数笔，但都恰到好处，它呈现出的线条和勾勒出的姿态正如那些研究其日记的人想象的那样，深思的脸庞中透出敏锐，明亮的眼睛中蕴含着鲜活的思想。

1320 年到 1324 年间，花园上皇对宗教的兴趣愈加浓厚，1324 年年底他制定了一项宏伟的研究计划，包括佛经及其注解、历史和中国经典作品及其评注，其中还提到了朱子的著作。那些年，京都的政治形势越来越紧张，花园上皇过着与世隔绝的生活，远离政治旋涡，但是也有信使不时地传递信息给他。

1325 年年初的日记中，花园上皇描述了新年诗会，他选中的题目是"春日神

---

① 花园上皇用的词是"风月"，意思是优雅的文章和诗歌，主要描写自然之美。

社的月光"和"田野上的薄雾"。朗读者是辅显，他是花园上皇闲暇时的常客，二人关系密切。一两天之后，从镰仓传来信息，后醍醐天皇的两个支持者日野资朝和日野俊基被以谋反的罪名告发和抓捕，不久便传来日野资朝被流放，日野俊基被释放的消息。幕府试图迫使后醍醐天皇退位。因为事关持明院统的命运，花园上皇密切地关注着这一连串事件的发展。尽管一门心思都在佛教上，但是他也睁大双眼，竖着耳朵小心地观察着外面的动向。向执权北条高时的幼子赠剑的事情引起不小争议。后伏见上皇给镰仓的信中语气谦卑低下，关于这一点花园上皇极力反对。但是，他也担心"这就是现在做事的方式"。日记中随处可见其生活中的智慧，比如关于如何处置财产，花园上皇给其皇嫂出谋划策，又比如他带着嘲弄的眼光观察那些为财产和继承权而奔走呼喊的人，为了打赢官司，他们不停地辗转于都城和镰仓。

1325 年整年花园上皇都在记录自己糟糕的健康状况，感冒、发烧、头痛、盗汗和抑郁症。医生和驱邪的人都被传唤过，但是他们的处方没有任何效果。因此他不停抱怨自己没有力气学习。

京都的朝廷非常不安，他们想知道幕府的下一步举动是什么，但是已退位的天皇依然过着与世隔绝的生活。僧侣和学者们可以自由进出宫殿服侍他们或者讨论宗教问题。花园上皇与所有流派的领袖都有过长谈，尽管禅宗的某些方面并不能引起他的兴趣，他对禅宗的倡导者们评价也都不高，但是他似乎能够公平地聆听他们。花园上皇偏爱天台宗和真言宗，正如他所言，他自己对学说的精妙之处兴趣颇深。他喜欢诵读《孟子》，但是并不接受其所有观点，对于"新"宋代儒学也持批评态度。然而，他有时也会从研究中走出来，谈论地方税收的某个问题。地头们贪得无厌，混乱无序，因此即便是皇族也会密切关注自己的田产。

1325 年最后的记录中，因没能完成自己年初制订的学习计划，花园上皇非常失落沮丧。他列出一份简短的需要阅读的书籍清单，感叹道虽然可以不停地拿病情作借口，但还是为自己的懒惰羞愧难当。

在现有的日记中，从 1325 年年底到 1331 年秋天之间是一段空白，这段时间后醍醐天皇从宫中逃往了笠置的据点。花园上皇在 1331 年 11 月 1 日的日记中再次记录了后醍醐天皇的被俘。他以同情的笔调写道，当逃亡的队伍被镰仓的士兵抓住时，后醍醐天皇衣着单薄，头发蓬乱。一两天之后，他被带到六波罗的大本营，幕府要求其交出神器。花园上皇称后醍醐天皇为"上皇"，因为此时后伏见天皇之子在幕府的支持和默许下已经登基为光严天皇。他引用了后醍醐天皇已经同意将神器转交给年轻的光严天皇的消息。①

被关押在六波罗的大本营时,幕府允许后醍醐天皇接见一些到访者,他们向朝廷报告称幕府的所作所为是"恶魔的行为"。花园上皇认为幕府的做法卑劣可耻,对后醍醐天皇的境况深感同情。他似乎从幕府的行为中看出了皇室所面临的威胁,这已经超出大觉寺统和持明院统之间的争斗。然而,他继续记录着平常生活中的琐碎小事,仪式的细节、朝廷官员和僧侣的到访,以及修缮宫殿、探望皇亲,凡此种种。

1332 年伊始,某天的日记对新年庆典做了详细描述,并描写了后伏见上皇壮观的队伍。虽然还未正式即位,但是后伏见上皇之子已经举行过登基仪式,因此这位上皇现在异常活跃。4 月初,花园上皇简要地记录下后醍醐天皇已经启程开始漫长的流放之路。他将在 7 天后到达出云国,然后在那里坐船前往隐岐。该月底,花园上皇记载,"大纳言之道"过世,此人也就是歌人京极为兼。

京极为兼(1254—1332)的个人经历非常有趣,因为它展示了诗歌和政治的关联,而这是日本朝廷的一个传统特色。在文集的编纂和诗节标准的制定上,朝廷经常引导鼓励歌人。由于诗歌非常重要,因此不同诗歌流派之间的分歧和争端就不可避免地反映到政治冲突中。

京极为兼引领了京极-冷泉派的革新,但却遭到保守的二条派领袖二条为氏的反对,因为二条为氏不喜欢"新"诗(在受到宋代儒学熏陶的僧侣的影响下发展起来)。二人都是著名诗人藤原定家的后代。

从孩提时代起,花园上皇就非常崇拜京极为兼。他和兄长后伏见天皇都被这位诗人的过人天资和博学多长所折服。但是随着慢慢长大,花园上皇逐渐注意到京极为兼性格中的缺陷,他是一个喜欢暗中玩弄阴谋诡计的人。伏见天皇统治时期,京极为兼开始涉足政治,抨击幕府。幕府则迫使他辞官归隐,然而他再次抨击幕府,这一次他被罚流放至佐渡。几年的流放生涯之后,京极为兼回到都城,又一次开始玩弄权术。1312 年他完成了著名的著作《玉叶和歌集》。1313 年,京极为兼又被流放至土佐国。后醍醐天皇重新执政之后,他又为持明院统出谋献策,因此遭到他曾经的朋友和恩人西园寺实兼的怨恨。西园寺实兼是一位

_____

① 11 月 4 日,花园上皇写道:"今天黎明,前天皇进入北条时益(南方六波罗探题)的住处,一些朝廷贵族列队随行。他坐在轿子里,被严密地看守着,由数千骑兵护送。他们连夜赶路,被火把照亮的夜空如同白昼一般。今天陛下要移交神器。"

有权有势的贵族,他与镰仓关系密切,主张支持大觉寺统。京极为兼很快又被流放,从花园上皇的日记中可以看出,他遭到了西园寺实兼的告发。

我们清楚尽管京极为兼是一位思维敏捷、聪慧过人的诗人和名声远扬的学者,但是其性格却有着令人讨厌的一面,得罪了不少友人。京极为兼心胸狭窄,易猜忌。必须强调的一点是很早之前不同诗歌学派间的争论就异常尖锐,激烈斗争的先例也比比皆是。

京极为兼深受伏见天皇的赏识和持明院统的信任(伏见天皇本人是一位杰出的诗人)。当伏见天皇退位时(1298 年),他作为政治谋士的地位非常稳固,几乎不用怀疑,他一定深入参与了反幕活动。不过总体来讲,镰仓幕府执权们对他相当宽厚,大觉寺统认为他是一个极其危险的谋士,因此大力支持另一诗歌流派,即二条派。

两个诗歌流派间旷日持久的争斗如同王朝斗争一样激烈。双方之间如此紧密的关系证明了朝廷在国家文化生活中的重要性,朝廷就像是文学和艺术的支持者和保护者。花园上皇日记中的一些内容暗示了其观点:艺术和宗教本质相同。

对于现存日记之后花园上皇的生活,我们就知之甚少了。1333 年春天,出于安全考虑,花园上皇和后伏见上皇被北条探题送往六波罗,之后北条探题遭到后醍醐天皇一派的攻击。随后他们转移至美浓国一处偏僻的寺庙(位于伊吹山),当形势稍微稳定后他们又折返京都。1337 年,花园上皇举行了削发仪式,然后隐居在他的乡间住所(荻原殿),直至 1348 年辞世。

花园上皇认真履行了天皇职责,为统治者和他的朝廷树立了很高的标准。他写了一份《诫太子书》(给后醍醐天皇的继承人)告诫其要抵制当时哲学思想中泛滥的肤浅信仰,不要因此忽视传统思想中的正直和虔诚。花园上皇并不反感所谓的“新”宋代儒学,但是反对不加区分地全盘接受。他并不反对后醍醐天皇的观点,认为它们是以真才实学为根据的,但是他担心假如散漫思想成风,朝廷的道德便会受到影响。

南北朝战争期间,都城的生活经常受到侵扰。有时北朝天皇被迫离开,但是有足够的证据显示,尽管受到诸多干扰,皇室成员和朝廷贵族都继续着对艺术的追求和学习。其中一些人隐居乡间,平静度日,在那里他们有充足的闲暇时间来学习诗歌或绘画。这个世纪的中后期孕育了两部重要的诗歌集,一部由二条良基在 1356 年撰写,另一部由后醍醐天皇之子宗良亲王在 1381 年完成。贞成亲王(后来的后崇光院)的日记记录了 15 世纪的大事件,从中可以清楚地看出,作者是品位高雅的人,没有辜负他所成长于其中的专注于文学和艺术的环境。

通览 14 世纪的历史,我们所得出的结论是,在战火连天的时代里,日本文化中优秀的一面面临危机,它之所以免遭摧毁主要是因为高度发达的传统艺术和文学修养被贵族社会保存了下来。因而也就为室町时代文化的建立奠定了良好的基础。

另一个学识和民众道德的堡垒是佛教寺庙。但是毫无疑问,佛教僧侣们所取得的文学和艺术成就很大程度上要归功于天皇为他们提供的物质帮助和精神支持。14 世纪末,皇室已经失去其神秘或者说是神圣的权威,它实际上的政治权力已经基本为零。但是,权力有多种形式,在一个社会中优雅的举止和道德即使不是准则,也会被普遍尊崇为一种典范,可以说天皇及其朝廷仍保留了某种重要的权威。

第九章

足利霸权

足利义满像。藏于鹿苑寺。

一　天皇受辱

随着日本两个皇族分支的合并,日本的政治史进入了一个新的时代。

后醍醐天皇被流放后,保皇派的成功人士暂时维系着已经一落千丈的天皇威望,但是当他们分崩离析以后,天皇便再也无法脱离足利氏的控制。后醍醐天皇的施政失败引发大批武士的怨恨,他们的失望和不满马上演变成对后醍醐天皇的主动对抗。实际上与足利氏结盟的武士和侍从大都希望破坏现有的秩序,而非恢复它。他们只相信赤裸裸的武力。高师直的话直言不讳地表达出这些武士们的观点:"天皇有什么用?……为何我们要向他屈膝跪拜?假如出于某种原因必须要设一位天皇,那么就让我们用金属或木头造一个出来,把那些活着的天皇赶走吧。"这是对普遍想法的极端表达。在《太平记》中多处描写了居功自傲的武士和试图维持秩序的朝廷大臣之间的争吵和冲突。

其中最有名的是一个姓土岐的武士的故事。此人对上皇大不敬,他在街上偶遇一位隐居的上皇,没行礼便从上皇的扈从身边经过。一位宫中侍臣责备其傲慢无礼,他醉醺醺地吼道:"你们嘴里的上皇是什么东西?如果是只狗,我便一箭射死它!"话毕,他和手下马上冲到上皇的车辇旁,向它射箭。接下来的骚乱中,牛的挽具被砍断,牛也惊慌跑掉。侍从们不知所措,上皇恍若梦中,呆立不动。当一名侍臣过来询问他是否受伤时,他再也无法抑制自己的眼泪。足利尊氏和足利直义惩罚了土岐,但是惩戒更主要是因为其行为违反了纪律,而非对上皇的无礼和冒犯。土岐被逮捕后很快被处死,因为将军不会容忍下属这种无法无天的放肆行为。

到了1368年,幕府不再假装以天皇的名义施行统治。足利尊氏装出一副忠诚的面孔,但是足利义满刚一感觉到根基稳固,就一步步地削弱天皇的地位。在一些历史学家看来,他甚至意图建立一个自己的王朝。尽管并不完全可信,但是有充分的证据可以这样解读足利义满的行为。他不断打击宫廷贵族的尊严，尽可能地削弱他们的权利，甚至把他们当下人使唤。有时，他把朝廷的元老大臣看作随身扈从，强迫他们参加自己的典礼和列队。通过威逼利诱，将他们握在自己的手心。去朝拜时，足利义满随行队伍中出身名门的贵族如此之多，一眼望去像是皇室出行。他对后光严天皇友好和善，两人关系亲密。

足利霸权时期纪年表

1368	足利义满继任幕府将军。中国明朝建立。
1369	明朝的第一个使团到达九州。
1378	足利义满在室町建造"花之御所"*。
1392	南北朝合并。
1394	足利义满自任太政大臣，足利义持任幕府将军。
1397	足利义满在北山建造金阁寺。
1399	大内义弘竖起反抗足利义满的大旗。
1401	足利义满计划恢复与明朝的关系。
1402	足利义满在明朝政府要求下镇压海寇。
1405	准许与明朝开展贸易。
1408	足利义满去世，足利义持掌权。
1409	足利持氏成为关东公方。
1411	足利义持与明朝断交。
1417	足利持氏镇压上杉禅秀叛乱。
1419	朝鲜攻打对马。
1420	大饥荒，饿殍遍野。
1422	足利义量继任幕府将军。
1425	足利义量死后，足利义持重新掌权，饥荒和瘟疫横行。
1428	本州爆发第一次大规模农民起义，足利义持卒。
1429	足利义教继任幕府将军。播磨国和丹波国发生叛乱。
1432	足利义教重新允许与明朝进行贸易。
1438	足利持氏叛乱。

---

* 足利义满在京都北小路室町东建造的将军宅邸，被称"室町殿"，由于院中遍植花卉，也称"花之御所"。——译者注

1439　足利持氏自杀。关东公方失去权力。

1441　足利义教被赤松满祐杀害,随后山名又击败并杀死赤松满祐。足利义胜继任幕府将军。

1443　足利义胜卒,足利义成(后被称作足利义政)袭将军位。山城爆发农民起义,叛乱者袭击京都。

1449　幕府准许恢复与明朝通航。

1467　应仁之乱开始。

二　足利义满统治下的幕府机构

足利义满时期的幕府机构是 1368 到 1374 年间,在他尚未成年时由忠心耿耿、才识过人的细川赖之建立起来的。细川赖之经验丰富,正直清廉,在其主持下的幕府严明公正。不守规矩的领主们受到的约束几乎不亚于北条氏的全盛时期。

这是自北条政权瓦解以来第一次实施法律,维持国家秩序,尽管许多幕府大领主因为受其约束而怒火中烧。可能会有人问为什么改革被推迟了如此之久,从足利尊氏成为幕府将军掌握绝对权力至今已经有大约 30 年。事实是足利尊氏和其继任者足利义诠都是武士而非政治家。他们一生都在打仗,经常远离都城,也曾不止一次被南朝军队赶出京都。而且,对于重建一套新的封建政府体系,足利尊氏显然毫无兴趣。他乐于将政治问题抛给弟弟足利直义或是其他下属来处理,而这些人并不可靠。因此,早期的足利氏与北条氏不同,他们缺乏一个能够制定和执行高水平方针政策的强有力的行政中心。没有合适的个人或机构能够像上个世纪镰仓幕府的领导者们那样控制那些大领主。

到了 1336 年年底,足利尊氏在京都建立自己的幕府,并颁布《建武式目》。《建武式目》被认为是足利幕府的政治宪章,旧镰仓政权的文臣们曾起草了一份关于道德的陈词滥调,实际上《建武式目》是在其基础上稍加改动而成。它与北条执权们制定的法律毫无二致。至少在理论上,《贞永式目》(1232)及其增补指导足利将军的行政和立法事务直到足利义满继任。除了极小的变动以外,足利幕府全盘照搬了镰仓幕府的办公和议事机构,问注所、政所、侍所、评定众、引付众。而这些部门的职权还都掌握在北条政权时期的官员手中。① 尽管在足利幕府的统治下这些部门得以延续，但是它们的重要性比在镰仓幕府时期大大降低，因为大将军和他的官员们倾向于做出统一决策。比如问注所的审判权被转移至侍所，侍所还负责保卫幕府，维护城市秩序，管理山城国。京都侍所的长官是一个要职，负责公共安全事务。

细川赖之以《建武式目》的精髓为指导处理将军的政务。这是一份保守拘谨的文档，它猛烈抨击了当时被称为婆娑罗的语体，婆娑罗指沉迷于时尚和新潮。细川赖之的性格特点从 1368 年颁布的一条法令中可见一斑。那一年，足利义满刚刚上任。这条法令规定，禁止互相赠送新年礼物，禁止穿戴特定样式的衣服和饰品，禁止武士使用名贵的剑柄。而正是由于这些规定，使不太注重节俭且已成年的足利义满与细川赖之发生了争执。

细川赖之的目的是强化将军的中央政府机构，他关心的主要是防止大领主之间的联合和对抗，因为二者都会威胁到幕府。1368 年，这些领主中最有权势的是曾经为足利尊氏和足利义诠立下赫赫战功的斯波、畠山和细川赖之自己。

1367 年，官员们为病危的将军足利义诠选出细川赖之出任执事，②足利义诠在临终前将足利义满托付给细川赖之照顾。细川赖之建议执事一职应该由来自三个家族的人轮流担当，此提议主要是为保证野心勃勃的斯波和畠山对幕府的忠诚。三人都有管领（替代执事）的头衔，被称为"三管领"。然而，我们必须了解，一次只有一人可以行使管领职责。由细川赖之开始，他担任管领 11 年（1368—1379），然后是斯波义将，最后畠山基国在 1398 年接任。之后三个家族便没有严格按照这个顺序轮流出任管领，但是它大体上维持了一个世纪。

通过这些调整，细川赖之的地位大为巩固。在第一项关于禁止奢侈的法令之后，他推动了宣示中央政府的权威，将那些肆意掠夺破坏国家的武士置于控制之下的立法。他公布的法令保护了天皇、宗教场所和世袭土地领主的正当财产权。这些措施的必要性不仅体现在对地主的保护（他们被迫向守护交纳非法或者额外的税收，同时承受实际上的土地损失或者收益损失）上，也巩固了幕府的权威。地方武士依靠武力僭夺了土地所有权和司法权，对幕府构成了威胁。

---

① 在镰仓幕府的体系中，政所是最高的行政机构，问注所则从属于将军，是最高的审判机构。评定众是审议机关的官员，引付众则是评定众的副职。侍所原本负责军队的纪律事务，但是在足利幕府时被赋予新的职能，包括守卫京城。

② 这是在 1336 年足利尊氏任命高师直为他的驻京都代表时所册封的官职，头衔是执事。

在细川赖之之前,高师直等一些人经常以将军的名义武断处理申诉,发布命令,致使部分国就土地统计争议不断,最终起来反抗。细川赖之努力使呈送到申诉机构的申诉能得到审理,取消了高师直的大部分命令。同时,他也减轻了足利尊氏和足利直义强加于守护的某些繁重的任务,把幕府每年的税率从他们收益的百分之五降至百分之一。另外,他还试图改善那些受到足利尊氏和足利直义庇护的禅宗僧人日渐松懈和败坏的行为举止。

细川赖之在实行其政策时不得不咨询和使用从北条政府沿袭下来的机构。足利尊氏和足利义诠曾把朝不虑夕的行政机构视为其家务事,而这种行政机构被细川赖之主持下的组织严密、效率较高的中央政府体系所取代。

尽管不遗余力地改善和巩固将军的幕府,细川赖之还是无法完成其改革工作,他的成功招致了有权势的武士的不满,这些武士痛恨其权势的扩大和审判的严格,他们不断向幕府施压,要求罢免他的官职。1319 年,害怕这些大领主反叛的足利义满命令细川赖之辞官。也许从某种意义上也可以说细川赖之失败了,但是他创造的中央集权式政府运行依旧良好,幕府因此受益。

(a)关东管领

任命代官的制度似乎是从足利幕府时代发展起来的。京都管领有将军代官的某些有限权力,几乎所有的机构都有常备的代官,比如守护代是一名守护的代官。侍所的长官也有代官,被称为所司代,这个头衔一直沿用了几个世纪,当德川幕府又一次在关东建立,幕府将军在京都的代表仍使用这一头衔。在某些机构里有两名或更多的代官,通常有四名所司代。室町时期,代官无处不在,甚至有取代主官的趋势,这也反过来给封建社会的构成带来了影响深远的变化。

细川赖之辞职后,京都管领开始拥有建言和执行的职责,不再扮演将军代官的角色。它不再制定政策,而只是执行将军的命令,与各个组织机构协同配合,共同构成中央政府。和这种有限的权力相比,将军任命的驻守在镰仓的代官则拥有相对独立的权力,它管辖关东各国,与一名英国属地总督的权力类似。

这种职权的发展变化为我们了解 14 世纪及之后日本关东的状态提供了有趣的线索。1335 年,北条政权被推翻后不久,足利尊氏曾意图在镰仓继任幕府将军。但是形势的发展迫使其在 1336 年年初回到畿内,并于该年年底在京都建立自己的幕府。离开镰仓时,足利尊氏任命 8 岁的儿子足利义诠作为自己的代官(在官员辅佐下),接着斯波义将接替足利义诠,再之后接任的是足利义诠的弟弟

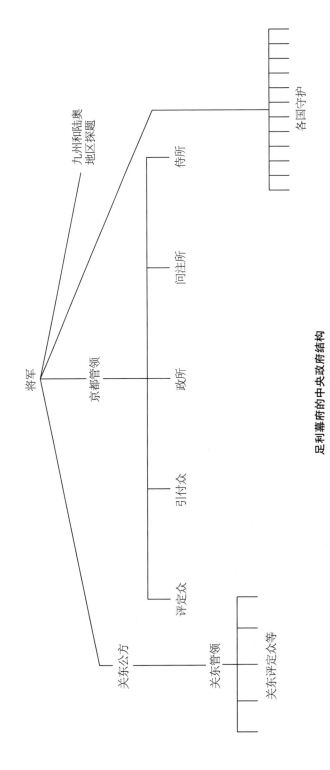

足利幕府的中央政府结构

需要注意的是这只是一个概要图，并不能代表任何时期幕府真正的政府结构。图中列出的各部门的官员被称为奉行，例如恩赏奉行，普请奉行、社寺奉行等。

足利基氏。从 1349 年到 1367 年,足利基氏作为镰仓公方代替将军管理关东各国。由于 1349 年足利基氏尚且年幼,因此当时关东权势最大的家族上杉氏的首领被任命为代官(执事)来辅佐他。

足利基氏之后,公方之位由足利氏满(1367—1398)、足利满兼(1398—1409)和足利持氏(1409—1439)世袭。他们的职位非常重要,因为在关东各国,为压制武士们的桀骜不驯,维护法律尤其重要。将军在关东的代理权力非常大,其任职的机构被称作镰仓府或者关东府,地位相当于镰仓政府。其权力范围除了关东八国,还包括甲斐国和伊豆国;1392 年,北方的陆奥国和出羽国也归其管辖。

14 世纪晚期,关东府名义首领的称号是关东公方,此称号本身便可说明其与将军地位的平等,因为公方(源出中国,表示统治者的意思)是一个宫廷用语,足利尊氏用它作为自己和其继承人的尊称。关东公方有时也被称作关东将军,正如京都的幕府将军一样,关东公方也需要一名代官作为副职,这一职位由上杉家族的人世袭担任,头衔为关东管领。作为关东公方的代官,与中央政府相同,管领通过政府机构具体执行政府的政策。它包括引付众这样的审议机关和类似于侍所的执行机关。

关东政府给京都的幕府带来困扰,使之感到不安。因为关东的继任者们都表现出坚决的独立态度,这种不忠诚也成为挥之不去的威胁。1399 年,足利满兼甚至考虑支持大内义弘对抗足利义满。大约 30 年之后,由于足利持氏违抗命令,幕府不得不派遣远征军前往镰仓。后来关东的大权便落在上杉宪实手中。到了 1439 年,关东公方走到尽头,成为一个空衔。为争夺关东管领,上杉家族很快就分裂成两派,关东管领之后也成为一个虚职,关东的实权也就落入一位强大的外来者之手。

(b) 西部各国

日本西部设置了九州探题,它是一个地方性官职,权力有限。最早是在 1336 年由足利尊氏任命,今川贞世长时间担任此职,之后其重要性逐渐减弱。到了 1400 年,它只剩一个空头衔,没有任何实权。不管是在九州还是在本州西部分国,无人真正忠心于足利将军们,理解这一点很重要。如果没有与当地的大领主们事先协商,便无法派遣守护到这两个地方。九州的大家族(尤其是岛津)尽管与幕府并非敌对关系,但是也与它保持距离。虽然 1370 年今川贞世成功上任,但是幕府似乎仍旧没有把九州看作自己的有效统治区域。

三　幕府的敌人

1368 年以后,反抗足利义满的事件时有发生。但是他成功地击败了两个最强大的敌人,其晚年的统治(1400—1408)风平浪静。处置完山名家族后,足利义满最主要的敌人就是大内义弘(1356—1400),日本西部数国的守护。引起我们特殊关注的是足利义满与大内义弘在政治方面的较量,而非军事方面。因为大内义弘的力量一部分依靠其在其他西部领主间的影响力,一部分则依赖于其与濑户内海的海盗首领的密切关系,其中的一些海盗靠在朝鲜和中国海域劫掠为生。

足利义满命大内义弘负担北山殿的建造费用,大内义弘大怒,这是其反叛的直接原因,不过他一向桀骜不驯。几年之前他就已经开始谋划攻击足利义满,但是他的计划非常谨慎。在直接攻打京城之前,大内义弘打算先在野战中击败足利义满。大友家族与他交好,1399 年东进之前,他还确保了安艺国、备前国、长门国和周防国(本州最西边的各国)对自己后方的保护。由于无法确定部队数量能否与足利义满相抗衡,大内义弘又在本州征召了一些不满幕府统治的武士来扩充实力。他甚至谋划从镰仓的关东公方足利满兼处得到支持自己的许诺。完成这些准备之后,大内义弘撤退至堺,他想把此处作为其进攻都城的大本营。

得益于 14 世纪贸易的迅速发展,堺已经成为一个繁华的商业中心和在与明朝和其他日本港口的交通中堪与兵库相匹敌的港口。堺是一个几乎独立的城市。早在 1399 年 11 月,大内义弘就在此安营扎寨,建造了大量的橹*用来抵抗来自和泉平原的攻击,掘井取水抵御包围。在靠海的一侧,他借助海盗的力量,希望借此与四国和纪伊国的支持者保持联系。

足利义满得知了大内义弘的全部计划,决定不冒险立即进攻,他派遣自己最得意的谋士、禅僧绝海中津前去劝说大内义弘妥协。但是大内义弘软硬不吃,不肯让步,态度比之前更加坚定,还跟对方倾诉了自己的诸多委屈。绝海中津无功而返,足利义满意识到自己必须立刻展开攻击。他统帅三位京都管领(细川、斯波和畠山)的三支军队从大本营等持院出发,从靠近陆地的三个方向对堺发动正面攻击。在海上,幕府雇佣的四国海盗切断了对方与各国的联系。足利义满命

---

* 字面意思是"存放箭矢的仓库"。——译者注

令发动全面进攻,但是被大内义弘预设的强大守城器械阻挡,战斗持续几周,毫无进展。1400年1月中旬,幕府军借助北风放火。火势蔓延开来,大部分仓库和商人住宅被烧成灰烬。大内义弘的中心据点也被点燃,很快各个方向的军队都突破防线,守军大败,大内义弘在战场上自杀。

大内义弘没有从足利满兼那里得到帮助,当时刚刚离开镰仓还没走出多远的足利满兼可以假装自己是清白的。这并没有瞒过足利义满,不过至少避免了他与幕府的正面冲突。此次战斗在日本的政治史上非常重要,因为在它之后,日本迎来了十年或者更久的和平,巩固了足利将军们的地位。它在军事上同样意义重大,因为这是第一次对一个非军事据点的全面封锁,①而且还在海上动用了海盗的力量。

1400年年初,足利满兼向足利义满宣誓效忠,直到1409年足利满兼去世之前,镰仓与幕府都保持了良好的关系。他的继任者是足利持氏,一个崇尚暴力,行为乖张的人,他与幕府之间关系相当紧张。1415年,足利持氏用粗鲁的言辞指责他的主要大臣上杉氏宪,上杉氏宪愤而辞职。上杉氏宪(人们通常称呼他的法号禅秀)组织军队反抗足利持氏,并且获得了一些短暂的胜利,东部和北部各国的一半领主都向他表示支持。他攻占了镰仓,迫使足利持氏逃入了山中,并且四处求援。

尽管幕府对禅秀表示同情,但是也不能忍受臣子反叛他的君主,因此幕府不得不站在了足利持氏这一边。战争持续了一段时间,但是幕府在1414年年初派出的援军最终扭转了战局,禅秀和他的同盟四面楚歌,他在暴风雪中寻路前往鹤冈八幡宫,并在那里自杀。

禅秀自杀后不久,足利持氏就返回镰仓重新掌权。但是禅秀的叛乱给幕府带来的冲击远超从前。足利义持对待足利持氏非常严厉,差不多是以交战方的方式对待他。终足利义持一生,尽管没有发生公开的争端,但是他们之间这种紧张的关系一直持续。1428年足利义持去世,而且身后没有直系子嗣。这时足利持氏觊觎他的位置,但是他没有朋友,也没有人理会他。当足利义教被选作将军继承人的时候,他非常生气,并且施以威胁。足利义教继将军位后的第一件大事就是对足利持氏施压。足利持氏顽固地抵抗了数年之久,直到幕府大军开始进攻,并摧毁了他的军队。

---

①　事实上在1333年,镰仓曾经遭到四面围攻,不过时间很短。京都也不止一次遭到攻击,但是从来没有被团团包围。因为京都的战略要地如山崎、男山、宇治和濑田离城市本身较远。

在这里我们回忆一下，足利义持曾在堺打败了大内义弘，但这并不代表有权势的家族挑战足利氏统治的终结。不时有曾经效忠南朝的家族成员起兵反抗他们——北方的新田氏和伊达氏、伊势的北畠氏，还有其他在本州或者临近本州的家族。从大约1413年到1415年，足利义持执政期间的这些反抗都被武力镇压或者通过谈判解决。镰仓的麻烦一直不断，并给京都带来困扰，这种情况贯穿整个室町时期。

四 足利义满的奢侈无度

足利义满爱慕虚荣，他的浪费糜掷甚至超过在其之前的两位有名的挥金如土之人——藤原道长（966—1027）和平清盛（1118—1181）。他用于建筑的花销惊人。足利义满的第一个大手笔是1338年在京都的室町区为自己建造的室町殿，由于此宫殿的庭院花园非常漂亮，因此也被称为"花之御所"。从严格意义上讲，室町幕府的叫法也始于此。在此之后，足利义满又修建了金碧辉煌的寺院——北山鹿苑寺。1398年，他在那里建造了著名的金阁寺，打算卸任之后隐居于此。足利义满在北山上的建筑（包括金阁寺）花费部分来源于全国的守护和地头。据称总额超过一百万贯。①

尽管北山的宫殿是足利义满最浩大的工程，但是他建造宗教圣殿和对佛教的投入从未停止。他如此慷慨并不只是由于骄奢无度，而是想要减轻自身的罪过。这一点他和他的祖父足利尊氏一样，足利尊氏通过建造天龙寺来表达自己对于反叛后醍醐天皇所犯下罪行的忏悔。足利义满的另外一种对于宗教的花费是去宗教圣地朝拜，他通常会携带大量的财富。他早年有一次前往伊势国供奉天照大神的皇大神宫，此次朝拜令人印象深刻，因为队伍中有不少高等贵族和大臣。此行的目的是为了安抚伊势国的大贵族和守护神社的教徒。大和国和伊势国曾给予南朝极大的支持，北畠亲房在这里非常受爱戴。

足利义满在1393年至1396年间数次拜访比叡山，每次都有规模宏大的队伍和精致贵重的礼物随行，他的行为感动了住持和僧侣领袖。他的阔绰使幕府和延历寺多年以来首次交好。足利义满同样也拜访了奈良的兴福寺和东大寺以及其他重要的神社，一直坚持支持宗教寺庙。

---

① 一贯大约相当于一石米，相当于当时每人一年的平均花费。贯的一般样式是一根绳穿起一千个小铜钱。

足利义满对待神社的态度在日本宗教史上是一个引人关注的问题。从一定意义上讲,神道教可以被看作是日本的国教,因为它包括了国民生活中的某些重要仪式——盂兰盆节和新尝祭等重大的宗教典礼。在这些仪式中,天皇以国民的名义祭拜神灵。另一方面,尽管佛教不是国教,但是统治阶级中很多人都公开宣称是佛教信徒。宫殿中也举行佛教仪式,而且国家可以控制佛教的一些制度特征,因为 702 年的《大宝律令》约束了僧尼的行为,天皇拥有授予或保留宗教职务的基本权力。

因此,这个国家的宗教领袖们似乎不能直接参与到政治事务中来。事实也是如此,但是实际上,那些著名的宗教团体还是能够在政治生活中占据一席之地。早些时候,天皇和他的大臣们就不愿意冒险得罪宗教领袖,一部分原因是迷信,害怕未知的力量,另一部分原因则是僧侣和神社宫司*可以利用自己的豁免权,通过要挟来阻止政府的一些与他们想法相左的行为。简而言之,宗教不能决定政治行为,但是他们可以威胁将执政者逐出宗教,以这种方式阻止或者拖延政策的实施。换句话说,他们可以通过恐吓,甚至有时会使用武力迫使幕府停止施行某项政策。显然,无论何时,一个坚决果断的政府随时可以通过显示武力来终止这种情况。但是天皇和他的贵族们反对流血冲突,常会急于妥协,进行谈判。

只有强大的军队才能够让这些叛逆的教徒们服从。但是军事将领们也不愿意动用自己的力量。因为他们自身的利益通常不会受到任何影响,而且有时他们也乐于看到贵族们出丑。这样在数个世纪里,幕府和朝廷通常都不会对神职人员采取强力措施。这就造成除了特别重要的事情之外,宗教的影响无处不在。然而,这种影响通常都是弊大于利。

武士阶层的领袖们在侍奉神佛时都非常谨慎。源赖朝小心地在其族神的神社八幡宫广施恩惠。不过他也与佛教的奈良派保持良好关系,比如重建东大寺以显示自己的虔诚等。北条执权在打败蒙古人后,曾给予神社和寺院丰厚的赏赐。他们受到禅宗戒律的影响很大,对这一宗派也都非常慷慨大方。但是他们不像足利尊氏那样穷奢极侈,挥霍无度,更不用说通过对各国征收重税,对贸易征收通行税来满足自己巨大开支的足利义满了。即使这样也依然不够,我们会看到足利义满被迫将目光瞄向国外,以征收更多的税。

尽管在日本的众多佛教派别中,绝大多数都可以将无关紧要的教义问题放

---

　　* 神社的神官。——译者注

在一边,但是他们相互嫉妒对方的权益,会为一项特权斗得你死我活。因此对于足利幕府来说,控制他们并非易事,尤其是在幕府因对抗反叛的领主和桀骜不驯的将领已精疲力竭时。1345 年,足利尊氏打算陪同光严天皇参加禅宗寺庙天龙寺盛大的落成典礼,这激怒了天台宗,在天台宗僧侣们的强烈抗议下,足利尊氏被迫让步。尽管与禅宗的高层僧侣关系密切,但是和他的几位前任一样,足利尊氏不愿与延历寺的这些好勇斗狠之徒发生公开冲突。

后醍醐天皇的谋士们马上抓住时机,开始利用宗教派系之间的不和。在与足利尊氏的战斗中,他们发现与较为古老的宗派保持友好关系非常有利,这些宗派一般对禅宗的诉求都抱有敌意。自始至终,在半个世纪的皇位争夺战中,南朝都在小心翼翼地寻求天台寺和真言宗的寺院以及较早的奈良派的帮助,或者至少争取到他们的支持。

尽管小心地安抚这些古老的宗派,不过在其执政时期,足利义满还是受到禅宗僧侣领袖们的影响。在这些僧人的鼓动之下,他修建了相国寺。这项工程始于 1382 年,直到 1392 年才完成。足利义满与等持院的关系可以从 1398 年 11 月的一篇祈祷文(据说是他亲手所写)中看出,在这封致寺院的祈祷文中,他承诺假如叛乱(大内义弘)能很快被镇压下去,他将赠予寺院丰厚的财产。我们要记得等持院与朝廷有着特殊的关系,当南朝的军队进攻都城时,它有时会充当足利尊氏的大本营。

足利义满的奢侈浪费自然地影响到了其国内政策的形成。如我们所见,他的对外政策基本上是由其财政需求所决定。在考量其国内政策时,很重要的一点就是要认识到他不是一个自命不凡的地方贵族。足利义满在京都出生成长,气宇不凡,在宫廷中应付自如,熟知典礼仪式的规范流程;他在家时与艺术家和诗人为伍。成年之后的足利义满在他人眼中非常成功,因为他征服了最危险的敌人,他的意愿至高无上。两个朝廷合二为一之后,足利义满专心于自己的理想和广泛爱好中,在某些方面放松了对细川赖之发展出的行政体系的管理。他的政府机器设计良好,即使在少了他的严密监督后,仍然顺畅地运行着。同样需要记住的是足利义满最奢侈无度的时期是在其生涯后期,此时两个朝廷的合并所引发的冲突已经平息。新的社会处在欣欣向荣的发展之中,因此社会的首领想要满足个人的生活偏好也就不足为怪了。

足利氏统治的另一个方面也不能被忽略。足利家族以他们的祖先为荣。它的高层成员在武士中地位特殊,受到敬仰。因为他们是源氏家族领袖的权力继承人,而北条执权曾经一度篡夺这一权力。这本身就使足利尊氏拥有军事上的最高地位,不过,他和他的继任者们也可以依靠足利氏旁系家族的强大势力和影响力的有力支持。这份名单中的家族足以让人过目难忘,在日本内战的历史记录中,他们的名字出现得最为频繁:畠山、一色、桃井、吉良、今川、斯波、涩川、石塔、仁木、上野和细川。

所有的这些家族都是足利一脉的开创者足利义国的后裔。室町幕府时期,尽管并非一成不变,但是他们通常都会支持足利将军,他们的家族首脑一般也会在幕府中身居要职。另一个比较有权势的是上杉家族,他们与足利氏联姻,在关东地区地位显赫。

足利氏的大部分族人都被任命为一个或者多个分国的守护,这是为了扩大足利幕府在整个国家的势力,这些任命非常有趣:

斯波义重　越前国、信浓国、尾张国

斯波义种　加贺国

畠山家族　山城国、纪伊国、河内国、越中国、能登国

一色诠范　若狭国、三河国

一色满范　丹后国

细川赖之　摄津国、赞岐国、土佐国

细川义之　丹波国

细川满元　备中国

山名家族①(三个分支)　但马国、安艺国、备后国、伯耆国、石见国

这样针对六个"外家",比如赤松、京极和大内的任命有十二项。

从长远来看,这些任命并没有带来足利尊氏和其继任者期望的"足利氏的团结"。这些家族的野心太大,而足利将军们在军事和财政方面又不堪一击。

需要注意的是上述名单中所列举的并不包括关东各国和九州。这些地区的守护只有最初那些是由镰仓幕府任命的。一般来说,在没得到关东各国守同意的情况下,室町幕府无法在镰仓做出更多任命。在九州,室町幕府采取的是最简单省力的方法,即让岛津这样的家族自由地世袭守护一职。1404 年,足利义满任

---

① 山名家族与足利氏并无直接关联,但是他们与足利尊氏结盟,并受封得到伯耆国。山名家族曾一度统辖十一国,尽管这并不是足利氏乐意看到的。

命岛津为日向守和大隅守。1425 年，足利义持又任命岛津为萨摩守。

需要对上杉家族的重要性做一些说明。上杉家族的创始人是藤原一脉一位名叫劝修寺重房的男性贵族。1252 年，当宗尊亲王被任命为征夷大将军时，他曾陪同宗尊亲王前往镰仓。劝修寺一族在丹波国一处叫上杉的地方受到册封，他们也以此为名，但是他们居住在关东。

他们的（简略）家谱如下所示：

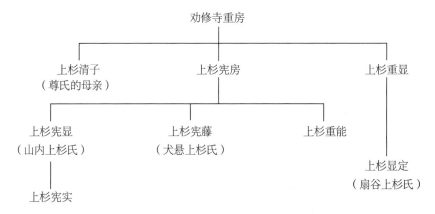

从表中可以看出，足利尊氏的母亲来自上杉家族，足利尊氏出生于丹波国。

五　足利义满与皇位

如果当时的日记与记录可信，那么足利义满就不仅仅只是一个在幕后操纵天皇的人，他对亲自承担和行使天皇的权力尤其感兴趣。足利义满从 1368 年到去世的 1408 年当政，这段时期内，在位的天皇是后光严天皇（1352—1370）、后圆融天皇（1371—1382）和后小松天皇（1383—1411）。当足利义满成为将军时，北朝朝廷出现分裂，在老师细川赖之的支持下，足利义满帮助后圆融天皇登基。之后足利义满对天皇已无尊敬可言，因为他认为天皇是自己的傀儡。但是在私下他却与后圆融天皇交情匪浅，几乎把后圆融天皇当成家族朋友来对待。皇宫对他来说和自己家一样，他常常自由进出，足利义满会很随意地坐下与天皇把酒言欢。表面上，两人的关系亲密融洽，但是从当时的传闻（以书面的方式散布）得知，1381 年他们之间似乎爆发了一次争吵。1382 年后圆融天皇退位后两人再次出现不和，将军和后宫之间的不堪流言传扬开来，甚至波及后圆融天皇最宠爱的嫔妃。1383 年，只有 6 岁的后小松天皇继位，在他尚未长大的这段时期内，足利义满达到了个人权力与荣耀的顶点。足利义满对后小松天皇似乎和蔼友善，而且他与后龟山天皇之间就算不能用友好来形容，至少也是比较亲近的。后龟山天皇是原来南朝的天皇，两个朝廷合并后，他就体面地退位归隐了。

足利义满的两个花押文字

显然，足利义满此时已经完全控制了天皇和朝廷。他是武士的领袖，同时官至太政大臣，这也是在文官中可以得到的最大官衔。为显示自己的这两项权势，他甚至使用两个花押，一个代表军职，一个代表文职。他已经到达人生的顶点。1394 年年末，足利义满在其当政第九年（马上 40 岁，那时这一年纪就被认为已经进入老年期）把将军的位置让予儿子足利义持，自己则退隐，投身宗教，①保留了太政大臣的名号。然而，在归隐地金阁寺中他仍然注视着外面世界的一举一动，制定重大政策，规划他的后代们的未来。

足利义满有八个儿子，五个女儿，他已为儿女们的未来做好打算，确保他们获得高官厚禄，大部分人成为门迹*或者在由皇室公主管理的尼庵中做住持。不过有两个例外，他的次子足利义持将要继承其将军位，而对第三个儿子足利义嗣，也是最喜欢的儿子，他甚至还有更大的期待和野心。没有证据直接证明足利义满的盘算，但很清楚的一点是，为进行下一步计划他已得到两个颇有影响力的贵族的支持。这两个人是曾经侍奉过足利尊氏和足利义诠的二条良基和近卫家族的首领近卫道嗣。他们之间这场密谋的确切性质尚不清楚，但是毫无疑问都在为足利义满的众多子女争取更多的特殊待遇，他们自身的封赏和回报也非常丰厚。

1407 年 1 月，后圆融天皇的遗孀皇太后通阳门院去世，足利义满设法让朝廷指定自己的妻子为后小松天皇的"准母"。二条良基的这一建议无疑是神来之

---

① 足利义满出家为僧时，坐在梦窗国师的画像前接受剃度。他强制大量有名的贵族和将领参加，与他一起经历整个仪式，其中一些人的头发由足利义满亲自剪掉。

* 皇室、贵族成员出家任主持后的称号。——译者注

笔，把将军与皇室两家人联系到一起。无人敢公开反对这一令人惊愕的举动，因为此时的足利义满与天皇平起平坐，无异于是另一位天皇。[1]

1408 年，当后小松天皇到北山殿拜望足利义满时，足利义满与天皇相对而坐。由于家族关系，足利义嗣的座位比摄政还要高，他似乎被视为皇室的一位皇子。而其元服礼则在举行国家最高典礼的宫殿清凉殿内举行，天皇也出席。但是足利义满到底是否想让儿子继任天皇已经不得而知，因为元服礼之后不久，这个孩子便身染重疾，并在几天之后的 1408 年 1 月 1 日不治而亡。

足利义满在北山殿设宴款待天皇，这场盛宴对其作为文学艺术鼓励者和挥金如土的生涯是一个恰当的收尾。[2] 盛宴在一处有泉水的高地上开始，持续了 20 天，有宴会、音乐和舞台剧（包括"能"的表演，当时除了一小部分人外，很少有人知道"能"）。还有诗歌交流、蹴鞠和箭术比赛。大量的绘画作品，如云的织锦和其他厚礼被献给天皇陛下和其侍从和侍女。每晚都在通宵饮酒作诗或享受各种各样的表演中度过。

宴会结束后，天皇被护送回宫，足利义满前往伊势神宫的皇大神宫朝拜。1408 年夏天，他从伊势返回后不久便离世，足利义持继任将军位，数千僧人参加了足利义满的葬礼。

六　禅宗的影响

在与中国的友好交流发展过程中，禅宗扮演了重要的角色。实际上，禅师在某些方面对两国的统治阶级影响非常大。远赴中国学习的日本僧人回国后给足利义满描述了自己在中国的所见所闻，提供了一些有用的信息，尤其是因为明朝刚刚成立不久，正是多事之秋。有些僧人对国内事务也颇具影响力。不过一般来讲，尽管在某些政策问题上足利义满会咨询禅师，但是这绝不意味着他们可以左右重大决策。这在日本政治史上尤其值得注意，因为关于禅宗对日本生活的影响的任何判断都应该将国家统治者受到宗教领袖何种程度的影响考虑在内。

封建领主对宗教的尊敬不能简单地理解为政治集团向强大的宗教组织寻求

---

[1] 禅宗的僧侣有时称他为鹿苑天皇，鹿苑寺中有写着这一皇室头衔的纪念牌。鹿苑就是鹿园，指的是佛祖第一次讲经布道的鹿园。

[2] 《北山行幸》把它作为一件很重要的事进行了详细的描写。

支持。足利义满和当时的大多武士领袖一样,希望自己在别人眼中是知书达理、温文尔雅的绅士,而不是一个狂妄自大之人。他们中的很多人对艺术表现出真正的兴趣,还有一些人,比如足利义满就是出于喜欢而去努力了解和学习禅学。历史上,日本的武家都倾向于认为如果能够找到一个合适的老师,那么就能掌握执政之道。毫无疑问,正是由于这种传统,才使像足利义满这样的人与禅宗关系密切,因为禅宗僧侣学识渊博、道德高尚,他们不仅能解释佛教精要,而且能谈论政治哲学中最新的儒家学说。

13 世纪,北条执权们便是禅师的狂热支持者,他们的私人生活可能也受到了禅师的影响,北条时赖尤其满心虔诚。随后,日本与明朝恢复邦交,禅宗在中国的蓬勃发展促进了其在日本的发展。禅宗大师得到封建社会上层阶级的尊重,在文学和艺术品位方面对后者有影响,有时也会影响国内政策,一部分原因是他们远离其他宗派的纷争,另一方面则是他们才智过人,博才多学。正如我们已经看到的,作为与南朝谈判的桥梁,梦窗国师也许在事情处理的程序上献过良策,但是没有迹象表明北朝在重大事件上征询过他的意见。相反,梦窗国师似乎非常小心谨慎,避免卷入任何一方。

梦窗国师有两个门徒,绝海中津和义堂周信,都是极其受人尊敬的学者。二人都是感情丰富的诗人,在中国文学方面造诣颇深,但是都对政治问题没有任何兴趣。二人作为虔诚的典范派和五山文学①的代表人物为人们广为铭记——绝海中津因其诗歌,而义堂周信因其学问。这门"不立文字"学说*的倡导者们精心创作了数百卷作品,内容包括以宗教和世俗为主题的散文和诗歌。甚至可以说,

---

① 就当时而言,禅宗的高等寺院都由北条政权资助在镰仓修建——建长寺、圆觉寺和净智寺。后来,京都出现相似的寺院群,南禅寺可以说是京都各禅寺之首。1345 年,足利尊氏兴建了天龙寺。足利义满对这些寺院和两个城市的很多小寺院都很关注,数次给它们重新划分等级,最终顺序是:

南禅寺

（禅宗之首）

镰仓	京都
1. 建长寺	1. 天龙寺
2. 圆觉寺	2. 相国寺
3. 寿福寺	3. 建仁寺
4. 净智寺	4. 东福寺
5. 净妙寺	5. 万寿寺

* 指禅宗。——译者注

室町幕府时期大部分学问都由禅僧垄断。尤其是在他们成功地将宋代儒学与冥想结合起来之后。一些禅宗学者对世事的洞察力相当敏锐，其中不少人都效忠于足利义满。足利义满文学品位极高，他倾向于任用一位博学多识的禅师做其谈判的中间人，而不会任用大臣。

1376 年绝海中津从中国游学归来，为方便请教，足利义满将其安排到相国寺的鹿苑院，留在自己身边。足利义满要求他起草文书，当然在款待明朝使者和僧侣时，他也不可或缺。尽管僧人们会协助政策实施，但是不可能制定政策，他们最大的职能是在外务方面。不仅绝海中津，义堂周信在某些方面亦是如此。义堂周信是镰仓圆觉寺的高僧，足利义满召见他，授予其重要的有俸圣职。有他在身旁，足利义满甚为欢欣。禅宗给予幕府将军的回报，可以用一个很好的例子来说明：绝海中津被派往大内义弘的营地劝说其向幕府让步（1399）。这一计划并没有成功，大内义弘反过来利用绝海中津作为中间人来传达自己对幕府的不满。在一触即发的两军对垒中，一位佛教高僧成了战场上的避雷针。绝海中津和义堂周信以及其他高僧的日记和回忆录为他们那个时代的政治历史提供了有价值的"内部"信息。

无疑，这些僧人知道朝廷和军营中发生的事情。然而如果有一名僧人能够影响足利尊氏的政治决策，那么此人不是禅宗大师，而是一位名叫满济准后的著名僧侣。他出生于 1378 年，是朝廷高官今小路师冬之子。1395 年，他成为京都古老的真言宗寺院醍醐寺的门迹，到 1425 年，已成为最受尊重的僧侣。那时的他家财万贯，在 20 个国中拥有田产。他的意见经常被他的叔叔足利义满和后来的足利义持所采纳，他被人们称作黑衣宰相。

质疑禅宗僧侣作为政治谋士的地位并不是否认这一阶层的影响力。在战乱的年代里，他们促进知识的传播，毫无疑问为国家做出了难以估量的贡献。在日本的思想史上，有很多反对禅宗某些主张的理论，但是日本的禅宗大师像中国的禅师一样尝试将禅宗的教义与宋代学者的儒学相结合，这种充满活力的表现与一些古老佛教宗派的昏昏沉沉、不思进取形成了鲜明的对比。

蒙古人败退后，向学之风复苏，明朝皇帝宣称要重建真正的中华文化。作为这场运动中不可或缺的一部分，宋朝理学家朱熹（1130—1200）的著作被确立为儒家的正统学说。在儒家思想兴盛的时期，明朝不会给予佛教太多支持。实际上，明朝的开国皇帝明太祖朱元璋认为必须对寺院僧人加以劝诫并逐渐控制他们①。第三任皇帝明成祖朱棣较为支持佛教，但是限制了剃度的数量。在政治领域，他更青睐其他教派而非禅宗。然而，无论朝廷是控制还是支持，佛教禅宗都在明朝兴盛起来，禅师在诸多学术领域也证明了他们的价值。但是他们从来没有取得禅师在日本取得的地位，也不期待能有那样的地位，因为他们不可能与儒家领袖或者皇帝身边的太监们抗争。

中国几乎所有的禅宗弟子都精通儒学思想，他们强烈地希望将两个体系融为一体。14世纪晚期，两国恢复交往，日本禅宗僧人结伴前往中国学习，受到很大影响。归国后，他们开始传播在中国所学，他们的观点被广泛接受，甚至连足利义满也受到影响。在义堂周信指导下，足利义满开始学习中国典籍，（根据义堂周信的日记）希望从中学习如何治国平天下，使黎民百姓享受和平。他的研究不可能有太多的成果，但是他肯定促进了当时的向学之风。也许可以说他是五山文学派某些作品的恩主。然而，这些捐赠很有可能并不符合义堂周信的倾向，因为他经常对门徒说："我们的宗派中，学习太多，实践（坐禅）太少。"

如果不提及其对戏剧表演的兴趣，那么有关足利义满支持学术和艺术的说明便不够完整。足利义满沉迷于观看散乐、申乐或猿乐，遭到大臣们的指责。观看这些舞蹈节目成为一种娱乐方式，流行了很长一段时间，足利尊氏曾经也乐在其中。② 同时期日记中的一些篇章称足利义满之所以沉迷于这些舞蹈节目是出于对表演的男孩的喜欢，这也许是真的，因为美学和性取向之间似乎有着微妙的关系。但是可以确定的是，他对这种大场面的热情支持，他与参与著名寺院仪式表演的年轻和尚和初学者的关系都促进了以此为起源的能舞台的发展。

足利义满喜欢聆听祈祷声和诵经声，与禅宗崇尚安静的教义不太一样。曾有一次他命令禅宗僧侣们张大嘴巴，清楚洪亮地诵读经文。也许对口头语言的喜欢是他鼓励能舞台发展的原因之一。毫无疑问，正是由于足利义满的支持，能演员观阿弥（1333—1384）和他的儿子世阿弥（1363—1444）才能把早期的散乐、田乐不断发展为完善的能。

---

① 曾出家为僧的朱元璋领导起义反抗元朝，并登基为明太祖。他通常被称作"洪武大帝"，以其年号"洪武"得名。因为当过和尚，他对寺庙的生活很熟悉，还请来佛教徒做自己老师。朱元璋认为设立僧录司是监督僧人活动、规范僧人纪律的有效措施。足利义满效仿明朝，设立僧录司，由他喜欢的僧人——禅宗的妙超大师（大灯国师）掌管。

② 《太平记》（第27章）在一篇庆祝礼仪的章节中描述了1349年的一场"田乐能"的盛大公开表演，当时包括足利尊氏的几乎所有名人都参加了这一表演。观众成千上万，部分舞台的塌陷使得它以悲剧收场。"田乐能"被认为是能舞台表演的原型。

无论人们如何评价足利义满作为执政者的功过，都必须承认他的兴趣和慷慨促进了对中世纪以后日本文化有深远影响的美学传统的产生。

七　义堂周信与足利义满

就算是最受尊敬的禅宗大师，也很难找出一个例子证明其直接影响了将军及其大臣们的政治决策，但是，很显然某些著名的禅宗大师用自己的虔诚和博学深深影响了一些武士领袖。正如我们所见，梦窗国师是一位天才但又有些世俗的佛教徒，常常会提一些取悦当权者的建议。然而，义堂周信则与梦窗国师截然不同，因为他将自己的过人才智与深厚的宗教情怀、真正悲天悯人的心灵完全结合在了一起。

义堂周信的日记是一份珍贵的历史文献，因为它不仅详细记录了一位著名禅师的日常生活，还记录了他与足利义满以及当时的大领主之间的亲密关系和频繁交流。义堂周信与足利义满的谈话被简明地记录下来，这些内容多少可以帮助了解足利义满谜一般的性格特点。此外，日记还展示了14世纪晚期禅宗寺院生活中引人入胜的情景，我们把相关内容整理如下。

义堂周信出生于1324年，1339年受戒，成为梦窗国师的弟子，在镰仓的禅宗僧侣中很快便声名鹊起，他与镰仓公方足利基氏及其继任者足利氏满关系亲密。这些人因为他的学识和虔诚对他尊敬有加。义堂周信在讲道时，经常提到做到治国有方需要丰富的知识，因此学习不能有一天的懈怠。在被问到一些道德方面的问题时，他总能给出坚定坦率的答复。刚从战场归来的一位武士领袖(上杉朝房)向他求教道：假如有一天"为了国家的利益"需要杀掉很多反叛者，那么应该是谁的过错呢？义堂周信回答说那些统兵者应该受到责备。武士首领们希望宗教仪式能够洗涤他们的罪恶，但是义堂周信坚持认为正确的行为比祷告、誓言和供奉都要重要。在那个时代，除了战场上的拼杀，很多武士似乎都会对杀人有所顾虑，也许这些人都已厌倦无休无止的战争。但是对于一个真正的佛教徒，无论在何种情况下杀生都罪恶深重，不会被宽恕。

然而，无论其批评指责多么尖锐，义堂周信在镰仓仍然受到爱戴和尊敬。他任职圆觉寺，在镰仓的宗教界地位超然，一个多世纪之前日本禅宗就是在此发源。但是二十年之后，义堂周信被迫放弃其在关东舒适安逸的身份地位。1380年3月，一名僧人带来京都一位重要人物的信件，通知义堂周信他在这一年年初被命令前往京都五个禅宗寺院之一的建仁寺。义堂周信对此一言不发，当镰仓的高官询问任命是否属实时，他则称没有接到任何任命，也没有打算要离开。但是第二天，来自都城的宫廷侍臣带来了任命文书。义堂周信受到镰仓友人们的极力挽留，他表示自己要前往京都回绝此项任命。

当义堂周信离开时，很多人带着临别赠礼前来送别，包括足利氏满，不少人都眼含泪水看着他离开。抵达京都后，他拒绝受命的主张被僧录司否决。随即举行了他的就职仪式，足利义满亲自参加，集会的人群甚至排到院子里。之后，义堂周信很快被护送至室町殿，足利义满前来与他会面，并在他离开时一直送到门口。从那时候起，在接下来超过八年的时间里，义堂周信都与这位幕府将军保持着密切的关系，为其提供建议和指导，与其谈笑风生，深得其心。

当义堂周信离开镰仓来到京都时，足利义满尚且年轻，易受周围影响。1388年义堂周信去世时他也只有 30 岁。足利义满把义堂周信从镰仓召到京都的举动很大程度上是因为嫉妒。他早已听闻义堂周信的名声，镰仓的将军代理人身边能有义堂周信这等人才，这让足利义满无法忍受。[①] 足利义满很快便认识到这位新谋士的真正价值，并且认识到必须珍视他们之间的关系。

就其本人而言，义堂周信拥有强烈的责任感和传教热情。他先是给足利义满讲授儒家学说，引起对方的兴趣，然后逐渐引导其熟悉佛教教义。足利义满的儒学老师们对孟子的解释各不相同，关于这点他向义堂周信询问原因。义堂周信解释称近些年日本发展出新旧两个学派，新学派基于朱熹及其门徒对儒学的解释而形成。他还补充道，宋代以后儒学家们大都认同禅学的某些学说。总之，义堂周信不断告诫足利义满，学习是通往知识、理解力，尤其是治国之才的必经之路。他的结论是，无论是宗教还是世俗道德在内战中表现出的明显衰退实际上都是由纯粹的学习衰退造成。

义堂周信的基本观点是儒家学说不能涵盖佛教，但是佛教可以包含儒学。从大约 1382 年起，义堂周信似乎已经说服足利义满转信佛教。此后的日记中很少提及儒学，同时从中我们可以看出，足利义满绝非浅薄无知之人，他开始比以往更深入地投身到佛教思想中。他被缓慢而坚定地引入禅宗的领域。一天，祭祀足利义诠的仪式结束之后，义堂周信与足利义满在一个小亭里坐下闲谈。足利义满向其询问已故前镰仓公方足利基氏的日常生活情况，足利基氏是否真的

---

① 足利义满也需要一个可信之人，在将义堂周信召来的一两年前，他已罢免细川赖之。

曾向其请教禅宗教义？义堂周信回答道：足利基氏并不精通禅学，他不能专心致志，摒弃杂念；他曾经向老师求教，并在理解经义时得到了进一步指导。足利义满说自己仍旧不了解坐禅，而这种冥想的方式是禅宗教义中的精华，义堂周信则努力向其解释这种思想训练的实质。

关于对与错有很多争论。足利义满问，杀生是否罪大恶极？义堂周信回答杀生罪孽深重，是"严重"亵渎神灵的行为，杀生之人在世上活不太久，死后也将跌入地狱。然后足利义满追问假如判处一个违反法律的俗人死刑又将如何。义堂周信回答，在其看来，佛教在管理和处罚上并不区分僧人与俗人，不过必须参考"律典"进行处罚。足利义满再次询问坐禅应该准备些什么，义堂周信回答首先要清除心中善与恶的观念，心中有善恶就是在不停区分这个或那个，而区分本身乃是错误之源（因为它会掩盖全面的理解）。足利义满追问有关净土宗对于佛陀名称的专注，义堂周信则回答说这就是一种区分。净土与非净土之间没有区别，因为佛教的世界有其统一的基本思想。

这时义堂周信起身道别，足利义满让信使携礼物随他而去，这些礼物包括坐垫、纸张、两幅由中国大画家牧溪所绘的群猿图，还有很多各式的香料和香烛。

义堂周信希望能与足利义满多讨论宗教和文学。他对中国的古典文化和各种佛经如数家珍，能记起《三藏经》的经卷数量，能谈论在新版《元亨释书》刚刚被印刷出之后，其木刻板是如何被烧毁的。足利义满听完他对学者生活的谈论后，有一天说他嫉妒那些僧侣，因为他们都很长寿。当时在场的还有斯波义将，他说曾经听闻中国一个叫仲殊的和尚一直活到一百二十岁，此人极受尊敬，人们认为用他的名字称呼他太过普通，于是改以其籍贯"仲殊"称呼他。*

一次足利义满提及朝廷时，谈到要还政于天皇。稍后，在自己的府邸中，他私下向义堂周信和另一名可靠的僧侣说起此事。他甚至说，一旦发生意外的麻烦——意指叛乱——他将像德高望重的道元和尚对北条时赖建议的那样，选择舍弃俗世生活，隐居乡野，专注于沉思冥想。足利义满绝不可能放弃他所有的野心，但是从他话语的字里行间能看出他对自己地位的正统性已有所思考。也许当时（1382 年），他对战胜在战场上对抗北朝的南朝军队没有太大信心。但是对足利义满的话千万不可信以为真。他这么想也许只是因为义堂周信在其身边，但是当义堂周信去世之后，足利义满对天皇则毫无尊重可言。

---

* 北宋僧人，本姓张，名挥，法号仲殊。其生卒年不详。——译者注

义堂周信不断引导着足利义满,而足利义满此时也成了一个坚定的信仰者,他经常花好几个小时来坐禅。但是不久义堂周信开始渴望回到镰仓,那里是他的灵魂之乡,他也深信镰仓才是自己宗派的真正中心。义堂周信称自己已年迈体弱,恳求足利义满放他还乡,但却被告知他可以前往温泉养病,愿意待多久便待多久,但是不能辞归。之后义堂周信请求管领斯波义将为自己说情,但是斯波义将却说关于此事将军尽管不会生气,但是也不会改变决定。

义堂周信无奈放弃返回镰仓的念头,为躲避大都邑寺院繁杂的日常工作,他避世于宇治川一个小岛上的隐居处。随后马上有信使赶来催其返回,不过他藏进一个女人的肩舆内躲了过去。再次有人来催时,他又躲到另一处避难所。但是他最终还是被找到了,随之而来的还有一封足利义满的亲笔信。足利义满命其即刻启程返回,直接前往他的宫殿。足利义满在自己的宅邸款待了他。足利义满对义堂周信甚是尊重,准许他前往足利氏管辖的等持寺,在那里他不用承担任何职责。离开时,足利义满恭敬地将其送至门口。回乡心切的义堂周信再三请求,然而足利义满执意不肯,称自己需要义堂周信,让他不要再试图离开。

1382 年,足利义满得知关东公方足利氏满任命义堂周信为圆觉寺的住持后大发雷霆,圆觉寺是镰仓等级最高的宗教寺院。尽管义堂周信认为自己应该接受这一任命,但是为安抚足利义满,他表示如果收到邀请,自己将躲进山林,但是他的动摇却愈发明显。一天,足利义满来寺院参拜时看出他的心思,说道如果他觉得必须离开,那么将会准许其辞归。但是义堂周信必须先找到一个继任者。义堂周信最终做出选择,1384 年秋,他在得到将军照准后离开了等持寺。他来到一处安静的隐居地,写信给足利义满,称其仁慈如大海一般宽广,表达了自己的感激之情。此时的义堂周信可以自由享受秋日之宁静,卧听连绵细雨声了。

稍后,足利义满设法将义堂周信指派到这片土地上等级最高的佛教寺院南禅寺。义堂周信起初没应允,请求延缓一年。翌年,也就是 1385 年,他被迫接受任命,但是由于足利义满染病发热,上任仪式被推迟。最终在 1386 年 4 月,足利义满在众多高官和著名僧人随同下前往南禅寺。一场包含中国和日本诗歌风格的连歌诗会在此举行。气氛欢乐祥和,将军心情大悦,他很喜欢义堂周信在自己身旁。足利义满发现义堂周信的腰带很旧,已磨损不堪,于是坚持将自己的与其交换。会场上欢声笑语不断,掌声此起彼伏。翌日,义堂周信回谢将军,当将军开玩笑地问他身上系的是哪一根腰带,二人都忍俊不禁。

南禅寺的等级高于这个国家的其他任何一座禅宗寺院,义堂周信认为自己没有能力担此大任。他曾试图辞任，但是所有的僧人和俗家弟子都联合起来阻止他。他们涌入大殿，阻止举行任何仪式，也不允许击鼓召集信徒。然而义堂周信最终还是离开了南禅寺，幕府将他置于一个高于这个国家所有禅僧的特殊等级上。

1388 年 3 月，义堂周信前往有马国一处温泉，他表面上是去养病，实际上则是想在不受打扰的情况下，完成对多年前自己整理的禅宗著作选集的修正。义堂周信感到大限已近，已做好准备，他将自己的手稿交给绝海中津，告诉将军派来的大夫自己已病入膏肓，并安排了身后事。在有马国做了一个月的停留之后，义堂周信返回京都，一天比一天憔悴。他告诉悲恸哭泣的亲朋，自己已做好离开的准备。第四个月（5 月）月初，义堂周信的身体迅速衰弱。第四天（5 月 10 日），他向身边的人询问时辰，身边的僧人回答道，现在三更的禅宗晚课刚刚结束，四更天的钟声马上敲响。义堂周信在病榻上坐直身体，溘然圆寂。

第十章

足利义满和足利义持时期的
对外关系

足利义持像。设色绢本。京都神护寺所有,据说描绘了义持大约
21 岁时的形象。

一 足利义满时期的对华贸易

中国和日本的外交往来在蒙古人入侵时一度停止,但是战争一结束,私人贸易马上得以恢复。在整个 13 世纪,两国之间的船只往来非常频繁。这些船只装载着前往中国求学以及从中国学成归来,回到日本寺院传经布道的僧人们。14世纪早期,西部的领主们继续着私人贸易,但是镰仓幕府却疲于应对国内问题,无暇顾及海外事务。

然而,当足利尊氏稳固将军之位后,他有理由支持发展与中国的贸易。应梦窗国师之请,他建造天龙寺来安抚后醍醐天皇的灵魂,但是因为缺乏资金,营造工程不得不中断。为从海外赚取更多财富,1342 年足利尊氏命令博多的商人载着一船货物前往中国,换回大量现银。这只船的名字是"天龙寺号",它的航行开启了日本与中国新的半官方贸易关系。

足利义满统治早期,中国在位的皇帝是明朝的缔造者洪武大帝朱元璋,他驱逐蒙古人,建立巩固了自己的权力。为了提升明朝的声望,朱元璋努力让邻国都向明朝进贡。为实现这一目标,他派遣三个使团前往日本,但是他们被怀良亲王在九州的防御据点拦截,并被遣送回中国。

洪武大帝的目的是将日本纳入大明帝国的附属国,这样他便可以控制那些骚扰中国海岸线的海盗。尽管日本人敬仰中华文化,但却拥有极强的民族荣誉感,他们曾顽强击败蒙古人,不太可能屈服于中国的压力。而且,在洪武大帝统治期间,日本正因内战焦头烂额,没有一个能代表整个日本的统治者。甚至 1392 年南北两个朝廷合并之后,也并非所有大领主都服从足利氏的统治。而在两个朝廷达成协议之前,与中国政府保持联系的是怀良亲王,他是西部保皇派的领袖,将来有希望成为日本的天皇。

明朝与怀良亲王之间的关系起初并不顺利,因为怀良亲王关押了一名中国使团的首领（名为杨载），这一使团在 1369 年到达九州。① 然而明朝皇帝并没有动怒，而是在 1370 年派出另一个使团出访日本，带去的信息指出两国保持和平往来的好处和海盗的行为侵犯中国的风险。此次明朝遣使的语气是劝服而非威胁，接下来便是几个月之后由杨载带来的安抚性的信件。这次怀良亲王看到了双方保持友好关系的利益，他在 1371 年遣使前往中国。这支使团由僧人组成，携带了信件、礼物和被日本海盗在宁波附近掳掠的一些人口。使团在中国受到热情的款待。

这些事实证明了明朝政府与日本建交以肃清海寇的决心。中国海盗的危害并不比日本海盗小，因为他们在中国海岸沿线都有巢穴，日本的海盗船上也有不少中国人。

1372 年，洪武大帝的第四个使团到达九州，却发现此时怀良亲王已不再掌权。今川贞世的军队包围太宰府后，怀良亲王远逃南方避难。了解了这个国家的真实状况之后，中国使团的首领——一位名叫祖阐的佛教住持，意识到自己必须与日本的实际统治者取得联系。于是他前往京都，一直到 1374 年夏天才离开。②

明朝皇帝并不相信祖阐的呈文，接下来的几年中国仍然视怀良亲王为日本国王，试图与其取得联系。1376 年来自中国的一封信写有一些威胁性内容，信中指出中国征服日本易如反掌，日本最好不要有什么冒犯的举动。

这些内容引起九州方面的不满，接下来三年或更长的时间内没有使者前往中国。1381 年，明朝皇帝收到一封信，此信可能来自怀良亲王或他的代官。从信的内容可以看出日本立场非常强硬且火药味十足，信中暗示中国没有胆量入侵日本，如果胆敢尝试，后果将不堪设想。不过信的结尾非常友善，希望能和平解决分歧，也提到将派遣外交使节。此后数个日本使团访问中国朝廷。但是无法确定他们是由足利幕府派出还是由有权势的日本西部领主派出的。怀良亲王的主要支持者菊池家族也在与中国接触，还有岛津家族和大内家族。

但是，1386 年洪武大帝拒绝接纳日本使者，两国之间的关系产生裂痕。明朝皇帝不得不采取一些防御海寇的策略，转而采取守势。中国船只的行动受到限制，国民被禁止出国。政府还计划将海岸边的住民迁往内陆，以免遭突然袭击。

---

① 此时的日本即使有任何关于外交豁免权的概念，也是很原始的理解。他们在被蒙古攻击之前就已经处决了好几位中国使节，怀良亲王尽管只是监禁了杨载几个月，但是却处死了他的几位下属。

② 他很可能不是一位禅宗僧人，因为他接洽的是比叡山天台寺的住持天台座主。

不过,很快两股力量开始酝酿恢复中国和日本的交往。一股力量是足利义满,1400 年击败大内义弘后,他成为整个日本的统治者,希望改善与中国的关系,拓展双方贸易。另一股力量是两国佛教的领袖,他们希望复兴曾经的自由交流,这些交流为他们的信仰带来很多好处。1392 年,南北两朝合并后不久,足利义满就曾尝试恢复与中国的关系,但却徒劳无果。1401 年,一位使者携带礼物和信件从日本来到明朝,希望重启两国关系。这封信——与其说是一份建议不如说是一个备忘录——语气谦恭,显然甚合明朝的心意。它由一个名叫相阿的僧人(也有可能是相阿弥,足利义满非常信任的一位谋士)传递,与他随行的是商人肥富。这封信改变了明朝政府的政策,1392 年之后明朝态度开始缓和,一些明朝僧人还被命令随日本使团回国。毫无疑问,1402 年称帝的朱棣将政策变得更加宽松。

足利义满或许在 1401 年使团出发前就已开始采取措施剿灭海盗,至少他表现出了采取行动的意愿,但是据记载其第一次行动在 1402 年,他给西部各国的守护发去御教书,命令他们严惩袭击者。

1401 年的日本使节受到明朝的欢迎,两位明朝使节随即回访。船只在 1402 年 8 月 29 日抵达兵库,得到足利义满的接见。他们被安排在法住寺,并受到热情款待。从那时起两国之间的友好交往一直持续至 1411 年,从未间断。

1404 年,当明朝使臣返回中国时,陪同他们的有一位足利义满派出的僧人明室梵亮,随后两位新的使臣带着明朝皇帝给足利义满的信件和礼物随其返回日本。这发生在 1405 年的早期,永乐皇帝在位期间。此后不少使团往来,都得到对方友好的接待。足利义满已经开始采取行动制裁海上掠夺者,明朝皇帝给他送去一封信表达感谢,还有大量的银币、铜钱和名贵的丝绸。足利义满打击海盗的行动非常成功,后者的侵扰一度被镇压下去。

在外交往来的过程中,明朝派遣特殊的使者携带一枚印章和一封写给足利义满的信远赴日本。1405 年,该使团到达日本,据中国的相关记载,使团还携带了王冠和王袍。这些行为无疑表明明朝皇帝任命足利义满为附属国的国王。信是写给"日本国王源道义"的。印章由黄金铸成,重得"两只手很难拿起",上面刻有相同的名称。

中国的统治者们都视周围国家为自己的附属国,愿意接受它们的朝贡,而且传统上中国会以厚礼回报这些附属国。以此为基础,当永乐皇帝的信件送达日本后不久双方便开始贸易协定的谈判。

协议在一种保证足利幕府独占的许可制度下,允许日本定期向中国派遣使团,并禁止其他的日本势力参与到中日的合法贸易中。使团使用明朝政府颁发的勘合作为身份证明,协议的所有安排都被公认为是为了严控日本对中国贡品的运送和回国时携带礼物的运送。协议规定每十年只能朝贡一次,而且对船只数量、搭载的船员和乘客、货物等也做了限制,但是很清楚的是只要双方都愿意协议有效,那么无须严格遵守其条款。日本人答应镇压海盗,而相对的,中国不但允许,甚至还进一步促进了两国贸易发展。

足利义满对海盗采取了雷霆行动。他下令攻击海盗的基地以及他们在壹岐和对马的前沿据点,被俘虏的人得不到赦免。据一份可信的资料记载,在新贸易协定签署之后,最早的一个使团向中国皇帝献上了大量俘虏,中国皇帝礼貌地将这些俘虏送还日本将军处置,将军则将他们活活煮死。[1]永乐皇帝在 1406 年年初的诏书中答谢了足利义满镇压海盗的成功举措。

中国一方对日本的使节以礼相待,还在沿岸城邑为他们专门建造了特别住所。贸易协定的内容对日本非常有利。双方都把日本使团带来的大量货物称作贡品。这些东西不被看作商品,但是明朝会回赠价值相同或更昂贵的礼品。几乎每次的贡品都一样,大多包括马匹、刀剑、盔甲、具有观赏价值的砚台和大量硫黄。明朝回赠给将军及他的大臣们的礼物更令人惊叹,包括银币、铜币、锦缎、上等丝绸、玉饰品、珍珠、熏香、香木和精美的家具。

从日本运往中国的补充货物才是贸易的实质内容。商人和随船的官员将这些货物卖给中国买家。最重要的是硫黄,其他则是一些日本手工艺品,像刀剑、漆箱、铜和扇子等。这些物品被中国的商人或个人用其他物品或者铜币买走。一些中国商品,尤其是丝织品、书籍、药物和瓷器在日本售卖可以获得高达 200%至 300%的不菲利润。

日本国内贸易的发展增加了对货币的需求,这远远超出这个国家的铸币能力。因此,中国的铜币逐渐成为一种流通媒介,契约中的成交价格有时甚至由中国货币来计量。引入中国货币也就成为日本经济的一个重要特点。这为我们了解两国的货币状况提供了有趣的线索。中国从元代开始使用银支付税赋,到了明朝银成为通用货币,铜币只作为补充。在日本,政府不被逐渐崛起的商人阶层信任,而铸币厂在技艺上又比较落后,因此当中国的铜币在国内流通量减小时,在日本反而一度大受欢迎。

---

① 根据 1402 年的一份中国档案记载,执行这次酷刑的铜锅被保存在"室"(原地)。

在官方贸易的最后几年里,日本对于铜币的需求已得到满足,它的地位也逐渐被生丝和高级丝织品所取代。

足利义满统治时期,日中两国关系融洽,鲜有摩擦。永乐皇帝是一位聪明的君主,对于足利义满为满足自己要求而做出的努力,他深感于心。听闻足利义满在梦中见到自己的父亲洪武大帝,他也深受感动。1406年,永乐皇帝派一位高官和重要的宦官前往日本,给将军带去了丰厚的礼物,并在一份令人印象深刻的诏书中以优美的言辞盛赞足利义满的美德和智慧。诏书还祝愿足利义满和他的后代们光耀千秋。

当使团到达兵库时,足利义满亲自迎接,并护送其首领前往京都。迎接他的仪式上摆满了永乐皇帝赠予的礼物。这些礼物如此奢华名贵,光彩夺目,日本人看得眼花缭乱。为了礼尚往来,1408年,足利义满派遣一支庞大的进贡使团前往中国,他亲选的使臣是僧人坚中圭密,他是一位很有眼光的外交家。圭密(以足利义满的名义)请求永乐皇帝赏赐皇后所著的两本书的抄本,结果永乐皇帝赐予他抄本各一百部。

足利义满与明朝互通往来主要是为了获取贸易利润还是出于其勃勃野心一直是一个有争议的问题,迄今没有定论。中国的海上贸易和声望都受到日本海盗的困扰,足利义满及其大臣们也急于利用这一形势提升自身的地位。也有可能对于足利义满来说,被中国的皇帝赐称日本国王是其通往天皇之路的台阶。我们知道,足利义满喜欢尊贵的头衔和金钱财富,甚至在朝堂上也身穿自己喜欢的中国服饰,他声称在梦中见过中国皇帝。但是没有实质证据证明他欲继承日本天皇之位。很可能足利义满一步步走向显位只是其豪奢的天性使然,而非深思熟虑地削弱天皇权威,提升自己的地位。

可以确定一件事,那就是幕府的国库几近空虚,幕府和将军面临的困难如此之大,以至于他们愿舍弃自尊来换取通过贸易得到的诱人的不菲利润。15世纪晚期(大约1470—1485),日本政府三次请求中国政府赠予银两财帛,但是足利义满并不依赖于这种孤注一掷的求助。足利义满给明朝皇帝的外交文件语气顺从谦卑,想必甚是讨对方欢心;他多半已经从渴望恢复与中国交往的僧人和商人口中知晓,从中国的权贵那里获得好处的方法一是倾诉恳求,二是讨好奉承。

在宣读中国皇帝的诏书时,足利义满穿着中国服饰并焚香。他把这当作一种戏剧表演来享受。言谈举止上时刻毕恭毕敬、谦卑有礼对于身在日本朝堂的所有人来说早已深谙于心，"臣惶恐之至，再三叩拜，恕臣斗胆呈报此折"，此类言辞在京都的宫殿中并非做作。1401 年，除了信件外，日本使团还携带金饰、马匹、上等纸、扇子、盔甲、刀剑、砚台和无疑是海盗掳掠人口中的一些中国人。日方的信件语气谦恭，明朝给足利义满的回复也极尽友好。回复的序言中称日本为崇尚诗书的国度，不吝溢美之词。

足利义满曾一度被指责为卖国贼，因为他在给明朝的回信中署名"日本国王"（明朝所赐封号）。但是不能因为这种谦恭的姿态就认为他把自己当成明朝的附庸。深知国库空虚的他很可能认为和平贸易中的一些礼貌性恭维是对实际利益的公平交换。此中真正的历史意义并不在于足利义满地位的上升，而在于皇室地位的跌落，尽管其在传统上长期拥有至高无上的神圣权威。两个国家的所有谈判中从未提及日本天皇。

1408 年夏，足利义满去世。但是，直到年底他的死讯才传到中国，这一次明朝皇帝派了一位特使前往日本，带有给足利义持的信件。信件是对已故将军的悼文。悼词哀婉，还提到将派专人到日本举行仪式安抚其在另一个世界的灵魂。足利义满的死似乎真的让永乐皇帝悲伤不已，他同时也在怀疑足利义持是否会像他父亲一样臣服明朝。随后的一封信里他敦促足利义持效仿其父继续追捕海盗。

二 1408 年后日本与中国的关系

永乐皇帝特意派去为足利义满治丧的使臣是有名的宦官周全，他还肩负着封足利义持为新日本国王的使命。足利义持效法父亲，在兵库迎接周全上岸。周全在日本停留 4 个月后与随从一起乘坐日本船只回国。1410 年，另一个日本使团到达中国，对于明朝皇帝赐物并赐封足利义持为足利义满的继承者表示感谢。看上去足利义持已经承认明朝为宗主国，如果真是这样，那么他很快也就找到了改弦易辙的理由。1411 年，永乐皇帝遣使者携带友好信件和钱帛作为赠礼赴日，然而，他却拒绝接纳（根据明朝的记载）。

足利义持这样做的原因尚不明了。他本人的解释是，当足利义满病入膏肓时曾发誓再也不会因为接纳外国使节而冒犯国家神祇。这一说法在《善邻国宝记》中有所记载，此著作收集了从 1118 年到 1486 年间日本与中国往来的外交信件。但是足利义持态度的改变或许还有另一个更深刻的原因。一些日本历史学家认为由于年幼时一直被父亲忽视,因此他对足利义满心怀怨恨,成年后想要清除一切有关他的记忆。这一观点有充分的论据。足利义持不愿住在北山殿,还搬迁和毁掉了北山一些建筑,只有金阁寺完好无损。足利义持反对给父亲追封谥号,最大的原因是他嫉恨同父异母的兄弟足利义嗣,足利义嗣深受足利义满宠爱,其母是足利义满的宠妃春日局。1418 年,足利义持暗杀足利义嗣,据说此后他还遭到前来复仇的足利义嗣鬼魂的折磨。

1411 年回绝明使之后,两国之间在接下来的六年内都没有官方的交流。永乐皇帝极有耐心,1417 年他给足利义持送去诏书,虽然指责了他的行为,不过也表示重修两国友好关系的大门依然向日本敞开,但是幕府将军没有做出任何回应。1418 年年底,永乐皇帝送出另一封诏书,这次比上次语气更加严厉,但表示明朝仍然没有关上和谈大门。这份文件非同寻常,作为两国民众之间缺乏相互理解的证据值得关注。它的内容冗长繁芜,时而庄重,时而荒谬。永乐皇帝竭力不厌其烦地告诫日本人,明朝大军与只擅骑射不习海战的蒙古侵略者不同。此诏书部分内容属实,因为从 1400 年到 1430 年的几十年间是明朝的大航海时期,明朝人曾远达非洲海岸。但是永乐皇帝向一个军政府的领袖指出朝鲜国王是一位聪明睿智的君主,因为他服从中国的命令,这根本无法让幕府将军信服。

足利义持迅速回应此诏书。他丝毫不理会永乐皇帝的抱怨,坚决表示将遵从父亲遗愿,不再接待任何明朝使团,还希望此时在日本的中国使臣尽快离开。因此 1419 年,尽管我们确信九州南部的岛津家族继续以个人名义与中国进行贸易,但是两国的官方交流再次停止。

足利义持的坚定态度在京都引起不安,有流言称中国将要攻击日本。将军的顾问满济准后在 1419 年 8 月 26 日的一段日记中写道:"当我正在将军的宫殿中谈话时,一名侍臣匆忙带来一份九州探题少式赖尚的战报。侍臣称对马国遭到五百艘蒙古船只的攻击。700 人匆忙前往迎战,经过殊死激战他们摧毁了入侵者,只俘获了部分俘虏。其中大部分是朝鲜的船只,但是报告中警称 20000 条中国船只不日将攻打日本海岸。"这些流言毫无根据,朝鲜人袭击日本某海盗基地被呈报为五百艘蒙古船只攻打对马国,显然是夸大其词。毫无疑问,它是一个错误的警报,就像经常出现的有中国战舰接近兵库港口的消息一样。断交之后第一艘到日本的中国船只是一艘商船,因为 1419 年后又过了几年,明朝政府提议恢复两国贸易往来。

1425 年,明朝宣德皇帝登上皇位。此时足利义持已经投身宗教,其子足利义量在 1423 年继任。足利义量只有 15 岁，在他短暂的掌权时期内，其执政策略并不明确，因为他在两年后便酗酒而亡。在这方面他与父亲足利义持毫无二致，满济准后的日记中不乏足利义持与畠山、山名和斯波为伴，喝得酩酊大醉的记载。①

1425 年，足利义量的死迫使足利义持重新执政，但是我们怀疑此时的他是否还有能力继续处理朝政。足利义持很可能极少关心与明朝的关系。他于 1428 年去世，时年 42 岁，他的弟弟足利义教继任将军。

15 世纪 20 年代，日本没有对明朝的提议做出回应，但是明朝依然十分执着。1432 年，宣德皇帝通过琉球国王向日本传信，建议"日本国王"效法足利义满派遣遣明使。他保证将给予日本丰厚赏赐，并使用了"无尽的财富"这样的字眼。足利义教没有宗教和政治方面的顾虑，他立刻做出回应，派遣天龙寺住持龙室道渊率使团赴明。使团由三艘船组成，一艘来自幕府，一艘来自一些领主，最后一艘则出自足利义满建造的禅宗寺院相国寺。此次正式出使是对宣德皇帝提议的友好回复，他们到达后受到明朝的欢迎和嘉奖。

1434 年 6 月，明朝的回访使团抵达日本。它规模宏大，由六艘船组成，宣德皇帝命前往的使团官员传达其欲与日本修好的愿望，带去的礼物不计其数，价值连城。他们昂首阔步穿过京都各条街道来到将军的室町殿。足利义教热情接待了他们，尽管没有表现出像足利义满那样谦恭的姿态。讨论的众多问题包括清剿海盗，他们仍旧在骚扰中国沿岸。有人提议两国在某些方面的关系需做出部分修改，但是除了恢复正式的贸易外，提议的性质不得而知。但是很清楚的是，日本想得到一些明朝并不打算做出的让步。

我们在这里可以预测两国之间后续关系的发展，1435 年之前日本的出口量一直在增加，之后开始下滑。1435 年（宣德皇帝驾崩）后明朝官员始终不愿满足日本的要求，部分原因是被日本使团某些成员的行为所困扰。他们无休止地争吵和斗殴，明政府抱怨其不时会伤及中国的国民和财产。但是对明朝政府影响最大的是日本坚持扩大对中国的货物出口量，中国从不依赖与他国的贸易，但这

---

① 事实上，当时酗酒在幕府官僚中非常普遍，就连当值的官员也不例外。下面从满济准后日记中摘录有关记载。1419 年 8 月 22—23 日："仙洞殿有一场盛大的舞蹈表演，天皇和上皇都在场。室町将军（足利义持）出席。他到上皇的宫殿中更衣，出来时已经酩酊大醉。"1423 年 1 月 7 日："第五天，赤松大将的弟弟因醉酒身亡。前一天，他醉醺醺地骑着马作为一名护卫前往管领府，然后从马上跌落，头部和其他要害部位受重伤。"即使在不喝酒的时候，足利义持似乎也一直焦虑不安，行为古怪。他穿梭在不同的神社和寺院之间，参加宗教仪式，观看舞蹈和哑剧，然后回去休息。

对日本却非常重要。而且,此时占据主导地位的儒家思想反对任何形式的贸易。1435 年,日本使团带来过多的铜和硫黄,明朝拒绝支付对方的报价。经过一番讨价还价,在明政府的压力下日本使者被迫离开北京城,处理完货物的船只启程返航。船队共有 9 条船,其中 4 条来自天龙寺和其他寺院,2 条来自伊势家族(最受将军宠爱的家族),1 条来自九州探题,另外 2 条则分别来自西部的领主大友和大内。此后,明政府忙于应对北部边境的麻烦,而日本则陷入国内冲突,两个国家的官方交往逐渐减少。

约在 1450 年后,幕府失去了对中国贸易的兴趣,但是一些寺院和岛津、大友、大内、细川四大家族还在继续派出船只,准备和安排等事宜则交由博多、兵库、堺和其他港口的商人来完成。应仁之乱(1467—1477)后,幕府的控制权落入细川胜元之手,细川家族和大内家族竞争激烈,他们的较量从政治领域蔓延到对外贸易中。1523 年,两家矛盾激化,在宁波发生冲突,双方各有一艘船到达并装卸货物。为了报复中国官员给细川船只的优先权,大内氏在离开之前掠夺了附近的村庄。明政府随即关闭了宁波对日本的贸易口岸。几年之后,明政府允许大内氏派出一艘船,但是贸易正在消亡,并在 1548 年画上句号,彻底终止。

三 日本海盗

海盗很早就见诸日本的记载。934 年,著名诗人纪贯之卸任其土佐国守之职返回京都。他的日记中记录了穿过濑户内海的经历,他提醒船长小心避过海盗的袭击。现代旅行者乘坐沿岸船只经过这片海域时,都会留意到这里的水湾和河道,躲藏其中的海盗可以在此等待不幸的人送上门来。

这些令中国人不满的海盗基本上都来自濑户内海沿岸和九州海滨。忽那这样的家族便在其中,他们游走在海盗和合法贸易之间,大部分西部领主都对海上贸易颇感兴趣。平氏家族,尤其是平清盛的分支便由此获得很大的帮助,1185 年他们被击败后,中央政府就再也无法牢固控制那些将自身的财富转移到海岸的武士家族。

那些乘坐小船攻击蒙古入侵者和沿着濑户内海向九州运送军队的人在结束与蒙古人的战争后竟发现自己无处容身,因为镰仓幕府对他们吝啬至极,因此他们声称自己被逼走上海盗之路。他们的数目不断增加,在南北朝内战中也扮演了非常重要的角色。这些海盗被村上义弘组织起来,村上义弘的基地在伊予滩,他相当于舰队司令。如我们所见，他们给后醍醐天皇的将领们提供了很大帮助，尤其是九州的怀良亲王。那些没有参与内战的海盗们则投身非法贸易，在朝鲜和山东半岛的沿岸进行绑架和其他形式的劫掠。他们给中国和朝鲜带来不安，被称作"倭寇"，即日本海盗。

毫无疑问，倭寇的掠夺蹂躏使中国和朝鲜都遭到重大损失。洪武大帝朱元璋吐露真言，称倭寇是其心腹大患。倭寇行为的部分原因是中国人抵制与国外进行贸易，若非如此，日本统治者将会很乐意开展合法贸易。不过，幕府没有竭尽全力镇压海盗也有其理由。幕府并不完全相信明朝的和平意愿，对海盗首领们的态度也许与伊丽莎白女王看待弗朗西斯·德雷克爵士一样——根据形势的变化，他会是一名海盗，也会是一位海军舰长。而且，针对海盗的行动取决于幕府对西部领主们的控制力，1400 年前，足利义满在这一点上没有树立起权威。

击败大内之后，足利义满有能力采取更加积极的行动。1402 年，他下达严旨命西部各国守护不仅要对当场抓到的海盗，还要对有任何嫌疑的海盗立即采取措施。1406 年，永乐皇帝表达感谢的来信证明了他们的成功。但是即便是这些坚决的举措也没能阻止海盗的聚集。对于那些几代以此为生的家族来说，这份职业充满乐趣且利润丰厚，他们不会轻易放弃。

四　与朝鲜的贸易

在整个室町幕府时期，九州探题和西部大名们以每年一次或更频繁的航行与朝鲜保持着联系。这一时期，日本海盗在朝鲜海岸异常活跃。1375 年，在朝鲜政府的压力下足利义满不得不开始整顿海盗，但是此时的他远没有足够的权力去命令西部的领主们，因此收效甚微。朝鲜（此时在日本被称作"高丽"）国王一次又一次地向他施加压力，但是徒劳无功。倭寇造成的损失极为严重，朝鲜国王不得不采取大规模防御措施。他的努力取得了一些成绩，但是并没有得到延续。他的王朝终止于国家的内乱。

1392 年，当一个新王朝成立并重建和平后，朝鲜——现在被日本称作"朝鲜"——恢复了与日本的友好往来，贸易关系也达到一个相当高的水平，许多日本人（经由釜山）移民到朝鲜南部，开始在那里做生意。但是日本海盗仍旧在掠夺朝鲜各港口，洗劫城市和粮仓，朝鲜国王不断提出抗议。对此，足利义满通过势力强大的西部大领主大内义弘给出了令人惊讶的答复。他称将对付这些海盗,但是作为预先报酬,他希望得到一部新的朝鲜木版印刷的中国版《三藏经》抄本。①

一次又一次,每当日本使团到达朝鲜,都会重复相同的要求。这些要求不仅仅来自将军。1409 年,管领斯波义重写信向朝鲜索要礼物,称是为庆祝一座小神社的建成。他想得到的礼物是完整的《三藏经》,共 7000 卷。之后,足利义满的继承人足利义持再次提出这个要求,书卷在 1423 年到达日本,随之而来的还有让那些被日本海盗船掠走的朝鲜人回家的恳求。这些不幸的人被找到并送回。当日本对《三藏经》提出进一步要求时,朝鲜称已经没有更多可以分享,两国交往一度中断。不过足利义持时期又得以恢复,两国还交换礼物,互示友好。

必须指出,朝鲜人和中国人并非与海盗没有任何勾连。事实上,据说一半以上打着"倭寇"旗号的海盗是中国人或朝鲜人。

对马岛已经归属日本版图几个世纪之久,这里对于海盗来说是一个理想的基地,尤其是适于袭击朝鲜海岸和沿岸的水域。宗氏首领世袭对马岛守护一职,他们试图使日本和朝鲜和睦相处。根据朝鲜史书记载,1418 年之前一度为贸易关系扫清障碍的宗氏守护在这一年去世,他的幼子继任。其后,岛上的事务便由一个名叫和田左卫门太郎的海盗头领处理,这令朝鲜国王寝食难安。很快大量海盗船出现在朝鲜海岸附近,尽管它们中的大部分驶向山东半岛,但是有的海盗还是会劫掠朝鲜的产粮区。朝鲜政府处于戒备状态,计划趁海盗们前往中国滋事的机会大举进攻对马岛。

朝鲜国王说服了胆小怯懦的大臣们,1419 年夏天对日宣战。根据朝鲜的记录,200 余艘战船乘载了 1.7 万人于 7 月 17 日启程,第二天在对马岛大崎的一处浅滩下锚。他们携带了 65 天的给养,宗氏(也可能是其大臣)意识到他们将要登陆,必须小心防御。7 月 19 日,朝鲜一方大规模登陆,但是宗氏的伏兵出其不意将其击败。随后宗氏与入侵者达成友好协议,朝鲜大军几天之后撤走。

当这次事件传到京都时,故事的每个细节都失去原样,引起极大震惊。朝鲜表达自己不满的方式似乎比他们军事行动的成果更加有效,因为这次事件之后,日本海盗将劫掠范围限制在中国沿海。日本和朝鲜的和谐关系迅速恢复,贸易也逐渐兴盛起来。

主要的贸易产品是来自朝鲜的陶器、棉线、纺织品和产自日本的硫黄、铜。

---

① 《三藏经》(Three Baskets)讲述禅宗学说的教义,成书于公元前 250 年前后。它由三部分构成,名字为 Three Baskets 是因为用来书写经书内容的棕榈树叶被保存在筐中。

在东亚各国中，日本较晚开始种植和使用棉花，他们常用的衣物材料除了丝绸，就是亚麻粗布或细布。朝鲜人从中国学会棉花的用法，在 1400 年前就开始种植和织造。

幕府和关西各大名希望与朝鲜开展贸易的原因之一是为了获得铜币。中国铜钱和朝鲜铜币都在这里流通。日本人想方设法将它们带出朝鲜，这让朝鲜政府非常头痛，因而将铜币列为贸易禁运对象。但是尽管有种种限制，在整个 15 世纪铜币还是源源不断地从朝鲜流往日本。

五　与琉球群岛的贸易

从日本出口到朝鲜的货物中，有一些是从琉球群岛运送到博多的热带物产。琉球与日本的贸易较为独特。14 世纪，九州的博多是东亚贸易的重要口岸。明朝和朝鲜的船只频繁进出。根据中国的记载，琉球的船只经常造访这里和岛津领地上的港口坊津。从那时起，萨摩国与这些岛屿的关系变得非常密切。

日本船只频繁到访琉球港口（主要是那霸港），在那里采购来自南方国家——印度尼西亚和马来西亚的货物，然后卖到中国和朝鲜。琉球的船队尤其引人注目，因为它们远达暹罗、缅甸、苏门答腊岛和爪哇岛。琉球的商人每年都会贩卖中国的瓷器和丝绸，日本的刀剑、扇子和硫黄来换取热带的特产，比如印度尼西亚的香料和香水。他们利用季风，为寻找最有利的风向，他们的船只经过福建沿海前往马六甲，然后前往马来半岛东部海域和西部海域的几个目的地。

15 世纪早期，一位国王完成了琉球的统一。他向明朝派遣使者，同时也通过在坊津的岛津氏首领与幕府保持联系。

第十一章

经济增长

肥前福冈的市场。选自《一遍上人画传》。

一 产量增加

1428 年，幕府将军足利义持去世时，足利幕府已经存在了近一个世纪。这段时期中几乎没有任何一年没有受到战乱的侵扰。两个朝廷之间持续 50 年的军事冲突得到解决后，足利将军不得不应对全国各地桀骜不驯的领主们。

战乱不断，贪婪的领主们肆意掠夺，可以料想国家经济将遭受巨大损失。但是实际上中世纪的战争并不特别致命和具有破坏性。战争对国家的经济基础，对它的田地和森林造成的真正伤害几乎可以忽略。尽管不时会被召集征战沙场，但是勤劳的耕种者通常不会受到伤害。国家在劳动力方面的损失也并不严重，正如军事传奇使我们相信的那样，几乎没有多少平民丧命。

事实上，内战在某些方面不但没有削弱，反而刺激了国家经济的活力。几乎每个分国都爆发了战争，军队需要长途跋涉，这样就产生了很多需求。军队所到之地，商人需要采购、储存和运输物资，交通需要改善。而且，没有表明内战期间农业和工业的总产值下降的证据，它们反而有所提高。毫无疑问，重新恢复与中国的往来总体上刺激了商业发展，一定程度上是因为它为日本的商品开辟了一个新的市场，另一方面也是由于其保证了铜币的充足供应，这也促进了日本国内的各项贸易。

毫无疑问，镰仓幕府初期低下的日本经济无法支撑自 1333 年北条氏被击败后连绵不断的战争。诚然，没有数据支持 13 世纪生产力大幅提高的猜想，但是只有基于这一猜想才能解释后来一系列战争的性质和规模。当时战场上的实际参战人数尚无法确定，但是可以肯定的是大规模的补给队伍经常要跋涉数百里，穿越整个国家来运送食物和武器。内战的规模不可能大到不计后果，否则两个朝廷的将领们将失去他们赖以生存的繁荣经济。

1333 年之前的一百年中，影响经济发展的因素非常复杂，这里不再赘述。源平合战（1185）之后的和平时期见证了农业产值的增加、制造业的进步和农具的应用。这些发展趋势的根源在于社会的某些变化，它们给农村带来转变，并一点一点侵蚀镰仓幕府的根基。社会的变化将在下一章中阐述，在这里重要的是要看到继承制的不断变化。镰仓幕府早期，父辈通常会把所有财产留给自己的一个儿子，这样封臣就直属于幕府，并且能够保证家族在复杂的土地所有权体系中的地位，这是日本中世纪封建制的基础。但是这种唯一继承制（"总领"①）的惯例逐渐被摒弃，财产会平均分配给家族中所有儿子，结果就是一代或几代之后，每个人的财产都会锐减。② 很难说明这种平均造成财产减少的比例，一个拥有100町（约101公顷）土地的家庭，经过一代之后减少至每人20町是很普通的事情。

正如人们所估计的那样，每个人所有土地面积的减小会带来单位土地产量的增加。从镰仓幕府中期开始，小地主们都竭力想要提高自己的土地生产效率，当新的继承制被普遍接受后，他们不可避免地被大领主的儿子们所效仿。为寻求每町土地收益的最大化，他们给工人们制定了严格的条令，耕种方式从粗放农业转向精耕细作，有的地方甚至开始了双季作业。

因为农业和制造业总产值的增加，很多商品产量都超出生产者本身的需求，这样就促进了交易场所和店铺的发展，最终推动了物流设施的全面增加。如果不借助流通媒介加速物物交换向购买转换的过程，交易几乎不可能发生如此规模的增长；反过来，因为可以得到货币，交易的数量增加了。尽管可以迅速地使个体受益，但这种发展会提升生活标准并使效率不高的耕作者背负债务，金属货币流通的迅速扩大和以货币计量的物价的上涨加速了这一过程。

影响经济增长的另一个因素是农民地位的提高。农民在某些地区，尤其在本州几乎获得了完全的自由。到了14世纪晚期，小农场主发现在村庄建立联盟对自己有利，同时也与其他村庄的类似团体联合，通过联合行动扩大自身权益，

① "总领"一词经常泛指"长子"，严格来讲是指"所有的财产"。

② 丰后国大野庄园的历史充分说明了这一点。1240年，这块封地被授予丰后国和丰前国的守护大友。其面积为307町，约310公顷。大友死后，他的遗孀继承全部土地，并持有17年。她死后，除了一部分被分给大野（土地原有者）来维持他的生活，剩余土地在她的儿子们中平均分配。到了第三代，整片土地被十个不同的继承人继承，面积分别是3、33、36、35、25、76、89、22、5和3町。详细情况可以参阅牧健二的《日本封建制度》。

通过分析一座寺院庄园的漫长历史可以找到相似证据。1189年，它被不同的人分成90份，到了1343年，同样的区域有149个继承人。记录表明了继承人持有份额的变化：1189年，有7份超过了10町，29份不足0.5町，而到了1343年，则有96份不足0.5町，只有一份大于10町。细节参照永原庆二的《日本封建社会论》。

关于继承和遗产的一般性问题在 Joüon des Longrais, *L'Est et l'Ouest*（Tokyo：Maision Franco-Japonaise，1959）中有非常清晰的阐述。

农民是其中一个重要的阶层。自由刺激他们去提升自己的地位。居住在城镇或京都、奈良这些大城市附近的农民发现出售农产品换取货币有利可图。他们拥有一个销售稻米、蔬菜和闲暇时制作的手工艺品的稳定市场。

这种交易鼓励农民提高产出，而对更大产量和更多种类农作物的渴望促进了农业技术的稳步提高和持续改进。主要粮食作物稻米的精耕细作尤其受到重视。人们努力避免重要时节劳动力分配的不均衡。他们选种时也极为小心，以延长作物能够生长和成熟的时间。由于地区气候不同，农作物的耕作被分成早、中、晚三个阶段，这样做当然也是为了减少暴风雨或其他灾害造成的总损失。收集种子时，稻种会被严格地划分质量等级。

13世纪，一种稻米从印度经中国传到日本，由于它既早熟又抗寒、抗虫，受到农民的欢迎。到了14世纪晚期，关西各国开始广泛种植。根据醍醐寺在赞岐国和播磨国的庄园的相关记载，贡米（税米）中约三分之一是这种稻米。尽管其在颜色和味道上有所不足，但是它在贫穷家庭的食物中占有重要地位。

13世纪，大麦开始大量种植，农作物产量增长迅速。镰仓幕府鼓励双季轮作，命令农民收获稻米后，在同一田地里继续种植大麦。室町幕府早期，朝鲜的使者被尼崎附近肥沃土地上的轮作种植（稻米－大麦－荞麦）所震惊。

蔬菜的品种多种多样，茶叶也成为一种重要的商品。足利义满下令在宇治附近种植茶树，这里遍布茶庄。农民根据气候种植相应的作物，有大麻、养蚕的桑叶、植物染料（尤其是靛蓝）、天然漆和可作灯油的芝麻。

新鲜的水果在餐桌上尚没有普及，但是新的室町社会喜欢奢侈品。这就增大了对瓜果和经过品种改良的柿子以及在蔬菜农场种植的、销往城邑的新鲜蔬菜的需求。不过，总体来说腌制的水果和蜜饯最受欢迎——酸梅、柿饼和经过后期调制的果冻，例如砂糖羊羹。

砂糖非常稀缺，12世纪时日本便已经从中国和琉球群岛少量进口。与明朝开展贸易后，日本开始大量进口砂糖，但是直到15世纪末，它依然是价格高昂的奢侈品。

二　货币经济

金属货币的使用在日本历史中可以追溯到很久以前，不过其流通增长最快的时期是12世纪末。最早明确提到货币交易增长的是1179年的《百炼抄》中的一段话,它写道:"如今整个国家都患上一种叫作'金钱病'的怪疾。"在传统保守的宫廷圈内,人们认为(并非没有原因和根据)使用钱币将会扰乱商品价格,一位名叫九条兼实的官员将事态想得非常严重,他在 12 世纪 80 年代的书中称这一时期政府的腐败要全部归咎于这些钱币。但无论是朝廷旨意还是幕府命令都无法禁止中国铜钱的使用,1226 年其被允许自由进口,并成为法定货币,而某些物物交换则被禁止。

此后,中国铜钱迅速流通。到了 1261 年,镰仓幕府进入全盛时期,这时执权用金子向中国换取铜钱,不久之后铜钱便成为支付税收和普通个人交易的法定货币。1300 年时流通的金属货币也许是上个世纪的十倍。

货币的增长与交易场所和城镇的发展相关联,随着货币交易越来越普遍,毫无疑问,市场的作用越来越大,对整个经济的发展也极为重要。另外,对于生产者来说,使用金属货币拥有巨大的优势,因为到此时为止无论是向领主交纳税收、贡品,还是向地主交租,农民和手工业者都必须长途运输他们的货物。

正如我们所见,元朝统治时期日本与中国的贸易近乎停滞,其结果就是货币总量无法跟上经济的发展。这一情况解释了为什么在与明朝达成协议之后足利义满和他的继任者们从中国大量进口铜钱,两国之间的贸易变得繁荣兴盛。

15 世纪,铜钱流通的特点之一就是官方对"劣等"铜币的认定。政府发布的"撰钱令"和对铜钱的分类规定,将铜钱分为"上等""中等""劣等"。而"劣等"铜钱通常是在日本国内仿造的。

三　城镇的发展

中世纪日本的大都市——京都、奈良和镰仓——最初都被确立为政治或宗教中心,尽管它们的选址实际上都基于对经济基础的考量,例如都市周围是否有肥沃的田地、良好的水源供应和便利的陆路、水路交通。现代日本的大城市中不少是以另外一种完全不同的方式发展起来的,起初作为临时的贸易点或驿站,继而转变为市场,最后在经济的压力和机会中发展为城镇;14 世纪以前,这类城镇很少具有较大规模。

一个地方是否可以称为城镇要依人口多少判断,然而事实上描述起来却很主观随意,有时大片民居寓所和其他建筑也被称为城镇。14 世纪,如果一个地区集中拥有大约一千人和两百座房屋,那么这里就可以被认为是一个小镇。以下的分析都基于这一假定。

镰仓幕府时期的大部分大庄园内部或门口都有贸易市场(简易的常备设施),拥有或者管理着富饶土地的寺院和神社内部或门口也有类似的集市,买卖者每月定期聚集于此,通常间隔为十天。因此"二日市"并不是指一个集市持续两天,而它是在每月的二日、十二日和二十二日举行。14 世纪中期以前,更加频繁的集日并不多见,这也折射出当时人们的需求有限。

只要经济形态简单,除食盐、鱼干和某些金属材料以外,大庄园在食物、工具和其他补给品方面都能自给自足。但是当商品的种类和数量越来越丰富,人们对市场的需求也随之变大,因此集市的数目和规模都在扩大。1350 年之后集市已经遍布全国,集市最密集的地方是人口稠密、土地肥沃的本州。各地因情况的不同而差异很大,不仅在人口聚集区附近,陆路和水路的重要路口处也有集市分布。

14 世纪到 15 世纪期间,随着农村经济的发展和日益增加的货币使用对周边农场农产品销售的促进,集市时间也从每月三天增加至六天。如此一来便促使商家在市场上设立固定店铺,并在附近建造小的住所。来自其他各国的流动摊贩带着自己的商品出现在集市上——布匹等较轻的物品放在包裹内,盐和铁具等较重的货物则放在马背或牛背上。这些小集市和买卖中心逐渐发展为大村庄和城市。一些现代都市的名字便反映了这种演变,例如"四日市",它原是一个每月逢"四"(四日、十四日和二十四日)便开的集市。15 世纪末,很多城镇已经发展壮大,经营的商品也是种类繁多,应有尽有。

关于中世纪的市场,提供有用信息的著作多少有些令人惊奇。"往来物"是一种供在家里或寺院中的年轻人使用的教科书,其中最有趣的一部是《庭训往来》,一般认为它是由一位名叫玄慧的禅僧所著,这位禅僧主要活动在 15 世纪中期。《庭训往来》以信件的形式提供了有关当时事务和机构的一些有用信息。一封信中列出了主要市场上出现的来自全国各地的奇珍异物。琳琅满目的商品中除了农产品外还有不少手工艺品,譬如五颜六色的织物、纸张、草席和苇席、锅、盆、罐、针、铁锹、锄、餐具、漆产品,还有很多农民在闲暇时制作的手工艺品。

另一封信则列出了众多有分量的能工巧匠的名单,这些工匠是日本拥有伟大传统工艺的早期证明。它包含银匠、铜匠和铁匠、染工、花缎织工、制陶工、漆工,制作胭脂、扑面粉和其他化妆品的工匠,化妆品中甚至还有仁和寺的特制描眉笔。

　　这些工艺(不再是庄园中半自由雇工的产物)的发展自然地促进了新的独立工匠阶级的产生,他们乐于在能够保证工具和原料,并有可供交易的市场的地方从事手工制作。他们的需求在某种程度上决定了一个城镇的位置。相对地,这些工匠也会被城镇吸引,从乡郊地区涌向城镇。

制弓匠的图像,附在《七十一番职人歌合》的一页插图之后。该画卷描绘了一场诗歌大赛,来自不同阶层和职业的竞争者之间进行了七十一场比赛。

　　但是决定城镇位置的主因,尤其在早期,是居住在附近或交通繁忙路段的消费者。在这些位置中,重要寺院和神社及其周边区域,还有宽阔大道上的驿站最有优势。通往强大宗教机构的道路上常设的市场可以依靠该宗教团体的保护,同时也可以指望该团体成员和前来朝拜的信徒们光顾。

　　结果,门前町("町"是指一片房屋,门前是指"在大门的前面")成为最早的城镇,它通常由前往寺院的道路一侧的店铺和货摊,以及供朝拜者临时居住的房屋构成。因此,通往延历寺和三井寺的必经之路坂本和大津在较早时期就已成为重要的城镇。① 到达伊势神宫的皇大神宫之前,朝拜者们通常在宇治山田停

---

　　① 根据传闻,大津在源平合战中被大火焚毁了2800栋房屋,这一数字值得怀疑,但这暗示了大津是一个相当重要的城镇。

留,在这里他们可以找到休息处,购买当地物品并寻找前往神圣之地的向导。

其他一些聚居点最初是陆路交通和海上交通的经停处。京都建成后,向东、西的大道很快开通,但是除了官员和信使,路上的行人并不多。源平合战使这些大道人流大增,不过直到室町幕府时期个人出行才普遍起来。由于庄园制仍然盛行,庄园内的工人不能自由离开,他们也没有太多的理由离开,因为每座庄园几乎都可以自给自足。除了向当地的政府运送税物外,道路上也很少有货物运输。

但是我们可以看到,室町幕府时期农民们逐渐获得自由,越来越多的人可以自由地进行长距离旅行,不管是为了做生意还是朝拜。这增加了对住宿的需求,主干道上每隔一段距离为步行或骑行的人提供便利的设施,通常设在以前官员和信使曾经停留过的驿站。随着道路交通量的增长,这些驿站演变成了大小城镇,旅行者可以在旅店中休息或者雇用马匹,如果是商贩的话还可以出售自己的货物。这些被称作"宿场町"(驿站)的小镇在室町幕府时期出现得很晚。

"港町"(港口城)的出现则要早得多,它为水路旅行或运输提供便利。来自内陆的货物可以从这里出发进行大规模水路运输。镰仓和室町幕府时期,通过陆路大规模运送物品非常困难,因为马车发展得很慢,牛、马自身的运力又非常有限。

大部分内陆人口中心都有港町。京都有淀港,奈良有木津港,伊势国有大凑港;本州的兵库港和堺港既是远洋航行的港口,也为沿濑户内海的通航服务。大部分港口城都建有仓库、修理船只和装卸货物的设施,还有为航海者准备的旅馆,这里通常有批发商和运输代理机构大规模经商。根据文献记载,1500 年前淀港有一千栋房屋,这样算来其人口大约有五千。最重要的港口城堺港在室町幕府时期非常有名,值得特别注意。

堺港坐落在濑户内海岸边,靠近大和川,距离和泉国、河内国和摄津国三国都不远。1320 年第一次被提及时,它还是一座产盐的皇家庄园,它的热盐水浴在京都的贵族中非常有名。堺港与距它数千米远的住吉神社关系密切,此地的渔船还会供奈良附近的春日神社使用。走海路前往熊野朝拜的人也会在这里歇脚。1400 年前后,农民可以利用播种与收获的间歇自由四处旅行,毫无疑问这也促进了堺港的繁荣。

由于地理位置优越,堺港在南北朝内战期间成为军队的后勤补给基地。后醍醐天皇转战吉野后,堺港是他与四国和九州的保皇派以及熊野支持南朝的贵族联系链条上的重要一环。楠木家族间接控制着堺港，楠木正成就曾通过其在堺港的密探获取过敌军的动向。战争早期，北朝军队占领这里。1338 年，天皇军试图夺回，但却失败。几经变迁，堺港落到足利氏的封臣手中，山名家族是其中之一。不过，与堺港关系最为密切的是大内家族。得益于大内氏的良好经营，它不仅作为海港，作为贸易中心也十分繁荣。但是，1399 年足利义满攻打这里时，它差点被一把大火夷为平地。据称当时除了仓库和其他建筑外，光民房就有 1 万多座被烧毁，这个数字显然有些夸张，但是遭到破坏的建筑的总数肯定非常惊人。1400 年后，这里很快得到重建，再次发展起来。但是直到应仁之乱后，其重要性才得以恢复，此时它的国内和国外贸易都很兴盛，而且还获得了部分特权。

四　批发贸易

市场的建立自然而然促进了大宗贸易的发展。其中金属货币扮演了重要的角色，因为在缺少流通媒介的情况下，大量的产品必须从农场出发，经过陆路或水路到达通常距离比较远的领主家中。如果土地产出的农产品可以出售给附近市场的投机商人，再由他们择地大规模出售，农民就可以在本地卖出粮食，然后用现金支付领主的税赋。

通过这种方式，一种重要的批发贸易便在某些商品中发展起来，尤其是谷物类，其中最重要的是稻米。15 世纪，特殊的批发市场已经发展起来，人数虽少但却很有势力的批发商人阶层获取了买卖主要商品的垄断权。随着大庄园的减少，作为赋税交给居住在城镇的领主的粮食数量大减，以至于无法满足城镇中增长迅速的人口（尤其是在本州）。京都附近粮食的产出与城市的需求相比微不足道，结果市民不得不依赖从更远地区收购粮食的批发商。

稻米商的组织尤其严密。随着京都人口的增加，他们的生意也越做越大，甚至到最后必须要成立一个稻米交易中心。我们无法得知它建立的确切时间，但是可以肯定是在 1400 年前后。它垄断了稻米的经营，城市的其他任何地方都不能储存或是批发出售稻米。它通过一种竞拍模式规定稻米价格，无疑这也影响了整个国家其他地区的稻米行情。

稻米商利用自己的地位对市民们作威作福。关于他们的行为，最有趣的记载出现在后崇光上皇的日记里。事情发生在 1431 年的京都，一些稻米批发商联合起来囤积居奇,哄抬价格,市民们怨声载道。幕府命他们以合理价格出售,但在表示服从后的第二天,他们就开始拒绝执行任何出售的命令,甚至还将正在运往城市的货物停在半路上。幕府接到京都郊区有人饿死的呈报后勃然震怒,遂下令逮捕此次事件的元凶,并交由侍所问罪。被逮捕的稻米商否认自己的罪行,因此被施以滚水的神判,他们的手被烫伤或烧伤,因此被认定有罪。侍所的所司代奉命重办这些商人,但是并没有执行,因为他同这些罪犯暗中勾结,沆瀣一气。

政府高层中所司代的腐败让这些商人信心大增,他们愈发肆无忌惮。尽管受到严厉斥责,所司代对贿赂依然照收不误,甚至幕府将军足利义政的正室也被拉下水。这位正室名叫日野富子,她为保护自己的借贷生意甚至修建了一个防火的当铺,还在稻米市场上投机。

这一期间的幕府律令过于温和(尤其是 1441 年足利义教死后,以及游手好闲的足利义政 1449 年亲政以后),常常遭到一些人的嘲笑,如果是在严厉的统治下,这些人会因为自己的某些冒犯行为而被处死。比如,一度有超过 60 名轿夫利用他们作为宫廷侍奉免受检查的特权,通过掌控运输和自己在稻米商行会中的会员身份操控稻米的分配。①

稻米商完全控制了京都的食物供应,因为他们不仅垄断买卖,而且在坂本、大津等城市的主要入口处布置人手,控制了流往城市的稻米。当稻米被准许进入后,再由"车借""马借"等运输工将其运进城中。商人和运输工之间一度没有明确区分,后来才逐渐专业化。后崇光上皇在 1418 年的日记中记下了这种双重职能的一个事例。他写道,来自大津的"数千名""马借"涌入八坂神社附近,造成巨大的破坏,并威胁如果自己的不满得不到回应,就会焚烧建筑。侍所派出强大力量维持治安,并执行逮捕。围观之众可谓"云蒸雾集",他们观看了这令人振奋的一幕。这场骚乱的起因是稻米价格的纠纷,闹事的"马借"既是稻米商也是近江国稻米的运送者。②

这些有关京都稻米贸易的细节充分说明了 15 世纪初期都城的商业组织已经非常先进,至少从卖方的角度看,确是如此。正是从此时起,商人开始明显区

---

①　当时轿夫的地位是经济史上的一件奇事。他们是做稻米生意的商人,但是与其他商人不同,他们同时也属于四个为宫廷提供轿子服务的机构之一。轿夫地位极高,因为他们是为皇室做事,所以拥有这一头衔的人不受逮捕。

②　显然,这个时候京都的民众对稻米的需求依赖于近江国肥沃土地的供应。京都的稻米供应一般都很有规律,但是 1467—1480 年间城镇和村庄都在应仁之乱中变得萧条荒芜,很多有名的大名和市民都四散奔逃,街上行人绝迹。稻米商随之陷入困境,被迫以甩卖的价格清理自己的囤货。

分零售贸易和批发贸易。这次分化既是基于商业利益也是基于社会利益，因为它揭露了一个新的社会阶层的发展——批发商人虽然地位很低，但是由于掌控着必需品的供应，能够与官吏阶层分庭抗礼。

随着国内市场贸易量和复杂性的增长，商业职能不断演变，"问屋"的发展历程是其中最令人关注的例子之一。"问屋"是批发商的代理，也就是代理商。代理这一职能的出现最早可以追溯到1175年，当时对初具代理职能的"问男"的描述是：他为一些朝廷官员提供了一条船，运送他们从桂沿淀川到石清水八幡宫。在这里"问男"并不属于某一个庄园，而是被附近一个或者更多的庄园雇佣去处理庄园之外的事务，比如通过水路运送人或货物。之后的记载中提到这种代理人已拥有四五条船用于渡运乘客、货物，或者供人钓鱼使用。以此为开端发展出了"问屋"，不管是作为运输代理商、货栈主还是商品的大供应商，"问屋"在批发贸易中都是重要的中介机构。18、19世纪，"问屋"在日本商业中的作用尤其重要，需要注意的是，其原型是庄园在对外事务上的代理人。

室町幕府时期，除了稻米商之外，最重要的批发商是牛马商和海货商，特别是鱼盐商人。随着货币经济的快速发展，作为放债者的典当商人和酿造者在其中扮演了重要角色，某些情况下他们也作为银行家发行汇票，替代在支付中使用的铜钱。

五　贸易行会

中世纪的日本贸易行会被认为起源于一种早期的组织形式"座"。"座"指的是座位，无疑它表示在典礼或市场中为拥有同样兴趣的一群人保留的位置。早期的"座"由为寺院、神社或其他庄园主提供自愿服务的俗众组成，作为报酬他们会得到一些赏赐。这种社会组织随后开始出现职业化的倾向，我们知道不久（最晚12世纪）便出现了哑剧演员、舞女、乐师和其他演艺人员的"座"，他们通常与宗教机构或有权势的庇护人保持某种关系。这种传统流传了下来，今天，一群演员有"座"（歌舞伎座等），"能"表演者的五个流派也被称为"座"。画家、雕塑家和各行业的能工巧匠形成"座"的方式稍有不同，这些"座"可以被视作今天的专业协会。

依托有权势的组织或个人对于商人非常重要，对艺人和匠人来说亦然。因为他们能够提供保护，而与商人的关系则是这些组织或个人的收入来源之一。

即使在没有"座"的地方,商业和宗教之间也会有其他的关系。商人们发现结成一个圈子后,将自己置于高层机构或个人的庇护之下是明智之举,能为自己带来便利。正因如此,京都的酿造商信奉北野天满宫,油商依靠石清水八幡宫,而有活力和社会影响力的典当商组织则依附于非常有权势的比叡山天台宗。商人和宗教的这种关系非常重要,在必要的时候,一群全副武装的僧侣或神职人员会代表他们所庇护之人到都城威胁朝廷或者幕府。其他京都行会则受到世家大族的保护,如造纸工人依附于坊城氏,金箔工人依附于近卫氏,也许最令人惊奇的是鱼商,他们受到当时最有影响力的贵族西园寺氏的保护。而为了回报其保护,鱼商会将鱼市上赚得收入的三分之二交给西园寺家族。自从来自庄园的税收下降以后,这就成了西园寺氏最大的一笔收入来源。这项收入如此重要,以至于西园寺氏和三条西氏两贵族会为了鱼市上一个监工的任命而争吵得不可开交。

到 15 世纪,商人的"座"的组织基本上由市场而非商品决定,这也是室町幕府时期的商业活动快速发展的证据之一。简单来说,"座"就是特定地区的一群从商之人。畿内是经济发展最迅速的地方,无论是在城镇还是乡村,经营稻米、纺织品、铁、竹子和其他很多生活必需品的商人的"座"都已得到完善。与此相对,在一些大城市,尤其是京都,"座"按商品来划分依旧是惯例。各个行业都趋于向一个区域聚集,例如鱼商、油商和木材商各自都有"座"。现代一些地名中还可以看到这一惯例的痕迹,像镰仓的材木座和东京的银座。

在形成的早期,这些"座"并非是独立的,它们通常从属于寺院、神社或它们为之服务的庄园。但是没过多久,工人和商人们就开始形成独立的"座",这不仅仅是为了寻求保护,更是为了扩张自己的利益。镰仓幕府时期,森严的等级结构开始崩塌,"座"的成员很快发现通过联合行动能在一定程度上影响价格,以此抵挡地主和官员的巧取豪夺。

因为控制着重要的粮食和诸如油料种子、竹子、木料和一般工业的原材料,乡下的"座"尤为重要。这些组织的成员通常都是较为富裕的农民,他们联合起来在市场上大量出售粮食,有时也会允许外地的代理商加入他们的"座"。成为乡下"座"的首领就意味着拥有了可以与一些小地主相提并论的重要社会地位。

"座"的主要目的是保护和增加其成员的利益,因此必然会走上垄断之路,努力在竞争者中保持垄断地位。大部分垄断都只存在于零售端,但是在某些情况下,一个"座"会控制大宗原材料的批发,并在一定区域内阻止竞争者们获取这些原材料,以此来为成员们谋得利益。大和国的盐商就是一个很好的例子,它之下又分为三个附属"座"，即批发商、零售商和小贩的"座"。

尽管到了 14 世纪，"座"不再听命于庄园主，但是它们不可能在缺乏保护的情况下长久有效运转，因此通常会有一个简单的金钱交易（正如西园寺氏和京都鱼商之间的交易）。然而到了 15 世纪中期，一些"座"因为滥用特权树敌甚多，其他一些则由于失去保护者而在政治上失势。最终，"座"这种组织形式受到挑战，被迫给其他不会阻碍贸易自由流通的商业机构让路。

"座"曾被拿来与欧洲中世纪的商人行会相比，但是这种相似在专家看来只是表面现象。"座"享有某些税务豁免，不同分国的"座"之间虽然保持联系，但是与汉萨同盟没有任何相似之处。整个 15 世纪，日本的政治都在走向分裂，大领主们不希望在不同的势力范围之间进行自由交流和贸易。作为一种行会，"座"除了使消费者感到不方便外力量有限，因而给统治者带来了麻烦。值得怀疑的是，从长远来看它们对经济增长所起到的作用是否能与自由竞争相当？一般来讲，史学家们的主要兴趣在于它们对新的社会架构的推动。18 世纪，人数众多的市民（或可称为"町人"）是构成城市和乡镇大多数人口的一个重要社会阶层，他们由以前"座"的成员发展而来，改变了封建社会生活的风貌。

第十二章

足利义持的继承者

《结城合战绘词》细部。这是反映 1440 年内战片段的画卷,结城氏朝在这一年起兵反抗幕府。设色纸本。大阪细见(Hosomi)家藏品。

一　足利义持

1425 年足利义量死后,足利义持面临着决定继承人的问题,他必须从足利义满的四个儿子中挑选,他们皆担任宗教职务。义持延缓了自己的决定,因为无论任命谁成为下一代将军,都必然遭到守护们的反对。这是对于守护力量引人瞩目的承认。义持曾经提议抽签决定,于是在 1428 年他死后,幕府大臣们为了阻止继位者间的矛盾冲突,按照他提议的抽签方式确定足利义教为继位者。义教当时 35 岁,是义满的第六子,任天台宗住持(大僧正、天台座主)。他深受足利家族的拥护,有着刚毅的性格和决断力,一心致力于恢复衰落的幕府权威。

义教就任将军后,修改了诉讼的传统解决方法,并颁布了新法令(《德政令》)。此外他对比叡山和奈良的僧侣态度强硬,迫使他们停止激烈的争斗。他甚至惩戒了石清水八幡宫放肆无礼的僧人。石清水八幡宫可以说是足利家族的圣坛。

与前任将军不同,义教不主张调停,而是对反叛首领施行强硬的镇压。这也正是矛盾的开端。

对其做法首先提出抗议的是义持的养子持氏,他在镰仓担任将军的代官("关东公方")。持氏曾有望继承义持的将军宝座,因此更加憎恨这个脱去僧袍的僧人义教。① 持氏反抗幕府,违反先例声称自己的儿子有权继位。1430 年,关东管领上杉宪实指责持氏(持氏已成了京都的麻烦),并劝告他回归自己在关东的本职。但持氏却对上杉发动进攻,因此,将军义教不得不介入战争以此削减关东公方的势力,因为幕府的存续已受到威胁。1432 年,义教下令讨伐叛徒,动用了斯波和今川的常用兵力以及其他一些军事力量,继而结成一支大军在北方地区(奥州)会师,准备进攻镰仓。同年 10 月,义教对外声称离开京都去游览富士

---

① "脱去僧袍"就是"还俗",意思是一个僧人回归正常的生活。

山的秋色，实则去探测东部地区的情况，从而对关东公方施压。但当时还未发生战争。

难得一见的和平景象维持了几年，义教忙于其他事务。但好景不长，1438年上杉宪实再次遭到持氏的攻击，向将军诉苦。于是，义教分派水路和陆路两路兵力对东部发起进攻。1439年秋，大军轻而易举地攻占了镰仓，同年年末持氏也被逼自杀（宪实曾请求将军饶持氏不死，但义教态度强硬）。就这样，关东公方的势力被瓦解，上杉氏掌控了东部地区。

义教在东部确立了自己的权威后，便将注意力转移到西部的贵族们身上。义教成功地控制了曾试图谋反的大内氏和大友氏，使他们对立，以削弱其力量。还以相同手段处置了大和国的对手，这些人以义教的弟弟义昭为首，是此前南朝事业的追随者，还包括土岐氏。义教努力在朝廷贵族中恢复秩序，令其谨言慎行。其努力无疑获得了一定的成功，但同时也因为他不知变通，在革新中树立了不少敌人。

义教个性固执，不知妥协。虽然他遗传了曾祖父和父亲（尊氏和义满）的英武，但却未遗传他们的变通。尽管成为将军之前义教曾是僧人，但却看不出一丝虔诚。接任将军后不久，在接见官员时，义教曾用方巾包头掩饰其僧人身份。他强烈主张尊卑序列和礼节，并积极介入宫廷事务。在这一点上义教与他的前任没什么不同，不像源赖朝那样禁止家臣进入京城或与朝臣交往，足利将军们与天皇均交往密切，是宫中常客。义教沉溺于浮华的盛况。据记载，1432年，他在最高等贵族的扈从下，带着次一等的官员和护卫造访了宫廷。义教喜欢到处游览，去兵库观赏中国商船，然后沿海路前往以美景著称的须磨和明石。前往中国的商船共有三艘，一艘由幕府开出，另两艘分别属于相国寺和一些大名。

义教对国家的内部纪律和贵族的品德尤为关注。他为君主和女眷们制定了大量的道德标准。一旦认为他们行为不当，就会用重罚来惩罚轻微的过错，这暴露了义教性格中黑暗残暴的一面。根据《后崇光院日记》的记载，一次义教得知一位贵族在后崇光院诱奸了一名侍女，未经审问便予以重罚（这个故事并不属实）。还有一次，府上的侍女错传了消息，义教便毒打侍女，并将其剃度，送往尼姑庵。

诸如此类的野蛮行为不胜枚举。也许义教的初衷是好的，但其处理方式过于怪异、粗暴。《后崇光院日记》记载道："他被恐惧所操纵。"据说有60多人被他下令杀死，其中包括国家最高等级的大臣关白近卫，还有其他朝廷贵族、僧人和神官。此外还有很多曾冒犯过他的官员,有的被无限期监禁起来,有的被驱逐出境,还有的被剥夺财产,沦落到贫苦甚至悲惨的境地。尽管那个年代是无情的,但义教的暴行却几乎激怒了社会的各个阶层。

毫无疑问,义教树立了很多敌人,以致最终被敌人弑杀。义教推翻了前人的政策,即与朝廷融洽、与强大的武士家族和睦相处的宗旨。赤松满祐是义教的家臣之一,在播磨地区拥有很强的势力,他开始怀疑义教试图剥夺自己的封地。1441年,赤松在京都邀请义教赴宴,表面上是为了庆祝1439年关东地区的平定,事实上却是谋反,他在京都弑杀了义教。

身为管领的细川持之认为,弑杀义教这种叛逆行为必须受到惩罚。他与畠山氏及其他幕府官员商议决定把这一任务交给山名氏。1441年年末,赤松氏在白旗城的据点也被占领,满祐及其家眷被杀。山名氏的势力曾被义满削减,此时获得赤松的所有领地,领有七国。

二　关东之战

足利尊氏任命其子基氏为关东地区的新首领时谈及那个地区的武士,说道:"一旦这里的家臣叛乱,那东部将永无宁日。"历代继位者的经历,尤其是持氏,证明了这一英明言论。此外,随着上杉氏宪(禅秀,见第十一章)的崛起,武士的地位发生了一定变化,起初体现在局部,最终在国家的政治经济生活中引起了突破性的变化。

1417年,氏宪发动叛乱,最终断送性命。氏宪虽死,但叛乱尚未平息。在诸多的叛乱者之中,真正反对义持者并不算多,大多数叛乱者,特别是其中的小地主和佃农,皆暗藏私心。小地主阶级和佃农阶级人数在成倍增加,对于他们而言,土地、赋税与各自切身利益相关,只要禅秀能够满足他们拥有更多土地和减少赋税的愿望,他们就会随时支持或参与叛乱。

氏宪战败后,持氏不但没有设法改善诱发叛乱的情势,反而试图摧毁与其对立的家族。持氏未经幕府允许便擅自攻击了武藏的豪族、常陆的小田氏、甲斐的武田氏和其他一些树大根深的家族。然而,这一举动引起了地方豪族对关东公方的强烈反对,一向希望关东和平的幕府深感忧虑。于是,1423年幕府策划了一次讨伐持氏的远征。随后的1424年,持氏虽然向幕府投降,但却继续追究氏宪的追随者,与幕府接连不断地发生矛盾。很明显,关东的贵族们既不相信朝廷会公平对待他们,也不相信幕府会采取坚决行动,这种敌意蔓延到整个东部地区。于是,贵族们开始扩展自己的军事力量。虽然在义持执政期间他们一直保持沉默,但却做好了随时抵抗幕府的准备。他们渴望独立,每个村落的贵族和农民都在积聚行动的实力。

对于东部地区武士们的活动可以写下很长的篇幅,但都与位于武藏南部玉川以西地区的情形大同小异。这里有着属于京都寺院和其他富有势力的大量庄园和辽阔土地,年税也由武士缴纳。随着收入的增长,赋税也会变得沉重,而氏宪的叛乱为他们提供了一个摆脱赋税的极好机会。[①]

另一方面,在玉川流域协助持氏对抗氏宪的武士们得到了免税五年的奖赏。然而他们却广义地解释了这种赦免,五年期限结束后将其无限期延长。关东的其他地方也发生过类似情况,属于京都、奈良所有者的大部分庄园就是被通过这种方式剥夺的。满济在当时的日记中写道:"关东武士这些年来的行为是无耻的,足利氏和京都地主的庄园都被他们充公,所剩无几。"

当学者们放下封建时代的文献,反思日本历史,我们不难发现关东八州对新政权的形成具有最大影响。镰仓幕府推翻了平安时代的制度,通过少数的常驻官员来控制京都的朝廷。关东的封建王朝起源于足利氏统治期间,随后17世纪德川氏以关东地区一个叫江户(现在的东京)的地方为大本营。

虽然关东地区处于统治地位的原因并不明显,但这里比起京都确实更具有战略上的优势,镰仓和江户都比京都更易于抵御来自四面八方的入侵。京都和江户虽然都位于富饶的平原,但是关东平原的面积却是畿内平原的10倍,也拥有更多的人口。关东比京都更具新气象。此外,中世纪的镰仓并未受到京都、奈良等地区传统文化的影响,而京都、奈良的朝廷和一些古老的寺院固守陈规、不思改变。

无论什么原因,事实上关东地区的生活条件养育了一群性格刚毅、自力更生的劳动者和优秀的士兵。尽管他们非常难于管理,但他们刚毅的性格或许正是建立新的封建社会的重要因素。

当然,单凭这些并不能证明其他地区的人们劣于关东地区,我们只是着眼于他们特殊的性格和习惯,因为这在日本历史的发展中起着重要作用。这就好比

---

① 很多家庭中的幼子试图获取更多的土地份额,摆脱税负,许多地名反映了这一事实,例如六乡、盐谷、丸子、阿佐谷、板仓、梅田、石浜、牛岛、金杉和小日向等——都位于东京周边地区。

我们讲述约克郡和肯特郡在英格兰历史上的政治和社会地位一样。

中世纪的日本,西部地区与京都朝廷几乎没有联系。从地理位置来说,东部地区虽然并不比西部靠近京都,但自古以来与京都有着比西部更加紧密的联系。自 1185 年起,天皇就开始依靠镰仓将军的军事力量。室町幕府在今川贞世之后任由九州自生自灭。但反过来,如果幕府忽视关东就是自投险地,因为二者之间的道路早已被图谋战乱的军队踏为通途。

一项有关 15 世纪京都和镰仓关系的研究表明,将军和高官们都在尽心安抚他们在东部难以驯服的代理人。幕府按照惯例命令寺院,经常是重要寺院东寺为东部诸国的民众祈求和平。这从侧面表达了幕府的态度。一般来说,祈祷的时间都选在从镰仓运来的杂税到达后不久。据东寺记载,1437 年 10 月连续数日举行了祈祷,这正是义教对持氏进行惩罚的前一年。

有关中世纪关东地区历史的一些粗略研究,只着眼于残暴的武士一味制造战争,实际上关东地区自镰仓幕府早年就很注重学问。北条执权时期鼓励文学和艺术的发展,到了镰仓中期则鼓励佛学,很多家族也都学习古典文学。北条实时(1224—1276)创建了名为金泽文库的藏书馆,藏有大量书籍(包括中国宋版古籍)和手抄本。足利学校在当时享有盛名,衰而复起,后来上杉宪实为它的图书馆添置了大量图书。宪实因其智慧和学识而享有名望,也与京都的文学发展密切相连。总之,关东地区与京都的竞争也和其他地方一样,并不局限于战场,也体现在学术贡献方面。

三　守护大名

足利义满执政期间费尽心力建立,而义教几乎无法保持的实力平衡摇摇欲坠。尊氏的继承者们(义诠、义满、义持)通过武力巩固他们在幕府的领袖地位,但同时他们在全国连续数十年制造战争,丧失了大量军力,以致义教死后不久,京都就出现了一段时间的混乱局面。山名氏在京都横行霸道,无人可阻。

最终瓦解足利政权的是守护。尊氏和他的继承者们按照镰仓幕府的先例,从各地区召回自己的亲信和拥护者,并任命他们为守护。关于这种职位的具体分配详见第九章,在这里重点介绍他们被授予的权力。

镰仓幕府最初设立守护这一职位时,将其职能限制于动员军队、镇压反叛、控制下属等。但北条执权期间扩大了守护的职权。随后在战争中足利将军所任命的守护掌握了更广泛的权力，他们开始介入土地诉讼，自行其是地驱逐佃户、安置胜诉的原告。在战乱时期，合法和非法的手段相结合，使他们的军事力量和民事权威不断上升。

被称为"国人"或"侍"的小地主人数不断增加，这使自主农民阶层增强了信心，同时也不断地威胁着大地主庄园的权力。到 1400 年，没有守护的支持，没有庄园主能掌控自己的财产。不久后守护们就利用他们的权力没收土地归为己有。长讲堂领的灾难正是体现这种专制权力的典型事件，持明院统和大觉寺统长期以来对分布于各地的 23 处富裕庄园争夺不休。15 世纪早期的史料记载了足利氏时期有关庄园的分配。23 块庄园中的 11 块被守护及其部下没收，1 块被半没收。另有 2 块被地方武士强占，4 块可能被迫转手他人。仍然由皇室掌控的仅有 5 块。

另一个有关守护和地方下层武士掠夺的记载出自兴福寺大乘院的日记。兴福寺在奈良的寺院中最具影响力。有关记载简述如下。

兴福寺在越前拥有大量的庄园，其中包括河口庄、坪江庄和邻近的土地，总计 1300 町（约 1255 公顷）。在镰仓时期这些庄园免于纳税并登记在朝廷名下。因此，到 1300 年为止，这些已被管理和开发的财产对寺院价值非凡。

附近的地主们可以说对此虎视眈眈。在后醍醐天皇结束流放回归皇位后不久，便有一些人占领了坪江庄。新建立的朝廷下令驱逐入侵者，而他们对朝廷的声索抱怨不休。接着在 1335 年，某地官员声称自己是越前守护的代官，带领士兵闯入河口庄，抢走了很多钱和其他财产。

这种情况在当时并不罕见，很多庄园都有类似的记载。1340 年以后，新田氏的势力在越前强大，对兴福寺的财产采取了保护措施。但新田义宗战败后，幕府在越前重新确立了统治地位，对庄园的侵犯变本加厉。奈良的一位官员曾经抱怨由于财产充公而导致供给不足。

1363 年，斯波高经占领了河口庄并将其赐予一名下属。他是越前守护，也是足利政权的重要官员。因为兴福寺不能动武，所以僧侣们采取了胁迫朝廷的手段。奈良的僧兵聚集起来，随后护送春日神木到京都并将其放在高经府前。高经最终不得不把庄园归还寺院。但不久武士的力量愈发壮大，他们不断争夺这两块庄园。最终采用了"守护请"的方式：守护全额负担幕府要求的税额；作为佣金，征收到的实际数额中多出来的部分归其所有。起初，庄园主们认为"守护请"对自己有利，但守护们很快便不再履行与庄园主的协定，将庄园占为己有。举一个滥用"守护请"的例子：山名是备后国的守护，1402 年他从领地内的一座寺院庄园里收取了 1.8 万石米的税金，但却只支付了 1 万石。

守护们开始大规模地侵吞庄园的收入，此外庄园主们的土地也面临着小规模的侵犯，遭受了一定程度的损失，甚至是被"名主"＊类型的小地主据为己有（有时是连农作物一起）。上述 1335 年的事件并不特殊，14 世纪类似的事件还在不断地增多。

与此同时，农民逐渐从束缚中解放出来。面对要求减轻赋税的农民代表，地主不得不做出让步。尤其是室町末期，农民代表请愿屡见不鲜。1460 年的史料中对请愿书有清晰的描述，当时段钱（一种耕地税）负担沉重。请愿书一般由"惣百姓"联名，这是代表同一块地产或同一地区的所有农民的团体。农民们的请愿有着周密的计划，他们甚至准备用武力反抗庄园官员的不合理规定。

早在 1414 年，大乘院的日志中即记载了请所官员的造访，请所是按照守护的旨意负责收米的机构。他们几乎都是有地位的武士的代官，河口庄的 10 块田地各有两人。但有一个例外，坪江庄没有派任何代官，因为它已经被守护代没收。从记录中可以看出，寺院完全不能指望来自朝廷的援助。

剩余的地产上也没有什么好的职位留下。到 1477 年应仁之乱结束为止，庄园上下有利可图的职位都被代官或是近畿有影响力的地主霸占。其中尤为贪婪的是朝仓氏，他是斯波氏的家臣，擅于侵吞财产。朝仓氏与同族吞并了一条兼良（已退职的关白）的财产。15 世纪末，朝仓氏在越前的领地面积几乎与兴福寺持平，这是令人无法想象的。

上述有关掠夺寺院的传言，都被一座有名寺院的僧侣记录下来，他们的记录就是《大乘院寺社杂事记》，其中恰如其分地记载了相关细节。这本日志为研究日本中世纪历史的学者们提供了最丰富的信息来源。它包含兴福寺大乘院各级僧侣的诸多记录。这本日志由住持们保存下来，其中尤为著名的是寻尊住持。直到辞世前两年，他都一直坚持撰写日志，记录了 1458 年到 1503 年整整 45 年间发生的事件。

寻尊住持亲笔详细记下了几乎每天发生的事情，内容包括应仁之乱的序幕、持续时间和结局，详见下一章。寻尊拥有的崇高地位及其与家族的联系都为他

＊　土地以占有者的本名登记称"名田"，所有者即"名主"。——译者注

获取信息提供了便利条件。他是退职关白一条兼良之子，一条兼良是著名的贵族政治家、学者，非常富有。兼良在职期间曾向兴福寺慷慨解囊，因此不难保护12 岁出家的儿子寻尊。

应仁之乱期间，兼良和其他一些朝廷贵族在奈良避难。[①] 他们通过书信与朝廷保持着紧密联系。所以寻尊的记载是详细并真实的，但其评论却不太可靠。寻尊有着极端顽固和保守的性格，对当下局势的洞察力也不够深刻，当然这与其出身于贵族，过着舒适且受庇护的生活密不可分。他几乎不能理解外面世界发生的一切，将其描述为"卑劣的行径"，声言这些行径将受到神的惩罚，并将那些"恶人"斥为"畜生"。

在危险的战乱时期，寻尊的笔耕不辍为我们描述了都市宗教迷人的画面。他可以在奈良和京都间的乡村自由活动。寻尊喜欢游历，也对寺院的经济往来事务颇感兴趣。他看起来是一位称职的商人，拥有大量的土地，并与佃户们做交易。寻尊长年来一直通过信差与加贺、越前的兴福寺保持着密切联系。但到他晚年时，信差们带来的信息越来越少且以坏消息居多，"恶人"正在大张旗鼓地侵占寺院土地，这些"恶人"正是他祈祷受神惩罚之人。

四　平民阶层

15 世纪后半叶的历史包含了太多令人困惑忧伤的篇章，以至于人们试图以"大灾难"的陈述收尾。但这样做会使我们忽略室町幕府当时面临的真正问题。从镰仓中期开始，国家的社会与经济生活不断发生着翻天覆地的变化。而足利氏却不能应对这些变化，他们坚信利用传统的封建专政（即发布法令、滥用武力）可以解决面临的这些问题。

13、14 世纪日本经济的迅速发展也带动了社会的发展，作为幕府势力残留标志的庄园制也逐渐瓦解。因此，正确审视这些变化变得尤为重要，因为它们将导致 14、15 世纪日本社会的动荡，并最终加速了足利幕府的灭亡。

源平合战后，镰仓幕府迎来了鼎盛时期，功臣们得到了很好的安顿，他们相信幕府是公正的。确实，幕府控制的武家社会早期具有平等主义的特征。将军直属的家臣（御家人）负责管理庄园，实际上成为占尽天时地利的地主。家臣们

---

① 兼良后来返回京都，成为义政的谋士，应义政的要求撰写了有关治理原则的意见书。

享受国家的保护,同时报以忠诚。

像阿卡狄亚*那样的乡村乐园生活好景不长。13世纪末蒙古的入侵造成了幕府的财政紧张,当然也波及家臣们的俸禄。镰仓幕府尝试了各种补救方式,但都未见成效。1325年幕府政权逐渐衰落,接近灭亡,其基础,一度坚不可摧的直属家臣组成的社会也濒临瓦解。

足利尊氏执政期间,任用一些杰出的武士代替御家人,任命他们为守护。守护们逐渐要求实际的土地所有权,即御家人们获得收入的土地。他们以各种借口将土地没收。① 长此以往,必将摧毁庄园制。尽管守护们声称效忠足利将军,但实际上他们成为领主,并将土地占为己有。守护成为大地主的先驱者,他们构成了17世纪日渐成熟的封建社会。15世纪的"大名"②众所周知,这个名字与土地所有权有着历史性关联。

地区间的战争加速了武士社会的瓦解,促使更忠于自己而非幕府利益的家族崛起,而武士们对领主的忠诚度也大大减弱,背叛者比比皆是。与此同时,一子继承制度鼓励了一个新的社会阶层的成长,这一阶层在相对小的区域致力于精耕细作和多样化的农业经营。这就是众所周知的"侍"或"国人",又被译为"当地贵族"或"自耕农民"。他们对大地主并无忠诚可言,而对独立自主和本乡本土感情深厚。

如下所述,"侍"在14、15世纪的土地改革中发挥了非常重要的作用,此外也有一些地位低下的农民参与其中。这种平民解放从14世纪中期开始,是一个逐渐发展的过程。发展的结果推进了平民阶级的形成,平民开始拥有人身自由、土地所有权或永久租赁权。农民们按照他们持有的所有物或庄稼数量进一步划分等级。

平民解放是循序渐进且局部的,从长远看来只是暂时的。在整个日本历史上,农民交替被解放或压迫,而最受压迫的阶段可能就是15世纪的解放后的时期。

---

* 古希腊一山区,类似于汉语中的"世外桃源"。——译者注

① 庄园制度被摧毁对于封建土地制度的研究意义重大,因过于复杂在此不做赘述。可以认为,即使没有政治衰落的原因,庄园制作为一种经济制度终归会消失,因为它已经无法自给自足。国家的经济在全面发展,然而庄园却不能自给自足,所以就要动用其他方法去维持它。

② "名田"是指独立属于自己的农田,所有者被授予土地支配、租赁等权利。小的土地所有者称为"小名",大的所有者称为"大名"。这些所有者统称为"名主",他们差使小的耕地者,尤其是被解放的农民来耕种自己的土地。

与此相关，在此有必要考察日本农奴制的问题。理论上或从严谨的法律观点来看，日本的农民未曾经历农奴制的阶段，因为他们从未像奴隶一样被买卖交易。奈良平安时期有很多家奴，他们中的一些可能被派去做农活，但却不是真正的奴隶。因此，从那个时期就可以看出平民解放的动向。

在 9、10 世纪，繁重的赋税以及无保障的生活导致很多农民把小部分的土地让给地主以减轻赋税。因为这样他们不但逃离了纳税，还能收取一些劳动所得。镰仓时期是日本封建主义的开端，农民在很多方面比武士自由，因为武士们即使轻微触犯法律也会受到上级的惩罚。《贞永式目》规定哪怕最下等的平民也有权在自己占有的土地上任意去留。大概 1200 年，旧奴隶制已经宣告结束，只剩下少数的家奴，其中大部分为女仆。

15 世纪随着庄园制的瓦解，农民的自由也受到了限制，他们要听从武士的命令。但实际上他们的自由仍相当可观，而且被解放的农民事实上形成了一个阶层并开始耕作自己的土地，这是他们独立自主的一个转折点。如果他们被很好地组织起来，甚至可能对武士阶级造成威胁。然而生产和贸易的发展给农民们带来了新诱惑，他们离开耕地，开始了以商人和工匠为职业的生活。

五　平民起义

室町幕府所面临的难题是各地频发的平民起义，因为它们超出了其控制范围。平民起义和其他类似的起义成为日本经济历史发展的重要因素，同时也具有一定的政治色彩。

13 世纪出现了很多新的阶层，其中最重要的是称为"侍"或"国人"的小地主阶层。室町幕府任命守护和其他代官来管理各地，而"侍"对此种干涉表示不满，因为他们出身于武士家族，对自己的地区有着长期贡献。于是他们决定通过反对新来的官员来保护自己的经济利益。当权力受到威胁时，他们建立联盟（"一揆"）采取防御措施。① 他们认为京都朝廷不再像他们祖先时那样给予他们保护，必须要依靠自己。

---

① 与之相似，南朝的支持者也结成同盟来抵抗幕府。据记载，新田义宗及其族人领导的战斗中，同盟军的成员靠颜色和图案来区别敌我。例如 1352 年春发生在小手指原的战斗中，儿玉一揆以扇形为标志，武藏平一揆从头到脚着红衣，其他的一揆也在他们的旗帜或盔甲上做了新月、花、铲刀或朱红色菱形等标记。

"一揆"一词本意是指同心协力，团结一致。后来泛指百姓起义反抗统治者的一种行为。曾经发生多次反抗足利将军的起义，尤其在将军义满巩固政权后不久。著名的起义有"白旗一揆""三日月一揆"。

守护和代官试图控制整个地区的行为，遭到了当地地主的反抗。这种起义因范围广而被称为"国一揆"（这里的"国"是指"地区"）。其中最重要、最有决定性意义的起义发生在 15 世纪，但南北朝战争期间全国范围内都有这种激烈的反抗活动。1351 年若狭地区的"侍"驱逐了守护代，1353 年他们征讨了时任守护的山名时氏的军队。"侍"非常顽强，据史料记载，若狭地区 30 年间更换了 15 代守护，因为"侍"们一直使他们的地位不保。

类似的起义在越中（1369 年和 1377 年）和信浓（1384—1386 年）也相继发生，若狭（1366—1369 年）时隔 10 年也再次发生。一些起义被武力镇压，一些被安抚，或是以幕府承诺任命农村领主为守护的方式告终。早期的守护势力不足以镇压反叛，直到 14 世纪末室町幕府的势力才达到顶峰。

很多记载显示，农民们也披甲上阵加入到起义队伍中，甚至在南北朝战争之前就不时有货真价实的农民起义的记载，但它们是疏于组织并且零散的。这表明，早在镰仓幕府末期，农民们就已经试图通过联盟的方式来改善生存条件，也取得了些许胜利。到了 15 世纪，这些起义富有更强的组织性和更充分的准备。这就是众所周知的"土一揆"。这些起义，一些是反抗领主的剥削，一些是攻击邻近的高利贷资本家，但它们终归起因于新兴阶层为独立而战。

人们认为此类起义中的第一例是 1428 年发生在近江地区的起义。这次起义起因于耕作农民对损害切身利益的财政法令的反抗。[①] 1441 年，在邻近京都的三井寺、鸟羽、伏见、嵯峨、仁和寺和加茂等地相继出现了反抗地区领主的起义。这些不是漫无目的的示威，而是针对某些人、地的武装进攻。1441 年的起义得到了京都周边农民们的响应。他们夺取并占领了西部（西八条），另有两三千人占领了北野和太秦的重要寺院。这样的起义持续了两三年之久，主要发生在山城国，部分发生在奈良地区。其中一部分起义被武力镇压，领头人也被处死，但是整体而言封建领导者仍对他们无能为力。

1428 年爆发的起义被认为是农村人口第一次大规模诉诸暴力的行动。最初是近江运输业者（"马借"）的起义，随即扩散到京都、奈良、伊势、河内、伊豆等其

---

① 《大乘院日记》中记载，这次起义是日本历史上第一次农民起义。这种说法不完全正确，南北朝战争期间也曾发生过零散的农民起义，不过都是小规模的。

他地区。他们大举袭击高利贷资本家、酒屋、土仓，甚至闯入寺院，大肆掠夺。到1430 年为止，像这样反抗幕府法律的起义在很多地区都已习以为常。愤怒的起义者要求幕府颁布有利于自己的法令，摧毁债主的财产，夺回他们典当的财物，甚至要求债主归还借据。

有关"一揆"的组成及成员的不同身份，学者们在某些观点上还未达成一致。但下面有关在山城发生的一连串起义的记录或许对"土一揆"①有很好的阐述。

在京都以西桂川沿岸的一块肥沃土地上，有大量属于贵族和宗教机构的庄园，还有一些属于小地主阶级的土地。农民们共同耕作所有的土地，甚至来自桂川的灌溉用水也是平均分配的。这项工作原本由庄园的管理者执行，但到了 14 世纪，农民得到解放，带动了村和乡等地域团体的发展，15 世纪初期形成了自治体。

农民们互相信任，并结成了团结合作的关系，合力管理用水的供应。他们的村落距离京都不远，因此去京都市集卖农作物时经常接触到城市人。他们经常向自己的顾客表达不满，抨击幕府弊端，同时也了解了城市生活。

山城是当时全国最发达的地区，那里的平民最精明世故。邻近京都的西冈地区在应仁之乱发生前就起义频发。起义者们接连不断地向京都施加压力，每一次进攻都有很多城市工人加入，包括一些"马借"团体。

虽然起义的时间和类型都有清晰记载，但是"一揆"的组成却记载模糊。大部分领导者无疑都是"侍"或"国人"等中等阶层，但不能确定那些被解放的自耕农是否也策划并领导过起义。他们和中等阶层的目的一致，都是想逃脱腐败政府的捐税。"侍"试图用武力抵抗守护和代官没收自己的土地或是沉重的捐税，很多农民也跟随其后。这里的困难之一是"名主"一词如何解释。名主是指以自己的名义拥有土地的人，它适用于自由保有从 0.4 公顷左右到大片土地的解放农民或业主。名主在很多起义（"国一揆"和"土一揆"）中都占有领导的地位，但他们是否是自由的农民，这一点还有待考察。

六　足利义政

足利义教把将军之位传于长子义胜。1443 年，年仅 10 岁的义胜继位后仅几

---

① "土一揆"似乎表达了对"土民"（domin）的蔑视，上层人士似乎把他们视为土著民。

个月就早逝了。再次选择将军迫在眉睫，义胜之弟三寅在京都管领畠山氏的支持下当选。随后他被御花园上皇赐名为义成，并于 1449 年被任命为征夷大将军，更名为义政。义政当政初期，幕府保持着以往的和平与秩序，但他对执政毫无兴趣，致使短短几年内幕府的力量和警惕性都有所松懈，最终无力抵抗将压垮它的灾难。

将幕府的衰败都归因于义政的恶政显然是不公正的。因为无论领导者多么英明，政权也会随时间而衰败。足利氏最大的错误是持续执行以救济家臣为目的的"德政令"。前封建时代的此类政策被称为"德政"或"仁政"，意思是道德仁爱的政府施行的政策；它们是在饥荒和瘟疫期间发布的特赦，并非经济政策的一部分。而 1297 年之后镰仓幕府颁布的"德政令"则是一系列的经济失策。1297年的法令取消了个人债务，废除了领地的出卖，削弱了债权人的地位。结果是带来了经济恐慌，武士家族商品和贷款的主要提供者态度坚决，拒绝与其主要客户的所有交易。幕府感到无助，为了避免国内贸易的崩溃，于 1298 年撤回了"德政令"。

室町幕府并未从这次事件中学到教训，反而在压力之下乞灵于镰仓时期已经失败的、毫无希望的老把戏。1441 年起颁布一系列类似法令，[①]可以说它们除了阻碍国家经济之外一无是处，使市场陷入窘境，使贸易停滞不前。

试图以这种方式救济武士显然是无效的，因此室町幕府颁发的第一个"德政令"于 1441 年被宣布暂停。平民发起暴动并延伸到将军眼皮下的京都、奈良等邻近各地，他们销毁借贷证据，夺取契约，要求以不足额的少量钱物偿还借款。幕府对起义者的债务做出妥协，但未被接受。起义者提出异议，法令应该适用于所有阶层而不能仅是将军的家臣——一种反向的"德政令"。1441 年 10 月幕府屈服，并与起义者协商颁布新法令。其中一项是，如若一块土地被使用 20 年，就归纳税人支配，因此承认了小耕作户的土地所有权。[②] 但是这并未阻止起义的爆发。

1447 年夏天爆发的起义给京都带来了极大打击，它爆发于隶属东寺的一个庄园。起义者带着愤怒冲入市内，沿街示威，放火烧毁建筑。他们强行进入东寺庭院，杀害了两位奴仆，随后冲入主殿杀死了另外两人，最后被赶到现场的军队镇压。

---

① 据说义政颁布了十三条"德政令"。

② 这里的"支配"相当于"知行"，被认为意思接近于直接拥有土地。

类似起义在京都、奈良及近畿其他地区频繁发生，直至 1456 年幕府颁布了一个对抵押土地的地主和债务人有利的法令。法令称借贷现金的债务人只需归还债务的十分之一。但这个法令并未减轻农民的负担，于是他们继续起义、劫掠。1457 年农民们包围了京都，他们敲锣打鼓地进入市内，要求颁布新的"德政令"，最终他们的一些首领被杀害。最为严重的一次起义发生在 1461 年。起义者攻入高利贷资本家的商铺要求销毁借据，甚至烧毁了房屋。这次起义经历数周才被镇压下去。

义政执政失败的同时，又遭遇天灾，不仅是农民，整个国家都遭受灾难。1457 年以及随后的 10 年间，暴风雨使稻田荒芜，饥荒和瘟疫也接踵而来。据说两个月内京都死于饥荒和瘟疫的人数竟多达 8 万人，加茂川被死尸堵塞。然而在灾祸期间幕府除了发动一两个寺院供给粮食之外，并没有其他相应的对策。幕府在灾难面前显示了它的无能，义政的政权尤其糟糕，它奢侈且堕落。义政从未试图实施《建武式目》，虽然这是幕府的基本法令。僧人和后宫也设法干政，想要影响将军的武士首领也依赖他们。这些僧人和女人给幕府带来的影响很难估计，但至少让他们参与重要的政治决策并非明智之举，而作为中间人，他们无疑影响了人事任免。

义政本身也深受女人，尤其是其夫人的影响。义政之妻富子狡猾且肆无忌惮，在将军府拥有很大势力。这些女人和僧人与官员们勾结，无疑插手人事任免；至于国策，则仍由与管领的磋商来确定。

很难说幕府有自己的国策，因为它不能控制势力强大的大名。唯一的问题在于是否开战。答案常常是开战，且由不得将军做出选择。一些日本的史学家倾向于把女人的阴谋作为应仁之乱和文明之乱的重要原因，但这是否是主因还有待考察。纵观历史，从北条政权的衰败开始不难看出，任何政权都会迎来不可避免的衰败，悲剧也会随即发生。因为武家社会终归是靠武力来解决问题，这就是它的祸根。

义政疏忽公务，但他的行为有趣，值得一窥。他的奢侈令人震惊，而他在艺术方面的探究则令人肃然起敬。

1458 年，义政效仿他所崇拜的义满建造了新的室町宫，这项工程足足持续到 1461 年的饥荒。人们谴责义政不断扩张工程，于是工程暂停。也有传言称停工是因为后花园上皇的一首讽刺诗，他是一位仁慈的君主。然而很难说这首诗对义政政权的指责是否有道理，因为在衰退时期加大公共开支的利弊存在争议。

幕府无法加强粮食供应,无法解决饥荒问题,因为守护和领主们即便自己有剩余,也不愿将粮食远送到邻近地区。

义政的另一项奢侈工程是为他的母亲建造的高仓殿,这座宫殿的花园可与室町殿相媲美。此外,义政在寺院和神社上也有大笔开销。他修建了很多建筑,也供奉了丰厚的供品。义政也曾经有过无数次奢华的周游,陆续前往春日井、伊势和其他神圣的地方。他还支持资助一些散乐的表演,例如 1464 年的纠河原能乐表演,当时有详细记录。①

据说义政当时的花费掏空了幕府的国库,迫使将军向禅寺借钱。这些事情结合在一起也就导致了随时爆发起义的局面,可谓是星星之火,可以燎原。然而这种解释过于简单,不足以解释此后数年中的残酷内战。更贴切的解释是武士阶级尚未厌倦杀戮。他们加强防御,在自己的区域增添关卡,防范间谍和突袭,准备长期作战。全国范围内新增的关卡负责检查商品和运输品的入境,生动说明对于统一的反对,而这正是将军有职责支持与保护的。

关卡在早期日本历史中就被提及,即由守卫或士兵负责检查入境者,拦阻逃亡者。(最具传奇的历史当属义经的故事,他曾在一个关卡被赖朝的官员扣留,后被亲信弁庆所救。)但在镰仓幕府时,关卡被彻底废除。到了室町幕府中期,很多大地主、贵族、宗教机构开始在他们的领地设置关卡,不过与其说为了防御,不如说是为了收费。过路的人或物品都要上缴通行费。室町幕府很快下令禁止私设关卡,而在各地区设立了官府的关卡,并下令将征收的费用纳入幕府的收入。

但是禁令并未奏效,关卡的数量反而增加,通行费的收取也变得更加沉重和频繁。这使得商品交易受损,价格上涨。有记载称,有一个商人在十里路上不得不向十个关卡缴税。此外还有一个送信员的例子,他从奈良送信到美浓地区,不得不在 29 处关卡交费。所以摧毁关卡成为起义者抗议重负的一种途径,这不足为奇。而事实上幕府根本无法执行禁制令,这也是幕府逐渐衰落的一个前兆。

义满的继承人,尤其是义政执政下的幕府施行的行政政策中最严重的错误,是向农民和商人征收过重的捐税。1371 年,幕府征收"段钱"。它是一种耕地税,并且一次性征收。当时守护和代官们征收"段钱",用于后圆融天皇的继位大

---

① 《纠河原劝进猿乐记》。早些时候的一场表演见于 1445 年关于田乐能宫廷表演的记录。1464 年这次表演是最高等级的国家盛事,主持者是观世太夫又三郎。义政及其重臣按照严格的等级次序就座观赏。表演持续了一周,每天都有几场。

典。它从未被彻底废除,义政统治期间每年不止一次征收"段钱",①此外还新增了多种捐税——建筑物、零售店、仓库、酿造商、粮商、酒商每年都被迫数次交纳捐税。批发商可以借顾客来分担他们的重税,但小零售者们只能纷纷破产。所以,他们离开家加入领主的军队,这也正是领主力量壮大并足以挑战幕府权威的原因。

正如默多克在他对于足利封建制度富有活力的观察中所看到的,战争对农民的伤害并不严重,因为他们本已一无所有。他们恐惧的是收税人和债主。参军可以使农民避开二者的伤害。毫无疑问,征召这些农民参军增加了足轻的数量,从而改变了15世纪战争的特征。

七　室町幕府的财政

应仁之乱期间的编年史记载倾向于把室町幕府的衰败归因于执政者的恶政,尤其是义政的顾问们。但事实上,幕府窘迫的财政为行贿等恶行提供了机会。室町幕府真正衰败的原因是缺乏充足的财政来源,无论政府何等有力、诚实,这都是无法克服的缺陷。

镰仓幕府灭亡的一个原因是蒙古入侵所引发的财政消耗,这次消耗未得到完全恢复。但在灾难来临前它的财政得以维持了长达一个世纪。而室町幕府并没有坚实的财政基础。1336年足利尊氏没有扩张军事力量的财力,于是他被迫采取了应急措施,这就是"半济"（税收的一半）的征收。"半济"和源赖朝征收的兵粮米是同一性质。为方便计,尊氏授权几个地区的守护获取庄园收入的一半。这本来是应急之策,但实际上从未停止,而且不久后便扩展到更多地区。地产所有者们为此深感厌烦。此外,守护代滥用职权,他们以征收半济为借口进行掠夺,扩大自己的财产。不晚于1400年,幕府几乎很少,甚至不能从中受益。

理论上守护是由幕府任命的,他们理应将管辖区内所收捐税的一部分上交京都,但实际上上交时有时无。到15世纪中期,幕府几乎从地方收不到任何东西,它又试图征收很多其他类型的直接税。他们将目标锁定在商人阶级,其中最丰厚的部分来自高利贷资本家,他们大多居住在城市。这样的征税有定期和不

---

①　尾张一个寺院的账目中记载了用于1428年的天皇继任大典的段钱。每段土地征收50文钱。1段＝0.1町（0.1公顷）,因此40町的土地可以征收2万文钱,价值大概10升米。

定期之分,都是为了填补幕府国库的频繁亏空。根据史料记载,义满一年内征收"仓役"①四次,到了义政执政时,不但没有停止,还增至一个月八次。如此征税引来了众多不满,尤其是当人们意识到他们只是在为大人物的奢侈买单。

总之,直到 1400 年,将军任命的各地守护仍然上交一部分正税和段钱之类的特别税。但是,他们的贪婪和反抗比对幕府的忠诚更为强大。15 世纪中期,各地区的领主,上至守护下至乡村小贵族,把众多的庄园据为己有,因此幕府的国库收到的捐税很少。1478 年新年前,一般要大肆庆贺,寻尊住持却描绘了一幅凄惨的画面:"整个国家都没有什么值得高兴的事……各国自从应仁之乱爆发后就不再交税,本应听从幕府命令的守护们②也对将军的命令视而不见。守护们说愿意顺从,但守护代们却说什么都做不了……总之,整个国家都被抗命的氛围笼罩着。"

为了进一步说明幕府财政的困难,皇室更为凄惨的景况值得一提。一个算命的人称 1440 年是关键的一年,充满战乱和困难。当时天皇的守卫们戒备松懈,竟然有盗贼潜入宫内,甚至有一次找到通道进入内侍所,那里保存着皇室的神器。盗贼们偷走了钟和一些衣物。成群的盗贼昼夜窜行于街市,还放肆地闯入一些军事要地。朝廷贫困不堪,没有储备金去修缮伊势神宫,甚至因为资金短缺而放弃了如加茂神社等一些神宫的庆典。对天皇和将军至关重要的八幡宫也无钱修缮。曾经有传言称将军的盔甲被卖掉以筹集资金,但这可能并非事实。

室町时期的许多经济和社会发展暴露了幕府政权的失败。"德政令"的失败、平民起义、关卡被摧毁,这些都显示了政府的无能。以这样的方式解读这些事情并非没有道理,因为很显然幕府并没有清楚地认识到社会和经济变化的实质。但是,即使它做出了更为明智的决定,也不会有多大差别。整个国家正处在蓬勃的发展之中,不可遏止。

---

① "仓役"的"仓"指的是高利贷资本家保管抵押物的仓库或石屋。它不是向石屋或屋内的东西进行征税,而是向高利贷资本家的所有财产进行征税。

② 播磨、备前、备后、备中、美作、伊势、伊贺和四国的全部。这些地区都在京都附近,并在幕府的直接控制下。

第十三章

应仁之乱

田乐舞者(左)与猿乐舞者(右),出现在《七十一番职人歌合》的插图后。

一　应仁之乱的起因

应仁之乱（1467—1477）历时长达 11 年之久，是日本中世纪历史上最残酷的战争。它的起源颇为复杂，在个别行动和事件中寻找它们一定是徒劳无功的。其爆发始于武士家族间的反目，但这仅是导火索。要探究其真正原因，必须思考室町时期的社会特征及其他众多因素。

镰仓幕府灭亡后的一个世纪，社会展现出很强的生命力和力求改变的精神，例如传统的逐渐消失、新生力量的出现、新阶层的形成、新财富的创造等。对权力和财产的竞争使人们不愿再受封建制度的束缚。对于跟踪这些潮流的学者来说，每个社会阶层的变化都很明显，比如平民起义、商人反抗法律、佃户驱逐领主、小店主大发横财、各地武士削弱将军代官的势力等。武士家族内部也时有关于继承权的争吵，幕府的权威岌岌可危。尤其是 1441 年义教死后，幕府权威丧失殆尽。

将军的家臣们沉溺于都市生活，这无疑也助推了战乱的爆发。当他们相互攀比在首都的影响力时，各地最为强大的家族逐渐壮大自己的影响力，试图从幕府独立出来。他们结成联盟，谋划叛乱，尤其是细川、斯波和畠山三个家族。义政对这些事毫不在意，他的无能使他们的前景愈发光明。

大约在 1450 年，在畠山氏继承人问题上出现争执，而斯波家因为一个家臣反对养子继位而发生分裂。这样的反目通常不是发生在家族成员间，而是发生在第三方之间，因为真正的敌意经常并不存在于潜在的继承人中，而是他们各自的封臣或其他下属之间。继位之争逐级向下传递到无足轻重的家族中，直到几乎所有分国中都出现了对立。只要大家族的军队之间发生冲突，就必然导致广泛的动荡。毫无疑问，义政政权的动荡导致混乱不断累积，只有一场强有力的革命才可以平息这场混乱。应仁之乱及其带来的所有恐怖，都可以解释为这种革命运动。虽然战乱的直接后果是更多的混乱和苦难，但却是重建稳定果断的政权的必经之路。

应仁之乱及其他战乱年表

1443 年　足利义政继任将军。

1445 年　细川胜元成为京都管领。

1449 年　足利成氏成为镰仓公方。

1457 年　太田道灌建造江户城,足利政知被派往关东。

1458 年　义政建造室町殿。

1464 年　义视在政务上协助义政。

1465 年　富子为义政生子(足利)义尚。

1466 年　山名宗全和细川胜元在京都附近招兵。

1467 年　应仁之乱爆发,山名宗全被宣布为逆贼,11 月相国寺被毁。

1468 年　义视投靠山名氏。

1469 年　义政以义尚为继承人。

1471 年　一向宗在北部聚集势力,朝仓氏成为越前守护。

1473 年　山名宗全和细川胜元逝世,义政退隐。

1477 年　大内氏离开京都,应仁之乱结束。

1485 年　山城平民起义。

1489 年　义尚去世。

1490 年　义政去世,足利义材*继任将军。

1492 年　北条早云控制伊豆。

1493 年　义材退位。

1494 年　细川政元成为京都管领。

1495 年　北条早云占领小田原。

1508 年　大内氏助义材复位。

1523 年　暂停与明朝的官方贸易。

1530 年　发现石见银山。

1542 年　葡萄牙人到达种子岛,火器传入,北条氏康在河越击败上杉氏。

1545 年　倭寇大规模袭击中国沿海。

1548 年　最后一次与明朝开展官方贸易。

---

* 后先后改名义尹、义稙。中世日本武士、贵族、文人等往往有多个名、号,翻译中一般仅取最常用者。——译者注

1549 年　沙勿略登陆鹿儿岛。

1551 年　大内氏被陶晴贤击败。

1554 年　毛利氏继承大内氏的领地和权力。

1555 年　上杉谦信和武田信玄在川中岛交战。

1560 年　织田信长在桶狭间大胜。

二　应仁元年

　　畠山氏和斯波氏两大管领之间的争斗甚至波及两家的支持者和反对者。但这些冲突都不是决定性的，事实也证明，这些竞争者都不是强有力的领袖。此外，因为这两大家族的军事力量在对峙中理所当然地遭到削弱，其影响力也逐渐衰退。到 1450 年左右，全国最有势力的武士家族是细川氏和山名氏。

　　细川胜元颇具才华，有卓越的管理能力，管辖区域秩序井然，深受家臣的爱戴。尽管胜元的同伴和敌人都在不停地制造动乱，但他态度坚定而超然。胜元遗传了祖先细川赖之的性格，赖之是日本历史上的著名政治家，深受将军义满的青睐。

　　胜元的岳父山名宗全是一位全然不同的武士首领。他的家族在过去曾因领袖不够谨慎而遭受损失，直到赤松氏战败，山名氏的地位才有所提升。* 尽管如此，宗全野心勃勃，一心想要使自己的家族获得至高无上的地位。他性格暴躁，几乎因愤怒而中风。因为面色赤红，他被称为"赤入道"（他在晚年出家）。

　　胜元的家族世任管领，而且深受将军的信任和支持。宗全嫉妒胜元，也不喜欢他，于是下决心摧毁他。但他却找不到合理的理由与胜元对立，胜元是个机智谨慎的敌人，而宗全在没有确认自己的实力之前，不想轻易和对方摊牌。因此，他止步不前，反而积极参与其他家族对于继承问题的争吵。宗全的立场摇摆不定，因为他的目的不是和平，而是寻找对抗细川氏的同盟。关于他的进退无须详细描述，因为这只不过是封建强权政治下的寻常过程而已。

　　1464 年，政局错综复杂。义政厌倦朝政，一心享乐，这使得决定将军继承人变得势在必行。对导致应仁之乱爆发的政治事件的历史研究常常把部分原因归

---

　　* 明德二年（1391），山名氏清和山名满幸发动反对幕府的动乱，结果失败，导致山名氏一时衰落。赤松满祐暗杀足利义教后，宗全成为讨伐赤松氏的主将。详见前文。——译者注

咎于义政。事实上他确实无心朝政，在做出决定时也常常出错，但即使最具英雄气概的努力，也未必就能遏制当时的局面。

尽管义政厌烦朝政，但起初也并未疏忽。义政虽然不喜欢细川胜元，但仍肯定他的才能并听取其意见。然而，摆在他面前的问题往往是无解的，而且他常常会为其他事情分心。他时常在政所执事伊势贞亲和他喜爱的女人，尤其是性格果断的夫人日野富子的意见之间摇摆。1464 年（掌权 15 年后）义政准备退位，尽管当时他才 30 岁。

细川胜元非常重视将军继承人的问题，他试图拥立义政的弟弟义视。义视当时任净土宗寺院的住持，起初不愿离开宗教生活。1464 年年末胜元劝服他参政以协助义政，这被理解为他将在时机成熟时继任将军。不料一年后义政的夫人富子诞下义尚，使义视处境尴尬。但他依然听取胜元的意见，作为义政的执事继续执政。

富子当然对此愤怒不已，便拉拢山名氏来拥护自己的幼子。就这样，细川和山名之间冲突的性质发生了变化。一方面是将军，有义视的支持和细川氏的保护，另一方是富子和她的幼子，有山名氏的支持和保护。现在的问题是高层之间对于继承问题的争执，不是出现在家臣之间，而是出现在将军之职的竞争者之间。

到 1466 年年末，山名氏通过政治手段获得了更多的支持者，自以为已经有足够的力量与细川氏抗衡。《应仁记》之类记载中的数字虽然不完全可靠，但却足以反映出当时两个家族之间的大致情况。排除可能由不可靠的同盟者提供的人数，大致数据如下所示：

细川		山名	
胜元	60000	宗全	30000
支系	20000	支系	11000
同盟者	5000	同盟者	39000
	85000		80000

从上述数据可见，两家可谓势均力敌。但事实上细川氏略占优势，他们的军队更可靠，人数上也略胜于山名氏。

应仁元年（1647）年初，山名宗全和族人、同盟者商议后向义政抱怨称，胜元干涉畠山氏接任管领的人选（分别是畠山义就和畠山政长，山名氏支持谁取决于哪个选择更有利于实现自己的目的)。宗全请求出兵,以叛乱之名惩戒胜元,但义政只是口头训斥了事。当晚,宗全(当时住在义视的府邸)把义视移入幕府所在地,以此对抗胜元,他已经加强了此地的防卫。与此同时,胜元也找到了作为大本营或防御堡垒的合适地点。双方都开始调动兵力,京都眼看就要成为战场了。

义政担心一旦战争在京都爆发,将会扩展到全国各地。他要求当事人不要进一步参与畠山氏内部的争端,而是让他们自己决出胜负。同时他也警告宗全和胜元,在京都内先发起战争者将被视为叛乱者。

因此,尽管宗全和胜元都在京都附近拥有大量军力,但都不敢先发起进攻,双方按兵不动。虽然将军势单力薄,但他却有一个强有力的武器,即拥有把某方指为逆贼,并上报天皇严惩叛乱者的正式权力。任何武家都背负不起叛乱者的罪名,因为这个罪名会使他众叛亲离,也会给对手一个进攻自己、抢夺自己财产的正当理由。

京都的紧张局势持续升温。根据当时的史料和文献中的记载追溯事件的发展颇有趣味。这些记载来源于目击者的陈述和送往大寺院的杂记,所有这些材料都必然传达了所有居民都感受到的紧张感和可怕前景。

1467 年 1 月,据史料记载,当月照常举行了元旦庆典。庆典第 11 天在伊势神宫举行了祈祷和平的仪式。第 13 天在幕府官邸举行了定期的诗歌表演。随后是上述宗全和胜元的政治动向。表面上一片阴霾,但尚未形成公开的裂痕和冲突。同年 2 月,胜元便得知西部大名大内氏正率领 2 万人前来支援宗全。

3 月,宗全和他的将领们前往觐见将军义政和义视;胜元一伙拒绝参加,而是忙于准备战争。3 月末,细川家官员的宅邸被烧毁。危机迫在眉睫。4 月,山名氏送往京都的粮税在丹波被细川氏截获。在京城城郊、近江、尾张和越前也频繁发生纵火事件,能够逃走的人都离开了,皇宫也加强了守卫。山名氏和细川氏都在城里召集军队,山名氏在室町以西,细川氏在东。谣言四起,人心惶惶。17 日晚,一位宫廷贵族记载称:"据说今晚将有紧急事件发生,出于安全考虑,年轻的天皇被送往南部的郊区。"

终于,在 5 月末,细川氏的军队攻击了山名氏将领一色的府邸。战争持续数日,双方均死伤无数,同时也有寺院、神宫、居所等大量建筑物被烧毁。其中一些是被士兵,另一些是被强盗烧毁的。

6 月初,情况依旧。义政要求双方暂时协议休战,但徒劳无功。不晚于 6 月末，又有上千亩土地被大火烧掉，战事接连不断。最初，在狭窄的城市里，双方几乎只能在街垒旁近身肉搏，但后来随着建筑物等被大量烧毁，双方得以在空旷的大街和废墟上施展野战战术。随之而来的是最为惨烈的巷战，双方挖筑战壕，尤其是在京都北部的一条大街上。

尽管义政曾警告双方，在首都挑起战争者将被视为叛乱者，而显然是胜元的军队首先发起进攻，但胜元成功地诱使将军给宗全冠以叛乱的罪名。7月初，义政要求弟弟义视惩戒叛乱者，并任命胜元为大将。胜元被授予标明其地位的旗帜，但将军拒绝为他取得通常由天皇授予的任命。

这使胜元获得了某种道德优势，一些宗全的支持者退却了；但从长远来看，更有效的是胜元在支持宗全的山名、大内和斯波的各分国的密使，他们在这些分国制造混乱，迫使山名和大内的队伍不得不返乡保护自己的利益。宗全意识到情况不妙，于是派兵到播磨征集更多军队。这支部队7月初强行进军丹波，试图从那里出发，包围京都。7月战事连连，纪律涣散的士兵们大肆纵火掠夺。据可靠史料记载，有上百座大型建筑被摧毁，而破坏仍在继续。数以千计的房屋被化为灰烬，一个曾经闻名一时的地方"沦为荒野"。

城内的战斗发生在很小的范围内，兵力的调动受到很大限制。细川军（称为"东军"）占领了包括幕府官邸、实相院、相国寺和细川自己府邸的小片区域。山名军（称为"西军"）占领了这片区域以南和以西的地区，他们的防线从五辻宫向东延伸，主要驻扎在现代所说的西阵。① 细川没有什么辗转腾挪的余地，他的军队被限制在城北一隅，与东部、南部的联系也被山名氏和斯波氏等势力切断。9月初，山名氏的援军到达。胜元得知，除此之外，还有大内政弘的2万援兵扫清障碍，抵达了位于摄津的有马。胜元试图在城南阻击大内军，但没有成功，大内军从山崎沿路进军并在北野与山名军汇合。

大内军的构成值得我们的注意。他们分水陆两路，于8月末到达兵库。大内政弘亲自率领500艘船充当先锋，船只总数达2000艘，分别乘载着来自周防、名古屋和九州的军队，并由野上、仓桥、吴、古久屋等海盗护送。陆路主要由从石见来的部队构成。《应仁记》中记载，大内的援助使山名氏如鱼得水，如虎添翼。

凭借援军的支持，宗全决定切断胜元与外界的所有联系。他计划首先攻击细川家位于皇宫附近的兵力。几乎是在同时，胜元也试图清洗将军身边的富子

---

① 意思是西面的军营，后来有一种著名的丝织品由此得名，即西阵织。

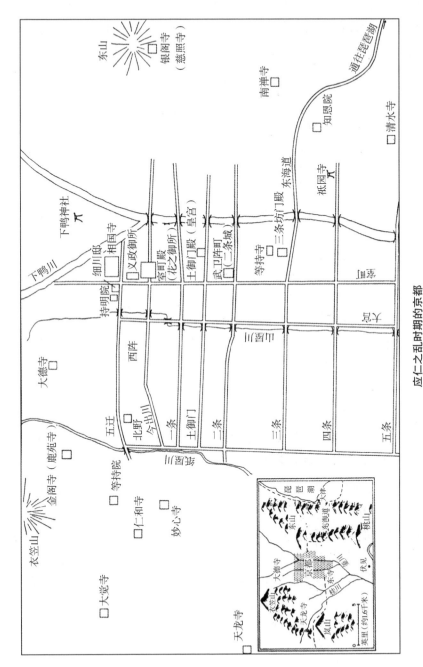

应仁之乱时期的京都

此图描述了15世纪中期的京都北部，以及东郊、西郊城郊的一些主要寺院、宫殿和神社。

和山名同党，只是不得不谨慎处理。1467 年 9 月，胜元率军包围了室町殿（花之御所），并要求逐出山名的 12 名同党。但是如果胜元攻进将军的居所，那么将无异于一种叛乱，所以他的行动劳而无功。然而，胜元听说宗全计划攻占皇宫，劫持天皇和上皇，于是派出可靠的将领把他们护送到幕府。天皇被带到幕府入口处，却发现那 12 名犯上者在大门口设置了障碍，无法进入。直到深夜时分，那 12 名犯上者从后门逃走，他们才得以进入。

9 月下旬，山名氏进攻了邻近皇宫的三宝院。三宝院坐落在土御门-万里小路，在都城的东北部。参加这次进攻的大约有 5 万人，三宝院和临近的建筑被烧毁，山名军攻占了其他一些战略据点，包括皇宫。东军处境危险，被包围的胜元方将领也开始从各自的分国召唤援军。

细川氏得到了位于摄津和丹波的赤松家的援助。赤松军前来支援的途中受到西军的干扰。随后他们在南禅寺附近一个叫山科的地方落脚，并且一举击溃山名、大内进攻时机不当的几支军队，不久后抵达细川氏在京都的本阵。

尽管如此，山名氏的形势愈发有利。10 月初，宗全攻克了胜元方所有的外围防御工事，留给胜元的只剩相国寺、幕府官邸和细川氏府邸。胜元尝试反击，但之前的战斗把大片地区夷为平地，易攻难守。细川方最为脆弱的阵地是相国寺。宗全的将领决定在 11 月 1 日攻打相国寺，他们贿赂僧人纵火，趁浓烟四起时进攻。寺院随后被占领，守军被迫沿着一条撤退。

然而，西军也精疲力竭了。战事夜以继日，直到双方军队都无力再战，尸横遍野。当时的史书描绘了一幅令人毛骨悚然的杀戮画面。据说大内氏运载了 8 车头颅，抛入战壕，剩下的则更多。

相国寺临近幕府官邸，将军的妻室为了躲避火灾和强暴，请逃到安全地带。但是据说义政依然保持镇定，与其宠臣把酒言欢。

经过五个月不间断的战争、烧杀和抢掠，这座美丽的城市变得不堪入目。1467 年年末，幕府曾发布过这样的公文："我们本以为的华美不凋之城不复存在，已成为狐狼之穴。过去也曾有过叛乱者和入侵者，但在应仁元年，诸神与先皇的律法威严扫地，所有的宗派也随之灭亡。"义政写了首短诗，值得在此引述，尽管翻译过来的文本已经无法表现出它原有的典雅："熟知的都城，傍晚野地的云雀腾空俯瞰，也会落泪。"①

---

① 原文为：なれや知る／都は野辺の／夕ひばり／あがるをみても／落ちる涙は。

三　应仁之乱的尾声

11 月相国寺被烧毁后,胜元的一名将领夺回了这座寺院,曾经壮观一时的寺院如今已化为灰烬。宗全无意夺回这块土地,这两个精疲力竭的对手在这一年剩下的时间里面面相觑,都没有继续采取行动。双方都在盘算要打一场旷日持久的阵地战,宗全貌似占据了上风,因为胜元仅仅控制着京都七个入口中的一个。[①]

胜元在新年的第一天便发起进攻,这一反常之举让宗全和正在喧闹作乐的军队都着实吃了一惊。在几次激战后,进攻者们撤回。之后一直到 4 月,双方几乎没有交战,直到胜元的一支部队试图切断西军的补给线,同时城内也发生了血腥的冲突。但此后,战火看似已经熄灭了。除了一些大胆的年轻武士的出击和远征,两军只是日复一日地怒目以对。

双方都躲在大量防御工事后面,希望采取守势,于是相应地修建堡垒,挖掘战壕。有记载称,两军之间的战壕足足有 3 米深,6 米宽。而且东军还找来一些技师设计和建造武器,向西军投射木头和石块。也有一些武士为了调节乏味的生活,纵情于优雅和平的消遣之中。他们吟诗作对,穿着丝绸织成的奇装异服,并模仿中国的诗体,就如同威灵顿子爵的部下在托雷斯-维德拉什待命时,演绎莎士比亚的拉丁文诗作一般。

就这样,几个星期过去了,只有偶尔几次出击点缀其间。9 月发生了几次较大规模的战斗,主要是在东部战线,之后到年末都未发生任何大规模的战斗。但两军仍有碰撞,建筑等仍在持续被摧毁,成为这些零散战斗牺牲品的是一些重要的寺院(包括天龙寺)和清原氏府邸,也包括大量藏书及前人传承下来的文献。

---

① 七个入口如下:

入口	道路
东寺口	摄津道
五条口	东海道(东部大道)
四条大宫口	西海道(西部大道)
竹田口	纪伊路(向南)
三条桥口	往近江的东部道路
大原口	往若狭的北部大道
清藏口	山阴道(通往丹波的西部山路)

最后一个是细川可以使用的唯一通道。

1468 年以后的重大军事行动都发生在地方。在京都，胜元和宗全都专注于政治斗争，尽管双方都不得不对日本其他部分发生的事情保持密切关注，但中心问题是将军继承人的人选。义视的要求合情合理，但实际上却没有支持者，他只不过是胜元和宗全游戏中的一枚筹码而已。

义视处境尴尬，几次犯险（这里无须赘述）后终于意识到自己不过是宗全的将领而已。这种反常的局面在那个背信弃义、反复无常的年代里颇为典型。将军义政现在可以把富子四岁的儿子义尚作为继嗣了，他在 1469 年走出了这一步。应仁之乱虽然最初是以山名和细川二氏的对立为开端，但却逐渐演变为义政和义视兄弟间的继位权之争。义政理所当然地诱使后土御门天皇剥夺了义视在朝廷的职衔，并宣布他为逆贼。

大体上说，皇室并未真正卷入到应仁之乱中。但在 1471 年，战争出现了令人瞩目的进展，南北朝之间再次爆发了战争，或者说是对之前战争的拙劣效仿。当时，山名宗全希望通过扶持一位假冒的南朝天皇获得支持，这个人乔装成女人坐轿抵达山名的军营。但义视并不支持此举，因为他并未放弃对在位天皇的忠诚，所以此举最终并未成事。不久后这位假冒的天皇便踪影全无，只存在于传闻之中。

1472 年年末，宗全和胜元各自的一些将领回到领地去平定自己不在时发生的战乱。随着时光的流逝，留在京都残垣断壁间的大部分人开始厌倦接连不断的战事，宗全和胜元二人也都开始渴望和平。但次要的将领们仍然情绪高涨，休战无法达成。心力交瘁的胜元承诺遁入佛门，从此隐退，而当时宗全早已出家，宣称将会自尽。这些戏剧性的手段被证明没有必要了。1473 年，二人离世，宗全享年 70 岁，胜元享年 43 岁。

山名和细川两家的首领死后，双方军队的势力迅速减弱。直到义政开始担心，如果东军继续削弱，他将面临来自大内氏的威胁。于是他向全国颁布御教书，要求维护和平，当然矛头主要是指向大内氏。两军开始谈判，虽然最终未达成一致，但还是达成了一定共识，很多将领屈服于义政。但大内氏坚持，除非义政和义视就继承问题达成协议，否则拒绝投降。他甚至拒绝了将军直接下达的放下武器的命令，尽管将军同时承诺将会对他宽大处理。京都内外和大和地区仍有零星的战事。1475 年，大和春日神社的平静在大内氏和畠山政长的殊死战斗中被打破。

战争旷日持久，越来越多的西军将领军队臣服于将军，因为他们想返回自己的领地。最终，大内氏也改变初衷，臣服于义政，并于 1477 年 12 月 17 日率军离开京都返乡。随着他们的离开，残余的部队风流云散。山名氏的军队也于前一晚离开。当时的日记这样描述他们的离开："敌军阵地里的一些地方被烧毁，二条也被烧毁了。但这些都是足轻所为。"所以，山名军最后的行动是肆意的破坏。

直到此时，和平仍未降临到这个荒废的国家，关东地区的苦战仍在持续。足利氏的武士正与上杉氏争夺东部各国的管领之职；另一方面，九州的大家族间也战事不断。因此，除了细川氏管辖的四国地区，在全国很难找到一块没有战火的地方。

残酷的应仁之乱并未带来任何正面影响。战争的目标从来都不明确，当然毫无疑问它们也没有实现。这场战争只是以可怕的破坏为代价证明了细川胜元具有超越敌方的政治才能。如果在烽烟四起的背景下审视这一政治场景，其中的演员不过是被野心冲昏了头脑的不幸动物。没有可以让人纵情想象的英雄人物，山名宗全只不过是个强盗，细川胜元更有教养，但却令人厌恶地狡猾、喜欢算计，他的残忍与其对手不相上下。真正有趣的是那些地位低一些、有着各种小缺点的人物，他们的过错在这样一个窃国者侯的动荡年代几乎不值一提。将军的妻子富子贪婪、狡诈，但富有教养，并且勇敢；还有将军腐败的谋士伊势贞亲和日野胜光；以及将军一群善于密谋、告发和侵占钱财的侍妾。但是最不可思议的还是将军本人。

四　东山殿

经常有人责难义政疏于政务，沉溺于享乐。这样的指责有一定道理，但却不足以解释他的所作所为。他承担了比前任们更为艰巨的任务，因为从义满的时代开始，社会和政治的崩溃就已在加速。因此无论义政是否喜欢，他都不得不做出决定，发布命令，对于政策发表自己的见解。就任初期，他看起来曾致力于政事，但他那时毕竟很年轻，而辅佐者提供的建议却并不高明。

义政的确犹豫不决，常常犯下错误，但我们不敢保证比他英明的人就一定能做到更好。他遭遇了太多不利的情势。义政继任时，对幕府的颠覆行为已经蔓延到上至傲慢大名，下到劳动民众的各个阶级。虽然有细川氏在背后撑腰，但义政仍然控制不了山名氏，这个事实证明，武家的力量已经势不可当。应仁之乱毫无意义的破坏不应归因于义政，而应该归因于整个武家社会。只有考虑到这样的情势,才能对他的行为做出批评。义政是一个聪明又多才多艺的人,如果是在文艺复兴那样的和平年代,他必定是位杰出的领袖,但他确实无力重整当时迅速崩溃的社会。只要看到身边有死亡和灾难发生,义政便会心烦意乱。这种敏感的性格使他自然而然地愿意与女人为伍,而远离某些军事领袖。那些人的大嗓门和激烈的意见一定很不合他的胃口。不幸的是,义政亲近的人选不是毫无瑕疵,而且他允许她们涉足政务,实际上也就是接受贿赂,接受请托。

有好几位这样的女人,其中获取不义之财最为熟练的是富子,她与哥哥日野胜光联手非法聚集了大量财富。胜光是义政的谋士,自己就是一个侵吞公款的高手,他公开宣称,如果原告不先给他送礼,就根本没有必要来找他。① 但他的妹妹富子比他更加唯利是图。她在米市和借贷方面的活动都很有名。富子最有创意的一个办法是在进入京都的七个入口处谎称修缮皇宫,非法征税。平心而论,义政是一位很难缠的丈夫;不过即便如此,不快乐的家庭生活也并不能成为富子行为的合理借口。

义政的其他谋士即使没有这么贪婪,也并不更值得信赖。伊势贞亲深得义政的信任,对他有影响力。但是他不为武士首领们所喜,在战乱爆发前就被赶出京都,过了一段时间后才回来继续为将军出谋献策。

如果说义政的夫人和亲信精于聚敛,义政本人则挥霍无度。他的挥霍臭名远扬,这或许是因为他的绝望。他渴望从个人和政治生活的失败中逃脱。他的世界正在破败。义政想要出家,他求教于禅师,希望获得心灵的宁静;但他最终还是专注于审美的追求,从习惯性的悲观中寻求自由。1473 年,义政退位并立义尚为继承人。

所以,这位失败的武家社会领袖从对艺术的赞助和赏鉴中获得了一定的满足感,他为戏剧、舞蹈、绘画、建筑和总体上美学品味的提升提供了灵感。他证明,通过对粗野的反抗,即使在战争时期,艺术也可以繁荣。黑暗时代也有其光明的一面,室町时代的很多领域出现了具有建设性的活动,与战争并存。义政退位后隐居在京都东北郊的东山殿,在那里继续鼓励艺术创造,其成果同样不可忽视。

这里无暇论及室町时期的美学,但有必要提及义政纵情于诸如壮观的典礼、

① 这些记载来源于东寺(兴福寺在奈良的分寺)的《杂事记》。这件事是关于寺院财产的常见的案子。

奢华的宫殿、戏剧表演、造型艺术及鉴赏活动的岁月中发生的一些事情。①

　　1458年新的室町殿及义政母亲居住的高仓御所落成。1464年应仁之乱爆发前,他举办了最为精心准备的能乐表演之一。战乱后的义政把大部分精力用于兴建及修复建筑上,其中最著名的建筑是银阁寺,它是东山殿的一部分。银阁寺显然在很大程度上受到义满时期金阁寺的影响,但有趣的是两座建筑体现了不同时期的美学标准:一个金碧辉煌,另一个却是黑白灰色调的轻描淡写。这座宫殿于1493年(义政死后3年)落成,尽管在本来的计划中会使用银箔,但是否确实如此,不得而知。

田乐舞者(左)与猿乐舞者(右),出现在《七十一番职人歌合》的插图后

　　义政在银阁寺专研茶道(他把茶道提升到美学的层次),招待自己喜爱的人。这些人不再是以前那种寡廉鲜耻的唯利是图之人,而是能够与义政探讨宋朝书画和瓷器的艺术家、诗人、剧作家等。他为了收集这些书画和瓷器倾注了很大财力。今天,每件"东山藏品"都是无价之宝。另外,与这些年份(大概15世纪最后的二三十年)联系在一起的,是许多著名艺术大师的名字。能乐的真正创始人世阿弥于1443年离世,但是能阿弥、艺阿弥、相阿弥、观世以及举世无双的画家雪舟都出现在这一时期。

　　义政所领导的艺术发展不局限于统治阶级,京都和堺的富商通过购买艺术品和对于提升品位的普遍追求,也做出了贡献。各地的军阀曾为争夺领土而战,现在也竞相购买瓷器。

　　在某些方面,义政是中世纪日本最引人注目的统治者,因为他创造和管理了

_____

　　①　有关这一时期的艺术发展,读者可以参照笔者的《日本文化简史》修订版,伦敦,1952,第18章。

一个不仅对于本国历史，而且对于美学鉴赏史也很重要的美学社会。或许会有人反对说，义政并没有创造这个社会，但是毫无疑问是他强烈的个人倾向使这一社会得以形成。如果没有义政的保护和慷慨援助，当时的那些艺术家、剧作家、舞蹈家和音乐家不可能充分施展其才华，获得公共认可。作为统治者，义政只是一个傀儡；但是在艺术与文字的世界，义政并非仅仅是一位浅薄的爱好者，而是一个具有坚定和敏锐判断力的人。在这一领域，义政表现出了创造力和领导力，为当时的审美生活指明了清晰且积极的方向。

尽管义政在政治上确实存在不足，但一旦做出选择，他有能力展示出强大的领导能力。因为国家处于叛乱中，到他的时代，将军已经无法施展政治权威；但他已经出色地完成了自己能做的事情。

有时候人们认为，东山一些名作的创作源于禅宗的灵感。这是一种暧昧的说法，除非能够对灵感和禅做出清楚的定义，否则无法让人接受。至于说禅教导人们"直指本心"，它必然反对虚妄、做作、晦涩、迂回，但是艺术和个人生活中品味的各种标准都是这样的。我们不需要求助于形而上学来解释艺术作品中纯粹的创造本能。

义政自己的宗教信仰十分宽容。他既对神道感兴趣，又喜欢禅宗僧侣的陪伴。在他的时代，这些僧侣在文艺上常常比在宗教思想上更加活跃。但义政在晚年却一直接受净土真宗的教诲，他与来自黑谷的一名僧人关系甚密，一直到临终前都听他诵经念佛。

第十四章

应仁之乱后的京都与地方

雪舟一幅长卷的细部，约 1470 年。毛利家藏品。

一　细川氏与足利将军

应仁之乱结束后的那些年中，最重要的特征就是足利幕府的彻底崩溃。义政死于 1490 年，政权随后落入细川氏之手——如果说此时有一个政权的话。义政之后，除了义尚（他继承了母亲日野富子的胆识），其他继任将军都不过是傀儡而已。义尚曾勇敢地尝试压制武士首领的不臣之心，但他还未来得及执行自己的计划，便于 1489 年死在军中。

1490 年，义材（义视之子）就任下一任将军，但他也未能执政很久。1493 年，细川胜元之子政元拥立了义政的另一个侄子义澄为将军，义材因对政元的恐惧而逃离京都。义材于 1499 年重返京都，暂驻延历寺，但不久便被细川氏驱逐，大量寺院建筑被摧毁。义材前往山口向大内氏求援，大内义兴借机召集军队，进军京都。1507 年政元在京都遭遇暗杀，次年义澄逃离京都，义材复位。

从这些例子中不难看出，正如将军过去利用天皇一样，武家也利用将军，将其作为傀儡。现在的战争不再是关于将军的继承，而是毫不隐瞒地争夺"管领"这一要职。细川政元死后，这场战争主要在他的养子高国和澄元间展开。

情况变得不可思议，如果说不是显得滑稽的话。因为澄元本身也是一个傀儡，他被细川氏的家臣三好操纵。于是我们看到这样一幅画面：一个傀儡去争夺一个能够操纵傀儡将军的职位。这是对于当时所谓战争起因的绝佳描述——实际上根本算不上起因，而只是发动战争的蹩脚借口而已。

大内*在京都一直待到 1518 年，以保护将军抵抗三好氏及其党羽。在这个充斥着各种恶行的年代，大内是一个颇具雅量的人物。他为深陷困境的将军和天皇提供了财政支援，无疑是为京都的和平和稳定做出了很大贡献。但他不得不返回山口处理自己的事务，随着他的离开，京都内外又一次燃起战火。

---

* 此处指 1508 年进京的大内政弘之子义兴。——译者注

1490 年到 1550 年间，将军的任职或下台几乎都服从细川氏的意愿。从第十代开始的一系列傀儡将军如下：

义材　1490 年任职，1493 年退位。

义澄　1493 年任职，1508 年退位。

义材　1508 年复职，1521 年退位。

义晴　1521 年任职，1545 年退位。

义辉　1545 年任职，1565 年被弑杀。

义荣　1565 年任职，1568 年离世。

义昭　1568 年任职，1573 年被罢免。

1558 年，最后一位有实权的管领细川晴元败于三好和松永之手，其地位被从前的臣下取而代之。三好和松永都背叛了对细川氏的忠诚。在未来的十几年中，这两个家族将在山城国及其临近地区制造麻烦，并被将军义昭的支持者所压制。细川家族和足利幕府后期将军们的崩溃本身并不足道，但是它有助于说明所谓战国时代政治史的主要特征。战国时代紧接着应仁之乱，持续了一个多世纪的时间。①

在这一时期，只有不多几个一度显赫的封建家族得以幸存。新生力量出现，新的矛盾对立也随之发展。上述三好氏的例子中出现了新的形式。三好氏是细川氏的家臣，却篡夺了主家的权威；随后三好氏又被他的家臣松永氏所取代。一直到 15 世纪末，这样的变动在各地均有发生，到 16 世纪规模变得更大。

这些斗争中最引人注目的一例或许是大内氏被一名家臣推翻，而后另一名家臣为其复仇的事例。大内氏依靠海上贸易而发达起来，成为西日本的独立王国（他们牢固地控制着周防、长门、丰前、丰后、筑前）。1551 年，大内义兴之子义隆，当时的家督和一位品格高尚的人，被一个名叫陶晴贤的家臣推翻。另外一名家臣毛利元就对主君更为忠诚，他积聚力量，在 1554 年反抗晴贤，并最终战胜了他。晴贤和元就这场日本历史上最具有戏剧性的战争之一在严岛展开，而按照传统，无论出生或死亡都不得污染这座可爱的岛屿。

当时正值秋风鼓动之时，晴贤认为自己在岛上很安全。但他却没有想到毛

---

① "战国时代"这个用语虽然方便，但却并非对日本这一时期的准确描述。这个词源自中国历史上持续了二百多年、终结于公元前 221 年秦始皇统一六国的"战国时代"。但是在日本，冲突不是爆发在国家甚至不同分国之间，而是爆发在个别的军阀之间。

利军在夜间伸手不见五指的暴风雨中登陆,发动奇袭。双方都有海盗的船只加入,在近海交战。晴贤带领残兵试图逃离,在元就的攻击下损失惨重,当逃亡者试图靠近被海浪打散的船只,很多士兵溺水而死。晴贤最终未能逃离,追随他的几位将领一起被迫自杀。于是,元就使毛利家成为大内氏的继承者,在 300 多年中都是西日本最强大的力量。

16 世纪,内战吞噬了日本整个国家,但却很难分辨出导致内战爆发的任何单一重要原因。一些日本的历史学家在"下克上"(即以下犯上)这一表达中找到了一条线索。这是"建武新政"时流行的说法,当时京都城内聚集了很多邀功讨赏的武士。这种陈词滥调浅显易懂地描述了当时按照传统观点看来上下颠倒的动乱社会秩序,从这点来看,它是有用的;但是,它却没能解释它所描述的现象何以出现。

"下克上"甚至被理解为一种民主理念的表现,但是足利将军执政后发生的变化却很难被解释为社会变革。所发生的变化是新阶级以及某些现有阶级掌控的新的力量的出现。这一过程在不同层面上都可以清晰地辨识出来:(a)大量农业工人获得解放,变成掌握小块土地的独立农民;(b)商人、高利贷资本家形成具有影响力的阶层;(c)独立地方武士(地侍)力量增长,他们联合起来,抵抗守护和其他地方权贵的掠夺;(d)无论在京都还是各国,都出现了以前的封臣篡夺领导家族权力的现象。

这些都是重要而且有时伴有暴力的变化,但是把它们描述为民主运动无异于贬低这一政治术语的价值。15 世纪大部分频繁爆发的起义确实反映了大众的不满,也确有农民参与其中,但它们常常是由当地的小土地所有者领导的,诉求则是解决某种特定的不满。尽管有时候这些运动确实发展出政治特征,但它们从不是任何普遍的政治目标所激起的。

二　1485 年的山城国起义

前面曾讲述过山城国爆发的一系列农民起义,它们都是农民和小土地所有者为反抗守护及其官吏的压迫而做出的暴力反抗。应仁之乱爆发前的二十五年间,他们的反叛取得了一些成功。1467 年战争爆发后,他们艰难地在收获季节保卫自己的田地;当城市里的敌对行动结束后,农民们期待能够真正回归和平生活。然而,令人失望的是,应仁之乱的仇恨和敌意扩展到全国各地。同时,顽固不化的幕府，至少是幕府的财政官员和贪婪的将军夫人富子继续强制征税。1479 年，他们声称为修建皇宫，在全国强制征税。1482 年富子提议修复关卡，在京都入口征收入市税。但由于"山城一揆"威胁报复，计划被迫停止。

我们将会看到，当时农民的团结意识大为增强。这里无须详细追溯其成长过程，但可以发现随着地位的提高，农民们以村落或是其他农村社区为单位结成了某种组织，这些社区也会联合采取行动。15 世纪，类似请愿、抗议或赞成等文书中经常出现"惣村"（全部农村）和"惣百姓"（全体百姓）的字样。这里的前缀"惣"①表示这些农民和农村是联合在一起的，这些公文代表他们全体说话。

应仁之乱后，山城国南部的两派武士间争端频发，他们是或者自称是畠山家内部的两个派别之一，两派分别由畠山政长和畠山义就带领。两派间的仇恨可被视为应仁之乱的原因之一，或者至少是其序曲。两派间的战争规模不大，参战者最多不超过一万人，但波及范围较广，也不顾及百姓的生活和财产。大量住宅和寺庙毁于大火，大部分的损失是临时招募的足轻造成的。在一些地方，农民们被迫去搬运物资，或者花钱摆脱强制劳役。但是最后，农民们在有能力的乡土武士领导下组织起自己的力量，看起来畠山家两派的拥护者不得不撤退。他们的前景如此暗淡，以至于被迫联合起来。政长派的一个首领椿井，实际上求助于兴福寺的寻尊住持，在属于义就派的庄园中谋了一个职位。

山城国南部的农民以武力截断了两派的补给，给他们造成了巨大的损失。1485 年年末，农民们与其首领，即经验丰富的"国人"商议，拟定了以下条文：(1) 畠山家两派的军队必须撤离山城国；(2) 武家非法占有的庄园必须全部归还；(3) 撤销所有关卡。公布最后通牒不到一周，畠山两派均开始撤离。一些首领逃到其他各国避难，椿井选择了自杀。

1486 年年初，"山城一揆"的 36 名代表在著名的宇治平等院集会。平等院原为藤原氏的别墅，在这里发生过很多重大历史事件。他们在那里选出了管理山城国的临时机构，官员们按月轮流处理政务。这是乡土武士和农民获胜的时刻，证明了他们决心抵抗压迫的意义。但应该认识到，虽然农民也从新的决策中获利，但地方权贵仍处于主导地位。他们选择在叛乱中与农民联合，但同样也是为了达成自己的目的，因为这一新的联合能够保护他们免受守护及守护代的迫害。

这一临时政府并非昙花一现，而是维持了 8 个年头。官员们定期聚会，施行

---

① "惣"也出现在其他词汇中，例如"惣领"表示全部财产，"惣国"表示全部地区。

平等院会议通过的法律和法规;但实行自治几年后,守护和官员经常通过与国人的勾结恢复旧习,这些国人接受了监督甚至代官的职位。

三　废墟中的京都

到应仁之乱结束时,京都所遭受的生命和财产损失足以令其居民感到绝望,尤其是因为近畿地区的战争和动乱仍在继续,而京都位于笼罩全国的风暴的中心。1477 年军队撤离后,由于执行警察功能的所司代们——侍所的代官力不从心,京都一时间落入掠夺者的魔掌。所司代们懦弱无能,以致很多"一揆"占据东寺、祇园等大的寺院和神社,难以驱逐。"一揆"的首领一旦站稳脚跟,便日夜拉响警报,力图威胁富有的居民。受害最深的并非贵族,而是当铺老板和米、酒商人。一些担心受到攻击的私人房主用礼物和酒菜等贿赂骚乱者;还有一些人用竹子和树木围成栅栏抵御入侵,直到被击败。这些袭击不是偷偷摸摸的,而是光天化日下的掠夺;如果袭击持续到夜里,也会被火光照亮。几乎每次袭击都以纵火告终。城里的大火大多是人为的蓄意纵火引起的,而纵火者不光是"一揆"的起义者,还有老练的罪犯组成的小团伙,他们烧杀抢掠。不久后,京都城内的骚乱和法纪废弛扩散到郊区,并且沿着大路传播到大津和山崎。

然而市民们克服了这种可怕的环境,甚至设法找到了消遣方式。他们去城外远足,参加散乐表演,又或者去参拜加茂、祇园。他们勇气十足地面对重整故居的任务,在焦土上建起新的建筑,包括土御门殿和将军的新的行政总部。(很显然,支持这些工程的税收来自各国,尽管无疑数量少了许多。)没多久,城市就恢复了往常的繁忙生活。三条、四条这两条大街也商铺林立,吸引了众多游客。

事实上,居民们已经习惯了身处险境,并且知道该如何过好眼前的日子,而不为未来担忧过多。他们对于灾难的逆来顺受并不意味着情感的淡漠,因为他们继续推进着城市的市政管理,这项工作在应仁之乱爆发前就已经开始了。战乱过后的幕府如果不能说毫无希望的话,也已经很没有效率,多亏了商人、店主领导下人民的有组织的工作,上京区和下京区才重新从废墟中站了起来。类似的自治形式在其他城市也成长起来,抵抗频繁地威胁市民的破坏性力量。

这种恢复的力量在日本的历史上一再出现,证明了人民的勇气与坚韧。或许还要加上一点,一个依赖木材而非石头的社会容易遭到大火的重创,但同时也能在较短的时间内得到重建。

与此同时，宫廷贵族们也遭受了很多苦难和损失。确实，许多小贵族的财产遭受损失，四处避难，流离失所。但是大家族以某种方法维持了原来的生活方式，虽然也偶尔面临困境，但没有发生巨大的变化。这种印象来自三条西实隆的日记，这本日记记载了1474年到1533年（他死于1537年）发生的事情。实隆目睹了这些巨变，起初变化缓慢。虽然他不得不满足于财产收入减少且不再稳定，但他从来没有体会过那些更为穷困、靠薪俸生活的宫廷官员的贫苦。他娴熟地处理自己的事务，开辟新的财源。那些贵族领袖毫无疑问私下里看不起武士们，但却聪明地利用他们当中野心勃勃的那些人。1530年，他送了一份礼物给某人，他（借助武士朋友的帮忙）设法为此人谋得了一处三条西家族庄园管理者的职位。

实隆学识渊博，并因才识在宫廷和将军府大受赞赏。他经常受将军邀请讨论文学，或是抄录、朗读、讲解诸多文学作品，尤其是诗集和画卷，例如著名的《石山寺缘起画卷》等。天皇也曾为购买善本之事征询他的意见，现代日本历史学家要为《园田历》的一份完整抄本得以保存至今而感谢他，当时此书困顿不堪的所有者几乎要把它撕毁了。

实隆无疑要比同侪更加幸运，但是他的日记说明，宫廷社会并未因应仁之乱而崩溃，宫廷尽管缺乏资金，但并未陷入贫穷（有时候人们这样认为）。天皇的礼仪职能不及从前，但是他继续在神社、寺庙举行传统的仪式，在宫殿举行日常礼仪，包括授予官阶和头衔。全部贵族参加的仪式很少，很多只允许不到100名贵族参加。因此，除了加冕礼等特殊仪式外都不要求昂贵华丽。而举行特殊仪式时，幕府会通过征收特别税贡献资金。

尽管朝廷不再富有，但仍受到各方大名的尊敬。大内政弘凭借与外国的贸易发家，他尝试在自己的领地效仿京都，与首都建立密切联系。1508年，大内义兴将避难的将军带回京都，因此被授予四品头衔，他对此深感荣耀。

实隆的日记提供了庄园制逐步瓦解的证据。日记中详细记载了他为拿到地产上的收入而不得不做的各种尝试。确实，因为与幕府关系友好，他的地位比其他地主更为有利，但他想要获得全额收入，仍不得不用尽影响力。在他退职前不久——据说是1530年——他从三条西家族的全部庄园中获得的收入寥寥无几，甚至小额收入也会被兴高采烈地记载在日记里。他特别高兴地利用一些特权来补充收入，比如对出售山城国出产的苎麻征收的特许税。

然而,在收入减少的同时,索取却在增加。早期的一个例子是 1485 年幕府要求他提供劳力帮助建造将军义政的东山殿。实隆与西园寺氏(实隆与他们共有这处有争议的庄园)商讨后,同意派送 110 名劳工。尽管没有到困窘不堪的地步,但庄园的资源却被大量地耗费。五十年后,庄园制将面临崩溃。

四 应仁之乱后的地方

应仁之乱期间,当西部大名在京都消耗力量的同时,他们也正在丧失对自己领地的控制。这部分是因为他们留下管理领地的下属的阴谋,部分则是因为细川胜元派出间谍制造麻烦,尤其是在山名、大内、斯波等家族的领地,这些人是他最危险的对手。这些煽动叛乱的企图说明细川胜元清楚地认识到各国人心思变的大势。毫无疑问,他对于自己受困京都,对其他地方发生的大事束手无策深感焦虑。

应仁之乱的确是一场残酷血腥的战争,但是大多数历史记载都对其重要性评价过高。这可能是因为其中充满了戏剧性的片段,因为战争发生在都城京都,又牵涉到皇族和将军家族。除此之外,应仁之乱并无特异之处,它和 15 世纪发生的其他战争一样,发生在两大武士家族之间,严格地说,与任何国家性的事务无关。

但是不久后,这些所谓的私人战争便演变成一场持续一个多世纪之久的全国战争。这些灾难性后果最早的信号是细川氏尝试在西日本制造麻烦。1468 年大内政弘的军队抵达京都,这给细川带来沉重的打击。他认为趁大内离开自己的领地,在西日本激起对他的不忠刻不容缓。这并不是一件容易的事情。对细川胜元而言幸运的是,大内的一些家臣已经密谋趁大内不在的机会与一些曾经败于大内之手的九州首领一起发动反叛。幕府也在细川氏的压力下,命令岛津家联合其他家族一同与大内为敌,并承诺如果他们获胜,便可以获得大内的土地。这些计划并未成功,但大内家内部的纷争以及他们在西日本的普遍困境却为京都的东军减轻了不少压力,这是不容置疑的。

类似的攻击和反击迅速扩散到全国,牵涉到几乎所有居于领导地位的武士家族。叙述他们之间的争吵与战争、变节与忠诚或是联盟的复杂面貌,将使此处的叙述充满令人困惑的细节。在此只要提及取得成功的反抗者的名字和他们发生冲突的地区就足够了。应该明白的是,西日本和关东地区发生的这些战争和应仁之乱并无直接关联，它们有些是在应仁之乱前爆发的，还有些较应仁之乱持续得更久，但是应仁之乱必然对它们发生的时机和范围产生了间接的影响。

五 关东之战

我们前面提到，1439 年，关东公方足利持氏战败身死，关东公方一时断绝。上杉氏（通过联姻与足利氏建立了亲密的关系）在镰仓掌权到 1449 年，足利成氏在这一年被任命为公方。

成氏显示出不忠的信号，他策划谋杀了自己的执事上杉宪忠。整个上杉氏愤而起兵，把成氏赶出了镰仓。数年战争之后，他们要求京都派一名继承者代替成氏，这一要求得到认可。1459 年，将军把弟弟政知派到镰仓。但是，成氏的拥护者们反对政知取代成氏的位置。结果是，在东日本出现了两个将军的代官。

在这种荒谬的情势中，二者都无法行使自己的权力。成氏在下野一个叫古河的地方站稳脚跟，而政知和他的一批扈从则驻守在伊豆的堀越。二人分别被称作古河公方和堀越公方。他们并没有对管辖区实施管理，这里之所以提及他们，不过是因为使接下来的岁月暗无天日的党派之争中，领导者们为便利计，纷纷声称自己是在为足利将军的代表而战。

管理关东地区的权力又一次落入上杉氏之手，他们的势力极其强大。随着力量的增长，上杉氏分裂为三个主要的支派，按其居住地分别称为犬悬上杉氏、山内上杉氏和扇谷上杉氏。这一派别之争的结果是导致了持续 25 年之久的自相残杀的局面。直到 1477 年应仁之乱的尾声，他们才停止或者说暂停争端。

在此没有必要研究战争的一些血腥细节，但有一个片段值得注意，因为它揭示出强大的武士家族因自尊而膨胀，因野心而灭亡时的一个根本弱点。

山内上杉占据了位于武藏的河越，而扇谷上杉在臼井与其对峙。扇谷上杉在兵力上处于劣势，但通过一位家臣的不断努力，他们不仅在人数上有所增加，还通过建造一种新型的堡垒强大起来。这位家臣就是太田道灌，他在江户建造了城池。

道灌是一位很值得注意的人，他深明地理。他认为河越城不足以保护利根川河一线，所以决定在另外一处再造一座城池作为补充。这项卓越的工程于 1456—1457 年间完成。这座城有三重环形城池，并围以巨大的石壁，石壁高达 46 米，外面有护城河环绕。道灌的府邸位于城池的中心，其中的一些房间品味不凡,他在其中举行诗会或是其他优雅的娱乐活动。除了优秀将领的品质,他也具有良好的文学鉴赏能力。

上杉定正和扇谷上杉家的其他首领本应都很感激这位忠臣,但在当时,谋杀是人们解决所有难题时最为钟爱的办法。定正听信了道灌敌人制造的谣言,杀死了他。这一暴行发生在 1485 年,即道灌为主家忠心不二地服务了多年之后。

看起来,在这些日子里,这些只醉心于杀戮的野蛮首领们的工作就是挑起连续不断的冲突。然而,上杉家的首领们尽管好战,却并非愚钝无知。上杉家族的传统是重视学习,这一点尤其体现在上杉宪实的身上。宪实曾任关东管领。他是一位极具才能的政治家,致力于维护镰仓与京都间的良好关系;宪实也颇具学者风范,我们知道,他为复兴足利学校做出很大贡献,提供了大量书籍。他的能力在当时受到很高的评价。

这里可能还需要补充,哪怕一向残忍无情的上杉定正也有其和蔼可亲的一面。定正发现其子无意继承,而是选择过一种悠游自在的生活。在当时,男人的主要职责就是发动战争,因此定正担心自己家族的未来,于是提笔写下了关于武士职责的己见。这是一份严肃的、深思熟虑的文件,被认为非常适合时势所需,后来被用作儿童的习字帖。

在定正的时代,也就是应仁之乱在 1477 年之后结束不久,东日本几乎没有和平的地方存在。由于犬悬上杉的当主去世,上杉家的主要派别缩减为两派。但它们之间的敌意依旧,到 1488 年时战火正酣,尽管并没有什么决定性的结果。很多人参与其中;战争曾一度停止,但在数年后的世纪拐点爆发了更大规模的战争。

到 1500 年,扇谷上杉的势力衰退,但是他们一直苟延残喘到 1505 年。这一年,山内上杉得到亲族越后守护上杉房能的援助,最终击败了他们。越后军由上杉房能的守护代长尾为景率领,镰仓上杉家族的命运就掌握在他的手中。为景是个幸运之人,被当时的上流社会视为"暴发户"。在那个年代,类似的"暴发户"并不罕见,因为几乎每一个封建家族都会受到继承人之争的困扰,而这些纷争常常是由试图提升自己地位的家臣们激起和策划的。大体上来说,为景的生涯特别值得关注,因为他是新型武士的代表人物,命中注定将会取代守护和其他高官,后者能取得他们的地位要归因于足利家族,甚至是镰仓时代的将军。

1507 年为景与房能反目时,已经获得了广泛的支持。房能战败身死。上杉定实成为房能的继任者,为景被幕府任命为守护代。不久后为景的势力壮大到足以与前来争夺越后的房能之兄显定抗衡，于1510年在越后击败了他。在这场争斗中，他借助了另一个武士，即北条早云的帮助。早云是关东的一股新兴势力，将在短短几年中成为关东的主人。对为景来说幸运的是，早云的利益与他相同，所以很乐意牵制否则将会进攻为景的敌人。不久，为景削弱了关东上杉家的势力并使其臣服，导致了这一大家族的最终崩溃。

早云比为景更有才能，也更有野心。他的出身默默无闻，甚至他的名字和出生地都无法确认。相传早云出生在伊势，1475年来到骏河，效力于当地的守护今川氏，人称伊势新九郎，很可能只是别号。早云通过镇压今川境内的起义而受到支持，后来他建立了独立的势力，很多武士因仰慕他的品格与军事才能加入其中。

早云有着长远的计划，始终关注伊豆国的情势；他也一直留意堀越事态的进展。身在堀越的关东公方足利政知并无实权。1491年，政知去世，其子（乳名茶茶丸）继位。这一任命引起纠纷和冲突，这正是早云涉入其中需要的借口。早云做好了充分准备，在政知死后不久便夺取了堀越。茶茶丸被继母禁闭在一个小房间，但他冲开禁锢杀死继母，随后自杀。

伊势新九郎成为整个伊豆国的首领，他将自己的姓氏改为北条，从而让人联想到曾经的执权北条氏。北条氏也出自伊豆地区，是平氏出身。伊势新九郎的目的是暗示自己必将取代足利氏，就像当初北条氏取代源氏获得政权一样。另外，他的名字采用了佛家称号"早云"或"宗瑞"。在16世纪早期的历史上，他以北条早云之名为人所知。

现在，北条早云迈出了成功的第一步。早云在伊豆的韭山城建立要塞，研究其他各国的情况。依地图看来，为了确保在伊豆的地位，就必须要占领小田原城这一战略要地。小田原是各大主干道上的驿站（宿场町），连通西侧的箱根道和东侧沿海、穿过镰仓或由附近经过的道路。当时小田原由大森氏占领，他继承父业不久，尚且年轻。早云先假装和他做朋友，某一天他要求进入大森的领地狩猎。大森答应后，他便命人装扮成狩猎者，而后狩猎变成屠杀，小田原城最后被早云攻陷。这种背叛在当时被认为是合理的谋略。早云成为伊豆和相模国南部的首领。

为了实现他的计划，早云需要将势力向东扩展到江户湾，向北扩展到武藏，在那里他可以防御来自北部的入侵。在20年的时间里，他通过一连串的战争和围攻完成了这些任务。他在1494年成功攻陷小田原城，1516年成为相模实际上的主人。长尾为景讨伐上杉的战役实际上帮助了早云，使他在1518年真正统领了相模国。

1550 年北条氏据点

　　早云于 1519 年死于韭山城,其子氏纲随后继位。1524 年氏纲率领大军进攻武藏,攻陷了江户城。这一次,如果上杉家的两个支派能够联合起来,或许能够阻止他;但是他们又一次陷入争执。氏纲闻讯后迅速赶往武藏,分别在高轮和江户击败了两上杉的军队。此时,氏纲在武藏站稳了脚,但是为了稳固自己的阵地,他必须严守隅田川到江户川这段防线。为此他必须以河越城为轴心布置自己的防守,这里控制了通往越后的道路,同时也扼守了北方来犯之敌的必经之路。这样,前来进攻的军队在越过隅田川和江户川时必然会减速,可以借机从河越方面发动突袭。

　　1538 年,氏纲击败并杀死了小弓公方(义明),*强迫安房国的里见氏投降,可以说完成了早云计划的重要一步。但是他在河越没有取得决定性的成功。上杉家拼尽全力,试图收复失地。尽管氏纲强力镇压,但上杉家的两派面对他的优

_____

　　* 此处所指应为第一次国府台之战,作者误作 1539 年。义明为古河公方足利高基之弟,与兄长反目后自称小弓公方。——译者注

势兵力仍然顽抗。

氏纲死于 1541 年，其子氏康继位。氏康有祖父的遗风，他将全部精力投入到实现早云统治关东的宏图伟略中。此时，上杉家的两派认识到只有联合才可以存活，于是决定支持古河公方，统一武藏；他们失败了，但并非因为缺少孤注一掷的勇气。

1542 年，两上杉联合攻击河越城，他们得到了古河军队的支援。氏康迅速派援兵进攻河越外围的敌军，而城内的守军也趁夜色发起攻击。战争的结果以上杉军队和古河援军的完败告终。这场夜战的胜利在日本军事史上值得一提。从那时起，被称作后北条的这个家族以消灭上杉氏作为开端，不断取得胜利。到 1560 年，氏康的大部分敌人几乎都被消灭或驱散，东日本大部分有影响力的武士都加入后北条家。

上杉氏的各支派和古河公方都被摧毁。只有上杉宪政存活下来，他逃到越后寻求长尾辉虎的保护。辉虎是为景之子，为景在 1510 年曾经得到过早云的援助。辉虎接受了宪政的投靠，成为他的养子，更名为上杉谦信，声称自己是合法的关东管领（尽管他仍然待在越后）。上杉谦信在日本的军事史上非常有名，特别是因为他与邻国甲斐的另一位好战人物武田信玄间反复不断的冲突。看起来这两人都很享受在战场上交手，据说他们在川中岛多次交战。川中岛位于犀川和信浓千曲川汇流处的三角地带，很适合尝试各种战术。他们在 1555 年和 1564 年的交锋得到了详细的记载，或许还有其他并未记入史料的。

谦信也攻击北条氏和平占领的土地，给他们带来了麻烦。1560 年他进行了第一次尝试，率军经过三国卡，沿路前往利根川，在厩桥（现地名为"前桥"）突然调转方向，向小田原城附近发起突袭。由于没有后卫部队，谦信军并未将进攻贯彻到底。这次攻击的效果不过就是让北条氏提高了警惕。

上杉家从前的追随者在上野与谦信汇合，但也没有起到作用。当他全神贯注于这次远征，武田信玄乘机对上野和武藏的敌人发起进攻。这一消息刺激了谦信，他于 1561 年决意进行第二次尝试，但最终也仍未越过厩桥，无功而返。

谦信数次攻击的细节本身没有多大价值，因为它们既无妥善的计划，也没有很好的实施。但是它们却提供了有关早云及其继承者战略原则的线索。氏康以进攻附近的谦信盟友作为报复，并且接近远方的谦信的敌人。他多次对常陆的佐竹家施以颜色，也设法在谦信的领地和邻近地区制造麻烦。此外，氏康策略的另一部分是向佛教的一向宗提供援助，这一宗派位于加贺，正位于越前和谦信的领地越后之间。一个例子是,氏康于 1561 年和 1562 年向加贺的本誓寺寄去的书信保存至今,这些信说明他的策略是经过深思熟虑的,也充分理解这些宗派分子对于政治的影响。氏康建议他们应该与其他地区的同党商议,谋划反击谦信的策略,进而扩展自己的势力范围。

一向宗的发展在日本宗教历史上极其引人注目。它始于福音传道者亲鸾(1173—1262 年)的念佛宗教义,后来在他的第八代传人、使徒般的莲如(1415—1499 年)手中沿着一条大众的反修院,如果说不是反僧侣的宗教路线发展壮大。

在莲如担任一向宗本山所在的京都本愿寺的住持时,他离经叛道的观点引起了延历寺僧人的极大愤怒,他们在 1465 年烧毁了莲如的宅邸。莲如仅以身免,慌忙逃往乡村。他在乡村巡游传教多年,获得了意想不到的成功。1471 年,他在一个叫吉崎的地方建造佛堂,信徒不断蜂拥而至,其中大部分(但并非全部)都是农民。这一自治宗派繁荣壮大,其影响力迅速蔓延至北陆各国,尤其是在越前和邻近的加贺。其信徒憎恨一切行政和军事权威的干涉,会迅速以武力反抗控制他们的企图。大约在 1486 年,一向宗在加贺发起一揆,驱逐了当地世袭的守护富樫氏,成为整个加贺的实际统治者。他们的势力如此强大,以至于富樫氏恳求幕府出面镇压。幕府下达了相应的命令,但是信徒们击败了强大的越前朝仓氏派出的军队——他们是难缠的对手。

最后富樫氏逃走,在越中被逼自杀。一揆僧侣继续统治加贺,直到 1576 年新的武家社会的领袖将他们赶走。

六 地区自治

以上对几乎无休无止的战事的描述可能给人一种印象,即到 15 世纪末,整个国家一片混乱,行政治理的艺术不可能有什么发展。然而这幅黑暗的图画远非事实。不可否认,战争给人们的生命和财产造成巨大损失,尽管可能不像想象中那么多——瘟疫和饥荒比中世纪的武器更为致命。但同样也有许多进步。

军队需要食物供应。大小庄园主们尽管可以过上城市生活,但他们终究还是属于农业社会,深知农业的重要性。确实,大体上应该说,从领有一国甚至更多的巨头到占有少数几亩土地的地主,大大小小的武士在最为动荡的时刻开始意识到,与其夺取、守卫更多的土地,不如通过更好地耕作提高土地的产量和工商业的收入。另外,从幕府的控制下赢得自由的地主发现,如果想要保持自己的独立,必须严肃认真地组织自己的人力物力资源。他们必须完善领地内的行政管理、规范领民的生活，最为重要的是促进农业、工业生产手段的进步。这在很多地区都取得了显著成果，尽管并非总是对农民有益。

正如我们所看到的，许多新的家族崛起。他们的出身各不相同，但大多都起源于大家族的家臣，或者小地主——属于乡村豪绅的一部分。他们或单独，或通过与其他人的联合，聚集了自己的势力。很多人都有相似的起点，被当权的足利幕府以回报或是贿赂的方式指派为地区守护，从而获得了自己的地位。

事实上，在 15 世纪末 16 世纪初，整个国家出现了权力的再分配。出现了少数一些头等军阀，他们独立控制一国或更多的土地。然后是两三百名重要性稍次的军阀，他们的领地不大，但却足以在动乱时期成为有价值的盟友或是危险的敌人。他们中的大多数在一定程度上从属于占有大量土地的军阀——大名。

无法用一幅准确的画面来描绘应仁之乱后全国的权力分配，因为变化过于频繁、激烈，历经多年局面才得以稳定。但是在 1500 年以后的一段时间里，显赫的军阀大致如下：

北部：结城、南部、伊达、芦名

东部：北条、里见

东部沿海：今川

西北：上杉、武田、朝仓、斋藤

畿内：细川

四国：长宗我部

西部：大内、毛利、尼子、山名、宇喜多

九州：龙造寺、有马、大村、大友、岛津

此外也有很多小的武士家族，但局面变化太快，以至于无法全部记下他们。做一个大胆的推测，1500 年，这样的武士家族的数量不到 300。到 17 世纪局势稳定下来时，年收入达到 5 万石的大名约有 100 个。据记载，1614 年，有不到 200 位大名的税入达到 1 万石或更多。①

---

① 这些数据是根据《读史备要》中"大名一览"进行的估算。

第十五章

战国大名，内战巨头

播种稻米季节的舞蹈仪式。

一 朝仓孝景

在室町幕府统治时期的政治史上,最引人注目的是一个新统治阶层的兴起。这个阶层是由一些出身低下的武士组成,他们以武力和恐吓驱逐了幕府委任管理各国的高级官员,大规模没收公私财产,成为很多地区的独立统治者,有时占有整整一国,有时更多。他们的崛起是现有行政权威衰退的一个方面。

为了弄清这一影响深远的变化是如何发生的,与其大体上描述这一阶层,不如探究其中一次成功的叛乱。最为现成的事例是朝仓孝景(1428—1481)的叛乱,他在越前的活动具有代表性,没有因为受到发生在首都和周边各国事态的影响而变得错综复杂,也有充足的史料。

朝仓氏世代从属于斯波家。孝景年轻时文武兼优,非常受人关注。1453年,越前国斯波家两派间的矛盾愈演愈烈,幕府下令孝景前去解决纷争,必要时可以武力镇压。朝仓氏在战乱期间一直拥护斯波义廉。① 最后在1459年,义廉被拥立为斯波家的新首领,朝仓也成为越前守护代。

在此期间,孝景不断吞并自己管辖范围内的富有庄园,尤其是隶属奈良兴福寺的庄园,获得了巨大利益。1466年,朝仓进攻一条兼良在越前的庄园,这是这位杰出贵族最后的财产了。但是当地农民将孝景的人赶走,因为他们知道,贵族比武士对待农民更好。

应仁之乱的爆发为孝景增加自己的财富提供了绝好的机会。东军和西军都希望孝景加入自己一方,因此他丝毫不必担心无法诉诸惩罚的责难。1471年战事仍酣的时候,孝景宣布不再效忠于斯波家族,此后只效忠于将军。于是,孝景加入东军,并成为将军义政在越前的指挥官。一位著名的传教士在该举动之前就曾评论道:"此类事情已经成为武士间的规则。他们所做的每一件事都是无法

---

① 义廉曾于1467年出任京都管领,但执政一年多就丢掉官位。

按照常理来推断的。"

1471 年,孝景就任越前守护,宣称要把越前的所有庄园充公。随后他搬入新城,穿着宫廷的服饰,行为举止俨然一个贵族。他的行为触怒了当地的武士,他们纷纷反抗。这让庄园以前的主人感到些许满足,但对于孝景并没有什么影响。1472 年,甲斐氏(同是斯波氏的家臣)对孝景发起进攻,两军的对战激烈而漫长,但到年末,孝景集中兵力,击溃了甲斐军。甲斐氏的武士们不是自杀,就是逃往加贺,孝景成为整个越前的霸主。这场战役的规模相对而言不大,据记载,孝景的主力不超过 7 千人。(这可能是准确数据,因为该国当时的人口并不稠密。)

击垮敌人后,朝仓成为名副其实的越前守护。他不再需要蚕食富有的寺庙和贵族的领地,而是可以直接吞并它们。孝景获胜后不久便要求当地的庄园主上缴一半的收入(半税制),以增强自己的军力;还将从甲斐家夺取的财富分配给自己的追随者。于是,遭受迫害的庄主们纷纷向京都幕府请愿,但幕府也无能为力。朝仓的强盗行径一如既往。武士成为越前的主人,庄园主只得任其鱼肉。正如我们在第十二章看到的那样,这种形式的土地占有在 15 世纪的最后数十年间非常盛行。

在全国的背景下来看,朝仓家在越前的历史以最为生动的方式解释了庄园制的崩溃;它紧随着新统治阶层形成的脚步,依靠自身力量成长起来的强人利用中央权威的失败,取代了幕府任命的正当的守护,这一过程在应仁之乱结束后不久达到了顶点。

我们记得,斯波家是日本历史上最著名的武士家族之一。在足利尊氏建立幕府时,这一家族很受重用。斯波高经跟随尊氏征战,其子义将是京都的第一位执事(管领)。义将曾被任命为六个分国的守护,他的后人曾任职尾张和远江的守护;然而越前是斯波家的根基。斯波家的领地分布相当广阔,所以其家臣理所当然地在各个领地都被委以重任,在一些地区甚至担任代官——守护代。应仁之乱爆发后,斯波家的家臣甲斐氏和朝仓氏在越前,织田氏在尾张都占据着重要地位。

孝景的掠夺直到 1479 年才遭遇到真正的反抗,此时斯波家感到不得不做出反应。于是一场决定性的战役在兴福寺附近的田野爆发了。斯波氏、甲斐氏的军队,以及一些被征入伍的农民积极向朝仓军发起反击,但又一次被击败了。敌对局势一直持续到 1481 年,甲斐军全部被赶出越前。在此期间,孝景去世,其子继承家业。

朝仓家的背叛最终以令人吃惊的方式获得解决。斯波家的首领宣告投降,但形式上保住了朝仓家主家的地位。1483 年,朝仓家新的首领被委任为越前守护代,甲斐家获得了远江守护代,织田家为尾张守护代,而斯波义廉是这三位守护代的主君。事实上,斯波家的财产除了一小部分外,被朝仓、甲斐和织田三家分割,斯波家不再显赫,而它的三位封臣将在新的时代里扮演重要的角色。

二　家训和民政管理

朝仓孝景确立了在越前的地位后,便开始展望未来。为了保护后代的继承地位,孝景制定了家训,即众所周知的《朝仓孝景十七条》。它可能是在孝景死后编纂的,但毫无疑问遵从了他的意愿。

这是一篇非常有趣的文书,它不仅展现了朝仓的观点,也体现出一位通过明目张胆地反抗律令而位居高位的成功反叛者的性格特征。朝仓对公私行为都制定了严厉的规定,并要求其后代遵守。需要补充说明的是,不论孝景及其同族的行为应该受到何种谴责,他们的旺盛精力和果决都应该受到赞扬,旧的守护家族已不再具有这样的优点。

《朝仓孝景十七条》属于一种被称为家训的文体,它规定了领地内家族成员的行为准则。这篇文书非常值得全文呈现,因为它体现了新兴军阀中流行的思想。其具体内容如下:

（1）对朝仓家而言,不既定宿老,须重视个人自身的器量和忠节。

（2）即使是数代侍奉朝仓家的家臣,如果没有才干,也不得授予行政职任。

（3）即使天下太平,也要在远近诸国安插眼线,了解各地所发生之事相当重要。

（4）不可迷恋名刀。即使有一把一万疋(金的单位)的高价刀,也敌不过一百个手持百疋廉价枪的足轻。不如购一百根百疋枪装备一百个足轻,这样才能提高军队的实力。

（5）不可频繁地从京都带回金春流、观世流、宝生流、喜多流的能乐艺人来表演。不如用这些费用训练本地聪明的年轻舞者,可以长久受益。

（6）城内晚上禁止表演能乐。

（7）不得以训练武士为借口,向产地求购好马和猎鹰。他国主动进献的礼物不在此列，但三年之后，这样的礼物须转送其他家族。保留它们将会带来不幸。

（8）凡姓朝仓之人，在新年时穿着的礼服，须由棉絮制成，其上应带有家纹。如果他们穿着昂贵的衣服，国内的武士就会觉得如果没有好衣服，就无法服侍长上。结果武士们就会长期称病而不任事，最终就无人为朝仓家效力了。

（9）在选择家臣之时，机灵不及其他品质重要。诚实可靠是重要的。如果外表体面，即使一个懒惰的家伙，也可以成为一个好的随从或是使者。如果性格与外貌两方面都不好的话，给他赏赐、领地简直就是浪费。

（10）对待家臣应该内外有别。

（11）除了紧急情况以外，不得把机密文件托付给他国的武士。

（12）无论是僧人还是俗众，只要有一技之长，都不要令其听信他人的劝诱而离开。

（13）在准备作战时，不要浪费时间选择吉日和方位。

（14）任命诚实可靠、富有能力之人一年三回视察国内，听取民声，改革政治。有时应由当主的子嗣之一微服担当此任。

（15）除朝仓本城以外，国内不得筑城。重臣一律迁至一乘谷，其领地由家臣管理。

（16）在通过寺院、神龛或居所之时停一下马。如果其地精洁，予以赞扬。如果其地破败，表示同情。这样做一定会有好的效果。

（17）在做出裁决之时，须不偏不倚。如果听说官员做出恶行，须严惩不贷。

这些家训的含义不言自明。它们表明，新兴的巨头们开始认识到，比起耗费大量人力和物力进行扩张，通过良好稳定的施政发展领地更加有利可图。但不幸的是，他们常常为了保护自给自足的愿望而走向极端，从而导致未来的冲突。

许多新的统治者确实都是如此，刻薄的京都居民把他们称为"俄大名"，也就是突然成为大名的人。他们致力于执行法律，对犯罪违规者的处罚也相当严厉，甚至有时是难以言喻地残酷。但是他们在公共事业上的举措，让大部分民众受益。1537年，朝仓家的继承者之一修建了水利系统，通过水渠将水输送到十个村庄，并由其继续分输。其他此类重要工程包括：武田信玄在约1545年为控制富士川支流的洪水而修筑了石头堤防；北条家族在利根川修建了类似工程，控制通过武藏平原的水流。

或许还应该提及，尽管朝仓孝景本人有诸多野蛮暴行，但他也具备一些文学和艺术方面的学养，并且希望在自己的领地创立文化中心。在一乘谷城朝仓氏遗迹中发现了精美的房间，包括藏书室和标准室町特色的花园。

与朝仓氏相似，北条早云及其儿子们的成就也不只是战争和掠夺。早云深知良好施政的重要性。1491 年，他攻占小田原城，其后夺取了伊豆的韭山城（比孝景在越前的成功晚几年），便立即将目光转向民政。

《北条五代记》记载了北条家族的历史，说早云"爱民如子"。这是经典著作中关于施政者与臣民间关系的设想，我们不必猜测早云有多么认真地看待它。但是毫无疑问，他认识到体察民情是明智的。他曾经在韭山城发布过这样的文书，承诺将农民缴付的税从十税五下调到十税四。这在当时被称为"四公六民"，即四成缴付给公家，六成留给农民自己，这在当时被认为颇为宽大。他还保证不再征收类似段钱（土地税）、矢钱（战争税）和仓役（当铺税）之类的特殊税金。

因为战争的开销过大，再加上四面受敌，北条氏的赋税减免政策并未持续太久。最晚在氏纲时期，税收政策发生了许多改变。他征收新税和附加税，导致很多农民逃离，因此在 1550 年，氏纲宣布，凡未缴税而逃离本乡的农民，如果愿意返回，可以免除欠税，但此后必须按规定缴税。

北条氏采取的其他措施说明，他们试图改善劳工的待遇。整体而言，北条氏的施政按照当时的标准来看，颇为仁慈；但是劳动者的生活仍然很艰难，只有有技术的工人，比如石匠、造船匠才能从北条氏的大部分妥协中受益。然而，没有特殊技能的农民如果支援武藏平原的开发，可以免除赋役，作为鼓励。

从朝仓家的家训不难看出，家训的价值不可小觑。它既体现了个别统治者的个性，也反映了他们作为一个阶级的整体面貌。下面列举的是几则最为著名的家训：

《尘芥集》	伊达家家训
《甲州诸法度》	武田家家规
《大内家壁书》	大内家"书写于壁上"的训诫
《早云寺殿二十一条》	北条早云的二十一个条款
《结城氏法度》	结城家家规
《今川假名目录》	今川家用假名编制的家训

其中,大内家壁书中的若干条款撰写于 1440 年,或许是其中最早的。

这些文献的内容涵盖从简单的个人行为准则到详细的刑事法典。其中的大部分具有以下两个共同特点:第一,极其重视家族及其领地的保护和延续;第二,对于可能使敌对家族占据优势的过错施以严惩,无论其何等轻微。这些家训在很多方面非常有趣,尤其是因为它们是由那些成功者制定的,他们试图以这些更加适应新秩序的规则替代《贞永式目》及其补充。

这些家训通俗易懂,与之相比,《贞永式目》需要对法律术语有一定的认识才能理解。今川和结城两家的家训均用假名撰写。结城家家规为了便于乡下人理解,甚至采用当地方言撰写。家训不是关注权利与义务的原则性陈述,而是积极的惩戒性规则,如果违背,将会遭到惩罚。因此,武田家的《甲州诸法度》中规定,如果冲突导致暴力,双方无论对错,都将受到惩罚。惩罚甚至可能是死刑。这一规定的目的毫无疑问是为了保证领地之内的秩序,因为内部争斗导致军事效率的降低。但是,它是否能够阻止好斗的武士们因私人恩怨而拔刀,则是很值得怀疑的。

家训的另一个特征是实行连坐,即一人犯罪,整个家族和家臣连带负罪。这是一个古老的原则,在以前的法典中只适用于大逆之类的罪行;但 15 世纪后半期,其适用的罪名和人群都扩大了。例如如果无法缴税或是放跑了罪犯,一个农民的过错可能会导致整个村庄受到惩罚。

严厉的家训必然与残暴的惩罚相结合。对于这些惩罚的描述令人战栗。且不用说它们各自的野蛮残暴,这些新的法律在整体上令人悲哀地体现了从镰仓时期法典的标准向下滑落,镰仓法典的严酷被某种宽大的特性所缓和。

尽管制定了这些压迫性的法律,新统治者的利己主义迫使他们相对温和地对待治下的重要生产者。前面已经指出,后北条曾提出给予农民和熟练工匠一些好处,其他大名也竞相效仿他们的做法。早云及其继承者深知如何施政才有利可图;总体而言,即便是最为顽固的领主也很快发现,在当时充满竞争的社会中,如果不考虑劳动者的生存状况,是不可能提高粮食和其他产品的产量的。这些劳动者包括大量的佃户,以及数量较少,但重要性不相上下的工匠和手艺人。

三　对农民的保护

吸引新兴大名们注意力的任务之一,是摧毁把庄园主和生产者分割开来的一连串特权和索取。在满足了地主、管家、地方官员、管理者、承租人和无法逃避的税官之后，耕种土地的人所得无几。有必要厘清这些复杂的权利和义务。但这绝非易事，没有什么比古老的特权更加顽固的了。即使在庄园废除之后，这种复杂性仍然存在于它所制造出的陋规中，为了保护农民，需要做出特别的努力。比如，1587 年，若狭的一位大名不得不颁布法令规定："地头和从前的庄园官员不得为了私人事务而雇用农工，即使时间短也不允许。"这种法令很常见，而且在一些领地，尤其是北条家的领地，农民可以请愿或控告违反规定的人。

　　进一步减轻农民负担的措施是统一农产品的税率——通常是十税五——并且废除繁重的附加税。这些政策并非出于同情，而是期待提高效率。其他政策表明，采取特殊措施使农民留在土地上被认为特别重要。普遍的措施是邻近的大名彼此达成协议，遣返逃亡农民。当时，农民的逃亡总是因为遭到地方官吏的虐待，或是因为疾病、歉收或者在战时受到劫掠而负债。战争的破坏在当时司空见惯。例如，1479 年，越前的整个细吕木庄园在战争中被大火烧毁。第二年，坪江庄园即将成熟的半数作物在甲斐氏与朝仓氏的交战中被踏成平地。两个月后，一千多名被征入伍的农民被强迫踏上战场，战死。这些是特别大的灾难，但小一点的麻烦持续不断地困扰着农民。

　　对农民的强迫劳役包括从军。这并不是制度化的行为，因为大部分时间里，农民必须从事农业生产；但是在紧急状况下，他们会被动员起来。直到 15 世纪末，这种做法才变得常见。此时，步兵作战取代了老式的骑马武士之间的冲突，改变了战争艺术。其中一例是，1501—1510 年间，上杉定实在越后的军事行动中使用了披甲的农兵。约 1570 年，上杉谦信要求领地内的农民们身着铠甲，带着武器，前来服役。他们结成队列，每个队列都有自己的旗帜。这次召集并非命令，而是请求，并且承诺对农民给予相应的奖励。农兵的使用不断发展，16 世纪晚期，农民作为作战士兵或运输兵被定期征召。早在 1577 年，甲斐的武田氏就颁布法令，动员各阶层 15—60 岁的所有人入伍。

　　当新的贵族在城堡中安居下来，农村生活发生了一个重要的变化。新贵们越来越不愿意让重要的家臣和追随者待在自己的领地，担心他们在那里兴风作浪。结果，他们强迫这些重要人物居住在城堡附近，而让管家管理其他领地。这种做法导致"城下町"的发展，以及武士与农民的分离。直到此时，仍无法清晰划分这两个阶层，因为武士也可能是生活在自己土地上的农民。现在，职业军人在城市中居住，而农村社会沿着一条不同的路线发展，乡村生活的组织更加精密，首领与普通耕农之间的区分更为明显。

一个或一组村落的事务由某种委员会掌管，其中尊卑秩序井然。资深成员称为"乙名"，意即长老。他们由委员会成员根据年龄、家庭背景和财产精心选择。在他们获得任命时，会举行仪式，并在其名字后面加上表示尊重的"大夫""卫门"或"长兵卫"。1542年一个村庄提交给一位地主的请愿颇具代表性，签名的是两位"乙名"、两位中等年龄和身份的人（"中老"）和两位年轻人（"若众"），因此可以代表各个阶层。看起来，"乙名"必须是具有名主身份的自由农民。村落集会（"寄合"）频繁，传唤不到者会被罚款。

比起偏远地区，像这样组织良好的委员会在畿内更加普遍，也显得更加成熟。但并非所有远离首都的地区都很落后。并没有什么线索可以说有势力的大名领内的重要城镇呈现出乡下习气。例如，大友氏在丰后国的府内便拥有精美的建筑、繁忙的街道和兴盛的集市，据说16世纪末人口达到8000人。与其相似的是大内氏，其在周防国山口的城下町是重要的文化中心，它效仿京都，深受贵族旅行者的欢迎。其中很多人都很贫困，乐于在这里长期接受军阀的热情款待。

四　产业发展

新兴大名关注的主要问题之一是产业的发展，其中最为重要的是采矿业。他们在发展、改进和扩大旧矿山的同时，也对新发现的矿山加以勘探。当时最重要的是金银矿，因为大名们可以将其直接转换为货币，以供应军事及其他开销。直到1530年，采矿技术才日渐成熟。当时在石见国发现了银矿，这吸引了一名博多商人（他们以进取精神而闻名）的注意，他从中国和朝鲜带来技术工人，指导了冶炼技术的改进。后来（1542年）但马国的生野发现了更为丰富的矿藏。除了对外贸易，石见国的大森银矿是毛利氏的最重要的财源，这是他们于1556年夺取的。

金矿开采及冶炼技术得到了很好的发展，领内拥有金矿的大名非常幸运。开采深层矿藏的技术突飞猛进，据说有熟练的矿工在攻城战中被用作工兵。就这样，再加上农兵和火枪的引进，南北朝战争以来的两个世纪中，战争艺术获得了进步。此时，出现了高达30米的石墙，以及受训破坏它们的士兵。

16世纪的其他矿业没有多大进展，这无疑是因为那些大名们的目的在于战争以及发展为战争服务的产业。铁矿石在日本十分罕见，但易于加工的铁砂却供应充足。因此，除了刀剑以外的割削工具有所发展之外，有关钢铁材料的生产没有什么新的内容值得记录下来。

纺织、造纸、雕版印刷和类似工艺在这一时期已经很发达，除了诸如禅宗僧侣刻印的"五山版"之类的善本书，并没有特别的进展。[①] 只有实现一定程度的和平，技术进步才会出现。

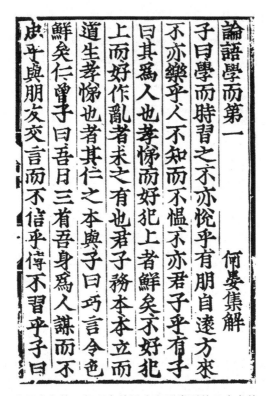

此页出自第一部现存的活字印刷类型的日本书籍

新贵族们确实在领地内欢迎和控制熟练的工匠，尤其是对增强军事力量直接有所贡献的人。正如早云善待造船匠一样，大部分统治者都优待诸如铸铁工人之类的技工，他们除了能够打造盆、壶，也能制作火枪的零件。

---

① 雕版印刷的标准一般很高，首先是因为它最早用于复制中国的佛经译本，后来在足利氏统治时期，则要归功于不断增长的学习中国经典的热情。1590 年，耶稣会士在九州有一台小型印刷机，但现存最早的日本人使用活字印刷的作品是 1598 年的一部《论语》，这是当时应后阳成天皇的要求而制作的。活字印刷大约在 1400 年便在朝鲜开始使用，很可能日本人在 1592—1597 年的侵略中发现了它的优点。然而，事实证明活字印刷并不适用于日本的通俗著作，因为它们使用行书。到大约 1640 年，雕版印刷仍被用于各种印刷品。

五　通信、旅行和运输

农业和其他产业的发展自然而然地带来了改善各大名领内通信的需求，也使得国与国之间得以建立某些预警措施。在东日本和北日本，水路较少，于是北条、武田、上杉等新贵尤其注重道路的维护，并建立了便捷的驿递和宿场系统，旅行者可以在宿场住宿，并获得马匹或其他交通手段。到 16 世纪初，这些设施已经很发达。虽然其目的是为了战时需要，但也为个人行旅，尤其是寻找商机的商人服务。

由于很多地区的陆路或水路运输不安全，商人们都结伴前行。另外，因为害怕间谍，关卡对所有行旅的检查都很严格，常常使得不同领地之间的来往存在困难。大名们控制着自己领地内提供马匹和运输车辆的邮驿系统，在很多地区，通行的每段路程都必须向官员出具大名颁发的凭证，否则就无法租用马匹。

各地向旅客和货物征收的税费一度非常沉重，这是指其频繁而非数量大。据记载，1450 年，沿淀川 40 千米的路程设有 600 多个征税处（可能包括渡口）。去往伊势的香客在从桑名到伊势神宫的 16 千米路程上会遇到 60 个关卡。过路费确实不高，就像冥府摆渡人卡戎索取的银币，但给通行者造成的麻烦却很可观。

尽管存在这些困难和限制，16 世纪，陆路旅行增长得非常迅速。最令从耶稣会教士开始的外国旅人印象深刻的场景之一，就是大路上熙熙攘攘的人流。旅行者中的大部分都是徒步前往。从京都到东部各国的主要道路（东海道）聚集了各个阶层和职业的行旅，商人、官员、士兵、信使、小贩、赶着马群的乡下人和（随着农民获得行动自由而出现的）数以千计的香客。很多参拜者长途跋涉前往伊势、熊野甚至更远的地方；（后来）他们将会攀登富士山，身着朝拜者的白色长袍，一边攀登陡峭的山路，一边背诵祈祷词。

在 16 世纪，从镰仓到京都的信使需要 7 日，紧急情况下只需 4 日；与此相比，12 世纪的信使需要花费 10 日到 14 日。

中世纪的沿海贸易发展活跃，尤其是在内海这样得到庇护的海域。因为中部和西部只有少数分国没有直接的出海口，大多数守护积极鼓励贸易。人们建造了载重量更大的船只:"千石船"可以装载 1000 石米或其他类似的货物,这在贸易繁盛的海港十分常见。

　　由于暴风雨天气多且缺乏安全的港口,日本海的沿海贸易相比内海更为困难。但在 15 世纪,伴随着小滨、三国、酒田、鹤冈和直江津等海港的开发,此类贸易日渐频繁。直到室町时期以后,才出现了从这些港口出海向西、然后向南到达长州(长门),穿过下关海峡到达内海的定期航行。

第十六章

海上贸易

"南蛮屏风图"细部。这是一对描绘在日葡萄牙人的屏风(设色纸本)之一,展现了葡萄牙海员和商人抵达日本的情景。据说绘制于1600年以前,是现存类似作品中最早的。158cm×334cm。皇室藏品。

一　西日本的发展

因为显而易见的历史原因，从畿内向东延展至镰仓的区域，是日本政治活动的主要舞台，而本州西端，尤其是九州地区，一般被认为远离政权。但在室町幕府繁盛时期，西部大名变得极其活跃，并显现出强烈的独立精神。15 世纪，当足利、北条、武田和上杉这样的人在东日本不断巩固势力、扩张领地时，西日本也出现了同样的情形。结果，东、西日本在政治组织上的地区差异几乎消失了。到大约 1500 年，西日本的强大大名，如岛津氏、大友氏和大内氏，即将开始在整个国家的舞台上扮演重要的角色。例如，1500 年，大内氏在山口为逃亡的将军提供了庇护，并于其后(1508)帮助其恢复将军一职。

很自然，东日本和西日本的统治者之间频繁出现利益冲突。15 世纪军阀之间存在着激烈的竞争，而 16 世纪一个奇异的特征就是对于某种民族统一的探索，二者之间的矛盾——或者看起来存在的矛盾——是日本政治史上的谜题之一。前一时期的军阀的目标是守护和扩张自己的领地，后一时期的军事领袖则希望夺取天下。一些当代历史学家对这种反常困惑不已；但是除了延续数个世纪之久的重建中央(军事)政权的渴望之外，还有一个并不太令人信服的社会原因，值得一探究竟。

随着军事力量的增长，大部分成功的武士开始有心向学。他们邀请杰出的学者、知识渊博的传教士、诗人和享有美誉的艺术家到自己的城堡。这些好战的武士急于提升自己在承平时代的技艺，我们有必要探寻他们的动机。他们不愿意落后于自己的对手，而且亚洲国家在传统上就十分重视学识。这种审美上的共同体带来了某种文化上的统一。从这里到政治的统一仍然有漫长的道路要走，第一步或许蹒跚，但很重要。或许可以说对于连歌的狂热结成了敌人之间的纽带；如果人们仍然记得诗人和打油诗作者在国家生活中所扮演的角色，这一点也就并不令人惊讶。

艺术在西日本和在东日本一样繁荣，山口甚至达到了与骏府并驾齐驱的程度。骏府是骏河国的首府，诗歌的重镇。西日本很多成功的武士把兴趣转向美学事务，甚至沉浸于古物研究。他们寻求并享受与贵族们结伴，这些贵族代表着日本的传统文化。他们购买珍贵的书籍，一些收藏者十分热切，有时甚至接受古版书籍的贿赂，允许贫困的朝臣从被没收的财产中拿回一些收入。

几乎每座城都藏有珍贵的手稿和画卷，或至少有定居于此提供服务的学者和艺术家。对高雅艺术，尤其是绘画的兴趣，过去仅局限于宫廷和寺庙等范围内。但室町时期，部分是由于义政的典范作用，对绘画的品鉴在大名间迅速扩展，他们纷纷邀请艺术家来自己的领地。大内氏尤其有实力在艺术上慷慨投入，因为他们的领地富庶，并且通过与中国的贸易往来收益颇丰。

大内氏对绘画感兴趣的最好事例，是大内政弘邀请伟大的画家雪舟（1420—1506）到山口，后者于1486年在那里绘制了著名的长卷。应仁之乱的一个积极后果，是使从事文学、艺术的大家从京都逃难到地方。京都作为主要文化中心不再具有统治性的地位，五山学派也丧失了其领导地位。义政当政时期，京都的影响力确实依然强大，但它已经不再具有唯一性。

雪村（约1504—1589）颇具天赋，是当时最著名的画家之一，也是雪舟的极具天赋的追随者。他甚至从未看到过京都，在其活跃时期，始终居住在常陆国，也游访过其他领地，比如遥远的会津芦名家的领地。相比于雪舟的杰作带有中国风韵，雪村的作品更具本土格调。据专家人士说，雪舟的风韵并非来自他亲眼见过的明代画作，而是他在日本研习的宋朝画风。雪舟对同时代中国画家的评价不高，这是对两国关系史的一个有趣注脚。

造型艺术就说到这里。戏剧正处在其发展的早期阶段，但田乐和其他表演形式在武家城堡和将军义政及其继任者的府邸一样频繁上演。前面已经提到过朝仓孝景列出的众多能乐流派，而其他大名也对新的戏剧形式显露出兴趣。大内氏曾邀请观世座在山口表演；大约在1550年，金春座也在守护宗氏的邀请下在对马岛表演。

这些事实说明，中央政府从1500年起的快速衰落，有助于促进所有地区而非首都独享的民族文化理念的发展。这种感情当然未必能够主导政治行动，但它确实在一定程度上消弭了新兴大名展现出的分裂趋势。同时它也刺激了新的地域文化，比如在土佐出现了新的儒学派别。

陆路旅行的发展无疑有助于缓和始终是日本人生活特征的强烈的地域主

义。旅人中有一部分是连歌师，来往于不同分国，就好像中世纪法国的行吟诗人，被从一个城堡召唤到另一个城堡。毋庸置疑，这些连歌师有时也作为密探，为军阀们提供来自其他地区的消息。

二　葡萄牙人来日

当细川家在畿内日渐失势，而北条、朝仓、武田和上杉诸家族在东日本逐步巩固自己的力量之时，我们刚刚注意到的三大军阀也正在西日本壮大自己的力量。他们分别是九州地区的岛津、大友和本州的大内氏。岛津、大友、大内虽互为对手，但此时并未交战。1554 年，大内氏被其家臣毛利元就取而代之，但他们之间的力量平衡并未发生改变。这三大巨头在西日本建立了相对稳定的权力中心。

幕府的完全瓦解或许可以被认为发生于 16 世纪中期，这一情势呼唤某种导向统一的力量，否则整个国家要么将会分裂为多个自治的区域，要么将沦入无政府的境地。这一力量已经初现端倪，但在它发展成熟之前，一个新的角色，毋宁说是两个新的角色——葡萄牙的商人和传教士——闯入了日本国家的舞台。

西方作者倾向于夸大这些新因素在日本历史中的重要性。很自然，西方读者对于欧洲人抵达日本一事特别感兴趣，而且其中有很多戏剧性的方面；但这些在漫长的日本历史中只不过是次要的插曲而已。

最早登陆日本的欧洲人是三个葡萄牙人。他们在（或大约在）1542 年，登上九州南部海岸的种子岛。当时他们搭乘的中国舢板在台风中被吹离了航线。他们携带的火枪令前来救援的日本人大为激动，此后的很长时间里，日本人都把类似的火器称作"种子岛"。这一武器很快被大量仿制，但没有理由假设火器的使用立即给日本的战争方式带来了巨大的变化。因为尽管它们被用于 16 世纪的重要战役中，但在大约一个世纪或更长的时间里，火枪的供应仍很有限；刀、弓和长枪等更传统的武器也没有被取代，甚至在更晚的时间里仍被使用。[①]

这些船难者登陆日本更重要的后果是葡萄牙商船的到来。他们在回到中国后，很快把对日本的发现告诉了自己的同胞。一或两年后，第一艘商船进入九州的港口。从九州巨头的立场来看，葡萄牙商船来得非常是时候，他们除了对葡萄

---

①　然而，火枪的引进迫使将领们在进攻配备大量火枪手的军队时改变战术策略；这种情况加速了减少骑兵数量，更多使用步兵的趋势。所以事实上在大约一代人的时间里，日本就已经放弃了骑兵的使用。

牙人及其货物充满好奇，还把对外贸易作为财源，以便维持自己的军事力量。所以，外国商人可谓在恰当的时候来到了恰当的地点。不久后大名们便竞相展开与葡萄牙人的贸易往来。

随着第一批商船而来的除了商人还有传教士。九州大名们发现葡萄牙商人对传教士充满敬意，于是他们也善待教士。因此，当 1549 年耶稣会士方济各·沙勿略登陆鹿儿岛，他受到萨摩领主的热情款待。沙勿略在日本驻留两年多。在离开萨摩后，他去了平户，一位葡萄牙商人颇得那里的大名松浦的欢心。他随后徒步前往大内氏的领地山口，前面已经提到，那里是艺术和文化兴盛之地；最后，在经历了恶劣天气中的痛苦旅行之后，他抵达京都，此时这里一片骚乱，将军不在，（人们告诉他）天皇也不知所踪。沙勿略在京都看不到任何获得信徒的希望，于是返回山口。在那里，他被丰后的强大大名大友宗麟邀请到府内，他把大友宗麟描绘为一位王者。1552 年，沙勿略从府内回到印度果阿的葡萄牙总督府时 *，带着大友的使命。大友急切地渴望吸引装载珍贵货物而又无惧海盗的商船来到自己的领地。当时（1552—1553）葡萄牙商船频繁造访九州的港口。

到 1560 年，在沙勿略返回果阿后抵达日本的传教士仅有 6 人（尽管十年后增加到差不多 20 人）。在他们到达日本（大约在 1555 年）后的两年中，成就斐然。他们早期的信徒大部分为西日本的穷苦农民，那里的生活远比畿内艰苦，更加需要宗教的慰藉。他们在丰后国尤其成功，大友氏善待了他们。他们在山口并未取得较大成功，沙勿略在当地受到的款待不可谓不友好，大内氏对他的高尚品行印象深刻，也喜爱他带来的礼物。但他遇到了某些好战的法华宗信徒的反对，他们行为恶劣；还有禅宗的一些信徒，他们与他论辩，但比法华宗更为文雅。

因此，15、16 世纪事态的发展使西日本的家族与其他地区的联系更为紧密了；与中国贸易的兴盛，海上活动的日益增加，应仁之乱中及其后与京都联系的增多，以及带着新观念、新武器的外国访客的到来，赋予岛津、大友、大内以及其他小一些的西部大名前所未有的主动权，使他们加入国家事务的主流之中。

---

　　* 此处作者有误。沙勿略于 1551 年 1 月乘葡萄牙船返回印度果阿，为到中国传教做准备。1552 年他从果阿到广东上川岛，但始终不能进入内地传教，同年病死于岛上。——译者注

三　倭寇与海外贸易

就像海盗行径一样,中国人用于称呼日本海贼的"倭寇"颇具古意。该词有据可查最早见于朝鲜北部的一块石碑上,此碑的目的是颂扬 391 年后数十年间统治此地的国王的丰功伟绩。碑文清楚地写道,"倭寇"渡海而来,于 404 年为此王所败。按照当时的标准,这次袭击很可能是合理的战争行为;但在中世纪,真正的海盗行为在日本水域和海外司空见惯。这经常与海盗所在国的食物紧缺有着密切联系,有时候也与朝鲜和中国的锁国政策有关。这两个国家的政府认为对外贸易无利可图,甚至会带来危险。相比之下,在 13 世纪末蒙古入侵之后,日本经济如果没有对外贸易就无法发展。因此,日本人对于无论合法或非法的"自由贸易"的渴望非常强烈。

这些海盗的冒险行为得益于日本的地理形势,这对他们非常有利。日本内海和九州的部分海岸有很多地方适合埋伏,海盗们可以趁人不备发起突袭。另外,从下关海峡很快就可以到达易于登陆朝鲜半岛的岛屿。南北朝战争期间,许多海盗首领留在本土参战,但正如上述,也有部分人沿中国海岸继续突袭,直到明朝政府要求将军义满镇压他们。

只要幕府的权威能够扩及西日本,沿海的武士家族便会从事合法贸易,有时候以水军将领自居,甚至以舰队司令的风格行事。当国内处于和平之中时,他们大体上行为得体,其中一些人甚至得到朝鲜朝廷的赞赏。

很大程度上归功于日本商人的积极进取,14 世纪和 15 世纪早期的日本海上贸易得到了迅速发展,而与中国的勘合贸易使商人和整个国家都获益匪浅。从1405 年到 1523 年,与明朝的合法贸易进展得相当顺利。但 1453 年之后,贸易有所衰落,当时双方政府都日益深陷内部争斗之中。1523 年,在宁波爆发了一场激烈的冲突,大内氏的使团给明朝官员造成了人身财产的损失,[①]这使得明朝政府宣布终结两国间的合作。虽然在日方的压力下,明朝的态度有所缓和,但从此以后,勘合贸易变得无利可图,而且受到各种限制,以至于日本政府没什么继续下去的动力,而中方则迫切地希望终止它。零星的使团一直持续到 1548年,当时明朝政府最后一次允许等候在宁波的日本贸易使团的若干成员到北

---

① 详情参照第十章。

京朝觐皇帝。

结果，非法贸易迅速增长，有时候得到了明朝官员的纵容，但通常形式是日本冒险家——倭寇的海盗行为。随着 1551 年大内氏失势，再也没有什么力量能够控制他们的行为了。另外，到那个时候，大部分西部大名乐于为海盗提供保护，他们从海盗那里得到了令人满意的收入。海盗对中国南部海岸一些地方的进攻早在 1522 年就已经重新出现，但当时还是特例。中国海域真正的海盗行为开始于大约 1545 年，根据中国史籍的记载，从 1545 年到 1563 年间，中国海域连年遭遇袭击。哪些地域遭到袭击取决于盛行风的变化，但是很少有沿海地区幸免于难。当时遭袭省份的记录显示，浙江每年都遭到袭击，直隶和福建也几乎每年遭到袭击，广东在 1550 年后大部分年份里遭到袭击，山东偶尔遭到袭击。洋流的方向是自北向南，从湖北、湖南*流向福建、广东。值得注意的是，倭寇在杭州湾地区登陆的地方正是 1937 年日军登陆的地方，如吴淞、上海，尽管在 1550 年，上海只不过是个小渔村。

一些倭寇打到了南京，并在这里成功地发动了一次袭击，尽管此地把守森严，十二座城门紧紧关闭。关于倭寇的人数和构成有一些疑问，不同的说法提到从几十人到数千人不等。一些中国史料记载，倭寇的增援多达 4000 人，还有一处提到抓获处死了 2000 名俘虏。看起来不同的人数记载始终对不起来。说到底，他们从朝鲜湖南地区向南进发，可以在中国的宁波、福州、厦门发现他们的踪迹；最后是大亚湾，直到 20 世纪，那里仍是中国海盗的巢穴。

整个 16 世纪，明朝政府始终努力贯彻明朝开国皇帝的法令，"片板不许入海"，但并没有什么效果。这是一种消灭海盗的策略，其基本想法似乎是，如果没有对外贸易和繁荣的海港城市，那么也就不会有海盗的袭击。这一荒谬法令的结果是，剥夺了沿海居民赖以谋生的常规手段——充当船夫或渔民——驱使他们成为海盗。结果，在所谓的倭寇活动处于高峰期时，即 1550 年到 1560 年的十年间，海盗船上的大部分成员不是日本人，而是这群贫苦的中国人。

据可靠的中文资料显示，海盗团伙的普通成员中，中国人和日本人的比例是 10∶1，也有的资料说是 10∶3。很可能，日本人是首领和领航员，而船员则包括那些因明朝同时针对沿海贸易和对外贸易的法令而无以谋生的渔民和水手。其他人则无疑是港口城市中常见的亡命之徒。根据一些记载，船员中的大多数中

---

* 原文作 Hupeh、Honan。Honan 应即古代朝鲜八道中的全罗道（Honam），二者据音译。大致当指朝鲜半岛西海岸地区。——译者注

国人都剪短头发,打扮成倭寇。

葡萄牙人在 1511 年占领了马六甲;到 1550 年日本走私者从广东南下来到这里时,他们已经在这里牢牢生根。富有进取心的日本船长与葡萄牙商人合作,并劝说他们前往广州做买卖,葡萄牙商人进而邀请日本商人继续参与这项贸易。最后,中国商人也加入其中,到 1560 年左右,之前的海盗行为已经逐渐转变为几乎合法的贸易。

不久,日本船只以通商为目的驶往其他海港,它们的航行有时候也近似海盗行为。到 16 世纪末为止,在东南亚地区,包括印度尼西亚、菲律宾等国,已经很少有它们没有到过的海港了。

1523 年以后,尽管毫无疑问一些日本人在倭寇行为中获利,日本和中国的商人都非常希望能够恢复中日之间正常的私人贸易。长期以来,中国商人原则上被禁止直接参与海外贸易。但是随着明朝政府的衰落,1540 年后不久,商人便开始无视禁令,从事与日本商人的直接贸易。中国商船到达九州或日本其他地区的港口;货物一般是丝织品和生丝,乘客则是中国商人,他们住在博多、平户、府内和萨摩的港口,与日本商人成为贸易伙伴。府内和其他港口均有所谓的唐人街。

这些中国商人中的首领是一位叫王直的人,他的生平值得关注,可以被视为当时海上贸易中利益与风险的缩影。1544 年,王直是一伙中国海盗中的成员,并且被明朝政府视为海盗首领。1545 年,王直横渡日本,并邀请那里的商人加入其非法贸易。这并非海盗行为,而是大规模的走私,日本商人将在中国海岸的离岛上与中国商人相约进行交易。这种交易逐渐取代了海上劫掠,王直也由此变得更具影响力。1555 年以前,他以平户为基地,从那里指挥同伙的行动。有关他的生平还有另一版本,源自当时一位从朝鲜回来的日本旅人,说王直这时仍然是海盗首领,从平户的基地指挥 2000 多手下乘船袭击中国领土,每艘船上都载有大约 300 人。

博多和其他港口的日本商人也不顾明朝政府的禁令,设法避开了明朝官员的注意,在浙江、福建、广东等地的隐蔽基地从事非法贸易。这些简单的走私完全无法与彻头彻尾的海盗行为相竞争。但是海盗们也并非一帆风顺,因为此时出现了真正危险的竞争者,也就是葡萄牙人。葡萄牙商船全副武装,攻击它们过于危险。事实上,如果愿意,这些新来者自己就可以像海盗一样行事。

阿尔布克尔克(Albuquerque)在 1511 年占领马六甲。刚到东南亚时,葡萄牙人行事谨慎，与停泊在锚地的船主关系良好。这些船主是中国人，但是不久就有另外一艘或是一些船只到达那里，葡萄牙人把船上的人称为"Gouores"。现在还无法确认他们是什么人，可能是日本人或是朝鲜人；也很可能是琉球人，因为我们知道最晚在 15 世纪，琉球的船只已经常驶往马六甲、北大年和其他热带海港。倭寇确实也曾向南到达北大年，但是时间是在该世纪晚些时候。大约在 1550 年，随着对中国海岸的袭击，他们的船只到达海南和更远的地方。

1519 年，当日本仍在与中国进行合法贸易，因为一名葡萄牙指挥官在广东行为凶残，明朝政府对葡萄牙商人颁布了持续超过三十年的贸易禁令。因此，他们不得不将注意力转向在上面提及的隐蔽基地从事不法交易。很奇怪，葡萄牙人的记录中从未提及与日本人碰面，尽管他们肯定曾在港口中多次相遇；但很可能当时葡萄牙人无法区分中国、日本和琉球的船只。同样让人觉得奇怪的是，葡萄牙人如此致力于寻求贸易开放，却到 1542 年才抵达日本，而且只是碰巧到了那里。很可能是因为他们直到 1550 年才获得了一个比马六甲更靠北的安全的基地，此时他们与明朝政府达成谅解，从而可以利用中国的港口。1557 年占领澳门后，葡萄牙人在中日贸易中扮演了承运人和掮客的角色。当时，利润最丰厚的贸易是用日本银矿出产的白银交换中国商品。出口白银使从事对外贸易的日本商人获益，因为它吸引中国和葡萄牙的船只前往日本；正如上文中提到的，拥有优质的银矿是日本大名最有价值的财富。

劫掠者造成的破坏如此巨大，明朝政府不得不花很大力气镇压他们。1555 年，明朝使节前往日本，要求幕府采取行动，并把当时定居日本的中国商人遣送回国。使节在五岛列岛见到了王直，王直告诉他们，幕府无力采取有效措施。他说应付倭寇的最佳办法是接触那些为倭寇行径提供保护的大名。王直声称，如果明朝政府赦免他，他愿意提供帮助，看起来当时使节同意了他的要求；但他于 1559 年返回中国后，被处死了。

同时，倭寇前所未有地活跃。根据朝鲜的记载，1555 年，一支有 70 多艘船的倭寇舰队攻击了济州岛和朝鲜半岛上的邻近地区。大约在同一时间，据说经常袭击朝鲜海岸的不仅有日本人的船只，还有中国人的船只。据说，一艘 1559 年在黄海被捕获的海盗船上有超过两百名船员，都是中国人。

但是到 1560 年，明朝政府镇压海盗的行动显示出某些取得成果的迹象。明智的政府官员长久以来认为，出现海盗的真正原因在于合法贸易遭到禁止。现在海盗的日渐减少并不是因为镇压措施，而是因为从前闭关锁国的政策有所松动。于是,明朝撤销了海外贸易的禁令,中国商船再次出航,向南行驶到菲律宾、印度尼西亚、马来亚甚至更远。除了货物,它们还装载着大量中国移民,这些人的后代即今天数量众多的海外华人。中国与日本的贸易禁令并未明确撤销,但是中日贸易繁荣起来,这很大程度上要归功于堺和博多等地的商人。海盗依然出没于一些海域,海盗船远达菲律宾的吕宋岛和中国南部一些地方;但他们更主要是走私者而非劫掠者,只是违犯贸易法规并不会被视为真正的海盗。

人们或许会问,日本海盗在中国和朝鲜劫掠的战利品是什么?粮仓,尤其是在朝鲜,经常遭到攻击,大量的米和其他谷物被掠走。在中国,倭寇掠夺所有便于运输的财物,例如丝绸和铜钱。倭寇在掠夺中也俘获了大量俘虏,这些受害者被当成奴隶进行贩卖。虽然日本的农民逐渐得到解放,但奴隶制度并未完全废除。人口贩卖尽管是非法的,但贯穿了整个室町时期。能乐的研究者会回想起一部名为"唐船"的作品,它的主题是一位在宁波被掳为奴隶的中国人悲剧的一生。男人、女人和儿童的贩卖是当时隅田川和樱川能乐表演的主题。当时日本和朝鲜两国间的外交通信主要就是关于两国俘虏和逃亡者的遣送问题。

四　港口城市

在对外贸易的显赫人物中,我们前面提到过博多商人肥富(小泉)氏,他向将军足利义满进言,称与中国通商可以解决幕府的财政困难。第一阶段,即1405年到1419年的勘合贸易,主要由幕府出资;但下一个阶段中,即从1432年到1548年,来自日本的十一次官方航海主要是由大寺院和显赫的大名们资助的,他们是出资者,获取许可、采购商品、装船等一系列工作则交由博多及其他海港中有经验的商人们。

商人们也参与航海,有时甚至有多达100人加入航程,每人可以携带预先规定数量的货物。兵库是当时繁忙的出发港,此地附近的商人在早期颇为突出,但是不久后交通枢纽转移到了堺。1500年以后,堺商人为本州地区的大部分航行提供资金,进行组织。

堺商人通过契约为航行提供资金。他们先向船主支付协议中规定的金额,然后得到在中国销售商品的利润。这样,在1493年离开堺的三艘船上,如果每艘船都载有价值1万贯的货物,到中国可以卖得至少3万贯,整个航行可以获得大约6万贯的毛利。有理由猜测,堺作为港口城市繁盛起来,而它的历史确实就是日本对外贸易和富有而具有影响力的商人阶层发展的缩影。

堺的发展在日本的政治和经济史上都引人注目，它清楚地展示了富裕的"町人"阶层以及拥有大量财富和非同寻常独立性的商人的发展。有关其早期的发展在第六章中已有论述，此处将在他们深受应仁之乱影响这一时间点上继续讲述其故事。

早在室町时代早期，兵库就已处于幕府的直接控制之下，足利义满去世时，此地仍是一座繁荣的海港，令人回想起它在平清盛时的重要性，清盛曾考虑在此建都。15世纪兵库衰落的原因尚不完全清楚，但毫无疑问与有利于堺的崛起的原因有关。其中之一就是应仁之乱，当时兵库处于大内氏的保护之下，而细川氏发现经由堺与畿内，尤其是大和国进行联系颇为便利，大和国的奈良有许多重要的寺院。战乱过后，实力强大的细川氏继续扶持堺作为京都的海港，因为前往中国的船只可以从那里向南到达四国、九州各地，以便避开内海海盗的注意，海盗中的很多与难以预测的大内氏结盟。

堺的另一大优势是，战火最为炽烈的时候，许多难民从京都逃到这里。他们大多是各行各业的熟练工匠，其他的也是熟悉城市生活，能够为堺的兴盛贡献力量的人。他们如此成功，以至于（根据寻尊住持的说法）1481年夏日的一天，一群穿着华丽的妇人声称自己是"财神"的侍者，由堺进入京都；作为回应，五十名戴着小鸟形状的滑稽头巾，声称自己是"穷神"的人由京都前往堺。这可能是虚构的情节，但确实回应了时人的感觉，如果说堺的市民生活优裕，京都的市民生活虽然窘迫，但精神抖擞，正在重建自己的生活。

堺还有一个超越兵库的优势：它在地理位置上与大和、河内、摄津和山城相连，有利于与许多内陆地区，尤其是奈良的交通。事实上，堺作为海港的发展部分是因为其自然地理位置有利于货物从海路抵达和陆路分配。米和其他从内海沿岸运往奈良、高野山甚至京都寺院的税收物资经由堺运输的路线，比从兵库出发经由淀川和木津川的路线更为容易。另外，在堺，有足够的办法以有利的条件（百分之一的手续费）把货物变为现金，因此帮助商人们省去了进一步陆路运输的成本。汇款或汇票在堺和兵库都可使用，但总体而言，堺对于旅行者而言更加便利，尤其是在这个时代，从兵库通往京都的内陆乡村因为武士、叛乱农民或是强盗而动荡不安。

一个有趣的例子可以说明堺的汇兑掮客的作用，即他们与加贺一向宗的联系。信徒们对畿内的本山——石山本愿寺的贡献巨大，款项全部是由与本愿寺关系密切的堺的汇兑捎客经手的。虽然汇款的总额不详，但从一名堺的捎客的记载中可以看出，1536 年，单单来自加贺一个小社群的捐赠即超过 100 贯。这样的商业便利改善了堺作为海港的地位，当国家努力奋进，以各种各样的成功恢复和平之时，抵达堺的船只数量也不断增加。

前文讨论与明朝的勘合贸易时，已经提及堺商人在海外贸易中的活动。此外，尽管冒着被海盗劫掠的危险，堺商人也从事内海沿岸的运输。事实上，他们似乎会向海盗首领村上氏进贡，从而确保自己的安全，后者几乎向所有船只收取贡金。很显然，村上氏的保护行之有效，他们最终听命于大内氏。

对通往中国的南部航线的利用使堺商人在萨摩国的坊津和种子岛与九州南部、在浦户与土佐国发生了联系，促进了当地的发展。但这条路线更长、更危险，因此长期来看，商人们会首选途经内海和下关海峡的航路。勘合贸易的最后几年中，大内氏在贸易中颇为突出，来自堺的船只一般经由内海的航线驶往中国，堺商人最终打破了大内氏的垄断。到 1549 年，最后一次勘合贸易之后一年，堺商人组织前往中国南部的航行，这次航行如果说不是海盗行为的话，也具有走私的性质；但如我们所见，从 1560 年开始，外海上的海盗逐渐减少，被合法运输取而代之。

但这并不能说明国内的海盗消失了。1581 年，耶稣会士范礼安从备后国坐船前往堺，途中遭到海盗的袭击，差点遇难。

第十七章

走向统一的道路

良庆(Ryokei)像,约 1570 年。他在 1570—1576 年间的本愿寺防御战中扮演了领导角色,是一位典型的一向宗军事首领。这幅画很可能出自一位同时代的狩野派画家之手。

一　织田信长

在前面的章节里可以发现，尽管 1540 年以前两个世纪的主要特征是无休止的内战，但并非全国的力量都集中在军队这里。与此相反的是，对立派别的需求在各个方面刺激而非阻碍了经济的进步——这体现在农业、工业和贸易方面。

国内贸易日益活跃，因为商人可以自由地行走于全国各地；日益增长的货物流通使得小乡村社会不再孤立。城市、乡镇、较大的农村迅速适应新的需求，甚至其中的一些发展到力量足够强大，可以对抗来自大领主的压力。贸易的增长和财富的积累并没有削弱主要大名们的影响力，相反使得他们自给自足的理念不再那么强烈，他们明白自己是这个由各个独立部分组成的社会的成员。

比较开明的大名意识到像以前那样仅仅为扩张领土而挑起战争是愚蠢的。但是这不是说他们彼此之间的竞争意识已经消失了，既然幕府已经名存实亡，那么时代就需要一位能够统领全局的统治者来维持秩序。当下必须马上建立一个中央权威，它最初的也可能是最难的阶段是由一个名叫织田信长的小领主完成的。他的使命是去摧毁或者削弱主要割据大名的自治权，当时大名的数量在应仁之乱之后已经减少到了 20 个左右。

考虑到在这个国家的大部分地区有许多有实力的大名可能轻而易举地打败信长，有人可能会问为什么这个重担会被一个小领主、一个年轻人承担。这是一个有趣的问题，值得从日本政治传统方面做一研究。

统一当然不是信长一个人的野心。许多大领主都有取得霸权的志向，上杉、北条、武田等都曾为取得皇室的治罚纶旨而上京，由此他们将获得盟友，打击敌人——这是忠于皇室的道路，因此可以说，尽管皇权遭受了种种无常，但是来自皇权的权威对于一名雄心壮志的领导者来说仍是至关重要的。

信长年表

1559	织田信长成为尾张的统治者，维列拉神父到达京都。
1560	信长在桶狭间击败今川。
1564	弗洛伊斯神父来到京都。
1565	足利义辉被暗杀，天皇命令耶稣会离开日本。
1567	信长攻克稻叶山城。
1568	信长到达京都，足利义昭被拥立为将军，货币制度颁布。
1569	开始建造二条城，信长准许弗洛伊斯布道。
1570	一向派僧兵在京都附近打败信长部队。
1571	延历寺被毁。
1573	武田信玄去世，义昭被废黜。
1574	信长在长岛摧毁一向派据点。
1575	长篠之战，武田胜赖被打败。
1578	上杉谦信去世。
1579	安土城建成，法华宗受到迫害。
1580	石山本愿寺陷落。
1581	明智和秀吉被派去阻击毛利。
1582	明智暗杀信长。

然而最富裕和最有势力的领主却因为一些战略上和政治上的原因而无法采取行动。他们四面被敌人包围，如果不先巩固自己的地位，免受前后夹击的话，他们是无法上洛的。例如，大内义兴在细川家族衰落之后，有一段时间离开他的领地到了京都，在那里发展得很好。然而为了在京都建立一个中央政权，大内首先得压制他后方的力量（大友、岛津等），同时也需要控制位于他的领地和京都之间的势力（尼子、细川及一些小的武装力量）。在这种条件下，从西部行军到京都几乎是不可能完成的任务，他的确只得回到故乡去维护自己的利益。

关东地区领主的努力面临着同样的困难，那里的上杉、北条或者武田，甚至是里见都可能有吞并京畿的打算，但是这也只能是在战胜各种或近或远的对手之后才能完成。在 16 世纪上半叶，这些军阀实际上忙于攻打一个又一个敌人，但是并没有取得决定性的成果；历史和地理都在阻碍他们。

然而对于骏河的今川义元来说却不是这样，他是一个有实力的大名，深谙朝廷生活，同时他的领地抵御来自东边的进攻并不困难，来自西边的威胁似乎也不足惧：今川是远江、三河以及骏河国的守护，他没有理由担心来自尾张及其以西的抵抗力量有多么强大。在他后方是北条,北条在小田原城修筑了牢固的要塞,但是他忙于监视朝仓、武田、上杉以及其他敌人的动向,而无暇顾及骏河。随即发生的戏剧性的事情是,当今川率领大队人马挺进尾张时,他在那里遭遇了一小队人马,他们的首领是织田信长,一个 27 岁的青年,而他为此已经准备很久了。

织田的家谱并不明晰,而且不需要我们过分关注,但是追寻其家族当年的脚步,看他们是如何从默默无闻到最后为青年信长搭建起获得成功的舞台,却颇具历史意义,因为正是信长创造的力量改变和控制着日本国家机构从中世纪晚期向现代的转变。

织田家族原来是斯波义将的小家臣,斯波在大约公元 1400 年是越前的守护。斯波的儿子也被任命为尾张的守护,后来因为幕府授予高职,于是定居京都。后来为了平日办公的方便,他任命朝仓和织田分别作为越前、尾张的代官。至此,信长的祖先进入官绅阶层,而这一阶层在 15 世纪的权力流动中最为活跃。

没过多久,作为代官的织田变得比守护斯波更加强大,或者至少更加有影响力。信长的父亲并不是代官,仅仅是当时任代官的家族首领的一名助手。这是一个卑微的位置,但是他逐渐提高地位,甚至向东西扩展自己的地盘。这大约发生在 1530 年。1535 年,他为修缮皇居筹集了资金,证明他已颇具财富和影响力。当 1551 年他去世的时候,他已经成为该国一个有名的人物,他的名字在京都和朝廷也被人提及。

他的继承人信长确立自己的地位时颇费周折,因为他年轻——不到 20 岁——又缺乏锻炼。他的一些亲戚拒绝追随他,但是他付出了大量的努力,成功召集了大约 1000 人的一支部队,这支部队主要是由足轻和低级别的武士组成的。他的下一步计划是扫清织田家族里的敌对势力。1556 年他击败了一伙在清洲城建造了牢固据点的敌对势力。之后他需要面对自己的弟弟,其弟得到了一些他父亲后期家臣的支持。在这次冲突中,他杀死了弟弟。到 1559 年,信长在尾张已经扫清了所有的主要反对势力。之后,正如很多历史学家说的,通过一系列"下克上",他使自己成为整个分国的头领,赶走了守护大名。后来在 1559 年,他拜访了京都,在那里受到了足利义辉将军的支持。

二 桶狭间

1560 年 6 月 21 日深夜,信长在清洲城得到消息说今川义元率领约 25000 人或者更多的人马计划从骏河前往京都，现在已经进入尾张。翌日早晨，消息传来说一名今川的指挥官已经占领丸根要塞。那名指挥官名叫松平家康，他从拂晓时开始攻打那个要塞，而后将七名被俘的头目交给今川以备调查。今川看到这一令人愉悦的场景，显得十分兴奋，旋即命令松平休整人马。在上午晚些时候传来了更多的消息，说另外一个要塞也被攻克，信长的谋士坚持要求他在清洲坚守。他拒绝了，说只有强有力的进攻才能弥补数量上的劣势，随后他冷静地下达了反攻命令。在那个时候，很难说信长的总兵力超过 3000 人，但是他可能得到了强盗团伙的支持，这在尾张是十分普遍的。

探子来报说今川的主要人马在取得胜利之后，在一个叫作田乐-狭间的地方休息。这是信长小的时候游荡过的田野，他非常了解这个地方。狭间的意思是峡谷或者隘路，是一个狭窄的地方，不适宜军队调动，6 月 22 日上午今川露宿于此。临近的人们听到他胜利的消息纷纷带着食物赶来祝贺。指挥官和士兵们在正午过后稍稍休息，忽然一阵暴风雨袭来，令他们措手不及。整支部队狼狈不堪，当天空放晴之时，今川士兵发现有一大队人马从隘路一侧的山后出现。起初他们以为那是自己队伍内有人造反——这说明他们士气不高。他们仅有的火枪被雨打湿不能使用，弓、矛、剑沾满泥土。在他们准备好武器之前，信长已经冲了下来，今川的队伍迅速穿过潮湿的稻田落荒而逃。信长身先士卒冲向今川，在混乱的人群中，今川的头颅被一名信长的追随者砍下。

桶狭间①战役尽管是一次小规模的战斗，但是在日本历史上有着非凡的意义，因为如果信长被打败，今川可能挥师到达京都，并在那里巩固自己的势力，由此可能导致的结果很难估量。另一方面，桶狭间战斗中还有一位姓松平的将领，他攻克了丸根。起初他是今川的一名侍从，后来他以"德川家康"的名字为人所知，最终成为全日本的统治者。

三　征服美浓

在这场战斗之后，事情似乎不可避免地向有利于信长的方向发展。德川家康，也就是原来的松平家康在 1561 年与信长结盟，同时也给信长带来了他在三河的影响力。信长坚信政治联姻的重要性，他的下一步就是与甲斐的武田信玄

---

①　可能最奇特的（最不重要的）关于桶狭间战斗的事实是，战斗并不是在那里发生的，而是在上述提到过的附近名叫田乐-狭间的山隘里发生的。

交好,答应把自己的女儿嫁给信玄的儿子。而年轻的今川(义元之子氏真),面对三国同盟(尾张、三河和甲斐),灰心丧气地在北条家族的小田原要塞避难,不久他家族的名字就从历史上消失了。

在三个割据政权的合作下,加上位于相模的偏安一隅的北条统治者的默许,东海岸的和平得到了保障,或者至少在一段时间内如此。信长可以自信地去面对京都。从地图上可以看出,他与山城及首都之间仅隔两国——美浓和近江,那里有潜在的对手,他们强大但并不可怕。在北近江,是浅井家族,1564 年,信长通过将他的妹妹(阿市)嫁给浅井长政的方式,与其结盟。

美浓的领主斋藤道三不好对付。他是一个称作奈良屋的商人的儿子,其父住在离京都不远的山崎。道三在美浓以油商的身份赚了大钱,拥有大片的土地。有一段时间,信长与他不和,便试图通过娶道三女儿的方式达到政治联姻的目的。但是在 1556 年,道三被他的儿子所杀,事情发生了变化。道三的儿子在西美浓有一些兵力,对信长有很深的敌意。

然而,最后信长非常幸运地攻克美浓,他冲破了斋藤在稻叶山的坚固防守,从稻叶山可以俯瞰美浓平原。信长向西美浓的兵士诱之以利,于是斋藤丧失了他们的支持。但是成功很大程度上应该归功于信长的一个下级指挥官的技巧和判断力,他的名字叫木下藤吉郎,后来以秀吉之名为人所知。在稻叶山和桶狭间战役之中,信长军对地形特征的成功利用对取胜起了重要的作用。秀吉的策略是在稻叶山的对面修建一个据点,这个据点修建在墨俣,这里地理位置优越,居高临下,且位于木津川和长良川的交界处,另外也在尾张和美浓的边境线上。(这项工作是由一队勇士在一个姓蜂须贺的本地强盗的带领下完成的。)从这个据点,信长得以轻松地攻克美浓城,而这也是他已故的岳父提前预料到的。

在 1567 年的最后几个星期,信长即将压制美浓时,收到了来自正亲町天皇的密信,嘉奖他出色的军事才能。似乎他的君主希望重新恢复被敌人没收的皇室财产。在这一年的早些时候,避难的义昭,也就是已故的将军义辉(他在 1565 年被细川叛军杀害)的弟弟,要求信长帮助他恢复足利幕府。晚些时候(1568 年),有人将义昭带到了信长面前,他是从越前朝仓的领地来的,他原来在那里避难。这两件事促使信长形成了更为远大的目标。他现在的目标正如他在印章上刻的那样,是"天下布武"。他驻扎在稻叶山城,并把这座城重新命名为岐阜,这是借鉴了一则早期中国历史里的经典典故,他认为他正在重复这一典故。

现在可以有充分的理由相信,信长的目标在于统一全国。在他通往京都的路上，还存在着唯一的一个障碍，那就是在伊势的反对势力。在那里，北畠亲房的后代势力强大，有影响力。北畠的军队威胁要进攻近江和山城，这时正在与京都的三好家族和近江的六角家族联络。但是信长以迅雷不及掩耳之势将他们赶出领地。六角虽作短暂抵抗，但是后来信长攻克城堡，并将他们赶了出去。箕作城的陷落标志着信长的胜利。之后他派人去请在岐阜的义昭，他于 1569 年 11 月 9 日全副武装进入京都。12 月 28 日，义昭就任第 15 代足利将军。

四　信长在京都

尽管信长在京都的对手（畠山、细川、三好和松永）已经逃走了，但是京都人民对他并不友好。这些经历过大风大浪的京都市民认为又多了一个来抢夺战利品的强盗将军。为数不少的朝廷贵族将自己的家人和财产转移到了他们位于其他地方的亲戚家里，他们也遭到了刚刚离开这座城的兵士的掠夺，然而信长带来了义昭的事实却减轻了他们的恐惧。令人吃惊的是，信长的部队纪律严明，刚到就发布了一道盖着信长印章的命令，要求必须确保市民的安全。

这给朝廷和贵族们留下好印象，他们转而投靠信长，恳求他为他们伸张正义，取回他们被没收的财产。信长谨慎地安抚他们，并命令几名将领安排为他们收回财产。但是他的地位依旧有些不确定，当务之急是增强军事力量。他的一大优势是控制了尾张和美浓冲积平原，此地与富庶的近江接壤。在这里，地理再次帮助了他：这些肥沃的土地是被许多独立的武士耕作的，他们属于地侍，而且不受任何人的控制。如果他能把这些武士拉拢过来，那么在抵御来自西边的攻击时将会非常有底气，而且（一个重要的砝码是），他可以控制京都的民生，因为如果来自邻国的食物补给被切断，那么京都的市民将坚持不了几个星期。

他的后方相当安全，这得感谢家康。家康在东部与武田信玄达成协议，占领原来今川的领地，成功应对了几个潜在的敌对同盟。同时信长在 1568 年拥戴义昭为将军也是一项防御性的措施，因为这样可以得到授权合法行动，也能让试图反对他的武士们暂时停止行动。

信长与义昭的关系并不融洽。义昭刚刚就职不久，他们的第一次分歧就出现了，义昭为了表达对信长的谢意，安排了一场气势恢宏的能演出。这个节目共有 13 章，在第 5 章末尾时，信长拂袖而去，说这个国家尚未和平，他没有工夫去欣赏这样的节目。第二天信长回到了岐阜城。义昭给他提供了很多职位，然而信长却不愿意接受那些无关紧要的职位。正如他印章上的文字所示的那样,他要通过武力统治全日本。他认为室町幕府已经名存实亡。他愿意在表面上表达尊敬,然而实际上却无意听从它的命令。

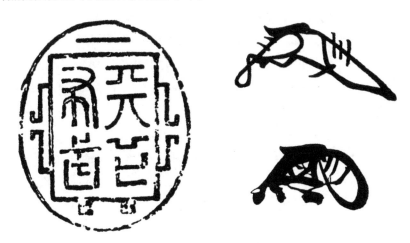

信长的印章和两种花押

他没有时间或者耐心去参与政治阴谋。从1568年年底开始,他忙于打败或者安抚毗邻山城的各国。到1569年年底,他率领军队回到京都,宣布平定伊势,这对于将军来说无疑也是一种威慑。1570年1月,他给位于京都的代表(明智将军和真言宗僧侣朝山日乘)写了封"朱印信",即加盖了他的印章的信,信上说他给义昭制定了五项他必须遵守的命令。

这些强制执行的条款伤害了将军的尊严,因为它们只留给他一些仪式性的权力。信长性情豪奢,也不介意义昭的居所富丽堂皇。事实上,他很有兴趣亲自给将军修建一座新宫殿,他在脚手架上发号施令,还穿着虎皮披风在花园里阔步行走,告诉工匠们这个盆栽或者那块石头该往哪里放。

信长对于天皇非常尊敬,甚至可以说是敬畏。他充满热情地修建一座新皇居,而且在规模方面下足了力气。从日乘留下的作品我们得知,这是一项造价昂贵的工程。有趣的是,它驳斥了一些明治早期历史学家的观点,他们认为皇居破败不堪,入侵者盯着侍女的屋子看,然后付给警卫们一些钱去购买贫苦潦倒的皇子们写的和歌脚本。事实是,当时信长慷慨捐献了大笔钱用于重建皇居。1569年,日乘告诉工匠他们花费太多,到那天为止,这项工程已经耗费了10000贯钱,但离完成还遥遥无期。最终这项工程在1571年完成。

义昭并没有遵循信长要求他远离政治的要求,而是继续与重要的寺院联络,这些寺院包括法隆寺和大德寺。他试着通过调解大友和毛利之间的矛盾获得利益，甚至还试着调解北条、武田和上杉之间的矛盾，这是一个非常微妙的举动，而且成功的可能性很小。义昭并没有做出多少激怒信长的出格之举，但它们说明直至此时将军之职也并非一文不值的空架子。尽管他们缺乏实际的力量，但是天皇和将军影响力依然强大，这源于他们位居高位的威信，流传已久的传统依然在发挥作用。在他们最没有权力的日子里，他们依然可以偶尔促使大名之间实现和平，这些大名内心迫切想结束战争，但是碍于面子，于是只得求助于天皇、将军。这样的处境可以使这些人易于听从来自京都的建议，这样他们就可以在达到目标的同时获得天皇或将军忠臣的美誉。

下文将进一步讨论信长和义昭之间的关系。到 1573 年的时候，有很多证据表明将军表现得非常不听话，以至于信长最终罢黜了他。义昭（后来）恢复了他的名号，但是并没有重新获得权力，他辗转各地寻求支援，直至 1597 年去世。所以从 1573 年至 1603 年家康被任命为征夷大将军之前，日本实际上没有征夷大将军。

1570 年对于信长来说是一个艰难的年份，我们可以发现，他对于义昭越来越不耐烦，尽管有来自各方的反对，但是信长依然自行其是。1570 年早些时候，他邀请众多有实力的大名到京都商讨国家大事，向天皇和大将军提出谏言。这纯粹是测试大名们的一种方法。在这些大名中，唯有越前的朝仓义景没有接受邀请，他是一个成功且自命不凡的统治者，义昭逃亡时，就是在朝仓处避难的。这种沉默给了信长一个进攻他的理由，1570 年 5 月，信长亲自率领 30000 士兵离开京都。当时北近江国被浅井长政控制，而浅井的妻子是信长的妹妹。在他通往越前的道路上，信长从近江到达若狭的安全依赖这一家族联姻。但是令他吃惊的是，当时浅井已经接受了朝仓的请求，威胁将切断他的退路。信长别无他法，唯有马上撤退。当他的敌人们仍在协商时，他已经把队伍分成了若干纵队，通过小路顺利回到了京都。接着在 7 月 22 日，信长重整旗鼓，这次也获得了来自家康的重要支援。7 月 30 日，他在北近江一个叫姊川的地方遭遇了浅井、朝仓同盟的队伍。在家康对敌人腹部给予强有力的袭击之前，战势的发展还是对浅井有利。这次战斗以浅井、朝仓的完败而告终，超过半数的指挥官和士兵死亡，剩余的纷纷向着自己家的方向逃窜。

这次战役之后，信长的新队伍被锻炼得更加强大，似乎足以保障他获得更大的权力。他在京畿地区还有几个棘手的敌人，这些敌人或结盟或参与游击战，总是觊觎通过突袭占领京都。但是对于他来说更大的危险来自石山本愿寺,①它是一向宗的寺院。一向宗在这个国家里势力强大,它的财富、军事实力、宗教领袖对于成员的影响力等甚至可以与大领主们相媲美。本愿寺的大笔财富主要来源于门徒、信徒们的贡献,他们源源不断地将自己的钱捐献出来。这些狂热的信徒主要是农民或者穷人,他们的信仰形成了一股力量,而这是信长必须尽其可能去抗衡的,因为它是在他统治这个国家的道路上最为强大的一个对手。

五　信长的战略性问题

这一章的剩余部分我们要讨论信长面临的战略性问题。它们既是政治性的也是军事性的,但是在这个过渡时期——1570 下半年——有关军事的策略是最主要的。

关于行军和战斗的平铺直叙会显得枯燥,但是统一的过程至少在早期是一个军事而非政治的过程,因为它在信长摧毁障碍完成国家统一的过程之中始终存在。最终的统一的性质是由为了达到这个目的而使用的方法所决定的,所以我们必须关注信长面临的军事问题,因为它与政治利益相关。

信长打败浅井和朝仓,缓解了来自北部的压力,但是这并不是决定性的。在加贺和越前一向宗经常会成功发动叛乱,因此来自那里的威胁并没有被根除。这一点本身并不重要,但是它可以被东部和北部有实力的大名所利用。在东部,来自越后的上杉谦信、甲斐的武田信玄和控制了关东南部的北条氏康,他们之间迄今为止并没有达成任何经得住考验的协议,但是对他们需要加以监视。在北部,并没有强大的军队,仅有少数经济落后的大名(佐竹、结城、伊达、南部及其他)。他们的政治基础薄弱,因为统治者们并不能控制那些独立的乡村豪绅。这些国的威胁并不是迫在眉睫的。

在西部各国之中,最强大的统治者是毛利元就,他声名显赫(已经取代了大内家族),牢牢地控制了本州岛的西半部分和北九州的一部分。除了强大的陆军以外,他还掌控了为数不少的船舰及航海经验丰富的船员。与毛利相抗衡的是位于北九州的大友和龙造寺,以及南九州统一了萨摩、大隅以及日向的岛津。这

---

①　石山本愿寺是一个寺院和据点,1496 年建立于大阪一个非常险要的地方,对面即是大阪湾西海岸。它几乎四面环水,从陆地上难以接近,但是却可以从海上得到增援补给。石山是小山丘的名字,在这座山丘上伫立着寺院的主要部分。

些西部的领主由于与葡萄牙的商人们有往来，所以重要性得以凸显；如果他们之间达成协议，就有可能对信长形成威胁。然而他们似乎热衷于贸易和与邻居发生战争。由于他们位置偏远且各自忙于自己的政务，信长对于他们的存在并不觉得担忧。

在毛利和信长之间的中部各国，是许多新兴的家族，他们的历史与毛利氏类似。尼子、宇喜多、浦上、波多野等长年臣服于诸如赤松、山名和细川等大名，如今他们已经将他们原有的宗主从领地驱逐，正在忙于建立政权。也就是说，当前信长并没有受到来自中部和西部各国的直接威胁。真正威胁他的敌人位于近处。

现在他更关心如何保护京都。在这里他受到位于城北部、实力强大的延历寺的威胁。如果他向北进军，三好、松永及被逐出美浓的斋藤等大名可能趁机占领京都。他们在临近大阪的地方修建了要塞，它对于信长来说已经成为新的心腹之患。另一方面，如果信长攻打他们的话，必须调动原本与石山本愿寺作战的队伍，而本愿寺是威胁最大的力量。

石山本愿寺不仅仅是一向宗的本山所在，同时也是一个难以攻克的地方。来自大阪、加贺和越前等地的门徒在此聚集。他们以数百人为一群，枕戈待旦，一旦警报响起，数十倍的士兵便蜂拥而至。本愿寺被认为是坚不可摧的。更为重要的是，像越前的朝仓、近江的浅井和西部的毛利等各国的大名认为与这一强大的力量建立友好的关系是符合自身利益的，这一做法也被各处的国人模仿。

这些大名和一向宗信徒之间的联系对于信长来说构成了一种威胁，而信长对此不可能不理会。他认为他必须与一向宗算总账。机会马上来了。1570 年11 月，本愿寺援助京都再次活跃起来的三好残党，引起了骚乱。信长派遣一支惩罚性的队伍前去镇压，一向宗部队随之得到了来自纪伊根来寺的僧兵增援，据说还有一支 3000 人的火枪队加入其中。由于他们的攻击力强悍，信长的部队只好撤退，伤亡惨重。他认识到在统一道路上最强大的敌人、最大的障碍，并不是旧的政权，而是那个新出现的好战的寺院，是本愿寺和一向宗的联盟，本愿寺凭借一向宗的力量，在全国各地一呼百应。

这个时候，浅井和朝仓已经从信长的打击之中恢复了元气，之后来自延历寺的僧兵也补充进来，他们加入的理由是信长拒绝帮助他们拿回被将领们没收的土地。除了这些麻烦之外，来自近江和伊势的敌对势力对于信长也是一个威胁，他们得到了本愿寺的支持。信长的处境如此危险,他不得不缩短战线,集中力量保卫京都和岐阜。天皇从自身利益出发从中斡旋,促成了休战协议,但是并没有持续多久。

信长认为为了打破这个包围网,必须彻底摧毁延历寺。1571 年早些时候,他进攻比叡山。僧兵们对此措手不及,很快就缴械投降了。比叡山所有宏伟的建筑物都被付之一炬。根本中堂、佛塔、数不胜数的神龛和小庙宇尽管价值连城,都在大火中化为灰烬。信长的部队在此肆意杀戮:他们抓来了僧侣、俗人、妇女、小孩,然后斩首。正如一位作家所描写的:"这座山是个巨大杀戮场,面前的场景令人禁不住恐惧。"

同时,被包围在木曾川三角洲的一向宗在长岛抗击信长的队伍,在一系列设防的村庄里顽抗不已。信长前去督战,但是最终只得撤退,后来又被一向军穷追不舍,这使得他的部队遭受了一些损失。这次战败之后,信长更加痛恨那些信徒,决心摧毁他们。

除了本愿寺之外,他最大的危险可能来自甲斐的武田信玄。名义上武田已与信长在攻击上杉谦信和北条家族方面达成了共识,但是当北条氏康一死,这个共识就寿终正寝了,这发生在攻陷比叡山的一个月之后。氏康的死使得这一微妙平衡失衡,新的北条领导人决定与谦信断绝关系,转而与武田达成协议。这样武田可以放心地率军上洛,这正是他长期以来梦寐以求的。

乍一看,这一冒险并没有什么趣味可言,然而它的背景却十分重要。其实自从 1570 年开始,武田就与阴险的义昭将军联系,并且与石山本愿寺的光佐住持联姻。现在他在反抗信长的联盟中处于领导地位,并且计划向京都进发。然而这一计划的直接障碍来自位于越后的老对手上杉谦信和东海岸的德川家康。这是一个非常坚固的结盟,信长也应该被看作是这一防御性联盟中的第三方。武田于是寻求本愿寺的支持,说服光佐住持令加贺门徒抵抗上杉。①

武田的最后一步就是与信长决战并逼迫他改变自己的计划。1572 年年底,武田率领 3 万名士兵向西进发,开始了进攻。他在 1573 年 1 月抵达近江,随即在三方原沿着远江的天龙川与信长、家康展开战斗。武田获胜,家康与他的妻子费尽周折逃亡滨松。信长处境也很困难,被迫去寻求外交途径解决问题。以义昭将军的名义,他提议武田和上杉双方休战。如果武田拒绝,他可能

①　武田和他的敌人上杉在军事史上作为将领声名显赫。他们确实善战,但是两者都没能展示出任何非凡的战略才能。他们总是错过时机,而且屡错不改。

会因不听从将军的命令而被追责。但是武田回答说他宁愿接受朝仓的调停，而不是信长的。

信长接下来试着与武田达成协议，同样也是以听从将军命令的名义提出，但是这个计划失败了。武田拒绝了他，并向义昭抱怨信长，列出了信长的五宗大罪，后来信长反驳说武田有七条大罪。在这次外交博弈之后，另外一场较量是不可避免的。但是信长的处境很尴尬，因为义昭反对他，而且积极筹集资金，煽动仇恨。1573 年 3 月，信长给义昭送去十七条意见书，义昭随后召集武田、朝仓、浅井以及位于越中的实力强大的一向联盟，意图扳倒信长。这是信长难以容忍的，他随即在二条城袭击了义昭。义昭仓皇出逃，向他的朋友们寻求庇护。

接下来信长与武田之间的冲突就在所难免了。但是这时，传来了武田在一次与家康的战斗中受伤，几周后死亡的消息。这对于信长来说无疑是一个极好的消息，然而对于义昭来说却是令人沮丧的。他还想着再赌一把。1573 年 6 月，他召来了松永（他暗杀了义辉将军，义昭的哥哥）、朝仓、本愿寺和其他可能对抗信长的盟友。在光佐住持的建议下，他向毛利寻求帮助。同时他还写信给信玄的继承者武田胜赖，向他求援。

但是信长的准备更加充分。他突然到了京都，乘坐事先秘密准备好的小船穿过了琵琶湖，之后突袭义昭，把他驱逐出城。到 1573 年 8 月，信长在畿内和周边各国的地位更加牢固。9 月，他分别在越前与朝仓，在近江与浅井大战，击败他们，摧毁其城堡，迫其自杀。他把他们的领地奖赏给了秀吉，秀吉在近江的长滨建造了一座城池，由此开始了他作为大名的第一步。

在敌人包围之前，浅井将他的妻子（信长的妹妹）和三个女儿送到信长的本阵。这个名叫阿市的女子相貌极佳。她后来嫁给了另外一名将军，这位将军在一次秀吉发动的进攻中被杀或是自杀了。阿市拒绝逃跑，和他死在了一起。后来秀吉抚养了这三个女儿，其中最大的一个乳名叫茶茶，她后来成了秀吉的夫人，并成了他的最爱，这位女子也就是后来的淀君。

1574 年庆祝新年的时候，据说信长收到了一份礼物，这份礼物是一个漆盒，里面装着三个敌人的头颅，信长高兴地打开了这盒子，并长时间观赏。这可能是真实的，但是这个时候他脑子里想着的并不是这些已经死去的受害者，而是如何摧毁一向宗。

阿市的肖像。阿市是信长的妹妹，浅井长政的妻子。
临摹自高野山持明院的一幅肖像画。

然而在向本愿寺发动最终攻击之前，信长认为他必须准备好防御武田胜赖的进攻，还得击败伊势和加贺的一向联盟。同时也得想办法防止来自上杉谦信的敌对行动。

他行动的顺序部分是由对手的动向来决定的。从1570年开始，他多次与长岛的一向宗交手。这些叛军有五个据点，位于易守难攻的木曾川三角洲。他们受到信长敌人的煽动，始终没有被彻底摧毁。1574年7月，信长派出一支大军去解决这个问题。他的队伍遭遇了敌人疯狂的抵抗，但是在持续攻击下，三座据点被攻克。剩余的士兵负隅顽抗，在海边一侧，他们同时遭到了伊势海盗的威胁，海盗们用大口径火枪不断攻击，摧毁了他们的瞭望塔。到了8月底，守军粮食短缺，其中有一些死于饥饿。守军最终提出投降，但是信长拒绝接受。他将依旧负隅顽抗的中江、长岛两座城用牢固的栅栏围起来，切断了他们的逃生道路。这两座城里拥挤着大约2万人，他从四面向这两座堡垒放火，里面的人被活活烧死。1574年10月，在为先前的失败复仇成功后，信长凯旋岐阜。

同时在本愿寺周围，间断性的攻防从1574年持续到了1575年。一向联盟的物资源源不断地从四面八方运来，包括从越前国本誓寺送来的黄金、大米、大麦、衣服等。

1575年早些时候，信长认定他必须完成征服越前的任务，越前当时被一向宗控制。然而在那一年的6月，他被迫改变计划，向东行军去帮助家康抵抗武田胜赖的进攻。接下来的这场战役是在三河国一个叫作长篠的地方发生的，这在日本战争史上标志着一个新时代的开始。

武田军是用一种老式的战斗序列开始战斗的：四波骑兵轮番冲锋,攻打信长的防御工事。但是他们在到达信长的前沿之前被摧毁了。信长事先设置了之字形、高度为马匹无法跨越的木栅栏。武田的骑兵不得不在障碍前停下来,随后被栅栏后的3000名手持火枪的敌人射杀。武田骑兵的每一次冲锋都以付出沉重的代价而告终,然而防卫方基本上毫发无损。

这些火枪还只是初级的武器,前装式,是通过火种引燃的,射程可到70米左右。火枪点火过程太慢,以至于火枪手被分为了三组,轮流开火。这种武器在日本出现不久,武田信玄和上杉谦信就在川中岛战役中使用了。1572年,武田已经为生产火枪订制了原材料,但是无论是他还是谦信都没能真正理解这种新武器的威力。与此相对的是,一向宗的领导人敏锐地察觉到它相对于箭、矛的优势。石山本愿寺随即建立了一座兵工厂,开始批量生产火枪。在一向宗的根来和杂贺据点,也有类似的作坊。一些有名的枪炮工匠是在根来学到了这些技术。堺也是一个重镇,这里大量生产武器和弹药,而后卖给各个买家。

1575年7月在长篠大败武田极大地改善了信长的战略地位。在北方唯一的威胁只剩下上杉谦信了,他或是单独行动,或是与位于加贺的同盟者合作。信长在一次短暂但又激烈的战斗中发动大军打破了这一联盟,随后以秋风扫落叶之势进军敦贺。信长军后来抵达谦信的地盘,却没有发起进攻,目的是想避免一次大的战役。同时谦信活跃起来。1575年秋天,他与石山本愿寺、甲斐僧兵、山山的毛利等建立了联系。他于1577年10月开始南下,但是计划却因为糟糕的天气搁浅,他决定来年春天冰雪融化之前在此等候。然而当春天来的时候,他死于大出血,时年48岁。

六　攻陷本愿寺

当信长处理北方敌人的时候,被罢黜的流亡将军义昭一直在密谋暗算他。他从备后国鞆之浦发出密信(信上的时间是1575年4月),请求援助,这封信是通过毛利①送给本愿寺的防卫者的。但是此时毛利不愿出兵,同时法主光佐住持由于紧缺物资,向信长主动示好,而信长知道光佐只是为了拖延时间而已。

信长和毛利都充分意识到了控制濑户内海的重要性。现在优势倒向毛利一

---

① 毛利元就在1571年已经去世。他的孙子辉元继任,辉元与同族兼谋士吉川和小早川和谐相处。义昭的信是寄给他们的。

方,因为他手下有一支很强的海军队伍,是由经验丰富的私掠船组成的。1575年夏天,他下令船队携带物资去解本愿寺的燃眉之急。信长也有军舰,数量大概在300艘左右。它们驻扎在大阪湾边,守卫着木津川的河口地带。这是一场激烈的遭遇战,双方都使用了火器。毛利一方赢得了战斗,几乎没有费什么周折就将所需物资运抵城里了。这是在1575年8月。同时义昭和毛利要求上杉和武田发兵。其中有一封毛利给谦信的信被保留下来,上面表明毛利的意图是动员大量兵力正面进攻信长,同时上杉、武田和一向宗的部队从东边进攻。毛利的信件写得非常具体,日期是1575年9月。他在信中满意地提到了他在海上的胜利,并制订了打败信长的计划日期。不用说,这些大名们急于支援本愿寺并非是因为要去保护佛教徒或者佛教。

武田和上杉都没有回应毛利的号召,战斗停了一段时间。的确,一切都太过平静,以至于在1576年早些时候,信长开始在位于琵琶湖畔的安土修建新城。他在监督地基建设的同时制定进攻计划,这个计划的内容是应该如何摧毁一向宗。

战斗在6月重新开始。信长率领一支3000人的部队攻打本愿寺,本愿寺当时召集了1.5万人。信长身先士卒,腿部受轻伤,队伍受到了一些挫折,只好后退。这时信长改变了策略,转而去攻打内陆的要塞,这些要塞构成了本愿寺东部外围的防线。

1577年3月,他离开城堡,在京都集聚将领们。他带领这些将领和一支大部队挺进和泉,一路上经过八幡、宇治和河内国。信长将队伍分为两支,他们穿过和泉,击垮了当地武士,然后进入纪伊国,向杂贺发起猛攻。在那里,被围的一向宗信徒垂死挣扎,无奈承受不了没日没夜的攻击,最终投降。在这个过程中,信长派遣一支大部队去攻打根来寺。他们向建筑物放火,守卫者被迫出降。

这样,整个纪伊国也在不到一个月的时间内被压制。根来的僧兵和杂贺的国人众在承诺不再支持本愿寺后被释放。4月,信长军容整齐地回到了京都,同时从东和南切断了守军的补给路线。他凯旋的消息使得毛利辉元感到了危机。他写信给上杉谦信说道现在除了从东西两面合力攻打信长之外已毫无办法。

在本愿寺这座被围困的要塞,杂贺陷落的消息传来后,弥漫着沮丧的气氛。法主光佐住持向全国的僧官和信徒发出召集令,恳求他们不让步,恳求他们提供物资和援助,以帮助本山和要塞里的守兵渡过难关。他(在1577年夏天给相模和武藏信众的一封信中)说,只有这样才能使得佛法复兴。

得不到谦信的任何帮助使毛利寸步难行，而谦信正如我们已经看到的那样，在 1577 年秋天行军缓慢，在第二年春天去世。于是本愿寺陷入了完全的孤立状态。信长命令光佐撤离要塞并且离开大阪。光佐长时间地与他的盟友和伙伴们思忖考量，并一直在向毛利提出支援请求。同时他的前哨阵地接二连三地失守，他的物资供给几乎耗竭。1580 年 4 月，有人送来了一封来自天皇的信件，数周后这个要塞投降了。①

持续 11 年的苦战终于结束。有人可能发现，天皇的介入是有效的，因为他给双方都留了"面子"，阻止了一场肆意的屠杀。同时这件事的趣味在于，它驳斥了中央政府被架空，朝廷一文不值，皇宫业已瓦解需要修缮的论断。当然，是信长建议正亲町天皇给光佐写信的。

可能会有人认为，在解决了本愿寺之后，信长会休整一段时间。但是在 1581 年，他决定开始一次更大规模的战斗。他和家康还有北条率领庞大的队伍去攻打武田胜赖。编年史上说一支 18 万人左右的部队从各处出发，去攻打胜赖勉强拼凑起来的 2 万人左右的部队。他们的先头部队从岐阜出发，抵达甲府，那里是武田的老巢。他们沿途并没有受到任何抵抗。胜赖逃往天目山，他在那里被敌人抓获，在 1582 年 4 月被杀。这标志着绵延 18 代的武田家族的结束。

为何信长要调用如此多的兵力去攻打如此弱小的敌人，不是很清楚。武田信玄在过去给他带来了许多麻烦，还曾打败过他。他或许一度认为占领武田统治的四个国是明智的。另外，他需要以领土奖励他的将领。对甲斐和信浓就是如此处理的。同时家康得到了骏河，还有一名姓泷川的部下深得信长的信任，他得到了上野的一部分，在那里他可以监视位于关东的北条家族的动向。信长的一部分治国理政的才能要归功于他战时的朋友与盟友们。

他在分割武田的领土时可能有一种别样的愉悦感，因为看起来他对信玄和胜赖似乎有一种强烈得近乎疯狂的仇恨。他用可怕的残暴手段对待惠林寺（在那里存有信玄的遗物）的僧侣们，将他们用火活活烧死。与此相反，家康对于胜赖的遗骸却表示尊敬，保护了他的一些追随者免于信长的屠杀。

---

① 1580 年 5 月，光佐离开石山，到纪伊组织援军，令其子留守。光佐的行动没有成功。事实上是他的儿子献城后离开了此地。

第十八章

信长统治下的基督教和佛教

信长的印章和两种花押。

一　在首都的传教士们

1550 年圣方济各·沙勿略离开鹿儿岛,开始了他去京都的艰难旅程,他的目的就是要见"日本国王"。当时京都几乎是一片废墟。那里没有一个有实力的统治者让他可以提出自己的主张,所以他被迫回到了山口。他在那里得到了大内义隆的保护,获准宣传基督教。后来丰后国的领主大友宗麟(后来的佛朗西斯科)邀请他去府内。他在那里得到了宗麟的保护,后来宗麟自己成为一名狂热的基督教追随者。对于大友宗麟来说,信仰基督教更多出于宗教方面而非政治上的考量。

沙勿略在 1552 年与一名丰后的使节回到了果阿,乐观地向驻印度的葡萄牙总督报告传教工作的前景,他还高度赞赏了日本人民的国民性。他催促立刻向日本派遣传教士,而后一些优秀传教士被派到日本。在西日本,他们取得了巨大的成功,一部分原因是他们被统治者所接纳,这些统治者们希望能够吸引葡萄牙的商船,另外一部分原因则是穷人和被压迫的乡下人乐于倾听许诺了幸福愿景的福音。但是,尽管任务在九州完成得不错,位于果阿的上层人士确信必须将他们的使命扩展到首都,因为这是耶稣会的处事原则,无论走到哪里,他们必须寻求统治阶级的支持。他们认为从长远来看,必须仰仗世俗统治者的意志。接下来,正如一名主要传教士所言,他们"竭尽全力去见国王,因为在日本万事都要听统治者的话"。

1559 年,只有六名神父在日本,但是他们之中的一位,即维列拉神父很早就被从丰后国派往首都。尽管费尽周折,他受到了足利义辉将军的热情招待,足利将军在 1560 年下令说必须好好招待传教士,他们不需要缴税,另外在工作中也不应当受到阻碍。

义辉如此热情的原因值得玩味。他可能收到了大友的信件,但是更有可能的是,维列拉早先在京都逗留的时候,给很多武士留下了好的印象。他成功使三好长庆的态度发生转变，后来三好某种程度上成了将军的保护者。无论是哪种原因，受到义辉的保护无疑是很有价值的。这样维列拉和他的同伴洛伦索可以在京都自由地传教，也可以自由地在城市间往来。洛伦索是一个地位低贱的日本人，是一名失明的乐师。维列拉在京都一带声名远扬，传到了堺和奈良。他的追随者迅速增长，特别是在武士中，那时他们聚集在首都南部，与此同时三好和松永做着他们日常的阴谋和屠杀的勾当。

维列拉大获成功，以至于他后来又向果阿申请援助，但是大规模的骚乱在京都爆发，使得他无法再继续自己的使命，无法保护教堂和他的追随者们。1560年年末，他被迫离开京都一段时间，去了堺。他在那里获得了安全，但是发现那些富裕的商人对耶稣漠不关心。同时将军与维列拉一样也离开了京都，虽然不久秩序得以恢复，将军也回到了京都，但维列拉又不情愿地在堺待了两年后才于1563年重回京都。在这些年里，佛教徒要求从日本驱逐所有的传教士，还威胁使用暴力。但是将军的重臣松永久秀压制了他们。

在维列拉到达京都后的几年里，在远离这座城市的地方修建了一些小型的教堂。1564年，维列拉与路易斯·佛洛伊斯及另外一名神父会合，他们是果阿当局应维列拉的要求派到日本的。这时，在日本大约有12名神父，他们大多数在丰后，那里信徒众多。

佛洛伊斯是在马六甲待了九年之后被派到京都的，他是日本基督教传教史上重要的角色。他的信件为1549年到1578年发生在日本的大事提供了可信度极高的佐证。信长权势鼎盛时，他在京都非常活跃，同时与很多重要人物建立了良好的关系。维列拉被义辉接见过多次，他和佛洛伊斯在1565年新年的时候均在场，当时义辉正襟危坐，轻挥扇子，回应一些重要客人的拜谒。1565年夏天，这个不幸的将军连同他的母亲和妻子被松永、三好谋杀，这使将军的朋友和追随者们感到了恐惧，以至于仅有少数相国寺的僧人参加了这位将军的葬礼，而那些身居高位的禅僧却与之保持距离。佛洛伊斯在这些恶行发生之后立刻写了封信，上面谈到了义辉年轻的弟弟义昭是怎么逃跑的，而后又是如何被"尾张之王信长"所救的，"信长率领大军平定了反叛"。

义辉死后不久，天皇（在佛教徒的压力下）下令驱逐所有的传教士。维列拉和佛洛伊斯在一名日本追随者的帮助下逃离了骚乱，而后转道回到了堺，那是一个很好的观察点，也是全国的一个信息中心。

这次骚乱对于耶稣会来说是一个打击。维列拉后来回到了九州，但是佛洛伊斯继续在堺从事传教工作,继续受到他的追随者的推崇。他们的信仰似乎是坚定而又令人安慰的,因为(我们被告知)在 1567 年圣诞节,佛洛伊斯邀请参战双方共同庆祝这一节日,他们乘兴而来,离开的时候高呼"我们都是信耶稣的兄弟",但是他们在第二天早上继续杀戮。

在维列拉传教的早些日子里,畿内的一些武士接受了基督教的思想。有些身居高位,另外一些只是普通的武士。在这些维列拉的显赫追随者中,有一位是摄津国有一定地位的大名,名叫高山友照。据说他在与维列拉的一次辩论中失败,继而追随了他。他把维列拉带到自己的城堡,在那里与自己的妻子和子女一起受洗。他受洗后的名字为达里奥(Dario),最小的儿子(重友)当时只有十岁,受洗后改名胡斯托(Justo)。这个孩子长大后,以他的称号"右近"(Ukon)——皇室侍卫的荣誉称号——为人所知,在耶稣会著作中,他被称为 Ucondono,屡次由于对传教事业所做的贡献受到表扬。

高山达里奥有一个女婿名叫和田惟政,是近江的豪族,他在信长进攻畿内地区时发挥了重要的作用。高山急于帮助传教士们,他敦促和田利用他跟信长之间的关系,把这些神父召回京都。这一建言的结果就是在 1569 年晚春的一天,佛洛伊斯被带到京都面见信长,此时信长与义昭刚刚进城。义昭也对 Vatado-no——耶稣会士这样称呼和田——心存感激,因为在他四处逃亡①的时候,和田给了他帮助和安慰。

这次会面是在一个热天进行的,当时的二条城还在修缮,入口处的护城河上有一座桥,会面在这里举行。信长当时在监管这项工程,这是他引以为豪的;他身穿一件虎皮披风,由一群卫兵簇拥着。信长以一种和蔼健谈的方式向佛洛伊斯问话。他问他来日本的目的,且对佛洛伊斯的回答十分满意。佛洛伊斯的回答恭敬但是坚定,而且言语之中还包含一些对于佛教徒的微词,这是非常合信长口味的。和田被命令带着佛洛伊斯在这个建筑物里四处走走,并且在他们回家的路上,得到了信长的好评。

在这次会面后不久和田便带佛洛伊斯面见新将军,而后他得到了在日本传教的许可。这在敌对的佛教徒中激起了愤怒的情绪,他们努力要求将此许可废除。和田忧心忡忡,因为佛教徒向天皇提出了请求。他安排了佛洛伊斯与信长

---

① 这次会面的时间有人说是在 1568 年夏天,但是这是不可能的,因为信长和义昭是在那年秋天进入京都的。佛洛伊斯写信描述这次会面是在 1569 年的 6 或 7 月份,他显然不可能等一年之后才去报告这么重要的事情。

的另外一次会面，信长第二次友好地接待了佛洛伊斯。当佛洛伊斯要求信长保护基督教免受佛教徒侵害时，信长问及佛教徒的敌视从何而来，佛洛伊斯答道这是因为传教士们揭露了僧人的丑恶。这场辩论中，日乘上人——生年不详，但他作为一名谋士和中间人在处理许多事情的过程中帮助了信长——大发雷霆，当佛洛伊斯说到灵魂时，他拔剑而起，威胁要砍掉可怜的洛伦索的头，来看看是否有一个灵魂之类的东西存在。但是他被当时在场的秀吉制止，这场辩论以耶稣会占据上风而告终。

在信长余生的十三年中，他始终对基督教传教士予以支持；尽管有佛教徒的反对和阴谋，耶稣会士的事业继续繁荣。实际上，他们取得成功的原因之一是统治阶层对于某些佛教教派的轻蔑。不仅是在贫穷的西部诸国，京都及周围各国皈依基督教的人数也在增长，这里是日本最为发达的地区。为了解释这一现象，必须把中世纪晚期几乎所有日本佛教派别的衰退纳入考虑。

在佛洛伊斯第一次见到信长十年后，高山右近继承了他父亲的土地和高槻城，在他世袭土地上的基督教徒已经多达 8000 人，是总人口的三分之一。在当时日本中部基督教徒的总人口为 15000，而且在一些大的城镇里有许多富丽堂皇的教堂。更多的传教士被派到日本，并得到了信长的接见，其中有弗朗西斯科·卡布拉尔（Francisco Cabral）、副省长奥尔冈蒂诺（Organtino Gnechi），他给别人留下了深刻的印象；还有于 1581 年到达日本的范礼安（Alexander Valignano），他身材高大，以至于吓着了信长，当时去的还有他的一个黑人助手，信长觉得他十分好笑。范礼安在安土城与信长度过了好几周，安土城是信长在 1576 年至 1579 年建造的。

因此在日本传播福音的前景非常好。京都和周边地区的信徒大都信誉好、受教育程度高，而且虔诚。为了让家境不错的年轻人更好地接受教育，传教士还修建了神学院，信长参观了其中的一所，他对所见所闻非常满意，听到小学徒用欧洲乐器弹奏的音乐也很高兴。

1582 年，范礼安调查了在日本传教的总体情况。他总结说当时在日本有 15 万名基督教徒，200 座教堂，很多规模较小；截止到调查时，大多数信徒在西日本，虽然在中日本也有 1.5 万人。无疑这些人中包括下面这样的一些人，他们认为接受一种新的信条、模仿佩戴念珠之类的外国习俗或者穿外国的服饰显得时尚，这就如同他们的祖先曾经一度学习中国那样。然而即便如此，传教士们的努力也是十分惊人的，尤其是回忆起起初在日本只有两三名神父、少数教友和一些助手；甚至到了 1580 年，在整个日本的神父也不超过 20 名，有大约 30 助手、神学院学生、宣教师，这 30 人中大多数是日本人。

一般认为，信长讨厌宗教，他在比叡山大肆屠杀信众和在长岛残忍对待一向宗都可以证明。但是他讨厌的是教徒干涉政治和使用武力。总之，他对于宗教并无敌意，他认为寺院应该是拜神和学习的地方。

这可以解释他为什么对基督教传教士如此喜爱。他认为他们品德高尚、目标高远，他无须害怕。耶稣会在日发展史上一个非常重要的里程碑就是佛洛伊斯受到了信长的召见。

二　信长和佛教徒

当信长在安土城修建城堡的时候，他认为有必要修筑一座宗教设施。这是一个常规的做法，正如可以在中世纪城堡建造计划中看到的那样。修建神圣的宗教建筑，一是为了武士，一是为了当地的百姓。他而后劝说或者是强迫附近的净土宗僧侣搬进城里来，信长在那里为他们修建了净严院。它被视为近江和伊贺净土宗首屈一指的寺院，得到了慷慨的捐赠。他偏爱净土宗的原因只能推测，但是无疑认为这一派是温和驯服的，这与日莲创立的法华宗派别形成了对比，法华宗有好战的传统。①

1579 年，一名来自东部的净土宗僧侣在城里传教的时候遭到了一名法华宗僧人的激烈指责。后来信长出面调停，当时他们的论战马上就要引发暴力行为了。法华宗僧人坚持通过论战分辨是非。信长同意了这个建议，并命令一名来自南禅寺的博学的禅宗住持在净严院主持公道。接下来发生的事情被详实地记录在一份有关信长的报告中，上面阐明了信长的宗教政策及 16 世纪宗派间的冲突。

1579 年 6 月的一天，双方聚集在净严院的一间佛殿里。净土宗长老问道"在法华八卷中，有念佛吗？"法华宗长老答道"有"。论战逐步白热化，直至相互辱骂。但是净土宗的主张被法华宗的推理推翻，一名名叫贞安的净土宗代表面红

---

① 日本早期的佛教传统是不同派别之间相对和谐，所有的教义都被认为是统一真理的不同版本。但是这个习惯被日莲（1222—1282）打破，他是一名好辩的圣徒，同时也是一名谩骂专家。在信长时代，法华宗积习不改，依然与世俗权威保持对立并且企图暗中破坏，信长自然一直对他们的领袖持有怀疑的态度。

耳赤，不能自已。当时天色已很晚，信长无意让日莲的信徒享受胜利。他早已决定要摧毁法华宗的势力，当时的裁判（一位84岁的耳聋老者）似乎认为宣布支持净土宗是明智的做法。面对这一可怕的不公平的裁判，法华宗的长老们无能为力，只好作罢。他们在一份誓言书上署名，向日本诸神和神圣的《大藏经》起誓，他们在与净土宗的论战中输了，他们将再不侵犯其他教派的教义，并接受其他僧侣的惩罚。在京都，村井所司代被命令在首都内外公开宣布这一消息。

这样，净土宗胜利了，正如同信长一开始计划的那样。他的手下事先在会场周围埋伏了1000名全副武装的士兵，当净土宗僧人喊道"赢了！"之后，这些士兵粗暴地袭击了日莲的信徒。而净土宗的代表受到了重赏。但是事情在这里没有结束，法华宗一些身份较高的俗家成员，也被搜出来并以危险分子的身份处死。这个残忍的故事表明信长是畏惧来自佛教的影响力的。他对高野山寺院纷争的处理是表明他在处理宗派反对者时怀有极端想法的另外一个例子。

高野山地理上十分偏远（不像比叡山），它位于大和山脉的群山之中，远离尘世，以至于它几乎是一个独立的神职国家。然而在中世纪后期的战争年代，它成了战败武士逃跑和罪犯免于惩罚的庇护地。日本法律并不承认庇护权，然而总体上说逃犯们在山岭地带十分安全，这个地方南面从吉野延伸到熊野，东跨大台原山至伊势海岸。①

信长在畿内，尤其是在山城国战胜他的敌人之后，三好、松永、细川和另外一些人的残余势力逃往高野山，在那里依据传统有人会给他们提供庇护，而且在合适的条件下他们甚至可以进入宗教界的高层。对此信长感到非常不悦，尤其是在他听到荒木村重躲在一所寺院里的消息之后，他在1581年打败了荒木。他派官员去命令这些人投降，但是他的使节受到了僧人粗暴的对待。这个行为激怒了信长，他认为包庇叛军和罪犯是对他的政策的一种冒犯。他立即下令抓捕并处死了来自高野山的托钵僧，不久又安排他的三子信孝带领一支部队兵分六路去收拾这些僧人。

队伍到达这一圣地之时，僧人们正在争吵不休，有人认为应当通过祷告的形式抵抗，有的则赞成使用武力。位于京都的朝廷对此非常警觉，他们害怕高野也会发生延历寺那样的悲剧。天皇派出一名特使声明反对信长的政策。这里我们可以看出在某些条件下，天皇的权威还可以得到体现，信长接受了天皇的这一建

---

① 在差不多50年前，在我翻越大台原山的路上，受到了一群猎人和伐木工人的热情款待。他们和蔼友善，在大阪犯下了罪，并且认为离开城市是明智之举。

议并停止了武力行动,命令他在大和国、河内国的部下监视这些寺院和高级僧侣。此后,信长忙于处理攻打东部武田和西部毛利的难题,高野山这一规模宏大、法藏丰厚的胜地得以摆脱他进一步的监视,幸存下来。如果信长没有在1582年死去的话,估计它就没有这么好的运气了。

三 日本的基督教徒

有人会认为大名和武士接受基督教思想是基于物质上的渴望,认为基督教徒可以在对葡萄牙贸易中得到更大的利益,可以更容易地得到武器和物资,壮大军事实力。但是相对于传教士们的巨大成功来说,这样的解释未免草率。有可能一些西部大名接受洗礼是基于政治上的考量,但是他们家人的殉难证明了其信仰的忠诚。参加战斗的日本武士们带着前面饰有十字架的头盔,大喊"耶稣!"或者"圣母玛利亚!""圣雅各布!"*坚定的信仰激励着他们,可能有些是源于迷信,但是绝对不是不真诚的。在整个日本战争史上,这一阶层都表现出以八幡神为保护神的信仰,他们的忠诚转移到了新的守护圣徒身上,这不足为怪。

四名基督教大名的印章:细川忠兴、黑田孝高、
大友宗麟(弗朗西斯科)和毛利辉元

农民和工匠们的皈依更容易解释。有些人是应领主的要求皈依的,但通常是自愿的。他们可以在基督教教义中获得慰藉,他们可以得到慈善捐赠,可以在耶稣会医务室得到医疗救助,而且当在基督教小学校和教堂里做弥撒时,他们可以获得一种新的身份和幸福的感觉。在这些朴素的人们中,信仰如此根深蒂固,这在他们后来遭受迫害时体现得淋漓尽致。

在商人群体中,耶稣会成功的机会相对较小,因为商人(借用维列拉神父的话说)自满、贪婪,沉醉于享乐之中。除此之外,因为神父们非常厌恶高利贷和商业欺诈,所以商人们少有机会进入教堂。

---

* 圣雅各布被奉为西班牙的主保圣人,也被视为士兵、骑士和朝圣者的保护神。——译者注

这里有一个有趣的事实，那就是日本与欧洲列国的外交往来是由位于九州的神父们开始的。1582 年年初，由在日本的神父与在祖国的耶稣会共同安排，基督教大名大友、有马和大村派四个年轻才俊组成使团前往欧洲拜见西班牙国王和罗马教皇。他们与范礼安一道乘坐葡萄牙船离开长崎驶向澳门，他们在那里停留了几个月，一边学习一边等待季风。1582 年，他们驶向马六甲，之后在经过一段充满危险和艰辛的航行之后，抵达果阿。在那里，范礼安与他们分手。

在其他三条葡萄牙船只的陪伴下，他们离开科钦，之后绕过好望角，在离开日本三年后到达了里斯本。在他们去往马德里的路上，所到之处均受到款待。在他们的目的地，菲利普二世国王亲切接待了他们，他当时是欧洲最有权力的君主，统治着西班牙和葡萄牙。之后他们立即乘坐西班牙船去往意大利，首先去了佛罗伦萨，后来又去了罗马。

格里高利十三世教皇坚持要举行一次盛大的欢迎仪式欢迎他们，这远远超出了他们的想象。他们在壮观的队伍之中身穿日本服装，骑乘良马，走向了梵蒂冈。他们抵达国王厅，在那里亲吻了教皇的脚并且得到了教皇热情的拥抱。从耶稣会的角度来看，外交使团取得了很大成功，因为耶稣会被授予在日本的专属传教权，并被允诺丰厚的补贴。使节们在罗马的行程由于格里高利的去世和西克斯图斯的当选而一度拖延。他们在 1590 年的夏天重新回到了日本，这时他们已经远离故土八年之久。

在这些年里，基督教大名大友宗麟和大村纯忠已经去世，总体上基督徒的地位走向衰落。迫害基督教之风开始盛行。

第十九章

信长最后的日子

织田信长像，狩野永德之弟狩野元秀所作。设色纸本。题词中写道，画像是 1583 年信长周年忌时献给长兴寺的。

一　民政管理

前面提到,在 16 世纪,成功的大名们开始将很多注意力放在领地的民政管理上,希望以此提高他们的军事和经济实力。各个家族的家训几乎都涉及从货币、贸易到交通的各方面,一言以蔽之,即增强经济实力的办法。北条早云、朝仓孝景、武田信玄、上杉谦信都是范例。这后来被信长沿袭,首先在一个分国层面上施行,后来又推广到全国。

当 1567 年信长从三河率军西进之时,他最关心的是如何通过战胜他的对手,占领一些要塞巩固自己的军事实力,尤其是岐阜。同时他开始计划发展尾张和美浓的经济,需要指出的是尾张和美浓共同构成了浓尾平原,它是日本三大冲积平原之一。

他的第一步是在最重要的城镇以宣告自由贸易的形式打破垄断。这不是一个新点子,此前当地的豪族就不时在他们的领地上禁止贸易垄断。例如在 1549 年,六角关闭了在美浓的一家纸商行会,并没收其财产,宣告以自由贸易取而代之。

信长首先在加野实施自由贸易,他在布告里说要实施"乐市",废除行会特权("乐座"),欺诈行为将被处罚。这是走向自由贸易的第一步,因为加野是岐阜的城下町,完全处于他的控制之下,打破贸易垄断对于他来说易如反掌。然而打破别处的职业商人行会更加困难,因为这违背了强大的机构或个人的利益,超出了他的管辖范围。但是信长可以等待,政策已经制定了,只待一步步执行。

1568 年进入京都之后,军事上的一些问题迫在眉睫,信长此时无暇顾及民政管理。第一步是要制订一系列详尽的"撰钱令",总体目的是禁止将大米当作交易单位进行物物交易;规定买卖一定数量以上的特定货物需使用金银;固定铜、银、金之间的比价。在 1569 年,这项法令颁布实施,在它之前还有另外一则告示公布，规定了不同纯度的铜币的官方比价，禁止使用"劣币"（悪銭），即假币。①

信长面临的另外一个民政问题是打破领土内工程建设和道路桥梁维护的壁垒。1574 年，他在尾张颁布了一项特殊的法令，主要目的是关注保养道路和桥梁，而且这项任务定期会有人检查。他同时命令在道路两旁种植松树和柳树，拓宽主要和次主要的道路。这是在 1575 年加盖朱印颁布实施的。

信长在民政方面的主要思想在他修建一座气势恢宏的城池上体现得非常明显，这座城位于安土山之下。修造这座城能够展现信长的野心，也是他权力的标志。它始建于 1576 年，1579 年竣工，规模宏大，带有高耸的天守阁，是琵琶湖岸边最醒目的建筑。它位于近江国，虎视京都，对于从东部打过来的敌人形成了一种威慑和屏障。

运输修造这座城所需要的巨大石块需要付出异常的艰辛，这是由一支小部队完成的，士兵们拉紧牛车绳索一步步向前迈进，耳边响着激励他们的旋律。当时的绘画展示了一幅当他们在拖拽建材、汗流浃背时，司仪和当地村镇的一些妇女组成的小型乐队在牛车旁休息的场景。许多人将石块从附近的采石场运来，然后筛选。将最重的石块运送到山顶的任务是由许多人没日没夜完成的，他们是一寸一寸地将这些石块撬上去的。

修筑这个大工程的目的是监视通往京都的道路，特别是防卫上杉谦信及其他类似的来自北方的威胁。经验表明在首都城内修筑碉堡很危险，并不是一种优势，因为在那里经常会发生大火且难以控制。除了易燃之外，这座城市本身过于庞大、脆弱，难以成为一个军事基地。信长发现了这些因素的重要性，所以他最终决定在安土筑城，在这里统治全国。

在主建筑建好之前，他就在催促城下町的建设。一开始，他遇到了不少困难。尽管房子已经准备好了，但是他的下属和平民搬家时却进展缓慢。给将领们准备的房子四面建有石墙，是为防御做准备的，它们似乎是一个个独立的堡垒；而平民们——大体上是城镇居民——的房子却有些远，靠近湖岸。尽管已经修好，但是大量人口搬到这里居住是在两三年后。1582 年左右，这个地方的总人口约为 5000 人。

为了繁荣经济，信长为定居于此的商人和工匠们提供了各种诱人的条件。1577 年的夏天，当这座城依然处于建设阶段时，他颁布了一系列条令，主要内容

---

① 这一法令的文本档案保存在天王寺，它是在这所寺庙内首次公布的。

如下：(1)城下町自由贸易,免除一切市场税和商业税；(2)往来于主干道(中山道)的商人如果不在此处停留,将不许通过,必须在此住宿；(3)除非有战事或者其他大事,不得要求当地住户参加任何运输或者修建任务；(4)如果分国之内实施一项延期偿付债务的法令(德政令),那么它将不适用于拖欠本地住民的债务。

总之,这些条令的目的是为这座城吸引资金和贸易,它与中世纪商业的限制性措施有很大的区别。要说信长提前预知了亚当·斯密的理论是不可信的,其他大名们也采取了类似的措施去除贸易壁垒,他的目的和他们的一样,政治意义远大于经济意义；自由买卖不是一个目的而是一个方法,宣布这些法令的人试着打破所有的控制,当然他们自己的除外。拓宽马路,这对于旅行者来说虽是好事,但却不及对于士兵和军事货物运输的便利那么有意义。免税市场的目的是为了刺激货物从全国其他地方流入此地。一言以蔽之,安土城被军阀们看作是一座集中金钱、物资和技术的蓄水池,这在战时是十分重要的。

信长比其他大名更加高瞻远瞩,对这些看得十分透彻。他总在考虑统一的因素,慢慢地将它们引入自己的权力之中,然后将它们在更大范围内传播。1578年年初,他的军事政权牢靠,以至于他的新年宴会有11国的大小武士参加——山城、大和、河内、伊贺、摄津、越中、越前、尾张、美浓、近江和伊势。[①] 他们无一不是来表达他们的忠诚的。

二　信长的政治力量

信长军事上的成功有案可查,可以用来解释他在政治上到达的高度。然而我们并不明确了解他是如何在早期,特别是在桶狭间战役极端幸运的成功后一步步领袖群伦的,需要更多的研究。他是如何在秀吉的帮助下,获得政治上和军事上的支持,完成他统一的第一步的?

在日本历史学家中有很多不同的观点,但是似乎在一点上可以达成共识,那就是他早期的成功是源于他与尾张国的联系。他出生于尾张,从尾张出发逐渐在富庶的中心地区建立起自己的权力,将基地移到美浓、近江,最后到达了首都。

控制这一地区就是掌握了畿内的粮仓,控制了从东南方向通往京都的咽喉要道。这个地区的富庶来源于它肥沃的土壤资源和充沛的雨水,同时也依赖于

---

① 当时安土城没有完成,但是他可以给他们看一些楼宇和其他一些奢侈的装饰。

农民的辛勤劳作。这里的土地并不是被豪族控制，而是掌握在组织有方的农民手里。这些地侍，最初起源于下层武士。秀吉自己原来就位于这一阶层里较低的等级，信长的家族虽然地位较高，但是他与尾张豪族属于相同的社会阶层。最开始，信长就是从和他同样等级的人之中寻求帮助的。

招募士兵的细节不是很清楚，但是有一点非常明确，他招募了大量步兵，而且无疑很多都是从地位较低的农业人口中招来的（例如农夫、家仆，这些足轻与地侍有明显的区别）。很难讲这些人会得到什么优厚条件或者奖赏，然而如果信长和秀吉的士兵规模可信的话，它们一定是非常丰厚的。事实上，得到奖赏的渴望十分强烈。我们知道，在打败浅井之后，信长将浅井的领地都给了秀吉，秀吉的士兵们也一定分到了战利品。

信长在军事上的成功使他在日本其他地区赢得了政治支持。当去世时，他的政治影响力尚在扩张之中，但是他无疑已经看到了强有力的民政管理的重要性。他在安土的政策可以看作他这一观点的一种展示，这座城是军事实力的标志，同时他希望安土的城下町可以成为扩展政治影响力的中心。这一任务后来留给了秀吉，秀吉通过宣布一项土地政策开始了他自己的行政生涯，这项土地政策的目的是要将农业置于中央统治之下。在这里，我们也可以看到秀吉熟悉尾张的农村生活，这为他提供了便利。

三　信长和堺

16世纪堺的历史在前面的章节中提到过，在这里叙述它后来的发展是十分合适的，因为它在国内外贸易发展的历史中、在富裕商人阶级的发展过程中都有很重要的意义。

堺的地理位置是它走向繁荣和不幸的缘由，因为它的财富来源于海上贸易，同时由于它接近政治军事旋涡，遇到了许多麻烦，这对于这座城市来说是一种威胁，但从未完全摧毁它。这座商业城市反复地被那些需要资金的大名们压榨，就像挤海绵那样；尽管如此，或者正因为如此，堺的商人们不懈努力，铸就商业的辉煌，后来那些大名们隐约察觉到摧毁这座财富之城是多么地愚蠢。于是，渐渐地，应市民的要求，堺逐步被从敌对势力的名单中剔除，之后如果有将领碰巧在附近作战，便会留心约束士兵，让他们遵守纪律留在城外。

堺的城市管理掌握在36人众（会合众）之手，这并不是一个民主的机构，而几乎是专制的,由一些富商组成。这种自治的管理机构在当时并不少见。在博多、大凑和其他贸易中心也都可以看到。这个行会和堺有影响力的市民总体上在处理地方性事务时执行了一些行政功能,甚至在调停松永和三好家族矛盾时也发挥了作用,三好家族在 1560—1565 年间给畿内造成了不少麻烦。这个时代,堺有时被称为自由之城,特别受到远道而来的耶稣会传教士们的青睐,以至于他们将此地与威尼斯比较。

1568 年与义昭将军抵达京都之后,信长缺乏资金,他分别向本愿寺和堺提出征收 5000 贯和 20000 贯赋税的要求。本愿寺同意,然而堺拒绝了,之后行会开始加强城市防卫,深挖护城河,修建瞭望塔,并在合适的地方设置障碍。但是行会在抵抗信长这件事上并没有达成一致,当信长以隐匿他的敌人为由威胁发动进攻的时候,他们选择了放弃,支付了 20000 贯钱并且道歉。义昭同时授权信长管辖这座城市,信长于 1569 年任命他的一名将领管理这里。

可能会有这样的疑问:信长为什么只是发出威胁,而没有采取下一步措施?毫无疑问,原因之一是他从一名可信赖的线人那里得到消息,在堺有信长的支持者,他可以通过与他们合作得到最好的结果。他的线人是一名堺的富商,名叫松井友闲,信长熟悉并且信任他。他听从了松井的意见,给他加官晋爵,任命他为堺的代官。

然而信长的节制还有其他的原因。当时堺是主要的火器、弹药和其他军需物品,如覆以薄铁板的铠甲、头盔的主要来源。当时松井本人就是战争物资的承包商。所以对于战争中的信长和其他大名来说,武力干涉他们所依赖的高度专业化物资的提供和运输生意是一件愚蠢的事情。

信长和松井有共同的爱好,他们都喜欢茶艺师送给他们的漂亮而又罕见的礼物。有一本书写到,1568 年,当信长在摄津打仗时,他在营地接见了松井,松井献给他著名的“松岛壶”,这把壶在当时无人不知。

维列拉神父在 1568 年这样描写堺(他由于京都的战乱逃难至此):“在整个日本,没有一个地方如同堺一样安全。在这里,无论发生什么事情都不会失去秩序。胜利者和战败者和谐相处,人们安全地走在大路上。然而一箭之地的城外,就有杀戮和伤害。”

堺在接下来的很多年里一直保有豁免权。然而在 1569 年它臣服于信长之后,就不再是一座自由的城市了。

四 信长最后的战役

信长始终是一名武士，他非常喜欢军事表演。1581 年，他举行了一次盛大的阅兵仪式，表面上是为了取悦正亲町天皇，但是事实上，却出于他自己的意愿，是为了展示他的军事实力和权威。来自各自领地的将领及其侍卫骑马列于阵前，丹羽率领来自摄津和若狭的士兵，明智率领大和和山城北部的士兵，信长的儿子们带领来自故乡尾张、美浓和伊势的士兵。所有的参与者都被要求全副武装，甲胄鲜明，跨马飞驰而过，据说有超过 10 万之众观看 2 万名骑兵的表演。

有人可能注意到所有参加这次阅兵的大名都来自首都附近的一些分国。此时家康在东部与武田激战正酣；毛利辉元占领西部，他的军队、财富与信长不相上下。他与义昭将军密谋反抗信长，而且信长因为他帮助被围困的本愿寺而十分气愤。

信长当然希望与毛利算旧账。早在 1575 年(当时他的船只被毛利在大阪湾打败)，他已经命令秀吉策划一场战役来挫一挫毛利的锐气。当时秀吉与同样级别的明智光秀商量。这两个人尽管地位相对较低，但都给信长留下了很深的印象，他认为他俩比柴田、丹羽和佐久间及其家臣都有天赋。

1575 年，明智开始试图"安抚"丹波国，这是他攻打毛利的第一步。他遇到了很大的麻烦，尽管努力多年但成效甚微。明智沿着山阴道(中部山区北部的大道)缓慢行进的同时，秀吉沿着山阳道(南部大道)前进。1578 年，他遭遇了来自毛利近支的 6 万名士兵的顽强阻击。他被迫请求援兵，但尽管得到增援，他的阵地仍岌岌可危。直到宇喜多，毛利的一位盟友变节之后，危机才得以解除，宇喜多从后方进攻毛利军，迫使其后撤。

接下来的战役中秀吉攻城拔寨，攻克了许多被认为是固若金汤的城池，建立殊勋。1580 年，他从姬路城向北进军，当时姬路城是山阳道和其他两条大路交汇的地方，是播磨重要的据点。在路过但马之后，他在鸟取遇到了麻烦，鸟取是位于因幡海岸的一个山城要塞。他并没有打算武力攻打这座城，而是派出一支 2 万人的部队每隔四五百米将这座城围了起来。他的目的显然是断绝粮草迫使敌人投降，之前他已经事先分几次以市场价格购买了因幡国的所有大米。这样鸟取城陷入了粮荒。饥饿的男女从城里跑了出来，被火枪手打死，最后城主被迫投降并自杀。

1581 年,秀吉凯旋,他在安土简略地向信长做了汇报,与他讨论攻打备中的事宜。1582 年的 4 月,他重新聚集人马,向备中进发。他想在那里通过收买来迫使高松城投降。然而这个计划失败了,这里秀吉向我们展示了他在工程学方面的才干。高松城仅仅高出海平面一点,一部分位于沼泽地上方。秀吉巧妙地利用原木构建了堤坝和水渠,改变河水和雨水(当时是雨季)的流向,由于水量大,淹没了高松城。他同时在驳船上造塔,他的火枪手可以从那里一直开火。这场危机使得备中守军赶忙向毛利请求增援,同时秀吉也向信长请求增援。

秀吉围困高松城

与此同时,德川家康已然击败甲斐的武田家族,凯旋京都。在那里,因为他的功劳,信长将骏河给了他。这是 1582 年的 6 月初,也是在这时信长收到了秀吉的增援请求,同时他也听说毛利已经动员了所有兵力。信长立即命令他的优秀将领们西进,同时下令说他将直接指挥这次远征。在积极备战之时,家康听从了信长的建议,去堺暂时休假。与此同时,明智光秀出发去丹波,调集自己位于丹波的部队。

信长自己在 6 月中旬离开安土前往京都,在动身之前去安排一些事情。按照他的习惯,他住在了本能寺,这座寺院位于一条名叫西洞院的路上,前面有壕沟保护。不料几天之后(6 月 21 日),拂晓之时,本能寺被一伙明智光秀的士兵包围。信长没有理由怀疑明智会叛变,所以当时显得十分惊愕。他和他的随从浴血抵抗,但是寡不敌众,最终败下阵来。后来(根据一个故事)他冲进了临近的一个屋子里，关紧大门，最后自尽。本能寺燃起了熊熊烈火，他的尸首没有被找到，时年49岁。

当天上午，明智的一支部队攻打了当时被信长的支持者占领的二条城。一些士兵爬到了近卫家的屋顶上，从那里用火枪和弓箭向着二条城的庭院射击。

当天晚些时候，明智抵达安土城，没有遇到任何抵抗。他对待耶稣会传教士非常好，部分原因是他希望能够得到高山右近的帮助。他并没有摧毁这座城，但是一周后或者更晚的时候，（有人说）信长的儿子由于泄愤在城里放了火，但是更有可能的情况是，火是一伙村民放的，他们在此兴奋地烧杀掠夺。

明智攻下但是没有占领安土，他十分犹豫，还没有决定下一步要干什么——这对于秀吉的任何一个敌人来说都是危险的；同时骚乱蔓延到邻近的各国。他知道马上会遇到秀吉、家康或者两方共同的攻击，但是他选择与可能的盟友磋商，并没有果断地制定军事计划。

耶稣会神父们的信件对这些日子里发生的惊心动魄的事情做了有趣的描写。他们的记述总体上十分精确，但是当然只是道听途说。所以有必要去看一些直接参与明智事件后续发展的人的证据。最有用的证据来自吉田兼见的日记，他当时在神社中担任要职。他通过联姻与明智产生了联系，是吉田兼俱的后代，而兼俱是吉田神道的创始人。在记录信长之死之后，他描述了二条城的情景，同时还描写了女人们为了躲避成群的士兵而落荒而逃的窘态，这些士兵是在找信忠，最终将其杀死。几天后，神社派吉田去安土城要求明智恢复京都的秩序和安全。他随后去了安土城，在耽搁了一些时日之后获准面见明智，受到了他的友好接待，明智正忙着分发信长的财宝。明智给他可能的支持者以厚礼，在他回到首都时还拜访了兼见，与他商量分别赠予朝廷和五所禅院（五山）银500锭的事情。兼见自己也得到了50锭。后来，由于明智战败，兼见因为和谋反者合作而受到了斥责。

信使骑快马在6月22日的深夜把信长死亡的消息通知给了秀吉。他对外封锁消息，与毛利进行了一次非正式磋商并达成了协议，协议约定秀吉接受高松城和备中、美作、伯耆的投降，其实这些地方事实上已经在他的控制之下。这是一个合理的解决方案，毛利的谋士力劝他接受这一方案。第二天，秀吉接管了高松城，拔营起寨，风雨兼程113千米，在24日晚上回到姬路城。短暂休整之后，他迅速尽可能多地筹集兵力，6月30日，在山崎附近攻击了明智光秀。山崎是一处要地,位于首都的西南。① 秀吉在那里彻底打败了光秀,光秀在逃亡中穿过稻田时被杀死。

五　信长的性格

有关信长的性格,众说纷纭。耶稣会传教士出于感激,所以倾向于忽略他的一些错误,对他给予了有保留的赞美,强调了他的勇气、决心和军事才能,同时也对他的自傲和专制给予了批评。他的勇气和铁腕是无可争辩的,有人会说严格意义上来讲,他并没有特殊的军事才干。他弄砸了一些战斗,有时还动员大量不必要的兵力去攻打弱小的敌人。的确,他的一些重大胜利的荣誉部分要归功于家康和秀吉的计划。

信长得到了天时地利的眷顾,因为他在从桶狭间到京都西进的路上并没有碰到一流的对手,同时他的故乡尾张的地理条件也是得天独厚的。但是必须承认的是,他充分利用了这些优势,而且他精力旺盛,不受传统约束。有关他的改革创新的一些记录令人记忆深刻。作为一名年轻人,他学会了火枪的用法;到1575 年前后,事实上他已经控制了畿内地区的火枪生产。1582 年,他收集金属,将寺庙的钟融化用于铸造。他另外还提高了黑火药的产量,鼓励进口硝石和铅用来制造子弹。有人推测,他保护传教士的一个目的就是为了确保满载这些重要物资的葡萄牙船顺利到达。

尽管秀吉更加足智多谋,但信长带领大家认识了新的战斗形式,以使用火枪的步兵取代了弯弓持剑的骑兵。1575 年的长篠战役给我们展示了火枪的巨大威力。信长同时也试验用铁甲制造军舰,鼓励大规模生产大口径火炮,这些都是他在长岛制胜的因素。

他对军队纪律特别关注,这个因素在当时显得越来越重要,因为肉搏战已经被大规模的步兵运动战取代。他将足轻培养成为训练有素的步兵,同时通过让兵士们身着统一的服装,强化他们的团队合作精神,这给当时的旁观者留下了深刻的印象。

在这个无情的时代,信长使用的战斗方式是非常残酷的。在每次胜利之后,他都会无情地追杀逃命者。他将长岛的幸存者活活烧死。他命令将领们搜查越

① 在一封秀吉给信孝的谋士斋藤玄蕃的长信中,有关于山崎战役的有趣的描写。在信中,秀吉提到了高山右近和其他将领在此次战役中发挥的作用。

前的每一个角落,寻找那些在他来之前逃跑的一向宗的男女,还有小孩,他甚至写信给京都所司代说,越前的首府被尸体堵塞,水泄不通,每座山、每条谷里的逃命之徒都必须搜出来斩首。单是在这次战役中据说就有多达 2 万人被屠杀。

不能否定信长作为管理者的才能和处理经济问题的能力,尽管他经常将自己的才能用到低劣的地方。关于他的性格的评价多数是负面的,新井白石在《读史余论》中对他给予了猛烈的批判。另外一名博学的、善良的现代历史学家辻善之助试着寻找关于信长的一些正面的评价,但是成果甚微。

如果他的德行公开接受批评的话,我们会认为他的恶习是无可争辩的。他从来没有一点点怜悯之心。他报复时的残暴从他刚刚开始职业生涯之时就显而易见,他杀死了自己的弟弟,在他最后的生涯里也充满了肆意的杀戮。他是一个无情的暴君。

第二十章

秀吉的崛起

丰臣秀吉像。设色绢本。东京伊达宗城所有。画上注明时间为1599年,似乎是1598年12月秀吉去世六个多月后在他一名家臣的命令下绘制的。作者未知。132cm×103cm。现存于大阪逸翁美术馆。

一　最初阶段

至 1582 年的 7 月 1 日,丰臣秀吉所处环境十分有利。他为织田信长报了仇,同时成为一支胜利之师的首领。这对于他来说是很自然而且容易的事情,因为家康和其他将军当时都不在场;当转而思考民政时,他以惯有的敏锐迅速邀请了柴田、丹羽、池田和其他地位相当的将领在尾张清洲城信长的城堡中开会,商量决定织田的继承人和如何分割他的遗产。当时信长的二儿子和三儿子(信雄和信孝)也在场,他们话不投机,吵得不可开交。这时秀吉以他一贯的政治智慧,向隔壁的屋子跑了过去,回来的时候手里抱着当时还是婴儿的信长的长孙三法师,三法师立刻被宣布为继承人。① 秀吉年轻的时候学习了不少关于人际关系的知识,他很快学以致用,这与那个冷酷顽固的信长相去甚远。

那些原先在信长苛刻统治下的国都被这些将领瓜分了,秀吉依然雄踞播磨,同时还拿走了山城、河内和丹波。他合理地安排了柴田,分给他重要的近江长滨城,从那里很容易到达京都。就民政而言,他们之间最后达成协议,由四个主要将领组成一个委员会,共同处理政务。事实上,山崎战役使得秀吉成为国家的领袖,促使他完成统一的大业。当然他也遇到了来自同僚们的阻力,四人委员会注定由于妒忌而瓦解,而且信长的儿子们再也不被人所仰视了。

1583 年早些时候,有人发现信孝正在密谋反抗秀吉,而秀吉虽然将他驱逐出岐阜城,但很快又允许他返回。接下来秀吉打败了伊势的泷川,在 4 月晚些时候,柴田胜家(这时露出了他的真面目)率领一支军队穿过茫茫大雪的越前,抵达近江。5 月初,他在靠近琵琶湖北岸一个叫作贱岳的地方遭遇了秀吉的队伍。此时信孝再次背信弃义——信长家族中一定有一个邪恶的血统——想通过攻打大垣形成牵制;秀吉出兵迎击信孝时,胜家朝着秀吉在近江的前锋行进,迫使对手

---

① 三法师,之后又被叫作织田秀信,是织田的长子信忠的孩子。

迎战。在这些对手中有高山右近，也就是基督教将军，他是耶稣会的朋友。秀吉亲率一支由年轻人组成的队伍从大垣出发，在 6 个小时内夜行近 80 千米回到贱岳，与胜家对峙。次日拂晓时分，他和他的副将带领一支部队打败了由胜家先锋佐久间盛政带领的部队，逼迫他回到越前。三天后，他们占领了胜家的主城北之庄（即现代福井）；胜家在天守阁放火，在刺死了自己的妻子①和其他家眷之后，在所有士兵的注视下切腹自杀。

丰臣秀吉和德川家康年表

1582 年　信长死亡，秀吉在山崎打败明智。

1583 年　秀吉在贱岳取得胜利，开始土地调查。

1584 年　秀吉和家康在尾张发生冲突，西班牙商船抵达平户。

1585 年　秀吉成为关白，征服四国和北部诸国。

1586 年　秀吉成为太政大臣。

1587 年　秀吉征服九州，天皇行幸聚乐第，秀吉下令驱逐基督教。

1588 年　秀吉发布刀狩令。

1590 年　大阪城完工，秀吉攻克小田原，家康转封关东。

1592 年　秀吉为了秀次请辞关白，侵略朝鲜。

1593 年　明使抵达日本，商量从朝鲜撤军事宜，秀赖出生，方济各会修士到来。

1594 年　伏见城完工。

1595 年　秀次自杀，他的家人受到秀吉的迫害。

1596 年　秀赖成为关白。

1597 年　第二次侵略朝鲜，第一次迫害基督教徒。

1598 年　土地调查结束，秀吉死亡，在家康的主持下形成了五大老体制，从朝鲜撤兵。

1599 年　前田利家死亡，石田试图行刺家康。

1600 年　关原之战，威廉·亚当斯抵达九州。

1603 年　家康被任命为征夷大将军。

1605 年　家康为儿子秀忠辞去征夷大将军。

1609 年　荷兰船只到达平户。

---

①　她是信长的妹妹阿市。

1614 年　家康公布法令禁教。

1615 年　大阪城陷落,秀赖死亡,丰臣家族灭亡,家康颁布武家诸法度,建立
　　　　德川幕府。

1616 年　家康死亡。

秀吉现在拿下周围的加贺、能登、越中等地已经没有任何困难了,他把这些地方按照功劳赏赐给了前田利家和其他的将军们,而后返回安土,去做进一步分赏和惩罚。秀吉要求织田信雄斥责他的弟弟信孝,要求后者交出岐阜城。之后,信孝被幽禁在尾张的一所寺院内,他在那里选择了自杀。在贱岳战役后,秀吉已经无须再采取大的军事动作了。明智部队的残余势力已经被高山右近和他的同僚们一扫而光,秀吉也从他的一名将军那里得到了明智的首级,这个东西他已经找了好久了。这个可怕的战利品为了政治作秀被送到了本能寺,或者更确切地说是本能寺废墟那里。

秀吉现在是无可争辩的盟主了。为了消除大众的恐慌,他宣布说信长的法律不会被更改;为了证明他没有继续打仗的打算,他打开姬路城,将战时储藏的银子、金子、大米分发给了他的将领们。

尽管贱岳战役对于秀吉来说不费吹灰之力,但却是日本历史上决定性的战役之一。在越前的战斗和柴田胜家的最后几小时被传教士佛洛伊斯①用华丽的辞藻详细记录下来,这是一份非常翔实的资料(他的一些材料无疑是高山右近提供的)。但是最有趣也可能最可靠的是对 1583 年 5 月发生的事情的描述,这是在 7 月初秀吉在坂本写给小早川的一封回信中被发现的,当时小早川给秀吉写信的目的是打听战况,小早川是毛利家的主要顾问,而秀吉也不时与之磋商。信中,秀吉直截了当地描述了这次战役的主要特征,对柴田胜家的最后几个小时给出了形象的,甚至可以说是恐怖的描述。在信的末尾,他还阐述了他将来的政策。

信的总体基调非常自信。信中最引人注目的是描述攻打柴田城堡的最后阶段的文字,他写道:"如果我们让柴田得到了喘息之机,那么事情将会变得十分漫长。我心中暗想,这是决定谁将统治日本的时刻(日本のおさむる元はこの時に候),所以筑前(秀吉)在这次战役中令人赴死不会是错误的。于是我下了决心。"

---

　① 　例子可以参见默多克,I,194。

取得贱岳之战的胜利之后，秀吉的地位更加巩固了。1582 年年底，天皇赐予他一个适当的官职，现在他的努力受到了关注。在一年之后，已经有 30 余个国①归于他的统治之下，其中的 20 个是信长花费了 20 年才征服的。当然他也有对手和敌人，但都不是当下立刻需要对付的。他首先关心如何确保联盟内部的稳定，在这里他遇到了一个问题，那就是他的前战友德川家康表现出一些不满。到 1584 年，两者之间的隔阂甚深，以至于家康在信雄，也就是信长的二儿子的压力下，先后在位于尾张的小牧和长久手与秀吉开战。在这两次战斗中，家康占得先机，然而交战双方都很理智，不愿意在这场愚蠢的争吵上浪费太多力气，同时秀吉也乐意讲和。家康开始的时候非常谨慎，有一段时间不愿意回应秀吉的提议；但是最后，在两军对峙几个月后，双方同意讲和。这发生在 1585 年早些时候。

可以看到，家康并没有参与到信长死后的事件之中。他并不在清洲城秀吉的委员会中，在其后的年份里，他仅仅在 1584 年与秀吉产生了冲突。他从有关国家命运的问题之中撤出是有意的。当信长死亡的消息被秘密地送给他的时候，他正与朋友穴山梅雪在堺观光，欣赏茶艺。他没有公布这则消息，而是当晚和一小队随从秘密地离开了堺。他们在土匪的骚扰之中快速穿过了伊贺和伊势。他能毫发无损地到达海岸是幸运的，因为一直跟着他的梅雪半路被人杀死了。

家康从伊势乘船渡过海湾回到了三河，在那里回到了自己的冈崎城。他调动军队，准备向京都进发，此时他从秀吉那里得到消息说明智已经被杀，他不需要任何援助。他毫无疑问感到秀吉已经占得先机，于是集中全力在尾张以东的各国巩固自己的地位，特别是在甲斐扩大自己的影响力。

一旦与家康长期敌对的危险解除，秀吉就可以实施他果敢而又富有远见的计划了。他的第一步就是开始在大阪修建一座巨大的城堡，他认为此地是修筑要塞的极佳地点，因为从这里可以抵御从西边进攻京都的敌人。他的总体计划是在全国减少小城堡的数量，仅留一些大且经过他授权的大领主的城堡，这样就可以剥夺那些与他为敌的顽固豪族从事颠覆活动的基地。他同时关注分赏给将

① 山城、大和、河内、和泉、摄津、近江、若狭、越前、加贺、能登、越中、丹波、丹后、但马、因幡、伯耆、播磨、备前、备中、美作、安房、伊贺、伊势、志摩、尾张、三河、远江、骏河、甲斐、飞驒、美浓、信浓、上野。（三河、远江、骏河严格说来应该是家康自己的领国。）

军们的土地分配问题,确保他们离开原来的领国,搬到没有世袭权威的地方。①因此池田信辉,原大阪城领主,把大阪交给秀吉之后搬到了岐阜。

秀吉对减少城堡(城割り)和重分领地(国分け)政策的首次表述出现在一个出人意料的语境中,这些命令下达得比较突然。这是在他在坂本城给一个名叫摩阿的女子写的信中提及的,摩阿是前田利家的女儿,当时被挑选成为秀吉的侧室。他在信中写道,他正在调查近江的土地占有情况。一旦闲下来,他会搬进大阪城并修建防御工事,同时摧毁各国的大多数城堡,做这些的目的是为了防止叛乱,确保和平。因为当时摩阿年仅 13 岁,所以这封信无疑是给她的爸爸写的,送给她是因为秀吉并不想公开宣布这项法令。

岐阜和冈崎对于秀吉来说战略价值微小,近江现在比起尾张更加重要,因为这里可以成为一个监视首都的基地,坂本城足以满足这一需要。修建大阪城开始于 1583 年秋,这时秀吉被诸多军事问题缠绕,但是他却能够抽出时间制定一些深思熟虑过的行政方略。他的第一步,可能也是最重要的步骤是在全日本展开土地调查。

二　秀吉的土地调查

土地所有制是国民经济的核心,也必然成为成功大名在管理领地时所关心的事情。无论他们将要采取何种财政政策,第一步必须要知道在他们的统治下土地面积的大小和产出的多少。为了达到这个目的,必须要进行一次准确的调查,调查土地面积、作物还有诸如土地所有或租佃的情况。像这样的土地调查早在 1530 年年初就在今川、北条等的领地上实施过,一次更为彻底的调查是由信长 1580 年在大和实施的。《多闻院日记》是奈良兴福寺的日记,上面警惕地记录了信长的两位主要将领明智光秀和泷川一益对该寺的拜访,这两位将领要求僧侣们事先准备好国内所有寺庙土地的清单,须包括所有关于土地范围、收入和所有权等的信息。僧侣们非常认真,连续工作好几周,因为大和几乎连续好几个世纪都一直是寺院的经济来源。明智和泷川在奈良或者靠近奈良的地方待了好几周,有 1 万人随时候命;在那年年底,抄写吏在寺院日记中这样描写:整个国都在忙这件事情,因为这在以前从没有发生过,僧侣们所承受的折磨和在地狱承受的

---

① 秀吉重新分配领地的详细名单见附录 III。

折磨相仿。

但是大和的领主们当时并没有受到多少危害。他们及时交出了账簿——当时叫作"指出"，即"交出的文件"——但是土地的权利，特别是在古老的分国大和，种类太多太混乱，以至于信长的代表们难以决定下一步该干什么，这件事就这样搁置下来。

秀吉的调查更为彻底。1582 年，清洲会议刚刚结束，他就命令山城的所有领地交出账簿，选中山城是因为这里是那些大庄园的领主的老家，这些领主的影响力正是秀吉首先要摧毁的。但是他的计划并没有停止于此。他发现很多账簿是不准确的，不是被故意修改就是不够详细，于是决定在他自己官吏的监督下在各个分国内进行一次彻底的土地调查。这项计划 1583 年在近江开始，是与非常关键的军事活动同时进行的，这是秀吉多项措施并举的一个例子。

这项工作一直持续到 1598 年，尽管尚未完成，所有的分国都经过了调查。随着经验的积累，土地测量方法在改变，但是其本质始终是记录每块稻田的土地尺寸和产出。测算方法直到 1594 年才最终确立下来。土地面积使用长 1.9 米的检地杆测量，最小的面积单位是这个长度的平方。按这种方法，土地的产出以一个固定单位面积里产出的未去壳米的量来统计，并允许根据土地等级和其他因素进行调整。

为了达到这个目的，土地（水田）的等级被细分如下（忽略同一级别内土地的细分）：上田，平均每个单位产米 1.5 石；中田，1.3 石；下田，1.1 石。旱地也有类似的等级。二者在不同分国内都有些许差别。这总体上增加了农民的负担，在统计收获粮食方面更加严谨。但是调查者还考虑到了其他的因素，例如大米运输的距离、由于地形或者其他因素导致的耕作困难、土壤因素、灌溉水渠的保养等。另外调查的单位经常是一个独立的村庄，但是也有包括好几个小村庄的情况。

表面上看来，这项调查一定能够根除庄园里可怕的权利义务的纠纷，以及多年以来沿袭的一些旧习，准确地确定农民的地位；但这些好处只有长远地才能看出来，而农民和领主对于政治措施并不具备长远的眼光。在实践中，无论小土地主还是富裕的农民，对此调查都长时间破坏或者逃避，在统计农村人口方面也存在欺骗和贿赂。某种程度上说，秀吉和他的谋士们需要受到批评，因为当固定了调查方法的标准之后，他们采取的第一步是减小单位土地面积，但并没有改变税率，这事实上导致政府把税率提高了五分之一。虽然因为在秀吉严格的制度之下,农村的总体安全得到了改善,对于这种损失有一些补偿,但这并不能令纳税人满意。

事实是,16 世纪的日本农民不愿意改革,因为他们从来没有这么富有过。地籍调查对于他们来说是一个威胁,因为这要暴露他们土地的实际面积,这是他们从来没有上报过的,或者暴露他们通过虚假的账簿一直逃避的税收。因此,抵制土地调查有时是非常激进的。一个极端的例子是,有一个村长为了自己的利益将调查者画的图藏了起来,将它替换成他准备好的另外一张。其他反对者没有上交任何税金,纷纷逃跑,而且拒绝回到原籍。

但是这些做法长期来看是无效的,因为秀吉的主要目的是使土地的实际耕作者长时间拥有土地,并以此来控制耕作者,确保只能是实际耕作人而非他人根据产量上缴税款。这是要在全国建立一种土地所有制和土地税收的联合机制。秀吉的官吏们积极将这个机制付诸实践,但是实际上,他们也行使自由裁量的权力,根据当地的情况制订一些新的规则。在落后的地区,很难依靠无知的和没有组织的农民贯彻这一机制。

在畿内,更富裕的农民们的抵抗更加顽固,所以那些调查者有时只做调查,而没有试图强制执行这些规则。在秀吉的制度下,实际的耕作者而非他人,需要对登记在自己名下土地的税收负责,一旦这一制度建立起来,秀吉土地政策最主要的目的就达到了。仅仅通过这个方法,他就控制了这个国家的农业,创造了一个新的农民阶层,他们有不可逃避的统一的权利和义务,同时即便没有摧毁,也是削弱了土地豪绅的独立性。耕作农民的权利是统一的,不可能与其他人分享或者被分割。

这项政策的主要结果就是使得为数不少的半独立农民变成完全独立的小农。虽然有些富裕的农民设法通过和一些小农达成秘密协议回避这个规则,且取得了一些成功,但是并没有什么可以阻止秀吉达到他这项调查的主要目的,因为他使农业人口(大约相当于日本总人口的 80%)处于他的管理之下,使他们与土地联系起来,使那些小的土地所有者在缴税后除了基本生存资料之外所剩无几。

秀吉法令的残忍立刻折射出改变农民根深蒂固的习惯所面临的困难,同时凸显了调查人员采取的措施的严酷程度。1584 年,秀吉威胁要对那些虚报收成的村庄的男人、女人和小孩采取措施。这或许并不是一个严重的威胁,但是在1590 年,他向负责出羽和陆奥的浅野长政发布了一项法令(有记载),命令他告诉豪绅和农民,如果有地主胆敢反抗调查,那么他和他的家人将被处刑;如果农民们抱怨发牢骚,那么整个村庄的人将被杀死。调查无孔不入,它应该到达"大山深处",到达"海洋中船桨能够到达的一切地方"。①

尽管这种新的土地所有制在很多方面负担沉重,但是它对于农民来说确实有些实惠。因为从此他的领主仅有一个,虽然从严格意义上讲他并不是所有者,但是他可以长期租借土地,而且也不会受到打扰,他也知道他需要交多少税,即缴纳粮食收成中固定的比例。税率因时因地不同,但是基本的税率是秀吉在1586年制定的"两份交公,一份归民"(二公一民)。实际上因为气候和其他因素的影响,农业条件不尽相同,基本上的分配是四成归公,六成归农民自己(四公六民)。因为没有附加税和其他的税收,所以五五开也并不过分苛重,尽管有人会说趋势总是减少农民拿走的部分。

至1598年——秀吉死的那年——所有的分国都已经被调查过了。这个国家所有耕作土地的完整清单(附加草图)被写成三份,一份给天皇,一份给秀吉,另外一份被分成册交给了相关的领主。因此土地事务并不是按面积,而是按土地的产出,也就是登记簿上分配的石数来描述。所以,如果秀吉(或者他的继承人)分封一大片土地给一个家臣,那么这块土地将按石数描述。同时大名的收入也是按石数统计的,从1万石(最低)到100万石(前田家族和其他少数的家族)。当秀吉在1591年接受了毛利辉元的投降后,他给了毛利一份证明书,上面是赐给他的国的名单,还贴着一份统计登记表,总数是120.5万石。这些国包括本州的7个西部分国和另外两个分国的一部分。作为回报,毛利向秀吉发誓效忠,他答应如果一旦受到召唤,他将从军事上支援总收入的三分之二。最具代表性的军事援助就是为了征战朝鲜,他被指定提供5万名士兵和足够的装备。②

通过这种方式,许多大名向秀吉臣服,效忠于他,由此揭开了17世纪新型封建制度的大幕。

三 秀吉的军事问题：九州

当土地调查取得进展的同时,秀吉在逐步推进他的军事政策,这项政策的目

---

① 书上是这么记载的:"山の奥、海は櫓櫂の続き候まで。"这些政策如此严厉,是因为出羽农民的叛乱规模很大,他们杀死了调查官,总体上抵抗激烈。所以秀吉派上杉率领大部队去镇压。

② 可以从后面章节引用的花名册中看到毛利辉元亲率3万名士兵去朝鲜。

的当然是要把整个日本置于他的统治之下。为此他还得征战整个九州、四国以及还处于北条家族统治下的关东，北条家族的据点在小田原。他可以将对手各个击破，因为他居中而治，几乎是无懈可击的。

他的首要任务是完成纪伊与和泉的统一，那里仍然还有一些不太稳定的因素。他在 1585 年完成了这个任务，摧毁了纪伊的根来和小川的寺庙，征服了高野山。最后他打败了一直联合本愿寺对抗信长的杂贺党。他继续征讨四国岛，这不是一项困难的任务；至此，他控制了尾张—美浓—飞驒—越中以西的领土，向西包括毛利长州（長門）的领土都在他的统治之下，因而本来可以好好休息一下。

然而，当秀吉忙于平定纪伊和四国之时，萨摩的岛津在九州逐步扩展了自己的势力。1584 年，大友和龙造寺请求秀吉支援，共同抵抗岛津。当时秀吉无法立即回应他们；但 1585 年，在被任命为关白后不久，他试着以天皇的名义命令岛津与大友实现和平。在回信中，岛津，仗着他的祖上自赖朝时就是大名，嘲笑秀吉的这个主意，说他是个暴发户，说天皇任命他为关白是草率的。①

然而选择与秀吉对立也是草率的，秀吉随即开始采取措施建立一支强大的部队，为与岛津交战做准备。这样的远征无疑是费钱的，他得向堺、博多和其他贸易中心的富裕商人们筹资。一些最富裕的商人对此反应迅速，因为他们愿意在西日本，甚至进而在亚洲大陆开拓新的市场。

当这些准备有条不紊推进的同时，岛津的抵抗力量发展迅速，大友恳求秀吉快速行动。1586 年 4 月，大友到达大阪，在秀吉的城堡里拜访了他。他受到了热情的招待，观看了由茶艺大师千利休准备的茶艺表演。他向秀吉说明了九州的局势。

秀吉当然非常了解九州的局势，他以前曾经在那里安插了一些线人。他熟知岛津、龙造寺和大友等三大家族之间的持续矛盾，他对于岛津最近的破坏也非常了解。1587 年年初，岛津义久，当时还是整个宗族的首领，给秀吉送了封信，说他的目的是自卫。秀吉并没有相信这样的借口。他在几个月前下达了动员令；

①　秀吉出身卑微，他的父亲仅仅是一个足轻，侍奉尾张的一个军人家庭。尽管秀吉的才能迅速被信长发现，但是他的提升却很缓慢。在 1575 年，他的地位低于柴田等人，后来柴田又被家康超越。在那以后，大约从 1582 年开始，秀吉慢慢晋升，后来成为中部各国的军事长官。在信长死后，他发展迅速。1584 年，他被任命为内大臣，1585 年被任命为关白，1586 年被任命为太政大臣，同时被赐予丰臣的姓。他对出身非常敏感，说自己属于藤原家族，然而没人相信。他被人所熟知的太阁称号是他从关白退下来后的称谓。

在 2 月，通知已经送到了 37 个分国，通知它们派兵去九州，那里的反叛者必须得到应有的惩罚。

秀吉军队的规模庞大，据说有 20 万人。秀吉准备了 30 万名士兵的给养，驮马的数量是 2 万匹。① 先锋队立即动身，秀吉在 4 月出发。先锋队由秀吉同母异父的弟弟秀长率领，他们在 3 月初按计划离开大阪，一部分通过陆路，一部分经海路向九州进发。秀吉在 4 月 8 日离开大阪，带领部队主力沿着濑户内海前进，在路上经停严岛，祭拜了弁天神，祈求保佑，在月底到达下关。而后他们渡过海峡，路过筑前和筑后，在肥后打败了萨摩军。同时秀长的部队之中又加入了小早川和吉川的队伍，吉川是在秀吉的请求下，由毛利派去支援大友的。同时秀长从丰后挺进日向，逼迫萨摩军队后撤。

萨摩军尽管作战勇敢，但是却没有足够的训练或技巧抵御秀吉的精锐部队，而且他们的装备也不精良，火力不足，步步后退。尽管战况复杂而且困难，但是在最后，秀吉和秀长联军的压力是无法抗拒的。岛津的部队只好放弃。5 月底，秀吉成功到达八代，这时他们已经行进了超过鹿儿岛到下关海峡一半路程的距离。在这里，岛上的军阀松浦、有马、后藤等纷纷投降。他们在近岸聚集，而后降下战旗，表明他们愿意加入对萨摩军的战斗。秀长准备好继续前进，秀吉向南进入萨摩，两军 6 月 6 日在川内川激战。萨摩军四面受敌，纷纷逃散。

一周后，一名岛津使者到达秀吉大营请求停战，获准。这名使者姓伊集院，是岛津家族的重要家臣，他削发起誓，在秀吉面前身着僧衣。

在相同的情况下，信长可能会杀死所有的俘虏，秀吉却表现出敏锐的政治嗅觉，这使他与同时代的领导者区分开来，但并不说明他的高尚。他可以足够仁慈，因为他掌握了强大的队伍：他自己的队伍（外加龙造寺的，数量直逼 20 万）、秀长的 7 万人，以及毛利的队伍。还有为数不少当地的军队，他们是由一些被萨摩首领损害或侮辱过的武士指挥的，可以用于在两翼和后方骚扰萨摩的行军队列。当时除了从北部靠近鹿儿岛（萨摩的首府）的部队之外，另外一支海上部队正在靠近海湾，准备从南边进攻。

然而秀吉并没有下达进攻的命令。他清醒地认识到，屠杀成千上万的萨摩

---

① 这些数据可能有些夸张，但是 20 万人并非不可能。《多闻院日记》的记载是 2.5 万名士兵，外加 3000 匹马，但是这仅仅是离开大阪的先锋队的数量。

士兵,在幸存者中留下仇恨的遗产是无益的。他善待义久的弟弟家久 *,并劝说他回到鹿儿岛,劝说兄长义久和义弘投降。家久离开不久又返回到秀吉的指挥部,汇报说他没能完成自己的使命。因此,在家久在场的情况下,秀吉的将军们叫嚷着要对萨摩发起最后一击,这将会摧毁整个岛津家族(他们的谈话可能事先准备过,目的是为了要给家久留下印象)。但是秀吉又发话了,他说他无意于采取非常的手段。他想要采取和平解决方式,他说如果岛津同意投降,那么将会对萨摩人有利,因为他相信岛津家族的信誉,一旦他们宣誓效忠,是不会背信弃义的。在他人劝说下,义久以人质的身份来到了秀吉的大营,与此同时,义弘和家久非常感激地接受了秀吉宽宏大量的条件。

这些条件包括岛津将继续保持对于整个萨摩、大隅还有日向南部的控制。岛津的权力将被限制于上述分国,九州地区的剩余部分将被秀吉的三个最好的将军,加藤、小西和黑田控制。同时确认大友和龙造寺将在他们原有的领土上行使权力。毛利家族也被赐予了九州北部的大片土地,同时小早川获得筑前,这是一份厚礼。

秀吉的凯旋令人印象非常深刻。他6月12日抵达博多,在那里待了一段日子。他将指挥部设在箱崎的八幡神社,他的将军们驻扎在箱崎、住吉、多多良和其他地方,绵延多达130平方千米。他的海军在博多湾抛锚,有数不清的旗子在微风中飘扬。茶人千利休在海岸的松树林中已经准备好了清香四溢的茶水。秀吉下令重建博多城,因为它在龙造寺和大友的战斗中遭到损毁。8月4日,他从小仓乘船前往下关,在那里上岸到了严岛,祭拜神灵,举行敬神表演以示崇敬之心。从那里,他再次乘船回到了大阪,受到了贵族、官员、僧侣和市民们的夹道欢迎。

秀吉在这次战役中的自信沉着表露在他从九州写给身在大阪的妻子的一封信中。1586年8月,他给大友写信,通知他自己准备攻打岛津,建议他配合毛利采取一些措施。他就大战已经有了自己的打算。不到一年后,1587年7月,他写信给妻子说已经打败了敌人,正在从萨摩到肥后的路上。他接着说她应该放心了,因为他在下个月早些时候会到达博多,那将是到大阪的一半路程了。他最晚将在8月第一个星期到家。他接着告诉她将来的打算:"我向隐岐和对马要求人质,要求他们必须来到军营。我已经通过快船送信给高丽(朝鲜),要求他们前来

---

* 原文称之为义久之子家久,应是指与叔父同名的义弘之子、义久继子岛津忠恒(1606年受德川家康偏讳改名家久),明显有误。——译者注

并且朝见天皇。我告诉他们,如果他们不来朝见,我将会在明年给予惩罚。同时我将把中国掌握在我的手心之中。"

他在这些大胆的信的结尾承认,他有些担心回家时他的妻子会如何看他。他此时年纪也不小了——51 岁——头发花白,却拔不掉。在下一封信中,他描述了对萨摩的要求、人质的名字,里边包括除了义久外所有岛津首领的名字,当时义久已经将唯一的 14 岁的女儿送到京都,让她在那里生活。

很多秀吉的笔记和信件被保留下来,其中不少于二十封提供了珍贵的历史依据。它们的主要价值在于揭示了他的性格。就这一点来说,这些信是罕见的,因为在日本私人的通信一般是谨慎有节制的,并不表达亲密的情感。

秀吉并不是一个没有学识的人,但他的教育是有缺陷的,这受制于他父母所处的环境。他用假名书写了他的大部分信件,但是他的遣词却很不错,他以一种口语的风格清楚地表达自己。在他给妻子和母亲的信件中,可以发现他性格的温和、感情的真挚;当他写信给同事或者部下时,会不遗余力地向他们解释他的态度,试图理解他们的想法。他被人熟知的信件是上述提到的给妻子的信,除此之外还有他围攻小田原时写的信,在给小早川的备忘录中他描述了贱岳之战和其后的事情。所有的这些都值得研究。

四 秀吉的军事问题：关东

在取得了对岛津的胜利后,对于秀吉的统一大业来说已没有太大的威胁了。北条家族确实依然可以从他们的基地小田原统治关东,但是他们事实上并没有威胁到秀吉,而且他们西边的邻居是强大的家康。在北部有一些武士家族未来有可能制造一些麻烦,但是现在他们可以忽略不计。

如果说秀吉的统治有一个疏忽的话,那就是沿着东海岸的家康的影响力,特别是在三河、远江和骏河(后来在甲斐和信浓)不可小觑,这个影响力是他在过去多年积累的。小牧、长久手战役尽管不是决定性的,但是其和平协议稍稍有利于家康,因为大政所(秀吉的母亲)成为家康的人质,而家康迎娶了秀吉的妹妹。秀吉在日本其他方面所取得的成功是与他在朝廷的地位和职位的上升相关的,职位的上升给了他一个非常重要的优势,当上了关白和太政大臣之后,他相对于家康来说取得了优势,两人间的关系几乎就像主君和家臣。幸运的是,这个位置并没有被双方滥用。家康没有表现出任何不满意,同时秀吉对他特别关心。

家康并没有被要求参加九州远征,因为他的任务之一是监视北条家族,同时他对于不需要花费精力把他的部队从东部派到九州这件事无疑感到十分高兴。但是在 1590 年,秀吉命令他去执行另外一个可能仍旧很艰难的任务,征讨东八州和伊豆。

这片幅员辽阔且非常肥沃的土地——包括了关东的大冲积平原——由于大山屏障的保护,免于战乱。秀吉刚刚从九州回来不久,就向北条氏政提出了和解的倡议,但是却收到了对方轻蔑的回答。他于是开始筹划率领与攻略九州规模相当的军力向东远征。此时,家康的位置就尴尬了,因为他的领地位于秀吉和关东之间,而且氏政的儿子氏直是他的女婿。他没有成功调停北条和秀吉之间的矛盾,因此受到了双方的怀疑;所以他认为为了取悦秀吉,他应该拿出百倍精力参战。

兼见是当时朝臣圈里的日记作者,他的日记中记载 1589 年 12 月的一个夜晚,他收到传唤去秀吉住所。当时正在举行一次会议,讨论对北条氏政开战的事宜,北条违背了去京都投降的承诺。秀吉很生气,在这次会议上,大家决定氏政必须要得到惩罚。之后,会议草拟给北条的信函。这个草稿的内容被记录在案。它包括讲述秀吉为了达成协议付出了多少努力,还有有关秀吉本人品行的一些自满的表达。末尾写到鉴于北条拒绝接受神灵的旨意,所以氏政必须被摧毁。①

在送出最后通牒之后,秀吉立即命令调动可能超过 20 万人的大军。北条家族的领导者已经在 1587 年夏天发出命令,征召所有体格强健的人,包括在寺院和神社服务的人。但是北条军的数量有限,还包括一大部分老式士兵,这与秀吉最新的专业士兵形成了对比。北条能否召集到 5 万名一流的士兵都是值得怀疑的。

秀吉的大军在 1590 年 4 月初出发。在兼见的日记中有关于队伍出发的记载。当队伍出发时,天皇和朝廷的贵族们注视着浅野的部队。这是一幅壮观的景象。浅野和他的儿子下马指示队列行进的道路。刚开始是 1500 匹马,之后是另外大约 3000 匹。接着是宇喜多的部队,当天和其后一天都有络绎不绝的队伍。路上站满了欢送的人。4 月 5 日,秀吉出发的那天,天气晴朗。秀吉在大殿朝拜完之后,在早上 10 点骑马启程。从来没有人展示过这么多的武器和盔甲。有载着金银的驮马,还有身着五彩锦缎的马夫牵着后备的马匹,任何语言都无法

---

① 它使用了秀吉非常喜欢使用的习惯表达之一,"首刎ねるべし",或许可以译成"脑袋搬家"。

表现或记载这种盛况。士兵的数量据说有 2 万名。[1] 在离开首都的前一天晚上，秀吉开了一次连歌会。

在动身前，秀吉给家康下达了命令，要他沿着东海道进发，命令沼田城城主真田昌幸占领中央大道（中山道）。箱根垭口是家康和秀吉到达小田原的必经之路，它给这路大军提出了不小的难题，特别是在运输大量物资方面。

秀吉无意正面进攻小田原，浪费兵力。不同于信长，他更喜欢那种减少伤亡的战略方式，这在他围攻高松和其他重兵把守的城池时已经可以发现。他准备在小田原打一场持久战，也明白他的大量物资不能依靠常规的方式通过高山垭口，于是，他做出了利用海运运输的详尽计划。毛利、大友以及他们手下的海盗们组织起大型舰队运输士兵和货物。与此同时北条也派船在伊豆海岸巡逻。但是它们却无法与敌方装载火枪和大炮的舰队相比。

秀吉想通过让小田原断粮断水的方式攻克它，这可以从他运输物资的方法、储存食物和军需物资的规模上看出来。他在这方面非常大方，甚至有些奢侈。他的兵粮奉行在清水储存了 20 万石大米，它们都是高价买进的，同时买来的小米和饲料也是质量上乘。他在江尻准备了一排排巨大的仓库，除了大型的运输船只之外，他还从大凑调来了上百艘一流的驳船。

1590 年 5 月 16 日，他从大营给他的妻子写了一封信，在那封信里，可以看出他的策略。他说，敌人就像笼子里的鸟一样，他本人没有任何危险，她可以放下心来了。他特别想见他年幼的儿子（鹤松，当时还是一个婴儿，是他最爱的淀君生的），但是他必须得待在前线，直到他完成给日本带来和平的任务。

他为长久的包围战做了充分的准备。他挖了两条壕堑将敌人团团包围，没有一个人可以从这里逃出去。一旦他将小田原拖垮，那么就控制了通往北方陆奥的全部道路，要知道陆奥占日本国土面积的三分之一。他为了长期围困小田原，准备了许多钱和物资，他希望自己可以在年底凯旋。同时他希望妻子可以送他最爱的淀君到小田原。

除了非常强烈的对于自己家人的情感，秀吉明白长期不战是危险之源，因为

---

① 这里可能仅仅提到了离开京都的队伍，或者可能是 20 万。研究日本历史的学者可能总是会遇到数字问题。因为编年史家不是对算数不懂，就是对它漠不关心。估算出小田原包围战中秀吉大军的大概数量并不是难事。他的调兵命令发往 5 个地区——畿内地区、中部分国（中国）、北部分国、大阪和清洲城军事基地（尾张）及它们之间的分国，家康的五个分国（远江、三河、骏河、甲斐、信浓）。如果这些地方平均贡献 4 万名士兵的话，那么秀吉和家康的总兵力有 20 万就不是夸张的。

那些精力充沛的士兵们有可能吵架，忘记纪律要求。于是他想尽各种办法为他们提供更加舒适的住所。他们可以派人去接妻子，同时为了取悦这些女人，从全国各地召来了商人、店老板，带来了大量商品。为了缓解各级士兵的倦怠，还从首都带来了乐师和舞者，还有为数不少的妓女。此后还有周围的乡下女子加入其中，所有的这些人都被安置在舒适的住所里。

北条的领导者起初打算野战迎敌，充分运用早云时代修建的城堡网络，但是在秀吉到达之前，他们召开了战前会议，决定死守为好。这使得秀吉的将军们可以轻易地占领其他重要的堡垒，而后消灭北条家族。不久，小田原城开始内讧，一部分源于包围者的压力，一部分源于内部的矛盾。城内有人变节，因为秀吉贿赂了氏政的一名高级谋士。

尽管秀吉已经为更长时间的围困做了准备，但是守卫者们放弃了希望，因为这时他们发现很多要塞已经沦陷，而且一些武士在战场投降了。8月4日，氏政无条件投降，几天之后，秀吉进入小田原。他要求氏政和他的弟弟氏照自杀，但是氏直却因为是家康的女婿幸免于难。为了其他两人，氏直恳求自杀，但是（依照当时的信件），秀吉拒绝接受这次牺牲，坚持"依法"从事，于是氏政和氏照被行刑。在这次投降后不久的一封信中，秀吉写信给自己的妻子说，氏政和氏照的首级已经被送到京都示众。氏直被发配到高野山，而后又被授予了几千石的一小块领地。氏规（也是氏政的弟弟）当时是韭山的城主，被秀吉宽大处理，得到了一小块领地。

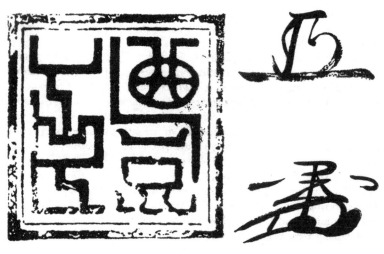

左边：秀吉的大印　右边：家康的花押（上）、秀吉的花押（下）

现在去往北部各国的路已经打通，在这里有十二个或者更多的领主，但是他们之中除了伊达之外，实力不强，伊达此时也正在逐步扩大自己的势力。秀吉要求他去觐见，并且斥责了他，但是秀吉说如果他投降了关白，可以保留自己的土地。1590 年年底，正如同他预计的那样，秀吉成为整个国家的领袖。统一大业，至少是军事意义上，已经完成了，秀吉接着制订政治和经济统一的计划。他对待出羽和陆奥的态度是他这个想法的一个极好的展示。在伊达和其他北方领主刚刚投降之后，他就要求在这两个地方进行土地调查。

此时，他已经开始把注意力转移到统治问题上，但是还有一些军事问题需要处理。他得考虑东部和北部未来的稳定。还有一些领土调整问题需要解决，在西北部也需要采取一些"清理"措施。重臣蒲生氏乡在会津分赏到了大量的土地，那里是一片孤地，可以从那里监视上杉和毗邻的关东诸国。

下面更加重要的是处置关东八国。这在他坐镇小田原时已经想好了。秀吉将它们与家康原有的领土交换，家康对此欣然接受。到 9 月 1 日，家康已经入住江户城。他原来的地盘被秀吉信任的将军分割。这是一次双赢的交易，因为秀吉非常高兴将家康置于一个相对较远的地方，而家康自己坐拥关东，这里一直是骁勇善战的关东武士的故乡。偏远的关东有一些劣势，但是北条家族却治理得非常好，他们在关东平原大力发展工农业，这是至今为止日本最大的冲击盆地。①

在这里用政治术语来陈述秀吉军事成功的成果并不离题。总体上说，他使得南北朝战争和随后产生的旷日持久的乱象恢复了秩序。在此期间，各国官员成为独立的割据首领，他们自视为领主，仅仅在比自己权力更大的人面前不情愿地低头。足利将军曾在一小段时间内对他们行使了宗主权，然而是通过一种不完美和逐渐失效的方法实现的。因为将军逐渐失去了自己的权力，所以国家陷入了没有结果的内战之中。直到 16 世纪晚期，信长和秀吉结束了这种盛行的无政府状态。秀吉通过武力达到目的，而后通过制定详细计划，重建封建政府和封建秩序，而这些都是足利将军没有能够完成的。

最顽固的领主臣服了他，成为他的家臣。他给予他们领地，允许他们各自负

① 家康仅仅得到了关东八国中的六个，因为安房和常陆依然在原来的领主手里。但他还占有富庶的位于箱根屏障以西的伊豆。

责自己的收益。在 16 世纪最后几年里,他建立起一个新型的封建等级制度,比起赖朝建立的制度更加稳固,更加有组织性,后者在蒙古侵略之后不久就开始瓦解。的确,这一过程将由家康完成,但是如果没有信长和秀吉的军事成功,家康不可能完成它;没有他们的才能,这样的军事成功也不可能实现;(或许也可以讨论)如果没有火枪,也不可能有这样的成功,火枪是在日本历史的一个关键时期传入的。

第二十一章

秀吉的政治目标

"南蛮屏风图"细部。这是一对描绘在日葡萄牙人的屏风(设色纸本)之一,描绘了在日本的耶稣会士。据说绘制于 1600 年以前,是现存类似作品中最早的。158cm×334cm。皇室藏品。

一 秀吉和信长

对于信长和秀吉的政治理念和目标的性质,今天的日本历史学家莫衷一是。然而事实无可争辩,因为二者的行动都被文献和时人的通信充分地记载了下来,但讨论容易陷入理论的冲突,这些理论主要是以与欧洲封建制的对比为基础的。的确,这里有一些相似性和不同点,它们非常有意义,但是这方面的讨论应该留给专家们,我们最好沿着政治发展这一主线来讨论问题。

信长和秀吉的目标都是在一个统一的基础上建立稳固的秩序,这是明确的。然而统一并不仅仅是通过武力和一些政策就可以完成的问题。它需要审慎的计划,需要通过公职人员在政府和管理方面实现。实施暴政取得成功的范例很少,而且这两位统治者非常清楚地从他们进行的财政实践中认识到了这一点。筹集资金对于他们来说非常重要,以至于他们发现充分利用最富裕的商人们(特别是堺、兵库和博多的商人)是很划算的,这些商人们可以支持大工程,因而可以得到很大的自由,他们都非常谨慎,不敢滥用这些自由。当他们作为个体发展时,来自信长和秀吉的压力会阻碍其市镇获得欧洲自由城市那样的独立性。

在信长成为几乎整个国家的统治者之前,他已经开始根据自己的想法考虑如何管理农村和城市社群。但是他的性情禀赋和英年早逝使其不可能设计出任何带有自由主义风格的东西。(有人可能还会记得他刻在印章上的座右铭,"天下布武"。)然而秀吉,思维活跃且全面,一直在思考政治管理的问题。小田原战役之后,他真正成为全日本的领袖,踌躇满志,制定了管理国民和国内物资的方法,循序推进,有明确的目标。

二 政府组织

秀吉于 1583 年下令进行全国土地调查,这项调查正如我们所见的那样,持续了长达十多年之久。这项措施的目的,除了清查土地的总产出之外,还有在全日本农业社会加强内部的统一。农民除了土地使用权外,并没有其他特权,他只能服从国家而不是地方的或者其他约定俗成的法律。

整顿商业理所当然并不容易。尽管在某种程度上,信长和秀吉支持开放闭塞的市场和行会以支持自由贸易,但是他们在经济方面的措施是武断的。人们可以批评他们给正在走向独立的城市商人和工匠们泼了一盆冷水,而 16 世纪这些商人和工匠们在重要性和力量方面与日俱增。他们一边鼓励发展农业和工业,一边又在限制农民和手工业者的自由。他们的保守倾向最惊人的例子之一(尽管他们付出了努力,但实际上是保守的)就是他们对于日本新兴的自由城市的态度。堺和博多丧失了它们的独立性。信长接管了堺,他就像对待领地一样对待这个由他的代官(松井友闲)管辖的富庶的地方。秀吉扶植了为数不少的工业寡头,比如说在金银矿方面,从这个意义上说,它们是属于国家的企业,给他提供了需要的收入。

走向专制的一个更为影响深远的步骤就是秀吉摧毁城堡和要塞的政策,与此同时,他还积极调动大名们,目的是为了防止反政府的联盟中心的形成。

秀吉的大规模土地调查(被称为太阁检地)的直接目的除了给财政提供大量收入之外,是为了消除农民叛乱的可能,而他的前辈们对此苦不堪言。① 紧接着在 1588 年,秀吉颁布了太阁刀狩令。刀狩令是一项强制实施的解除武装的措施,早些年信长已经在参与农民或者教派叛乱的人中实施过。这项措施在统治者看来可以达到一箭双雕的作用,除了防止叛乱之外,还可以将农民和士兵区分开来。因为整个中世纪,农民和市民一样,出于自卫或仅仅是为了作秀,都已经佩刀。

秀吉的刀狩令在规模上更大。和信长的政策一样,它的目的是为了将士兵和平民区分开来,但与此同时它也没收了像高野山和多武峰那样的大寺院僧兵的兵器。1587 年在肥后国,全副武装的富农组织发生了暴乱,有人猜测,这可能是秀吉采取这一措施的直接原因。

1588 年刀狩令的理由是收缴"持有不需要武器的、抗税的、密谋反抗领主的

---

① 在这里列出不同时期土地调查的结果,可以帮助了解秀吉检地的规模:

平安中期(大约在 900 年)	862000 町(约 1 公顷/町)
室町早期(大约在 1350 年)	946000 町
1600 年登记的数量	1500000 町(产量为 1500 万石)

农民的兵器。他们需要将所有的武器盔甲收集起来,并交给其领主、承佃人或者各自领地的代表"。① 收集到的金属被融化,铸成钉子,用于建造大佛,修造的大佛将被安放在京都新建的方广寺里。农民们被告知这样的捐赠将会保佑他们今世和来世的平安。

刀狩令之后就是在 1590 年年末宣布的人口调查。这是在秀吉从小田原回来,完成日本统一大业之后进行的。他的第一步是下令将浪人(流浪者)从村庄中驱逐,因为他们不参与耕作,也不参军。土地调查使得这些人引起了人口调查者的注意。这项措施首先在近江推开,而后在下一年 9 月,在全国开展,这是在调查住宅数量的基础上进行的。每个村庄需要列出一张清单,上面需记载所有的房屋和他们的主人。所有在小田原战役(1590 年 9 月)之后,从其他村庄或别国进入村庄的人都将被驱逐。这项政策被称为"人扫令",即人口驱逐令。

这个制度,连同土地登记将农民紧紧地与土地捆绑在一起,而且从当权者的角度来看,这些登记制度为征收劳役去修筑道路、堤坝、排水沟等提供了便利。1591 年还有一项更加激进的法令颁布,即任何一名在小田原战役后进入村庄的士兵,无论官职多大,都应当被驱逐。如果这项法令没有被遵守,那么这个镇或者村庄都要被惩罚。另外,如果有农民放弃耕种土地,而去当雇工或者小贩的话,那么整个村庄将要受到牵连(《身份统制令》)。

有人会问为什么要采取如此严厉的措施,答案有两方面。总体上说,秀吉的目的是为了将农民和其他阶层分开,具体而言是为了在每一个社会等级上将他们与武士阶层分开。有一种观点认为,他的目的是储备劳动力,以便在大规模的海外冒险中发挥作用,这次冒险是秀吉已经在准备的——侵略朝鲜(预计在 1592年进行)。毫无疑问部分是为了准备这次冒险,清理海盗的努力也在同时进行。船主、海员和渔民被要求起誓不参加海盗活动,海盗据点所在地的大名们要因没能阻止海盗行为而受到惩处。

日本历史学家在有关土地调查和登记的真实目的和努力方面有着不同的意见。总体上大家认为检地与人口登记是非常理性的,但是最近的学者们在从另外一个角度看待这个问题,即人口登记给农民生活和整个社会的大体结构带来了何种改变?是谁从那次变革中受益?他们无法达成共识,可能是因为各自关注着这个划时代变革的不同侧面。但是,无疑,这项政策巩固了自信长时代已经

---

① 关于 1588 年 8 月 29 日公布的第一条条款的准确表达是"严格禁止农民(百姓)持有刀、短刀、匕首、矛、火枪及其他军事装备"。

逐渐建立的新型封建制度。它要打破庄园时代的残留势力，确立诸如佃户和纳税人等的实际耕作者的地位，这样统治者就可以将国家的粮食供给牢牢地把控在自己手中。①

三 农村生活

在秀吉的私人信件和公开的命令中反复提及的一点是土地调查和其他调查必须在 60 多个国中不折不扣地执行，但是有理由相信，那些富裕的农民顽固而且经常成功地抵制那些号召将他们的家庭拆散成若干个独立单位的命令，因为这违背了在乡村社会中影响深远的家族传统。这一传统是秀吉想要打破的，因为对付一个个体总比对付一个家族要容易得多。

农村生活有它古老的传统和天然的稳定性，比较难以改变，所以秀吉大刀阔斧的改革激起了民愤，最少是消极的反抗。一些大的村庄尤其如此，因为它们组织程度较高，而且整体繁荣。由于村庄在大小和特点方面有很大的区别，所以对全国的村庄做出普适的描述是困难的，但是下面的概述可能描述了 16 世纪末的土地调查者和人口普查者需要面临的大致状态。

在中世纪晚期，日本畿内及附近地区的典型村庄包括一个或者多个富庶的土著农民及其成年的儿子和各级佣工的住宅。这些佣工被笼统地称为"被官"或是"名子"，他们理论上是小土地的独立耕作人，但是事实上几乎全部长年为大的领地耕作。

这些富裕的农民被称作"豪农"（dogō），这个术语表明他们是乡村社会的重要成员，在他们耕作的土地上长期居住。他们大部分属于武士阶层，他们的名称（地侍）有些时候被译为"自耕农"或是"乡村豪绅"。这仅仅是一个近似的表达，但是却给出了有关他们社会地位的大致意思。这些人形成信长和秀吉早期权力的核心部分。

豪农可能拥有 50 石或者更多的土地，对于耕作来说，他们可能需要比其家族能够提供的更多的劳动力。他们主要依靠被官和名子，有些场合可能需要世

---

① 这样的话，一块或者多块土地的实际耕作人成为一个独立的单位，与他的父母和其他亲戚区分开来。

其他观点可以在安土良盛昭、远藤进之助、宫川满等关于太阁检地的论文中找到。在汤姆斯·C.史密斯的《现代日本的土地所有制的起源》中可以找到一张清单，这本书主要论述了 1600 年左右的形势。

袭的佣工帮助。名子一般仅仅拥有非常小的土地,一般是 1 石左右;因为 1 石大米意味着 1 个成年人 1 年的消费量,所以名子和他的家人必须要为更大的领主耕作以赚得更多的钱。

所以,在一个村里,大的房子就是豪农和他的家人的,或是属于地位类似的家庭,他们常常有亲戚关系。那些耕地一般但并不总是靠近住宅。村庄的结构大概如下图所示:

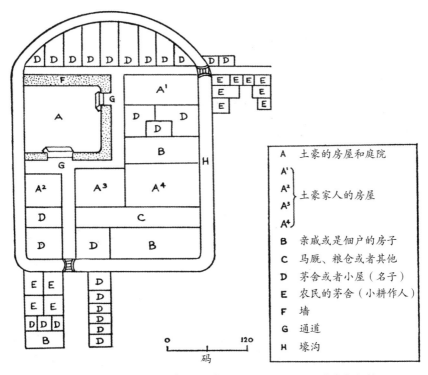

山城北部的村庄平面图。根据《日本史》(*Nilion no Rekishi*,读卖新闻社,1959)

第 7 卷的图表绘制。

这个村庄有时被一条壕沟围绕,屋敷(豪农的宅地)经常被一堵墙包围。它是按照城堡的方式设计的,说明它的主人既是武士也是农民,即地侍或是国人。那么他自然而然地成为这个村庄的领导人,但是在秀吉的土地调查之后,他需要决定依然做一名武士,还是要成为一名农民。

无论他如何选择,都将继续拥有登记在册的那一部分土地出产的粮食。当然他必须向名子或者外来的工人支付为他耕作土地的工钱。调查和登记的目的并不是没收土地,而是确认每一部分独立的土地都要登记在册,确保实际耕作人上缴附加在上面的税收。事实上，领主的收入并没有因为土地调查而减少，但是下级农民可以抵抗来自领主的压力，并逐渐地以小片土地拥有者的身份获得独立。登记土地并没有立即带来这个结果，在这个国家偏远的农村，这被拖延了好长时间。

四　管理机关

随着信长和秀吉的权威范围得到扩展，建立一个能够执行他们管理目标的机关就显得十分重要。信长获得权力之后，继承了足利将军的管理系统，一些室町幕府的机关和名号（如管领、所司代、探题）仍然在用。然而新的情况和规则要求设立新的官吏以执行管理，同时也得采取一些临时性的措施，因为信长在取得新的国后，没有时间从细节上深思熟虑。在新的形势下，他只能临时依靠适应环境的军事政府的形式来管理，但是却给调整留了空间。

在他崛起早期，只得依靠他的左膀右臂——比如说丹羽和柴田将军，或者和他们级别差不多的人——填补行政管理职位。秀吉后来设立了一个叫作"五奉行"的五人委员会去管理首都和畿内。这五人是浅野长政、前田玄以、增田长盛、长束正家还有石田三成，有意思的一点是他们都是土生土长的近江和尾张的小豪农。

前田玄以（他曾是僧侣，因此同时也被叫作德善院住持）由于能力出众，被信长看中，同时秀吉也非常信任他。他被任命为所司代，相当于大城市的长官，同时负责宗教事务，也是一名民事诉讼的法官。长束正家头脑清晰，擅长计算，且做决定果断，所以任命他负责金融事务。增田长盛性格正直，所以被任命为管理公共事务的长官。石田三成是一个有才干的管理者，被任命为最高警务官和堺的长官，同时还总管贸易问题。他数次在秀吉的土地调查中任奉行，同时在他自己的领地之内不折不扣地按照条文进行实践。

秀吉要求这些人在他做出主要决定的时候向他提出建议。在他们之中，最重要的人是浅野长政，他在土地调查中起领导作用，土地调查无论从计划还是实践上说都是一个真正值得纪念的大工程。浅野事实上有些像秀吉的总理，主管一个小内阁。他是五人中的长官，而且在最机要的事情上深得秀吉的信任，因为他的妻子是淀君的妹妹，而淀君是秀吉的最爱。

秀吉的管理方法比起信长的来说更加长久，信长的方法有做一天和尚撞一天钟之嫌。他是一个性急的管理者,而秀吉尽管有些霸道,但却有管理才能,这无论在政治还是军事的生活中都对他有好处。在这方面,他要胜信长一筹,信长并没有活太久,并没有将他的才干发挥到极致。

然而秀吉并没有将他所有的权力授予五奉行,而是自己在管理的细节方面发挥了积极的作用。他喜欢在国内事务方面利用作为领袖的权力发布带有军事特征的法案和命令。他的五奉行更像是专家委员会,而不是可以决定重要政策的审议机关。① 这样的机关是由五位长老(五大老)组成的,他们是在秀吉去世前任命的,目的主要是为了防止在他死后,政府机构发生变化,而这些是他为了丰臣家族的利益费尽心血创立的。这些大老是德川家康、宇喜多秀家、毛利辉元、前田利家和小早川隆景。秀吉选择这几个人是表明只有他们才有实力处理秀吉死后发生的任何困难局势。这些大老据说被某些中级的谋士(中老)辅佐,职责是如果大老们意见不统一,他们负责调停。但是这些人在那种困难的局势下似乎发挥不了多大的作用。

除此之外,还有一些低级的管理职务(代官),他们负责管理秀吉的直属土地(在之前是信长的)。松井友闲被任命为堺的代官,成为信长的代言人,这在前面已经提到过。任命富商到这样的岗位的传统在秀吉时代也得到了继承,但是他们在1595年之后直接接受五奉行的管理。

秀吉直接管辖的土地面积非常大。它们那个时候价值200万石,而且分布在全国各地。监视临近的大名也是这些土地的代官们的职责之一。

有关奉行及其他高职位以下的低级官吏们的情况我们所知不多,但是在今天的记录里也有一些关于他们的杂闻。一则有趣的证据是在一位名叫玉木吉保的毛利族人的回忆录中找到的,玉木称自己连续五年担当五个国的检地奉行。②（第一次是在1583年被任命的,是在伊予,那年他35岁。）他这样描述:他首先得爬到高处,在那里可以俯瞰整块农田,灌溉情况、土壤的不同以及地形特征尽收眼底。他总想着农民的难处,因为这些农民种的大米满足不了自己的消费,只能用树叶和草充饥,因缺乏暖衣而挨冻受潮。玉木可能格外公平和有同情心,但是

---

① 有一些权威认为秀吉那个时候并没有设立专门的机关。他们认为已经有为数不少的长官(奉行),负责传统的职能,还有一些还有封臣建言献策,但是完整的政府管理结构始于秀吉死前不久任命的五奉行和五大老。这些人是由于当时秀赖势单力薄,为了引导和保护他而任命的。在平时,秀吉会提出一些政策,要求他的下属执行。

② 他的笔记《身自镜》里有很多有趣的故事。

从土地调查和人口统计的结果，以及秀吉下令完成的大规模公共工程来看，我们认为在执行今天可能认定为国内服务的任务方面，他们并不缺乏才能。

但是我们必须承认，在信长暴君似的制度下，在秀吉可能稍好一些的制度下，有一个基本的弱点。他们两个在统一大业中都没有考虑在全国制定比较详尽的民事和刑事的法律，并且他们没有在任何时候宣布《贞永式目》是被淘汰了还是依然适用。他们都在积极制定临时仲裁的规则、条例、法条，但是对法理缺乏兴趣。他们通过法令来管理。秀吉的刀狩令是表明统治者态度的一个明显的例子。他并没有公布法令和惩罚措施去限制使用刀和矛，仅仅是通过没收在这个国家武器中数量最多的那些武器来降低叛乱的风险。

他对于平民和武士犯罪行为的态度在 1597 年发布的法令中体现得尤为明显，它在一个非常低的层次上创立了自治机关，即武士的"五人组"和农民的"十人组"。其职责是在城镇和乡村维护秩序。组员发誓，无论小到小偷小摸还是大到谋杀，只要他们之中有人犯错，都要彼此揭发。在这个连坐式的规则下，他们如果没有汇报别人的罪行，会受到惩罚；而且被逐出的组员会被切掉小指。十人组需要细心监视农村的生活，防止违犯管理耕种和税收法律的行为发生。这些职责有时不可避免会陷入特务和告发的怪圈。

秀吉政府最重要的功能之一当然是管理金融。全国的金矿和银矿是政府收入来源之一。为了开发这些资源，秀吉会任命代官。还有一种情况，矿产所在地的大名受命监管和开发它们，他们可以提留一定比例的利润。秀吉还从堺和各式各样的税收中获得收入。

秀吉的货币政策是由长束正家来执行的，他也参加管理了土地和人口调查。同时毫无疑问存在常规的财政机构来管理收支。但是与诸如土地调查和人口调查的具体方法相比，秀吉在此方面对于私人的信赖令人惊讶。这可以通过小西行长的经历来说明，他是秀吉最喜欢的人之一。

小西家族从大约 15 世纪开始就积极与明朝进行贸易，特别是在进口药材方面非常积极。小西的父亲小西隆佐是堺非常有影响力的商人，秀吉任命他为堺的重要官员，且任命他管理资金。换言之，隆佐成为一名国库官员。很明显，他有管理的才能，因为在 1587 年秀吉征战九州时，他负责军需。有人说他筹集了 30 万士兵和 2 万匹马的补给，将其运到兵库和尼崎，而后又通过濑户内海运到下关。

他的儿子同样非常擅长海事事务，因此被任命为濑户内海水军的长官。他的能力深受秀吉的赏识，而且在以后的历史中，以一名深受秀吉器重的将军的身份活跃在政治舞台。同时与他的父亲一样，行长是一名基督教信徒，他的名字Don Augustino经常在基督教信件中被提及。

就像这样，秀吉无论是在军事方面还是在民政管理方面，经常任用富人承担重要的任务。同时他还雇佣那些有特殊资历的人负责公共事务，比如说在建筑或者灌溉、修路、造桥或者类似需要技术知识和技能的时候。一般说来，这些人并不是长期的官吏，而是仅仅因为有某方面的才能而被临时任命的。如一个叫作朝山日乘的僧人，曾经辅佐过信长，被秀吉任命负责修建皇宫。另外他还任命一些官僚（奉行）负责物资保障，这些物资是为了大规模修建房屋、防御工事、港口设施以及其他类似的工程而准备的。他们是政府层面的承包商而不是官吏。秀吉修造大阪城需要大量的物资，它向世人证明了秀吉政府工程统筹的优秀和技艺的高超。

解决这些大工程的财政问题无疑需要依靠堺和其他贸易中心最富裕的商人们的合作，但是供给资金时产生了一个新的问题，因为需要为军队购买物资，加上工业和商业活动总体增长，使得现金业务在全国成倍增加。

为此，信长在1569年公布新法令，禁止以物易物，同时规定了不同来源铜币的估值，此后日本流通的铜币越来越多，但是似乎直到秀吉的时代才由官方铸币。大约在1585年后，官方铸造了铜、银、金币。它们就是人们所熟知的天正钱，因为当时是天正年间（1573—1591）。

银产量的突然增加为这一变化提供了条件。银产量的增长一部分原因是熔炼技术的提高，但是最重要的原因可能是在大名中产生了这样的一种认识：他们必须开发领地上的资源——无疑是受到那些来自城市的有钱的资本家刺激。信长和秀吉非常注重开发金矿和银矿，特别是在那些他们直接控制的土地上（那几乎都是他们的私人财产），他们都在城堡中收藏了大量的金块和银块。

铜币对于像零售那个级别的交易来说是绰绰有余了，但还急需便于携带的货币用来购买大宗物资供给16世纪后半期在日本各地争战的军队。在这种条件下，支付手段就变成金银块，同时为了防止商业欺诈，这些金银块上经常刻有那些值得信赖的金匠或者银匠的标记。信长在他的安土城内藏有很多这样的金银块；而秀吉，如同我们看到的那样，他为了供应军需，使用驮马将许多金银块驮到了小田原。另外大多数大名藏有金银块和沙金。金子的需求如此巨大，所以被允许自由进口，然而与此同时，在16世纪下半叶，许多银子却被出口国外。金子除了交易媒介的功能之外，还可以被用于装饰。秀吉的大印是用金子做的，还有所谓"天正大判"金币，据说就是秀吉为了准备远征九州而下令铸造的。

五　秀吉与天皇的关系

信长，和他的父亲一样，非常忠于天皇，而且殷勤地服侍皇室。应正亲町天皇的要求，1568 年，在他与足利义昭进入首都后不久，他就重建皇宫（土御門内裏）。尽管秀吉受到效忠天皇这一传统的影响较小，但是他继续信长的政策，而且对朝廷的花销比较慷慨。1588 年，在后阳成天皇屈尊参加一次大宴会之后，他把一定份额的税收指定给了皇室，而且他对自己分别于 1585 年和 1586 年被赐予的关白和太政大臣的官位也非常满意。

天皇没有直接的政治权力，但却是公认的荣誉来源和国家统一的象征。他并不像中世纪的英国和法国国王那样，站在封建等级的顶端，但是家臣们尊敬的实际领导者在一些大事方面十分小心，以王权的名义行事。如果他们不这么做，那么将会被他们的敌人指责为逆臣。除了这些谨慎的考虑之外，真正的对于皇室的忠诚贯穿整个动荡的世纪。

天皇们偶尔干涉内政，但是基本上没有材料证明他们主动这样做。1569 年，正亲町天皇有一次比较积极的干预。因为当时信长下令允许佛洛伊斯神父在首都传教，所以他向信长提出了抗议。但是压力来自佛教群体，这时对于天皇来说应他们的要求保护国教是恰当的。信长并没有理会他的行动，因为他非常清楚事件的起因。在很多时候，无论是天皇干涉，还是以天皇的名义来干涉，都可以被合理地解释为他是应政治或是宗教领袖的要求、为了他们的目的而采取行动的。

他的敕令有的时候会被解释为一些耻辱行为的借口，比如说 1580 年石山本愿寺的投降；当然天皇也有被迫做出的决定。信长经常要求天皇支持他决定好了的东西，或者要求他下令惩处那些所谓的天皇的敌人。这些都是一些老生常谈，并不能表明君主权力的独立性。如果一位天皇敢于向那些他在资金方面依附的超级大名挑战的话，那么他可能像后鸟羽天皇和后醍醐天皇那样，以一种遭人流放的结局结束自己的生命。相反，天皇有时可能缓解政治紧张或者阻止棘手形势的发展，这类似于今天欧洲立宪君主的功能。

　　把事情做得富丽堂皇是秀吉的政策,同时也是他的喜好。1587 年,他在北野举行了一次盛大的茶会,目的是为了庆祝他在九州所取得的胜利。从大名到农民,来自各个阶层的群众均受邀参会,他们是看到竖立在京都、大阪和堺的公告(大看板)而去参加的。他们仅仅需要携带一个坐垫和茶杯即可。秀吉在那里举办了珍宝展,还为他们准备了各式各样的舞蹈和音乐,持续了十天之久。

　　这是一次气势宏大的活动,但是从政治意义和花费奢侈这两个角度来看,它无法与秀吉和家臣们 1587 年在京都新修的豪宅聚乐第邀请天皇参加的活动相媲美。这座建筑非常好地展现了秀吉的爱好。它的面积几乎和皇宫围垣所占的面积差不多,而且四面被护城河环绕,四周围着坚固的石墙,就像安土城和大阪城一样。从外表来看,它像是一座城堡,但是内部却装饰豪华。秀吉在 1587 年秋从大阪搬到那里,在 1588 年的第一个月,他邀请新即位的后阳成天皇去参观他的豪宅。

　　前田玄以为了这次活动还专门研究了招待皇室的先例。当天,秀吉护送天皇到聚乐第,他当时是关白,拥有最高的朝廷官位。[①] 队伍浩浩荡荡,极尽奢华,许多轿子里坐着贵妇,还有骑马的护卫,以及数不清的士兵。在天皇和贵族们的车队之后,是秀吉自己,他后面跟着他的将领和随员。当护卫们到达聚乐第门口时,队伍末尾还没有出皇宫的围垣。[②]

　　天皇抵达时,已有众多大名迎候,迎候的顺序并不是依据军事能力,而是官职的高低,最高官职是平(织田)信雄和源(德川)家康。

　　天皇在那个名副其实的"聚乐第"住了五天,住在最豪华的宫殿里,任何的描述都是多余的。除了炫耀豪华之外,这次活动的真正目的是在天皇到达后的第二天披露的。这些受邀的大名们需要同意写一份盟书。这份盟书由仅仅三条内容组成,内容如下:

　　1. 我们聚集在此,喜极而泣地欢迎天皇的到来。

　　2. 如果有人胆敢侵犯天皇的土地或者贵族(公家)的财产,那么我们将会子子孙孙齐心合力阻止他们。

　　3. 我们发誓我们将会遵从关白(秀吉)的命令,哪怕是最小的要求。

---

　　① 从一位,正一位通常是死后才获得。

　　② 所有这些细节或者更多的描述可以在秀吉的书记官楠木正虎的记录中找到。里面会有这样的记录,一些护卫没有戴头盔,而是戴着庆典用的乌帽。

宣誓时，天皇在场，他们按照惯例向所有的神和佛宣誓，最后一句话涵盖的内容非常丰富，里面有这样的表述："日本大大小小的六十余国所有的神"。上面签有最高级别的六个人的名字，包括家康和信雄，其后还有类似的书面材料，超过二十个主要大名签上了自己的名字。

第三天举办了一个大型的诗会，天皇自己也参加了，还有退位的正亲町上皇，他在一首诗中写道世界都很美好，天空中没有乌云。时值 5 月，京都气候温暖，薄雾袅袅。

在下一年的春天，秀吉邀请了一些主要的贵族和最重要的大名（以家康为首），参观聚乐第内部的画廊展览。在那里他安排了大型的金银展览，这些金块银块都被堆在盘子里，价值达 36.5 万两（1 两相当于 15 克），他将这些分给了贵族和将军们（包括家康），他们是他的客人。

在上述的事件中，有人会发现秀吉没有认为自己是征夷大将军的候选人，而是作为一名武士兼军队统帅，以关白身份代天皇行事。这一点在分析天皇在日本政治历史的过程中是不应当被忽略的。秀吉在 1592 年辞去关白之职时，给了继任的秀次一封建议书，五个条款中有一条是命令这位新关白悉心辅佐皇室。

六　秀吉和佛教

秀吉在宗教方面的政策不同于信长，信长采取非常极端的武力手段对付那些他认为有破坏性的大的佛教宗派的行为。无疑，延历寺、高野山的僧人和一向宗都从中学到了教训，没有做出需要秀吉纠正的行为。在连年的大战中，他们的势力被削弱，而且已经失去了许多财产。大多数僧人放弃了好战的习惯，转而钻研学问和行善事。秀吉认为这是一种值得鼓励和利用的事态。他确实与一些宗教团体联合在一起。1584 年在小牧与家康的大战中，他遇到一向宗残余势力的反抗，其中还有一些从根来寺逃跑的僧人。他并没有忘记这一来自宗教的无礼，在 1585 年早些时候，出于报复，他攻打根来寺，迅速将它夷为废墟。在这一点上，他与粗暴对待比叡山的信长并没有差多少。差不多这个时候，他打败了熊野的僧兵，而后去对付古老而又神圣的高野山，他获得了信长从没有获得过的胜利。他的方法简单而又高效：他通过武力威慑，以刀狩没收其武器；通过土地调查将高野山的收入截留；他迫使僧人投降，而后通过返还土地的手段获得了他们的尊敬。在日本其他地方，他使用了相同的手段。他在全国建立了管理僧侣的组织,而后将所有的寺院和神社都置于控制之下。

他对于天台宗态度谨慎,没有承认信长在毁掉延历寺的行动中有错,但批准了一项筹集资金的请求,这是由信长死后新任命的皇室住持提出的。这一请求是为了筹资重建根本中堂——这是比叡山的总本堂——以及这座山上其他的历史建筑。

法华宗在那场安土城的卑劣辩论后已经被信长摧毁殆尽,但是现在秀吉却允许它扩大势力,这是因为他希望在教派之间保持平衡。他在各派别中最积极支持一向宗,这与宗教无关。光佐住持尽管被逐出石山本愿寺,但是并没有放弃

EXEMPLVM
BINARVM EPI-
STOLARVM A P. OR-
GANTINO BRIXIANO SOCIE-
TIS IESV E MEACO IAPONIAE AD
Reuerendum in CHRISTO P. CLAVDI-
VM AQVAVIVAM Præpositum Generalem
datarum, de proxima spe vniuersæ Iaponiæ
ad CHRISTI Ecclesiam adiun-
gendæ.

EXEMPLVM PRIORIS
EPISTOLAE, A P. ORGANTINO
BRIXIANO Societatis IESV Meaco
IAPONIAE datæ.

PAX CHRISTI.

 VAE res non mediocriter hoc an-
no M. D. XCIV. nos afflixerun. t
primum diuturna P. Visitatoris, &
Reuerendiss. Episcopi, quem iam
in Chinam peruenisse ex litteris
Manilianorum cognouimus, absentia: dein-
de, quod nauis, quæ solet quotannis huc ex In-
dia appellere, & omnium harum Societatis
domorum, maximè autem Collegij, Nouitia-
tus, & Seminarij necessariam annonan. aduehere,
hæc

这是一卷关于与印度和日本关系的耶稣会信件的一页。它是 1598 年在罗马出版的。这封来自日本的、用拉丁文写的信是由来自意大利的奥尔冈蒂诺神父翻译的,他当时住在京都,受到了秀吉的赏识。(在这些信中,他们称秀吉为 Quambacundono。)这些信是在 1594 年和 1595 年写的,收信人是阿奎维瓦,他当时是天主教总会长。在这封信中,奥尔冈蒂诺神父对于耶稣会在日本取得的进步、对于秀吉带来的和平和宁静都非常满意。

为一向宗信徒重建本山的努力。

信长死后，光佐住持积极寻求各种机会获得世俗武装的支持。1583年，他派人在秀吉的敌人柴田胜家的后方制造骚乱，以此获得了秀吉的支持；1587年，为了报恩，他派使者命令九州的一向宗领袖为秀吉军队在萨摩的行动担任向导。因此，秀吉对他非常慷慨。1589年，秀吉赐给光佐京都大谷的一片土地，以前他们的开山之祖亲鸾曾经在那里修行。①

秀吉自己的信仰并不为人所知。他自己佩戴护身符，并且还为他的家人祷告。但是他表达虔诚的唯一公开行为就是修建了一座大佛像和容纳它的大殿。这是一个大工程，是在1586年开始的，包括从中日本和西日本的森林里运来许多巨大的原木。是什么让他这样做并不清楚，可能是他希望为后世修建一些可以维持较长时间的纪念性建筑物。但是他的这个良好愿望并没有实现，这座大佛和大殿都在1596年的地震中被摧毁了。

根据一封耶稣会的信件，有观点认为他建造这一庞然大物的目的是处理那些被没收了的铜钱。但是这个意见应该并不正确，因为这座大佛是木制的，和平时用铜做的并不一样。之所以选择木头是因为铸造金属部件方面存在技术上的困难，而且在工期上也有困难。另外制作木制框架需要大量的钉子和螺栓，按照秀吉的指示，它们是用太阁搜刀令中从那些好战分子那里没收来的刀和其他武器制成的。秀吉甚至还从明朝请来一名专家，负责协助日方监工完成框架和部件的建设工作，同时这些东西当时已经上了漆，而这些漆是由堺的今井宗久特别准备的。

从选址（在东山地区）到收集运输材料，造佛像据说耗费了5万劳力，耗时五六年。可能是因为当时可以代替人力的机械较少。有一种记载称，秀吉的将领和其他官吏也参加了，他们一边喊着劳动号子，一边拉着原木，同时其他人在敲锣打鼓。有一种说法还说秀吉自己也换上麻制外衣帮了一把。

1596年的地震之后，在秀吉命令下建造了新的大殿和佛像，这次是铜像，比第一次的小很多。这尊大佛屡经灾难，时而用木头重造，时而用铜重造。最后铸造的大佛是在1801年建的，是木制的，但不过是一尊无足称道的庞然大物而已。

---

① 这座寺庙后来（1591）被搬到六条，即现在西本愿寺所在的地方。

七　秀吉和基督教

在信长的庇护下,基督教在日本的发展势头良好。可能有人会说他的目的是为了确保继续发展国外贸易,这无疑是影响他做出决策的一个因素;但是他是一个高瞻远瞩的人,在他决定善待耶稣会之前,应当已经想好了这个政策的优缺点。我们几乎断定,他是被传教士们的品质影响了——被他们得体的行为、他们的学识和他们忠于自己的信仰所感染。

秀吉的政策多少与之不同,他对于宗教不感兴趣,但是对奥尔冈蒂诺神父却以礼相待,这位神父向他提出请求,想在大阪城附近修建一座教堂和房屋,秀吉甚至为他们选好了地址。高山右近是一名基督教将军,是秀吉的心腹之一,帮助他们修建教堂。这座教堂于 1583 年圣诞节对信众开放,此时大阪城刚刚完工不久。秀吉并不反对他的手下信仰基督教,所以他手下的一些亲信,甚至包括一些贵妇人也成了基督教徒。一些人是在高山的热忱推荐下加入的,还有另外一些非常重要的基督教徒,比如说小西行长。备前的宇喜多和黑田都是秀吉的得力手下。

1584—1585 年,当秀吉在征战间隙停留在大阪城时,他对于耶稣会领导人和蔼,表面上也是真诚的,而且也愿意和他们在闲暇的时候交谈。1586 年,副管区长柯埃略·加斯帕尔(他一直在长崎,那里当时几乎是一个葡萄牙人市镇)从西日本出发去拜访位于京都地区的信众。他们 5 月初在大阪短暂停留,此次同行的还有佛洛伊斯和其他神父们,以及一些日本当地的信众。在那里,他们受到了秀吉及其将领的盛大接待。将领们离开后,秀吉走进基督徒中间,与他们畅谈,他对于佛洛伊斯特别关注,因为他讲日语非常流利,而且秀吉早年间就已经认识他了。他们聊起往事。这是一个亲密的场合,据耶稣会记载,秀吉当时毫无保留地对副管区长说,一旦他征服了明朝,那么他将要把日本变成一个信仰基督教的国度。

他告诉柯埃略,他要以 2000 艘船侵略朝鲜,希望一旦时机成熟,柯埃略能够为他购买两只装备齐全的葡萄牙船只。在这之后不久,他就给予这些基督教徒一些特权和豁免权,这比他们预想的还要多。那时他一定知道日本基督教徒的数量是在 15 万—20 万人之间。神学院年年训练年轻人帮助他们传播教义,尽管多数的教徒在西日本,但是在首都和附近的地区也有 1 万人之多,发展基督教的前景确实一片光明。

1587 年，从九州凯旋之后，秀吉邀请柯埃略参观他位于博多附近的指挥部，他正在那里考虑重建这座在战争中被毁的城市。他为修建教堂留了一片地。他登上了一条小但装备精良的葡萄牙船去探访神父，表现得和蔼又好奇。但是当晚，在秀吉离开葡萄牙船仅仅几个小时之后，柯埃略接到了一封紧急信件，信中指控基督教徒各种不敬。尽管柯埃略尽其所能进行辩护，但是秀吉对此毫无兴趣。翌日，他下达了一道命令，要求在全国禁教，并要求这些神父在 20 天之内离开日本。公布这道法令的日子好像是 1587 年 7 月 25 日，然而确定这一时刻遇到一些困难，因为文献记载彼此冲突。但是这些差异并不重要，因为主要事实已经非常清晰了。

秀吉下定决心要驱逐传教士。在他的一份文件之中，他将基督教和一向宗视为一类人：说他们蛊惑大名们，要求他们的人放弃旧的信仰，并将日本人以奴隶的身份卖到中国、朝鲜和亚洲其他地方，说他们杀死动物（马和牛）作为食物，说他们毁坏佛教和神道教的建筑。这些指控有的是有道理的，因为葡萄牙商人确实在贩卖奴隶；耶稣会或者是他们的信众，有的时候毁坏佛像，损毁佛教建筑。但是这些似乎成不了秀吉突然采取非常措施的原因。

对此有很多种解释，但是没有一个是可信的。一位教会历史学家推测说秀吉那天晚上喝了一些烈酒，而这些酒是柯埃略送给他的，于是他就大发雷霆。另外一种推测说，由于基督教的影响，年轻的女孩不肯屈身于他。这可能有些道理，因为秀吉天生好色，经常受到皮条客的眷顾。但这却是很不可能的。更可能是这样的：在对外关系方面他已经思忖好久，在博多时，看到的或者听到的一些事情触发了他积蓄已久的警觉。大家都知道，他有一名谋士，其身份一半是皮条客，一半是内科医生，即施药院全宗，他厌恶基督教而且无疑在秀吉下决定之前起了一些作用。

无论秀吉下定决心的直接原因是什么，但是他这次行动是经过深思熟虑的，尽管也可能有一时之怒的影响。他已经控制了佛教徒，但是在九州，他发现基督教势力强大，不受约束，因为耶稣会控制了一些领主。这时碰巧两大基督教大名，大友宗麟和大村纯忠在他的远征结束不久后病逝，他可能认为这是一个在全日本实现霸权的良机。可能有人告诉他有关葡萄牙人——包括神父和一般信众——在日的活动。长崎好像已经成为外国的领土，也有人告诉他有一些葡萄牙船长深陷奴隶贸易的消息。这种蔑视日本权威的行为为他立即采取措施提供了理由。除了关东地区的些许抵抗，他已是整个日本的领袖。他感觉，如果没有在国内成功处理各方面的反抗，那么他将无法充满自信地去攻打朝鲜。

传教士驱逐令警醒了传教士们，他们明智地假装服从所有条款。柯埃略，在得知法令（有一份抄写给他）的内容之后，提出抗议说立即离开日本几乎不可能，因为没有船只让他和同事们搭乘。他在博多聚集了大多数的传教士，搭乘一支即将离岸的葡萄牙船，但是有些人没有离开。实际上，他们中的大多数，或许总共有一百多，选择留了下来，躲藏在备前的两个海港镇——大村和有马。他们贿赂了当地人，这样传教士们可以留下来继续他们的神职工作。秀吉的官吏们在执行他的法令方面并不细心，交易继续下去。长崎表面上是大村的领地，但是它被传教士一直管理到 1590 年，这是秀吉开始直接管理长崎的年份。

忙于处于传教士事宜时，秀吉对商人们依然十分客气。他五条驱逐令中的最后一条说，只要不与佛教的学说发生冲突，那么来自基督教国家的商人就可以在日本自由行动从事贸易。在这项法令里的其他条款中，他似乎没有否定信仰的独立性，但是却反对在一个大名或者一个大领主的领地上有大批人信教。7 月24 日，在一封他盖上自己大印的备忘录中提到"心次第"，意思是"取决于心"。

1587 年，在回京都的路上，他遇到了一些问题，这些问题比处理基督教更加棘手。他需要继续统一步伐，包括货币改革、没收武器、兵农分离的立法，以及对于东部和北部各国的统一。这些统一开始于小田原包围战。这些问题一直到1590 年才解决完毕，但那时他满脑子都想着侵略朝鲜的事情。他现在并不是在考虑处理传教士的问题，而是如何继续和增加他的海外贸易的问题。后来，位于九州的传教士很少被打扰，他们在有限的土地内取得了不少成功，在一千人左右的信众中传播和巩固他们的思想。他们的信徒主要是一些在战火纷飞中渴望安慰的农民和工匠。除此之外，还有一些要人依然站在基督教一边——小西，他是海军指挥官，还有其他位高权重者。在一些最坚定的基督教信众中也有他们的妻子和女儿的身影。一些研究日本历史的学者习惯于认为日本女性是温柔而且顺从的，但是他们逐渐发现女性是殉教者中最为坚定的。

秀吉没有撤回他的驱逐令，但是在 1590 年，他同意接见印度总督派来的使节团，这个使团与范礼安有关。使团于 1591 年 3 月受到接见。除了范礼安之外，还有四位牧师，他们是八年前从九州去罗马的，现在正好回来。除了他们，还有几位来自长崎和其他港口的要人。范礼安当时已被任命为印度总督的代表，秀吉待他非常好，尽管警告他不要为了传教士提出撤回驱逐令的要求。

这项法令并没有阻止日本高层基督徒继续信教和吸收信众。秀吉似乎可以容忍奥尔冈蒂诺和其他神父在京都的存在，而且他对于范礼安一起带到日本的传教士们也没有采取措施，除了将他们像人质一样扣留在长崎之外——这是一个双方都可以接受的方法。范礼安于1592年10月离开日本，同时带走了一封写给总督的回信，当时在日本有超过100名耶稣会士。当然，他们在九州最活跃，但是在其他大城市也付出了努力。

京都的市民非常喜欢追逐时尚，当葡萄牙船长和商人们盛装从京都大街上走过之后，这座城市陷入了一种模仿西方服饰和礼节的疯狂之中。城市里的男男女女纷纷戴上十字架和念珠，而且使用葡萄牙词句。人们迫不及待地等待着来自欧洲的商品，就像等待来自中国和印度的商品那样。对于这些时髦的人来说，继续和葡萄牙做生意变得十分重要。甚至熟悉了单调的耶稣会服饰的秀吉也对华丽的葡萄牙信众的队列印象很深。进一步的政治原因是，秀吉不希望立即切断来自葡萄牙船队的货物补给，因为在1592年的秋天，他已经搬到了位于肥前的名护屋，在那里建立了侵略朝鲜的指挥部。

这使得传教士们非常忧虑，因为他们现在完全处于军队管控之下，这些人四处抓壮丁，他们搜遍了北九州的城镇、村庄，找出那些体格健全的士兵，还寻找侵略所需的物资。耶稣会的信徒们于是陷入了危险之中，他们经常东奔西走。但是他们的敌人仅仅是牟利的小吏，愿意接受贿赂，他们也请求有影响力的信徒保护他们。就这样，尽管遇到了不少危险和问题，信众的数量仍然在不断增加，他们的努力是有效的。尽管秀吉有时会颁布一些不太受欢迎的命令，但是没有再颁布那种要把基督教连根拔起的命令了。所以，在日本的基督教教徒没有减少，反而从1592年之后开始增长。据1595—1596年的社会调查显示，在中国明朝有50名神父，在日本有超过140名神父。这是一个非常引人注目的情况，因为秀吉仅仅允许在长崎有10名神父存在，留下他们的目的仅仅是为了满足葡萄牙人的信仰需求；奥尔冈蒂诺被允许留在京都，不过他在那里没有教堂和办公的地方。再回来重新看看秀吉那晚的雷霆之怒，这给身在博多的可怜的柯埃略沉重的打击，几乎前功尽弃。但是现在，根据耶稣会的报告，在日本有30万名信徒，其中有超过6万名是在驱逐令公布之后受洗的。

这些信徒并不仅仅是地位低的农民。在一张单子上列着鼎鼎大名的人物：格雷西娅细川，她是明智光秀的女儿；玛利亚，是秀吉配偶淀君的妹妹；玛格达伦，秀吉妻子的朋友；前田玄以的儿子；对马宗氏；筑后的毛利；会津的蒲生氏乡；

还有信长的孙子三法师，他被秀吉带到清洲会议的时候还是个婴儿。他们大多数是年长的奥尔冈蒂诺的信徒。秀吉非常熟悉这些基督教徒的动向，但是却没有采取措施去管理他们。总体上说传教士们言行都非常谨慎，不愿炫耀，秀吉这时满脑子都在考虑国内和大陆的事情。他对耶稣会按兵不动。

当耶稣会士们收获成果，葡萄牙商人在远东水域大获横财之时，西班牙征服者们在菲律宾马尼拉吕宋岛上建立了一座前哨基地，这些西班牙人的主要目的是在美洲大陆上发展他们对于殖民地的统治权。这些将基地安置在马尼拉的西班牙船长们开始妒忌那些葡萄牙船队，因为他们在对日贸易方面占有绝对的垄断地位。位于马尼拉的传教士们，比如方济各会、多明我会还有奥古斯丁会憎恨那些在日本拥有垄断地位的耶稣会传教士们，这可以从 1585 年的一份文件中看出来。

尽管秀吉授权给葡萄牙人，允许他们自由贸易，但是他后悔自己在对所有事情的绝对权威之中破了例。在日本，无论是对于神的还是对于人的事务方面，他都有绝对的权威。但是耶稣会和葡萄牙商人之间的联盟是非常强大的。1591年，在他将长崎置于自己的直接管辖下之后，秀吉有一次命令那里的官员要求一艘葡萄牙船只低价交易船上的货物。但是那个葡萄牙商人说如果没有耶稣会的参与，他不能做这样的事情。秀吉大怒，随即试图将日本的贸易都置于自己的管理之下。但是他后来马上又意识到无法要求别国按照他自己制定的条款进行贸易，无疑他在这件事上已经对商人和教士们有很大的不满了。

第二十二章

入侵朝鲜

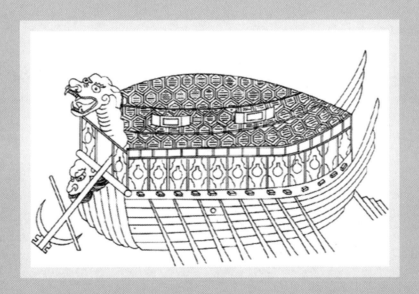

龟船。

一 前期准备

侵略朝鲜的命令是在 1592 年 4 月 24 日发布的。秀吉动员了 20 万人的先头部队攻打朝鲜,当时他在肥前名护屋建立了自己的指挥部,那里还有另外 10 万人待命。

准备的规模与他计划中的军事行动基本相符合。在过去的一个世纪内,日本战火不断,特别是在信长发迹之后的 50 年中,这给军事指挥者在动员人力、运输士兵和相应的大宗装备、物资方面提供了不少经验。野战的士兵也增加了一些新型的作战方法和武器,与此相对的是,在足利义满将军的时代,尽管经历了两次侵略战争和 50 年内战,但是作战方法和新型装备相对比较简单。大的改变是在信长发迹和使用火枪之后发生的。

秀吉运送物资的方法经常是经过深思熟虑的,且运行高效,这些都可以在他远征九州和准备小田原包围战中看出来,无疑给他的部下好好地上了一课。

位于名护屋的基地从 1591 年初秋就开始修建了,它将成为整支军队的总司令部。当时铸造了一些特殊的金币和银币,而且还准备了 48 万名士兵的军备。所有大名提供了与他们实力相符的军队、武器以及运输和其他的服务。秀吉还从沿海诸国征调船只和船员,同时为了运输货物还准备了工具和劳力。秀吉制定了详尽的计划,在所有的细节上,这都是一项大工程,绝不次于同时代欧洲任何一次军事成就。

在毛利家族的档案里保存了一份有关入侵军队构成的记载,上面写明了参加这次战斗的所有将领和士兵数量。这是一份可靠的资料,可以概括如下。

主力部队可以分为七个分队,形成了进攻的第一批部队。它们在对马岛集结,等待进攻指令。毛利所记各个单位的指挥官,以及它们的大致实力见于下表:

一 小西行长 7000　宗氏 5000　松浦 3000　有马 2000　大村 1000　后藤 700　合计 18700

二 加藤清正 10000　锅岛 12000　相良 800　合计 22800

三 黑田长政 5000　大友义统 6000　合计 11000

四 岛津义弘 10000　毛利吉成 2000　其他 2000　合计 14000

五 福岛正则 4800　户田 3900　长宗我部 3000　生驹 5500　来岛 700　蜂须贺 7200　合计 25000（原文如此）

六 小早川隆景 10000　立花、筑紫和其他 5700　合计 15700

七 毛利辉元 30000

总计 137200

除此之外，还有在对马和隐岐岛上的一部分预备队，对马的 10000 人由宇喜多秀家率领，隐岐的 11500 人由丰臣秀胜和细川忠兴率领。因此，作战军队的总兵力是 158700 人。驻扎在名护屋的士兵包括由家康、上杉、蒲生和其他重要大名提供的部队，他们的总兵力大约达到 75000 人。

从上面的数字可以看出（得到了其他的描述的证实），秀吉动员的总兵力约为 225000 人，此外再加上海军的 9000 人。

战斗命令要求先头的七支分队攻打朝鲜并占领整个国家，为攻打中国铺平道路。

二　登陆釜山和进军汉城

行军的命令是在 1592 年 4 月末发出的。队伍的前锋包括了前三个分队，总兵力为 52500 人，从对马动身。在此之前他们一直在那里待命。小西行长指挥一支队伍，在 5 月 23 日率领 700 支军舰到达釜山，这 700 支船挤满了港口。小西后面紧随着的是加藤清正率领的 22000 名士兵和黑田长政率领的 11000 名士兵，他们都因为被小西抢得先机而气恼。

在讨论他们到达釜山之后的行动之前，学者应该意识到，这场组织严密的行动在一开始就犯了令人吃惊的错误。护卫小西和加藤部队的日本海军在小西离开对马时还没有从濑户内海（他们集结的地方）抵达名护屋。小西已经在釜山鏖战多日之后，他们才从名护屋出发，加藤、黑田、小早川和其他将领的士兵那时已经抵达或者即将抵达釜山，正在向内陆进发。

至于为什么朝鲜海军没能趁机消灭大部分入侵舰船,原因尚不明确。天气条件似乎非常好,敌军舰船本应该很容易被发现。似乎是朝鲜政府依然在讨论政策,并没有对海军指挥官李将军下令。朝廷认为,日本人想要经由朝鲜领土到达中国的这个威胁对于朝鲜来说并不大,而且并没有采取相应的措施防止其登陆。对于日本军队来说,李将军并没有阻挠他们的运输,这是很侥幸的。

第一批三支分队登陆之后在短短的几个小时之内就占领了一些要塞。他们击破了脆弱的朝鲜士兵的守卫,杀死了 8000 人,而且抓住了几十名俘虏。他们而后逐步前进,一路上几乎没有遇到什么抵抗。小西的队伍打头阵,快速向汉城(今称首尔)进发,在不到 20 天的时间里行军 591 千米。第二支分队和第三支分队紧随其后,在 1592 年 6 月 12 日,汉城被日军占领。小西和加藤竞相争取占领汉城,但是决定性的一击是由小西完成的。加藤试图超过小西,当时从釜山向北有三条大道,他沿着其中的一条与小西展开竞赛,最终未能成功。

至 6 月 16 日,从釜山出发的第三支分队在黑田的指挥下,从西面大路抵达汉城,队伍里有一些是岛津的增援士兵,这支部队一路上因为遭遇朝鲜人的抵抗,所以受到了很大的损失。几乎在同时,宇喜多率领第八分队的 8000 人马从对马到达汉城,就任总指挥。

同时,剩余的部队(第四、五、六、七分队)已经登陆,正在釜山待命,日本舰队停泊在那里。日本海军部队人数众多,但是并不是朝鲜人的对手。因为它们主要是由一些装载海盗的小船组成的,这些海盗受濑户内海一些分国的大名管制。一些大的船只设备精良,但是他们的指挥官和船员在海战方面缺乏经验,仅仅擅长运输工作。他们不熟悉朝鲜半岛的潮汐和海流规律,在对抗朝鲜船方面处于劣势,朝鲜船比它们更加精良,而且朝鲜人驾驶技术娴熟。对于这次侵略来说,海军是至关重要的,但是它却不能完成控制海上的任务,而且好几次差点被朝鲜海军打败。

日军舰队在 6 月 7 日将第二部分作战部队带到了釜山,它们在玉浦岛外抛锚,受到了李将军的袭击,损失了二三十支船。这样的战斗不时发生。其中一次,一支载有几百名日本人的中型船只被毁,它的指挥官,一位姓来岛的海盗指挥官被迫自杀。* 海军的战败使得 1.5 万名士兵处于危险境地,他们的指挥官们极其幸运逃脱了被切断补给线的严重后果。

---

* 应指鸣梁海战中来岛通总战死,或称为朝方击毙。——译者注

之前没有人预想到日本海军会遭到如此的惨败。在 4 月秀吉下达的命令中已经阐述了从朝鲜海峡安全运送部队的重要性，而且下令行动一定要非常谨慎。"由于错误的判断失去一名士兵或者一匹马都是严重的过错。"

当时汉城被围，从这里北进的部队跟不上小西的节奏。当后来的分队（第四至第七）抵达釜山之后，他们收到了秀吉的命令。作为总指挥的宇喜多被要求留在汉城，把守大城市（京畿道）。小西被派去驻守位于鸭绿江南侧的北部边境省份（平安道），加藤负责图们江以南的北部边境省份，留下的五支分队，分别在黑田、岛津、福岛、小早川和毛利的指挥下负责中部和南部省份。

日军指挥官在各道向朝鲜居民推行一种新型的民政管理系统，这与日本的封建系统相近。他们开始土地调查，重新分封土地。而且教当地的朝鲜人学习日本语言和风俗，总体上是想通过善待他们和一些安抚性的宣传，使其相信自己是日本的一部分。这个想法在几个世纪之后，日本军事派系构想"大东亚共荣圈"的时候又重新出现了。

朝鲜国王、嫔妃连同大臣在小西和加藤到达之前早已逃之夭夭，结果，在侵略者到达之前，那些长期受压迫的市民们将这座城洗劫一空。受命保卫汉城的朝鲜将领们对首都所依靠的汉江防线的守卫虚张声势，软弱无力。他们抵抗不力，撤退却非常迅速，而国王逃到了位于大同江上的旧都平壤以北的地方。而后朝鲜指挥官决定沿着临津江向北构筑一条防线，不久大批队伍聚集于此地。

同时，当小西和加藤向北推进时，笼罩着朝鲜士兵的恐慌情绪逐步减弱，取而代之的是抵抗侵略的情绪。在江原道，岛津的部队陷入苦战，宇喜多最精锐的部队甚至被一支拼凑起来的军队击败。这支朝鲜军队的将领雄心勃勃，但却被嫉妒的对手陷害而死，他的对手诽谤说他怯战不前。这件事可以被视为在朝鲜发生的一系列事件的象征。尽管民众英勇顽强，政府却懦弱愚蠢。虽然许多时候条件不利，但是朝鲜人民还是一次次对日本的侵略给予坚决的还击。1592 年 7 月早些时候，加藤得到秀吉的命令，进入咸镜道，在那里遭遇了朝鲜最精良部队的阻击。如果军队向北面的鸭绿江前进，咸镜道将位于其右翼，所以守住此地对于保护小西的安全至关重要。但是加藤却遇到了很大的困难，1592—1593 年的寒冬，他只好在这里死守。后来他成功渡过图们江，进入中国东北。

小西的任务轻松一些。他与加藤于 7 月 9 日分兵，然后沿着三条主干道中最西的那一条北进。他于 7 月 15 日到达大同江，江对面就是平壤，朝鲜国王就在此避难。小西自己的部队有 1.8 万人，不久有黑田的 1.1 万人增援。大同江是块难啃的骨头。但是朝鲜将领们犯了一个低级错误,把渡河的浅滩暴露给了日军。日军大部队由此渡河,随后包围了这座城,不久它就成为小西的囊中之物了。在控制了粮仓和其他仓库之后,他和黑田在此等候下一步命令。朝鲜国王则向北逃往位于鸭绿江左岸的义州,他在那里写信给明朝请求支援。

命运至今没有眷顾朝鲜军队,然而日军的步步紧逼却激起了民众的反抗。正规军由可怜兮兮的将领领导,他们基本上没有多大用处;但是农民们在保护土地和庄稼方面却展现了强大的斗志。在大多数地方,他们坚决地采取游击战的方法袭击日军,骚扰那些小分队,使得日军大部队时刻需要警惕他们的快速运动。在开阔地带,日军需要做好防备措施;而且至少有一次,尽管他们数量上多于守军,却在攻打由地方武装把守的要塞时失了手。

当黑田、细川和毛利的部队要不正转胜为败,要不正竭尽全力抵抗朝鲜游击队,在北部的日本将领——特别是小西——在等待进军中国的命令。朝鲜国王已经多次向明朝政府提出援军的请求,最后,明朝派出了一支部队,试图把日军从平壤击退。但是明军遇伏溃败,自满的明军学到了一个有益的教训,即必须更大规模、更严肃地准备这次大战。于是明朝朝廷下令装备和动员一支强大的军队。我们不太清楚秀吉是否预料到明朝的反应会如此巨大。但是很明显小西已经从中看出了一些真正的麻烦。中国人,为了试探这位日本指挥官的脾气,派出一位高官提议讲和或者休战,他们在日军阵前举行了一次简短的会议,双方同意这位使节回北京去商量细节问题,之后两军休战 50 天。

小西无疑是欢迎停战的,因为他担心后方和右翼的情况,特别是因为看到了从南方来的报告,这些报告说明了日本海军遭遇的灾难和朝鲜人的抵抗活动,这些朝鲜人已经在南部诸道发展出进攻战术。海军失败的消息特别令人担忧,因为如果来自日本的补给被切断的话,日军将陷入被动。来自游击队的袭击将会使日本人很难从朝鲜土地和粮仓中获得粮食。与此同时小西请求从名护屋补给物资的要求没有受到重视。

同时,朝鲜游击队整合成了一支训练有素的部队,而且他们的指挥者很有经验,日本的部队却开始丧失斗志。从前线寄到家里的信表明许多士兵已经厌倦了战斗的危险和不适,以及缺乏物资补给和疾病(他们认为这是源于朝鲜的天气),他们还得时刻警惕朝鲜游击队的袭击。到 1593 年年初,由于各种原因,军队的损失据说已经达到了三分之一。

同时,停战期限已过,又一支明军跨过鸭绿江,正向平壤进发,他们在 2 月初到达这座城市。小西当时只有 2 万士兵抵抗来自中国的更为强大的部队（至少有 5 万人）；最后他只能沿着预先准备好的路线后撤，这条道路是通往汉城的，沿线还有不少要塞。他的撤退使得加藤清正也只能采取同样的对策，向着小西的方向前进。下一步就是集中所有日本军队与明军在汉城展开激战，而明军在大炮和骑兵技术方面有优势。

在汉城，加藤和小西负隅顽抗。他们不仅经受住了强大的明军的攻击，甚至展开反攻，在城外对敌人展开猛烈的攻势。然而，加藤和小西意识到，这次战斗不会支撑很久。他们建议开会讨论和解，他们也同意明朝提出的让他们从汉城撤退的要求。日军在 1593 年开始向南撤退——差不多是他们登陆釜山的一年之后。一名日本悍将谈到在汉城郊外汉水河畔的激战时曾说，这条江比起三途川（三途の川）更加可怕。

明军并没有理会撤退的日军，他们马上回到了中国，仅仅留一些小部队在汉城保护国王。在与来自明朝的使节沈惟敬的谈判中，小西同意了由明朝政府提出的三个条件，大意是：秀吉应当由明朝皇帝册封为日本国王，而后两国应当保持和平，而朝鲜不是这个协议的参与方。

明朝使节在 6 月带着这些提议到达日本，秀吉在那里坚定地答复：他要求明朝公主嫁给日本天皇；两国继续勘合贸易，既包括民间的，也包括官方的船只；这份协议需经两国大臣宣誓确认。基于中日和约的进一步安排是，朝鲜北方四道和首都应当归还给朝鲜国王，朝方应当送王子到日本充当人质，朝鲜高官应当宣誓朝鲜绝对不会对抗日本。另外这些条款暗示南部各道应当归属日本。

对于一位为了避免战败急急忙忙地撤退的领袖来说，秀吉无疑非常自信。但是他却没能得到所有将领的支持。将领们之间产生了一些隔阂，小西和他的同党反对秀吉的命令，而加藤却是支持的。国内的局势于是变得不是那么太平。甚至可以说秀吉的统一政策处于危险之中，因为尽管诸如小西行长和石田三成依然站在封建秩序这一边，德川、岛津、伊达和毛利却意欲在他们的领地内发展自己的势力，这是一种秀吉不愿同意的高度自治方式。

但是，冲突没有立即发生，因为小西机智地劝说中国的议和官员沈惟敬带领一支使团来日本，这支使团的代表愿意接受小西和沈事先商量好的条款。

在经过了一系列的误会和延迟之后，小西从釜山一路护送从中国来的使节团于 1596 年 12 月抵达京都。在那里他们要主持一场仪式，册封秀吉为日本国王，并赏赐王冠和王袍。中国的使团并不知道秀吉事先提议的和平条款，秀吉原本希望得到恭顺而非居高临下的信息,因此当明使宣读诰命时,他的怒火当场发作并辱骂了在场的使节。当天稍晚,他告诉他们说他将立即下令攻打中国。

小西和加藤之间的矛盾进一步扩大是不可避免的了,因为他们一个主和,另一个主张重新进攻朝鲜。同时秀吉自己举止古怪,从所有的外交标准来看都是不恰当的。他先是侮辱了明朝使节,然后送给他们礼物,接着在这些使臣返回朝鲜的路上,秀吉的信使追上了他们,在信中陈述了他的不满。

当主和派和主战派仍然在争论不休时,在朝鲜的剩余部队逐渐撤退。剩下的是庞大的殿后部队,他们聚集在釜山地区。但是 1597 年 3 月,秀吉下了一份新的命令,要求攻打中国,当时动员了近 10 万人的兵力,主要来自九州和西部诸国。加上留在朝鲜的队伍,总兵力约 15 万人,这和 1592 年第一次侵略朝鲜时规模不相上下。

所有将领都是一流的战将,但是那些 1592 年已经来过的人觉得获胜希望渺茫。加藤、岛津还有小西,他们都遭遇了恶战,感觉前途不很明朗。朝鲜人接受了秀吉的挑战。同时应他们的请求,一支新的中国军队已于 1598 年 1 月渡过鸭绿江,现在正在从汉城南下的路上,他们在路上还得到了一些朝鲜和中国的部队的补充。他们沿着 1592 年加藤清正开出的大道前进,后来这支队伍抵达由清正镇守的蔚山,这是一个战略地位重要的海港城。在这里爆发了最为激烈的一次战斗。

在日军被团团围困,濒于断粮的时候,黑田和其他将军赶来营救,他们不仅解围,而且还迫使明军迅速撤退。但是第二年春天,明军卷土重来,小西发现无法驻守这么长的战线,建议在釜山前方集结。秀吉大怒——这时他经常会发怒——召回一大半的军队,仅留 6 万人防守,他们多是岛津指挥下的来自萨摩的士兵。他们是英勇的战士,在 1598 年整个夏天抵挡了好几拨猛攻。在 10 月底,他们转败为胜,杀伤数以千计敌人。他们号称杀死了 3.8 万人,①不久,小西对明军发起决定性的一战。但是在此之后不久,停战协议达成,无疑秀吉的死(在 9 月 18 日)对协议的达成起到了积极的作用,秀吉死去的消息在 10 月的最后几天才传到在朝日军那里。

撤退很快就完成了,小西和宗义智(他是对马的大名,受到朝鲜人的信赖)早些时候已经与明朝将领重启谈判。在明军回国之后,和谈停顿下来,但是在宗氏

---

①　去京都的游客原来常常去参观耳冢,里面据说埋藏了这 3.8 万人的耳朵,它们被割了下来,适当腌制,然后作为胜利的证据送到京都。

的提议下，与朝鲜人的谈判得以重启。

这个有着英雄史诗般规模的事件的高潮如此和缓，引发了许多问题。为什么秀吉要发动它？他的真实目的何在？为什么他会失败？这些必须要比照两个方面来考虑，一是 1590 年小田原战役结束时的政治形势，二是他作为个体的性格。

但是在考虑这些事情之前，有必要分析一下秀吉战略之中的一个严重的错误。因为这是一个可能使得他战败的错误，而且它使战争更加代价高昂：他没能派出一支强大的海军。从战斗的过程可以看出，日本人已经认识到以海军保护交通线的重要性，但他们却没有采取措施提升日军战船和将领的效率。

在李将军的指挥之下，朝鲜军多次战胜日军。在此之后，日本人才采取措施改进海军。朝鲜海军的优势在于他们有更好的船体设计，同时总体上操控舰队的技术更加娴熟，这里面也包括如何有计划地使用大炮。对于日军来说，直接从海上派军去支援位于平壤或者鸭绿江的小西来说是不可能的，同时从日本将物资运到釜山也有风险。

在第一次从朝鲜撤军之后，日军将领开始注意发展海军实力，那些"海贼将领"的部队的纪律也得到加强，实力得以提高，他们在 1597 年还打败了一支强大的朝鲜舰队。当然这次胜利的一部分应该归因于朝鲜将领，因为他经常酗酒；另一部分应当归因于小西，因为那时他是海军指挥官。这些战役使日军将领明白海上实力的重要性，而且当李将军重新指挥水军并为之重整旗鼓之时，朝鲜军队威胁到了日本南下陆军的安危，于是日本本土也认识到了这一点。在这些经历之后，日军领导人开始关注建立和维护一支海军。17 世纪，他们的一个迫切的需求就是建立一支装备齐全的舰队。这在 1600 年以后的某一段时间内对于日本外交政策来说非常关键。

三 1590 年之后秀吉的政治形势

尽管秀吉组织能力过人，但是在他统一政策的实施过程中有一个弱点。对于一名有实力的统治者来说，因为手中掌握大量士兵，所以达成表面上的统一并不困难。秀吉做到了，他使得大名们顺从于他，并可以向大部分人口发号施令。他通过采取土地调查、人口调查和搜刀令等手段，成功地使得多样的农耕社会变成了单一的模式，但代价是在全国留下了许多不满。由于新的登记制度，那些地侍阶层——为信长提供了许多帮助的特殊阶层——的许多土地被没收了，甚至有的时候是所有的土地都被没收了。在此情况下，他们就逐渐形成了一些新的无主阶层或者说是流浪者（浪人）阶层，他们的主要任务是守卫小领主的城堡，而这位小领主给他们提供薪俸。富裕的农民对于财产减少和无理的征税也非常不满。他们也形成了一个特殊的阶层，这个阶层里主要是对现状不满的人，他们数量众多但是却没有权力。同时并不是所有的大名都对自己的位置满意。

秀吉的谋士们一定认为情势危急，尽管他们似乎没有提出什么补救办法。有一种看法认为，秀吉动员大军侵略朝鲜，目的是为了分散国内的不满，消耗可用的人力去刺激生产。无疑，对于如此复杂的一个现象，这样的解释未免过于简单。但是有一点可以肯定，那就是内战结束之后，在许多行业，产生了很多无业游民，人人自危，特别是许多富商和军事承包商（御用商人）受到的影响较大。一些日本历史学家认为这些人在刺激海外贸易方面发挥了重要的作用。他们被认为是倭寇的升级版本，是 15 世纪日本的自由贸易者。这对于一些承包商来说是真实的，但是并不适用于所有的人，因为一些堺和博多的主要商人们反对侵略他国的领土。他们认为合理的贸易更加合算。他们并不反对以短期战争施压，打开大陆或是南方小岛（如菲律宾或东印度）的市场。重新开始常规贸易当然是计划进攻中国的目的之一。

但是我们必须记得，1590 年之后，秀吉经常说（信长也是这样）当他处理好国内事务之后，他要征服中国。在这些场合，除了满足自己的名誉和雄心，看不出他有其他的目的。他属于那些强大征服者——就像帖木儿和成吉思汗——但是他不明白日本不像中国那样，可以持续提供资源。他可能太习惯于在国内取得的胜利了。

第二十三章

秀吉最后的日子

四名基督教大名的印章：细川忠兴、黑田孝高、大友宗麟（弗郎西斯科）和毛利辉元。

一　国内事务

这场所谓的朝鲜战争,事实上是攻打中国的第一阶段,它最终以失败告终。盛怒之下,秀吉在 1597 年下令重新开战,他一定是昏聩了。他草率的决定与他迄今为止在处理关键事务时的沉稳和耐心形成了鲜明的对比,不像他率军战胜岛津时的样子,也不像他对付关东割据军阀时的样子。他最后日子的历史似乎证明了这个猜想。

他从名护屋写给母亲和妻子的一些信表明他极度自信。在 1592 年 7 月 14 日他写给年岁已高的母亲的一封信中,充满了男子汉的侠骨柔情,他告诉她说他们即将占领汉城,还说到秋天他就能在中国首都收到母亲的礼物。同时他给妻子也写了一封信,说他想亲自穿过朝鲜,而后率军远征中国。这个消息使他在京都的家人不安,他们请求朝廷阻止他。随后,后阳成天皇下诏给名护屋,温和地谴责了他。这也得到了像德川家康和前田利家等大将的支持,他们认为"太阁一定是被狐狸迷惑了",这个众所周知的表达是形容古怪行为的。秀吉放弃了发兵计划,推迟了去朝鲜的日程,直到第二年春天才重新开始,目的是躲开冬季的海上暴风雨。由于对母亲的死感到心烦意乱,他决定迅速返回大阪,据说他对于母亲去世的消息非常伤心。他对于母亲逝世的反应是他最强烈的情感之一。当她在 1588 年生病时,这位暴君极其谦卑地祈求神灵"让她再活三年,或者两年,如果不行的话,三十天也可以"。

1592 年年末,秀吉给前田玄以写了一封有意思的信,这时前田留在京都,在秀次手下负责管理国内事务。秀吉要求前田迅速到名护屋去和他商量修建伏见殿的具体事宜,因为地震多发,畿内和东海岸最近刚刚受到了地震的破坏,他很担心它是否牢固。无疑秀吉(时年六十)正在考虑在占领中国之后选择引退。

有时,他会在他的继承人方面考虑很多,因为他唯一的儿子鹤松在两年前夭折了,他觉得没有什么希望再生一个孩子。所以尽管有些不安,他还是被迫选择了他的外甥秀次作子嗣。1592 年早些时候,他将秀次安置在聚乐第。秀吉忙于国外事务的时候,秀次身份是关白,他利用秀吉身在名护屋之机,过着不太体面的生活,而且他的名声越来越糟。秀吉已经觉察到此,并开玩笑说他希望最喜欢的外甥女能够担任最高职位。

1592 年早些时候,他将聚乐第交给秀次,希望他能继承衣钵。1593 年 9 月,秀吉在名护屋时,他的侧室淀君(当时在大阪)生了一个儿子,名字是拾丸,后来唤作秀赖。秀吉一直想让他的子嗣住在大阪城,那里远离首都,这也是他要修建伏见殿的主要原因。他想要新宫殿外面坚固而内里华丽,当修建工作进行时,他想要住所和装饰成为"利休喜欢的那种类型"。这是一个奇怪的命令,因为利休,他的美学顾问,差不多在一年前被他要求自杀了。现在秀吉对于自己愚蠢的残忍非常后悔,在他的盛年,他并不会为此而内疚。

1593 年 2 月 10 日,他仍在名护屋时,给家人写了好几封信,其中一封写给了他的姐姐(阿智)的丈夫,信里他慈父般地关心他们的健康,建议他们要在热温泉里泡澡,要过一种无忧无虑的生活。不久——在 4 月——为了排遣在指挥部的无聊生活,同时也等待朝鲜事态的进展,他对能艺表演产生了兴趣,他请一位演员来讲课,这位演员以前在新年宴会上受到过邀请。秀吉学习刻苦,在一份写给妻子的信中,他告诉她自己已经牢记了十部能剧。在另外一封信中,他说将要在这个月(4 月?)穿过朝鲜,还说明朝的使节正赶来乞求宽恕,此时正在釜山等待顺风。

他不时在考虑继承问题,因为对于秀次不是很满意,他收养了秀胜,他的另一个外甥。[①] 但是他的妻子对这个年轻人缺乏兴趣,对此秀吉大发雷霆,在一封信中写道:"你太孩子气了,你应该将他看作你的孩子。"秀胜在 1593 年春天被召往名护屋,在那里他给太阁留下了好印象。他说他一退位,这个年轻人就可以成为优秀的代官。

---

① 已知的秀吉简略家谱:

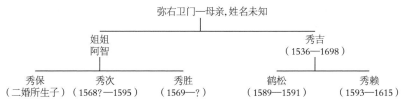

(目前已知秀吉的长子为早天的秀胜、次子鹤松、三子秀赖,另有养子秀胜[同名]、秀次、秀胜[同名]、结城秀康、小早川秀秋等人。——译者注)

但是不久,形势有了新变化。因为在 6 月底,秀吉给他妻子写了一封信,说明朝使节已经抵达,而且他已经列出了和谈条件。他写这封信,好像是一个胜利者将迫使失败者接受其要求。信中还说如果中国人兑现他们的承诺,他就会原谅他们,胜利班师。这是发生在小西被赶出平壤之后的事情,当时依靠小早川的指挥避免了一场灾难性的失败。

在那一年晚些时候,他写信说收到了淀君给他生了一个儿子的好消息。这个没有预料到的"拾儿",代替了夭折的鹤松。他装作不高兴。① 他不能离开名护屋,因为这里仍然有事要做,但是他希望能在 10 月底到大阪。他给秀家的母亲"阿福"写了同样内容的信件,阿福的丈夫宇喜多直家是他的爱将。他还说信差将会为他们讲述大型能演出的盛况,这次演出是为了招待明使而安排的。

回到大阪之后,他忙于监督伏见殿的收尾工作,同时往返于京都和大阪城之间,当时淀君在大阪居住。此时秀赖还是个婴儿,他对于秀赖的爱是令人妒忌的。他毫不吝惜对他的爱,多次亲吻他,甚至还下令说除了他没有人能够碰秀赖的嘴唇。这种有些过激的个人感情与他平时的行为形成了鲜明的对比。

通常情况下如果能够以忍耐达成目的的话,他会尽量避免在战斗中牺牲将士;但是在他走上了权力的顶峰之后,专制使他异常残忍。他残酷地无休无止地强迫人们修造堡垒、宫殿,尽管以那个时候的标准来看这样的残忍是司空见惯的;在他的晚年,他对于那些不肯讨好他的人的报复无法形容地残酷,尤其是当涉及他家事的时候。他对于亲戚和他领养的儿子非常失望。秀长,他的同母异父的弟弟,忠心耿耿地侍奉他,但是 50 岁就死了。他的外甥秀保英年早逝;秀次,早年表现得才华超众,鹤松死后一度被认为是秀吉的接班人,但是现在却令他焦虑。在这位年轻人成为关白之前,秀吉教育他说"你应当以我为榜样,但是下面三样不能学我:嗜好茶、爱好鹰猎,还有对女人偏执"。

似乎是当上高官的喜悦冲昏了秀次的头脑,他生活腐化堕落,毫无作为。他行为残忍,以致被称作"杀生关白"。耶稣会传教士非常了解他,因为他对基督教

---

①　这是为了避免自满。他不愿意诱使神灵去破坏他最珍爱的东西。同时,拾丸这个名字假装这个孩子并不真是他的,而是偶然捡来的。鹤松的名字刚开始被叫作"舍儿",意思是"被抛弃的"或者"被遗弃的"。

徒态度友好,但是他们必须承认他有一个致命的毛病——喜欢杀人。① 据说他的妃子要按打来计算,他整天沉迷于花天酒地,甚至贿赂大阪城守卫,密谋占领大阪城。

起初,秀吉对这些可耻的流言不以为然,但是当朝鲜战局使得主要大名之间的分歧公开化之后,他开始警觉起来。因为我们知道,为了重新攻打朝鲜,有一派比较激进;同时为了有利于外交和谈,另一派主张采取稳妥行动。两个集团的内部分歧将会威胁到政府的整个封建统治,这是秀吉在信长的基础上建立的。其后在1595年8月,秀吉对秀次采取了措施,将他贬到高野山,而后命令他自杀。

但是在秀吉看来,这个惩罚还不够。他疯狂地决定要处死秀次之后所有有可能继承关白的人。之后,他杀死了秀次的所有家眷,这无论从哪个角度来看都只能称为残忍。秀次的三个小孩和他的三十多个女人被沿街拖拽,而后刺死在了高悬秀次头颅的绞刑架之前。当晚,在街角出现了对丰臣家的攻击之辞,警告说秀吉的罪行将给他的家人带来罪业。第二天,几位市民因为此类行为而被逮捕,而后的三天里,他们受尽折磨,最终惨死。秀次曾经住过的聚乐第和其他地方都被破坏了。

在这些事情之后不久,秀吉宣召大大名——德川、前田、毛利等——和小大名们,如石田三成,要求他们写一份保证书,内容是他们将尽全力支持秀赖,遵守太阁所有的法律和命令。这是发生在1595年的事,1596年又重复了这个程序,同年三岁的秀赖成为摄政。

从这个时候发生的一系列类似的事情中,我们可以发现,说秀吉丧失了判断能力也不为过。他对于秀赖的喜爱已经接近疯狂。他不能容忍这些封臣有对他的儿子不敬的想法。无疑是某种恐惧使得他对秀次暴跳如雷,也是这种恐惧驱使他残害了秀次的孩子们。秀次的儿子和继承人,一个无辜的孩子,被埋在刑场里好多犯人尸体的下面,而后在上面盖上了厚厚的泥土,这也可能是秀吉的命令。只有病态的恐惧才能解释他这种非人道的戒备行为。

这些悲剧发生的同时,他在其他方面也诸事不顺。他对明朝皇帝使节轻蔑的态度使得他犯下了第二次侵略朝鲜的大错,在中国人看来,他有一些荒唐。他的勇士在朝鲜被驱逐到海边,1596年,来自明朝的使节还奚落说他正在浪费所余不多的时间。他那时已经60多岁了。

---

① 这是佛洛伊斯的话,佛洛伊斯除了善于起恭维性的诨名,还擅长对要人们的罪行轻描淡写。他这样评价秀次“他有一个缺点,就是喜欢杀人”。

　　来自中国人的嘲讽是有道理的,因为 1595 年年底,他生病了,尽管在下令第二次攻打朝鲜之后,他恢复了精神。这是他人生中享乐的一段时间,比如说兴师动众到处赏花。他在醍醐寺(现在非常漂亮)里种了好多种不同类型的樱花,他在那里特别能获得满足。1598 年 4 月,他在那里举行了一次大型宴会。这次宴会不像他早年举办的宴会,人人都可以参与,而是排外的,是在一个封闭的开阔地带举办,四周由士兵把守。这样的话,客人们就不会被擅自闯进来的市民所打扰了。

　　这是秀吉人生中最后一次大型娱乐活动。在一幅当时的屏风画上,他步履游移,身边陪伴着浓妆艳抹的贵妇们,这是他最后一次享受自然和人工的美景。1598 年 6 月,他再次生病,而且身体一天不如一天。他躺在伏见殿的床上时,间歇性地神志失常。一次,他命令处死一些侍从,他说这样就可以避开坏人。在那件事情以后,他的病好了一些,到城垛上看了那里的工程进展情况。7 月 20 日,他给一位女性写信,这位女性的身份没有确定——可能是宇喜多将军的妻子——在这封信里,他说:"这封信比起平时的信要重要一万倍,我非常担忧你的病情,所以就决定写这封信。我已经半个月不能进食了,现在非常痛苦。昨天我出去看工程建设,但是我觉得情况更加糟糕了。照顾好你自己,你身体稍好一些的话,请来看我。我会等你的。"

　　8 月中旬,他发现自己时日无多,开始焦急地考虑他的儿子和继承人秀赖。然后他决定要借助五大老和五奉行的力量来保护秀赖。这些人并不属于管理机构,但是他要借助于二者来确保他创立的摄政制度的继续和稳定。8 月 15 日,五大老(德川、前田、毛利、上杉和宇喜多)在前田家相聚,而后互换宣誓书,在宣誓书里,他们宣誓要像忠于秀吉那样忠于秀赖,遵守秀吉的法律,不会为私利参加任何密谋和冲突。在此之后,其他大名也单独或一起签订和互换了许多类似的宣誓书。在 8 月底或者 9 月初,所有有实力的大名,从头衔最高的家康开始,都表示要支持丰臣家族的事业,一直到秀赖成年之后。

　　大名们纷纷表示要遵守这些遗嘱似的命令,这些被记录在秀吉内科医生的备忘录里。它的日期不确定,但是极有可能是在秀吉刚刚死后完成的。大概是在 8 月底开始着手写的,当时秀吉在他的病榻上宣布他希望重要封臣和他的妻子淀君,还有其他的家眷要联合在一起。它的内容如下:

　　　　1. 德川家康应献出他的智慧和经验,辅佐年轻的秀赖,待他如自己的孙子一样,他甘愿看到秀赖成为关白,继承秀吉的事业。这个任务应由五大老

（五大老）完成。

2. 前田利家应成为孩子的保护人，给他提供适当的帮助。

3. 德川秀忠应当辅佐他的父亲家康，而且帮他分担一些不重要的工作。

4. 前田利长应当辅佐他的父亲利家，他日后将会成为五大老中的一员，他应当毫无成见地提出建议；秀吉为此赠予了他一些礼物（包括一个价格不菲的茶具）和 10 万石俸禄。

5. 宇喜多（秀吉最喜欢的将军）对于秀赖的忠诚可以信赖。

6. 有事要通知上杉景胜和毛利辉元，请他们商量。

7. 大老将惩罚任何人违犯法律的行为。对于秀赖，无论他犯下何种罪行，必须要尊敬。

8. 大老对于任何货币交易都有监管权，当秀赖成年之后，应当把账簿交给他。

9. 如果没有家康和利家的同意，那么任何事情都不得进行。

10. 家康留在伏见全面负责。他可以检查任何一座城，而且必须可以进入任何一座城。

11. 秀赖留在大阪，大阪城由利家管理。

就是这一次，秀吉疼痛难忍地从床上坐起来，双臂抱住利家，要求他照顾好秀赖。他仍然沉迷于笼络这些封臣的愿望中，重复要求他们做出保证。9 月 5日，家康写了一份宣誓书，不久五大老写了另外一份宣誓书，他们发誓在每个方面都遵循太阁的训谕。① 那天晚上——9 月 11 日——秀吉给他们下了最后一个指令。他乞求他们一定要带好秀赖。他不断重复着"我恳求五位按照我要求的那样去做"。他用简单的几个字作了告别，是用假名写的，"在所有的事情上，我就拜托你们了。我没有其他想法了。离开你们太伤心了"（名残惜しく候）。

从这个时刻开始，他的情况急转直下。他的思维混乱，含混不清地说一些领地分配的事情。他弥留一些日子之后，于 9 月 18 日去世，享年 63 岁。

二　秀吉的性格

大多数人同意，秀吉是日本历史上最伟大的人。有关他的军事和政治方面

---

① 家康向五奉行（五奉行）起誓，他们比五大老的地位低一级。他们是前田、浅野、增田、石田和长束。而后他们轮流向五大老起誓，于是这个政府就联合到一起了。

的成就几乎没有异议，但是关于他的性格有多方面的解读。从对他生平的记载可以看出，他是一位率真而又脾气多变的人，聪明、足智多谋、敏锐但是并不诡诈。他喜欢与各个阶层的人发展友好关系。他和蔼可亲、不拘礼节，的确对于社会等级区别和繁文缛节没有耐心。他重感情，对于家人和朋友有强烈的责任感。

他在军事上的才能是出众的。他沉着冷静，在关键时候又能迅速做出决定。他早年说他不喜欢杀戮和伤害，如果能够找出其他途径达到目的，那么他确实不会牺牲他的兵士。而且一般他也不会杀害战败的敌人，他没有冰冷的仇恨之心，而正是仇恨导致信长遭到残忍的报复。

他安排战事细心而又富有远见，他将这些才能也用于解决行政难题。他卑微的出身和在信长部队里当小官的经历对于他的成熟是有很大价值的，因为他懂得苦难和理解农民的不易。以他那个时代的标准来看，他是一个有天赋和成功的统治者，直到他人生的最后几年，好像丧失了德行。在他达到权力顶峰之时所表现出来的果敢和高瞻远瞩，以及他后期所表现出来的毫不节制，让人产生这样的推断，他当时可能身患某种精神疾病。在战胜九州和关东的势力之后，他的自尊心和野心空前膨胀。他对于大兴土木和盛大娱乐的爱好显示出他有一点狂躁的迹象。他家里的麻烦无法通过暴力来解决，这使得他内心痛苦。他失去了还在襁褓中的儿子鹤松，他的妻子不能生育，除了侍寝，他与女人的关系与其说让他获得了快乐还不如说是产生了焦虑。他渴望人们亲近他，但他并不可亲。

他频繁发怒，使他无法做出正确判断，这与他以往在困难时候表现出来的那种沉稳不一样，而是接近疯狂。他对待千利休的态度是不可饶恕的，这源于他无法自制的怒火。他对于秀次和他的家庭的处置同样是荒唐至极的。这是对于疯狂行为的疯狂报复。有人会产生这样的疑问，在秀吉的家谱中会不会有一个不幸的血统，经由他的姐姐遗传给她的儿子秀次和秀胜？至少也可以说他们的精神不太稳定。她的弟弟秀吉是一个天才，但当他的身体状况变糟的时候，他表现出一种癫狂。

研究像秀吉这样的人的性格，一定会让读者好奇该如何看待他们的过错，他们的人生由于残忍而被染上了污点。他们必然被以历史学家所处时代的标准来评价，因为人们不可能知道古代人的想法和感情。历史学家可能会说在中世纪，惨无人道是一种普遍现象，无论是西方还是东方，人的生命不像现在这么重要。

他一定会发现在中国、欧洲与日本之间，惨无人道的酷刑仅仅是在一些小的方面有所不同；而且在 17 世纪初期（有人认为中世纪在此时结束），欧洲那些野蛮的刑罚是否得到了真正的缓解也存在疑问。在英格兰和苏格兰，酷刑到处存在，主要是为了严刑逼供；同时尽管有一些法令反对，酷刑也仍用于惩罚罪犯和政治犯。

在中世纪的日本，没有这方面的立法，因为统治者专制而不会受到任何人的控制甚至谴责。在道德方面比较中世纪的日本和中世纪的欧洲是徒劳的，因为它们无论是在世俗方面还是在宗教方面都有很大的不同。可能观察公元 1 世纪的日本与罗马帝国（在奥古斯都之后）间的相似点会更有启发。

这两个社会之间的时间差异当然是巨大的，但是它们在实质上都是军事社会，在一些方面，罗马要比中世纪的日本进步。在政治形式和公共行为方面双方有着有趣的相似之处。罗马帝国的统治者是一名将军，是绝对统治者，日本的统治者是军队总指挥，是征夷大将军。他们行使相似的权力。二者都是专制的，都是通过采取恐吓措施来实行统治。在高压统治中，他们都极其残忍，不断重复着暗杀、大规模屠杀和无法形容的残暴酷刑。但是一个公正的学者必须承认，秀吉以及前面的信长，尽管残忍无情，却不及臭名昭著的提比略、卡利古拉和尼禄。信长和秀吉是贪婪的，近乎文盲。但是罗马皇帝却出身贵族，受过良好的教育，而他们绝大多数不能控制自己残忍的行径。他们甚至比信长和秀吉更不可饶恕，因为后两者都出身平凡，都是通过自身的努力才慢慢走上了领袖的地位。但是我们应当记住，不同于信长，秀吉直到晚年才开始痴迷于杀戮，他对于敌人颇有耐心。

三 外交事务

（a）与葡萄牙和西班牙的关系

亚洲历史的读者习惯从传统的中国观点出发分析问题，认为中国是文明世界的中心，所有其他国家都是它的属国。然而，罗马认为为了领土、贸易和传教，葡萄牙和西班牙可以平分世界这一设想也同样令人不快。

在阿尔布克尔克（Albuquerque）到达摩鹿加群岛（1512）之后不久，葡萄牙舰船开始在中国水域航行，不久与中国开展重要贸易。罗马教皇授权葡萄牙独占红海以东至摩鹿加群岛向东 7 个经度的海上贸易。这一贸易垄断形成了对基督教传教权的垄断,因为只有得到葡萄牙人支持的传教士才可以留在船上。后来,在葡萄牙航海家发现日本半个世纪之后,1542 年,只有耶稣会才能在日本布道,只有葡萄牙人可以与日本港口进行贸易。

葡萄牙人的垄断源于耶稣会和葡萄牙之间的特殊关系,这种关系是在 1580 年之后被确认的,当时西班牙和葡萄牙在菲利普二世统治时期合并。尽管有些不情愿,那个时候位于马尼拉的西班牙商人和基督教传教士遵守了合并的命令,他们是唯一能与葡萄牙人在东亚对抗的欧洲人。耶稣会单独管理日本的传教士工作是非常明确的,因为它是在 1585 年经格列高利十三世授权过的。然而,他们受到了教会成员——方济各会、多明我会还有奥斯丁会——的妒忌,那个时候这些人正在菲律宾传教。他们熟悉在日本的耶稣会的成功,急切希望能够像耶稣会那样取得成果,这一部分出于妒忌,另一部分则基于他们可以修复耶稣会所犯的错误这一理念,他们认为这些错误是秀吉 1597 年迫害他们的直接原因。

那些在菲律宾的西班牙商人也厌恶葡萄牙人一手把控对日贸易,这是一种垄断,意味着从里斯本到日本的航船需要得到葡萄牙政府的允许。这是一个盈利的贸易,因为这是日本人大量获得中国物品的唯一途径——尤其是金子、生丝还有丝织品——这些对于他们的经济至关重要。

葡萄牙人大发横财的这种轻松环境自然而然地刺激了日本商人,他们想分一杯羹,他们要不和外国人合作,要不自己寻找市场。当时日本商船冒着危险与中国做买卖,因为他们并没有得到明朝政府的允许,与此同时也无法逃脱海盗船的突袭。与此相对的是,荷枪实弹的葡萄牙人可以轻松地抵抗来自海盗的突袭。随后,日本商人将注意力转到了南亚,一度盛行的倭寇熟知那里的水域,倭寇是 15 世纪的海盗。日本商人的势力从马来亚扩展到了印度尼西亚,延伸到吕宋岛,在西班牙在此建立殖民地的两年或者三年前的 1567 年,他们就与原住民做过生意。他们沿着海岸线,在一些地方修建了一些小规模日本人居住点。1583 年,在西班牙人和日本人之间发生了一次海战,地点在卡加延河(Kagayan)河口地带。那时,有一些堺商人对马尼拉贸易非常感兴趣,其中就有小西隆佐,他是小西行长的父亲,还有那位不太招人待见的原田喜右卫门和他的助手原田孙七郎。

逐渐打破葡萄牙人对日贸易垄断的是马尼拉贸易。西班牙船长和官吏们对于他们在亚洲贸易中所占的份额不满意,因为他们的贸易往来被局限在马尼拉和阿卡普尔科(Acapulco)之间,还有与澳门之间的一些业务。随后在西班牙船长和菲律宾政府以及日本统治者之间出现了偶尔的接触。1584 年,一艘由马尼拉驶往澳门的西班牙大型帆船由于天气原因，被迫停靠在平户港。平户港的贸易地位当时正慢慢地落后于长崎，而耶稣会在长崎牢牢扎根，葡萄牙人可以合法地出入此地。

平户的大名松浦镇信厌恶葡萄牙人的垄断。他欢迎西班牙船只，愿意为马尼拉和他自己的领地之间的贸易提供方便，还说他欢迎那些不属于耶稣会的传教士。但是同时在吕宋岛的西班牙人之间也弥漫着对于日本人的仇视，因为一些日本探险家在接近马尼拉的地方暗地里支持当地原住民的叛乱。往返于日本和这些群岛之间的日本商人当然要受到怀疑——在他们之中有原田喜右卫门和孙七郎。这些人之中还有一个名叫长谷川的士兵，性格迷人，可以跟秀吉说上话，他们计划以几千人之力攻打马尼拉。但是秀吉不允许动用这么多人，因为那时他正在计划攻打朝鲜，没有其他事情可以打乱他的计划。

1591 年，他通过原田交给马尼拉的西班牙总督马里纳斯（Gomez Perez de Marinas）一封自满的信，信里写道在他征服了朝鲜和中国之后，将会把注意力转移到菲律宾群岛上来。他建议总督投降并且纳贡。为了回应这一威胁，马里纳斯派出了一支小型使节团，为首的是一名方济各会成员，即高毋羡（Juan Cobos）神父，他们带着一封敷衍的回信。高毋羡到达平户之后，秀吉正忙于朝鲜战事，对此不怎么热心。在原田的建议下，一个更大的使节团在 1593 年 5 月离开马尼拉前往日本。这个使节团由佩德罗·巴博蒂斯塔（Pedro Baptista）神父率领，还包括其他三名方济各会成员。因为承担了官方使团的职责，他们巧妙地克服了禁止基督教传教士进入日本的命令。他们带着的总督的信件含糊不清。信里说他必须将秀吉的信转交给西班牙国王，还说他非常希望与日本展开贸易。

这四个方济各会成员说他们愿意留下来充当人质，而且请求让他们停留在畿内传教。他们获准开始在当地传教，1585 年的教皇教谕也未能阻碍他们。他们马上在京都拥有了一座教堂，在大阪有了一个女修道院，不久另一些方济各会成员也加入进来了。他们也曾努力在长崎发展，但没有成功。当然在这两个教派之间会经常有令人不愉快的冲突。耶稣会的怒气非常容易解释，因为他们受到了秀吉法令的约束，活动范围被限制在长崎，而方济各会在各处突破禁令。方济各会鲁莽的热情超过了耶稣会老练的忍耐。

秀吉没有对方济各会采取措施，尽管他们在明目张胆地破坏他的法令，这种容忍一直持续到 1596 年，那时他第一次从朝鲜撤军。尽管如此，他甚至可能还是不会干涉他们，因为将这些传教士驱逐出去轻而易举。当时一艘名叫圣菲利普号(San Felipe)的大型帆船在从马尼拉驶往阿卡普尔科的途中,在土佐海岸触礁,这件事情的发生使得他开始考虑与西班牙的关系。

如何处理这艘船和它贵重的货物是件大事。整个故事冗长而又复杂,这里只需要说明一点,就是当时采取了一些严厉的措施,这只船受到了破坏,货物被土佐当地的领主和秀吉没收。西班牙船长(或是引航员)去大阪要求秀吉赔偿,据一则故事说他说话非常草率,甚至吹嘘说西班牙国王的部队马上将要到达日本,日本的基督教徒将为了他而揭竿而起。但是这个故事并没有能够令人信服的证据,这个故事似乎是来自接下来发生的耶稣会和方济各会之间的争论,双方互相诽谤,目的是解释秀吉何以对基督教使节团采取突然而又残忍的惩罚。

1597 年,秀吉下令处死巴博蒂斯塔和其他 6 名方济各会成员及 19 名日本追随者。他毫无疑义地下令将他们折磨致死。他们当时在京都,秀吉下令首先切断他们的手足,而后以马队将他们带到各地示众。他们在 2 月到达长崎,在那里像普通罪犯一样,被倒挂在十字架上。

秀吉采取这么极端的措施是很难理解的,因为他在 1587 年的行动远没有这样暴力,那时他驱逐耶稣会士,但是并无意惩罚他们。要是秀吉充分认识到在西班牙和葡萄牙俗界和神界之间的联系,那个轻率的西班牙船长的故事或许会被当作一种杜撰。圣菲利普号的整个事件无疑以一种令人震惊的方式使得他开始关注这项事务。这件事被他的谋士们所利用,他们是新兴的商人阶层,在海外探险方面看到了巨大的利润。他们与诸如长谷川等关系密切,当时长谷川属于主战派,支持武力扩张。秀吉也可能听了施药院全宗的建议,他曾是比叡山的僧侣,以内科医生起家,而且在激发对耶稣会的敌意方面,他似乎得到了秀吉的信任(耶稣会的人称他为 Jacuin)。

但是也有可能秀吉对基督教信仰的突然复苏感到吃惊。基督教在 1587 年之后一直遮遮掩掩地在地下传播,那一年耶稣会从首都撤离,只有年迈的奥尔冈蒂诺留下来,只有他得到了秀吉的赏识。重新复苏的场景是令人吃惊的。在方济各会富有激情的宣传下,有不少信众加入,除此之外,马里纳斯的短暂访问之后,耶稣会的人员大受鼓舞,他是以日本主教的身份来的,来时携带着印度总督的信件。他受到了秀吉的友好接待,后来他跋山涉水,去了大阪和伏见,花费一些时间管理信众们的圣礼。他一路上没有受到干涉,1597 年 2 月 5 日,他的随行人中也没有任何葡萄牙耶稣会员被处死。当时除了方济各会的成员之外,还有 3 名日裔耶稣会会员和 16 名日裔方济各会的帮手遇难。

从秀吉随后采取的行动中,有一点可以明确,他已经下定决心要从日本根除基督教。他修改了 1587 年的法令,目的是为了使它更加有效。尽管允许奥尔冈蒂诺留在京都,他还是发布了几道法令,禁止更多的人皈依,大体上禁止信仰基督教。但是在处死 26 人之后,他没有采取进一步的措施,事实上,他在这方面努力的步伐放慢了。这种脾性的转变需要一些解释,我们能从此前发生的一些事件中找到些许端倪。

一个重要的事实是,在巴博蒂斯塔和其他一些方济各会成员 1594 年到达日本之后,秀次欣赏他们。秀次命令前田玄以监工修建一座神学院和一座教堂,在 9 月完工,前田的儿子在那里接受了洗礼。下一年,秀吉下令处死秀次和他的家人。1596 年,圣菲利普号的到来使得秀吉开始特别留心方济各会的动向和他们为了进入日本而采用的策略。我们可以想象这样的一个场景:长谷川和他的朋友们提醒秀吉要注意巴博蒂斯塔使节团的真实目的。这一年秀吉已经出现一些心理紊乱症状,这从他经常性的脾气爆发就可以看出来。难道这就是他粗暴惩罚方济各会的原因吗?

对于施药院全宗和他的朋友来说,处死这 26 个殉教者并不意味着他们的密谋的结束。完成对方济各会的指控之后,他们开始监视耶稣会的动向,并计划对其采取措施。耶稣会士在非常低调地继续他们的工作,特别是传教工作。长崎奉行的代官禁止基督教所有的服务和集会,要求马里纳斯主教离开这个国家。不久,从京都来了一道指令,要求奉行寺泽将所有的耶稣会成员驱逐出境,仅仅留下少数人,以满足葡萄牙居民的宗教需求。

遵守这项决定就意味着放弃在日本传播基督教的希望,耶稣会士采取各种应急办法逃避它。他们四处躲藏,在 1597 年 10 月的一天,有很多装扮成神父的教友出现在一支即将起航的船舰的甲板上。通过采取此类措施,可能多达 125 名的耶稣会成员免遭驱逐。还有很多冒险帮助他们的日本人,特别是在京都,一些有影响力的人也愿意给予他们帮助,比如说前田玄以和石田三成。

在长崎,他们只能依靠一两位友好的官员,主要是寺泽,(据说)他已经秘密地受洗了。1598 年,有传闻说秀吉要再次来九州,寺泽的代官只能假装采取严厉措施,他破坏了附近的许多教堂,警告神父们必须马上离开。1598 年 8 月,接任马里纳斯的新主教发现寺泽在隐匿一些耶稣会成员,这些人一直藏在此地,直到他们找到了去澳门的方法,除此之外,还有很多成员隐藏在一些基督教大名们的领地里,无意离开。

9 月初,胡安·罗德里格斯神父(曾经是秀吉的翻译)以一名乘客的身份乘坐葡萄牙船来到日本,并携带一些常见礼物前往伏见觐见秀吉。在听说他的来访之后,秀吉把这位神父像老朋友一样召唤到身边,以礼相待。这时距离太阁死亡也没有几天了。

这就是秀吉与葡萄牙、西班牙传教士关系的终结篇,也是他通过他们与在果阿和马尼拉之间的殖民政府联系的尾声。关于他对传教士态度的考察显示他曾经是仁慈的,在相应情况下哪怕不那么暴虐的统治者也会采取极端的惩罚措施。虽然可能那三位教士领袖故意以诡计藐视他的法律刺激了他,但是他在盛怒中对于方济各会的惩罚是不可饶恕的。他对于耶稣会的不敬可能睁一只眼闭一只眼,比如说,1587 年他大发雷霆的时候,尽管威胁了柯埃略,却并没有继续追究那些继续秘密工作的传教士们。

人们可能比较容易高估基督教教义在日本高官中的影响,尽管秀吉信任一些接受基督教信仰的将军,并且给他们较高的职位,比如小西行长。他是一个出色的将领,在朝鲜干了大事,甚至时而与秀吉争执。很少有其他基督教徒成为资深将领,但是许多人有基督教的亲戚和值得信任的下属,他们是最真诚的信徒。

西方的作者很自然会对日本基督教的发展给予特别的关注,但是从一个严格的历史角度来看,传教士的活动仅仅是这个国家历史的一个章节。没有人会否认,这是一个非常重要的章节,而且很多研究文化适应的学者会对耶稣会神父在本日取得的成功非常感兴趣。但是很难认为 16 世纪基督教的宣传在日本社会和政治改革中发挥了重大而又持久的影响。

16 世纪末,日本基督教徒的总数——经耶稣会神父中的领导者们推算是近30 万——是一个巨大的数字,这也是那些神父和他们的帮手常年孜孜不倦努力的结果。必须承认,它是日本基督教徒的光荣,因为他们以传统的忠诚在危险的岁月中忠于信仰。

这些成果是在信长和秀吉这两位独裁者的统治下获得的,这一点证明了他们理智的一面。但是有一些需要补充的是,基督教在日本的成功与佛教派别的腐化是相关的;另外也必须理解耶稣会所拥有的自由一部分是源于日本领导人的一个愿望,他们希望能够维持和促进掌握在葡萄牙船长和商人们手中的出口贸易。

（b）东印度群岛

秀吉在 1590 年如何对待一名印度葡萄牙总督的使节在前文中已经叙述过

了，他对待范礼安和他们的同事们简单而友好，警告范礼安应当让他的耶稣会追随者遵纪守法，以免需要他采取强力的措施。但是他似乎厌恶那个代表团，它明显是对他向传教士采取的措施表示抗议；他保持了良好的幽默感，甚至同意让与范礼安同来的神父留在长崎的请求，这一请求是由前田提出来的。

1591 年，他给葡萄牙总督写了封信，在开头的几句恭维之外，他详尽地描述了日本国的特征，还有他作为统治者的职责范围。他说这个国家是由六十多个独立的地区或者王国组成的，这些地区或者王国长年受到战乱的威胁，并不和平。他修养身心，提高了自身的道德情操，使得它们都服从他的法令，在这个国家实现了和平。他提到的美德包括仁慈、谨慎还有力量。通过赏功罚过，他确保了国家的安全，并使国家统一。现在外国的人都要来向他表达敬意。

他正在计划不久后征服中国，那样就离印度更近了，联系也就更加方便了。在谈及他对于耶稣会的态度时，他说日本是"神的国度"，任何违反它原始信仰的教义将等同于威胁国家的统一和人民的福祉。末尾，他说愿意发展贸易，将会保障将货物运输到日本的葡萄牙商船和商人们的安危。

这份保存在同时代记载①中的信的内容是否与送到果阿的信内容一致，还存在一些疑问。有人推测，给范礼安看过的草稿里包括一些令人不快的段落，在他的建议下经过了修改。据说前田玄以曾建议秀吉同意修改一些内容，建议信里应包括允许十名耶稣会成员在长崎居住。

秀吉对他的侵略之心毫不掩饰。他不止一次说过征服中国之后要去南亚、印度还有波斯。但是他似乎对于想要吞并的这些国家的幅员不太清楚。甚至朝鲜都要比他的将领们事先预料的大。

当他沉湎于这些不切合实际的狂想之中，在地球另一端，真正意义上的大事件正在进行。在他无能的海军将领搞砸了他侵略朝鲜计划的几年前，大西洋水域发生了两大海军的冲突，使得西班牙海上实力受损，同时也打破了葡萄牙对于从欧洲到印度洋甚至更往东水域的垄断。秀吉死的时候，荷兰和英国舰船一直在印度洋贸易，并计划向中国和日本推进。英国的东印度公司在 1600 年成立，同年一支名叫列夫德（Liefde）的荷兰船只在肥后海岸搁浅。它的船长是英国人，名叫威廉·亚当斯（William Edams），他受到了家康的厚待。家康是一个有远见的人，他认为日本需要好的船只，而且亚当斯有很多有用的知识。

———————————

① 这一文本是富冈家的文书。

葡萄牙和西班牙的早期成功源于它们在航海科学方面的优势,源于造船技术方面的进步,源于在海上推广使用火器。1588 年,日本人没有很好地意识到西班牙和英国舰队上的火器的重要性。总体上说,他们在造船技术方面是落后的,可能是因为海盗们在濑户内海如鱼得水,他们认为无须像弗朗西斯·德雷克(Francis Drake)突袭西班牙船只和城市时那样使用强大而又快速的舰船。

（c）琉球岛和台湾岛

1584 年,一位名叫龟井兹矩的探险家要求秀吉同意他侵略琉球岛。秀吉总是愿意开疆拓土,同意了这个请求,任命龟井为琉球太守,并递给了他一把扇子,上面写上了这个称号。这个玩笑之后并没有发生什么。但是在 1590 年,秀吉给琉球国王写了一封信,信上建议双方达成一项协议,内容是尽管日本和琉球国远隔千山万水,但是他们是一家人。

尽管有时也向日本纳贡,但实际上,琉球是中国的附属国。它对于日本来说是重要的,因为明朝并不允许与日本直接贸易,这样琉球可以成为两国贸易的中转地。

另外一件外交史上的珍玩是 1593 年秀吉写给"高砂国"或者"高山国"的一封信,信中命令这个国家投降并纳贡。"高砂"或"高山"是日本人给中国的台湾岛起的名字,但是没有政府可以接受秀吉的这个命令。这封信保存在前田家,因为信使原田孙七郎没有能够将这封信送出去并把答复带回日本。

第二十四章

安土一桃山

"唐狮子屏风图"。署名狩野永德(1543—1590),是为了织田信长的安土城绘制的。金箔地设色屏风,225cm×459cm。皇室藏品。

　　桃山是一个土丘,是在近代被命名的,它位于京都南部的一个叫作伏见的地方。日本作者把艺术史上的一个时代称作桃山时代,尽管叫作伏见时代可能更加准确。

　　桃山时代前面的时代被叫作安土时代,它是根据信长在琵琶湖南岸建立的要塞命名的。安土—桃山时代是日本历史上一个短暂的时代,从 1579 年安土城建成至 1598 年醍醐寺三宝院落成。在这两个时代里发生了许多大事,但是最主要的新的视觉特征是建筑,尤其是信长和秀吉建造的大型城堡和宫殿。

　　这些宏伟的建筑物以一种令人震惊的方式表达了这个时代的性格,它具有史诗般的气质。秀吉的宏大建筑雄伟而豪华,代表了那个时代艺术的最高水平,但是就起源来说,我们必须追溯到前面一个世纪或者更早的时候。它第一个明显的信号就是那些成功的大名们在 15 世纪末修建的城堡,其中有代表性的是北条早云在小田原修建的城堡,太田道灌在江户修建的城堡,还有朝仓孝景在越前一乘谷修建的城堡。早期的建筑主要是为了军事目的而建造的,但是这些新的建筑物,除了防卫之外,还包括许多生活区域,它们被修造得宽敞而布置得当。

　　当成功的大名在自己所管理的分国之内确立领导地位之后,这一时尚就开始在他们之间流行。至信长时代,典型的城堡不再是阴沉的、令人不适的,而是由层层堡垒和一条护城河所保护的高大建筑。它的目的是通过华丽的内部装饰给对手留下印象,同时通过它的威武吓倒敌人。前面讲过,信长是在占领了清洲城之后完成统治尾张的,清洲城矗立在近畿诸国边缘的战略位置。但是统一了山城之后,他就搬到了首都,在那里,他在城市中心建立了重兵把守的寺院本能寺。差不多同时,他建立了宏伟的安土城。安土城在那个年代规模巨大,防卫功能杰出,而且内部寓所装饰豪华。城堡(天守阁)在较早的防卫堡垒之中,一直是防卫的中心,安土城的天守阁是一个七层的建筑物,包括大殿、私人会客厅,还有一些办公场所,可以与皇室宫殿相媲美,除此之外还有军事储藏室和金库。

可以看到，从足利将军以来发生了巨大的变化。为足利义满和足利义政将军建造的建筑物中最有名的是金阁寺和银阁寺，它们离要塞的标准要差很多，是平等院传统的别墅，另外它们受到了寺院喜好的影响。义满将军的花之御所（建于 1378 年）是为大将军修造的宫殿，它成为幕府的中心。修建它的主要目的在于通过它的美丽而非武力给市民留下印象。义政的建筑更加温和，那是一处适合于美学欣赏的乡村寓所。

15 世纪的东山建筑风格和 16 世纪的桃山建筑风格的不同主要在于装饰和建筑设计方面，但是在大小方面，16 世纪后期的城堡和宫殿也更加宏伟，给人留下的印象更为深刻。尽管安土在它的那个时代已经算得上规模宏大，但是秀吉修造的大阪城更为壮丽。然而，安土城开创了注重室内和室外装饰的时代，这与注重军事目的的城堡有很大不同。

这些建筑物在今天所剩无几，但是通过一些可信的文学材料，我们可以明确，七层式的安土城堡主要是为了居住而设计的，它的壮观是为了震慑所有的观看者。它的装饰是为了展现信长的威望，其影响是发展出与时代相符的艺术门类。它始于一种有点俗气的展示，但是幸运的是，艺术家们坚持了自己的品味，所谓的桃山文化包括了很多杰作。我们在这里不做严格的评价，而是关注展示时代精神的那些艺术。

撰写信长生平传记的作家告诉我们，在 1578 年新年仪式上，信长在安土接受了大大小小向他效忠的大名的朝拜。仪式之后，他带着他们参观了这座未完成的城堡的公共空间和私人寓所，向他们展示了那些用于装饰的艺术品的制作过程。它们中的大多数是色彩斑斓、被称作浓绘的画，是由狩野永德（1543—1590）和他的弟子们完成的。他们在墙上、木板上、拉门（襖）上，还有移动的屏风上作画。天守阁的七个楼层按照不同的主题装饰，包括风景、岩石和树木、鸟和花、现实中的和神话中的动物，还有人物，它们的规模都非常大。信长的传记作家激情满满地一一道出这些物件，乐在其中。在他的描述中，当设计花园和亭阁时，没有一点点受到义政和他同时代潮流约束的迹象。桃山文化的主题与东山文化的相隔甚远。

在艺术品味和它的应用方面，这无疑是一个兼收并蓄的新时代。独立的个体并没有完全脱离早期的传统，但是在装饰艺术方面，它勇敢地破除陈旧，使用华丽的色彩，带来了一股新风。桃山时代的绘画仍然沿用了旧的主题，高超的绘画技巧也没有展示任何新的东西,甚至它们华丽的用色也来自古老的大和时代。这些画的新意在于它们的大小和数量。从来没有这么多的现代作品被集中在一个地方展示。大小和数量,以及英雄主义主题的统治地位如果说不是时代精神的体现,至少也表达了领导者的雄心壮志。

桃山装饰艺术的一个显著特征在于可以自由使用金子。在室町时代,因为日本与中国的关系得以恢复,所以对于金的需求似乎增长迅速。到了信长的时代,日本从中国大量进口金子,同时向中国出口银。日本国内金的产量也在增加。金子被用于铸造货币,但是数量并不多。金块同样被用作货币,新的独裁者信长和秀吉为了向世界炫耀他们的财富而肆意使用金子。他们习惯于向客人们展示他们豪华的居室和接见室,然后再带他们到宝物储藏室去看成堆的金子和珍贵的物件。

除了储藏之外,金子被大量用于装饰各种物件。秀吉在大阪城的茶室很小,但是屋顶和墙壁被金叶和金粉所包裹,滑窗(障子)的框架也一样。架子上涂的也是金漆,同时所有的用具(除了茶匙和竹柄)都是纯金制成的。甚至城堡的瓦片都使用金漆。从来没有过如此浮夸、与义政时代的审美标准如此背道而驰的展示。可能这种趣味在信长的时代达到最为鄙陋的程度,他 1570 年在岐阜城为了庆祝打败三个敌人而举行了一次酒会。信长从一个黑漆盒子里取出了受害者们的头颅,然后向他的同伴们展示。每一个头颅上都盖着薄薄的金叶,当时它们已经被染成金色的了。

这些可鄙的不检点也不能否认一个事实,即安土是桃山文化的诞生地。秀吉时代,一系列伟大的建筑物都由信长的城堡自然发展而来,并且沿袭了同样的装饰风格。就如同一位顶级的日本艺术史学家指出的那样,不寻常的是,信长几乎摧毁了所有大的寺院,因而沉重打击了传统艺术,却创立了新的传统。因为,到那时为止,主要的画家和建筑家都是由大宗教团体赞助的,尤其是佛教教派。现在,由于信长的行为,所有的艺术都脱离了宗教的束缚,可以同时在俗界和神界找到灵感。桃山艺术的本质在安土绘画中都可以找到,狩野永德,还有他的养子狩野山乐创作了秀吉宫殿大部分的绘画。其中最为著名的是永德的《唐狮子图》,画在长 6.1 米、高 2.4 米的六扇屏风上,完美地契合了放置它的巨大房间。这幅画现在是皇室财产,连同其他作品一样,都展现了当时的文化潮流。它的背景是金色的,上面色泽艳丽,充满了生活气息和能量。

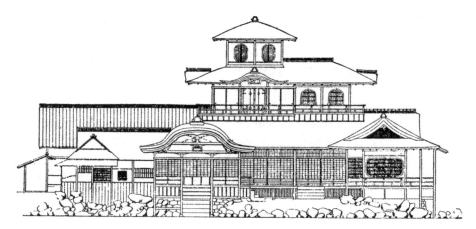

飞云阁的前视图。飞云阁为本愿寺的一个阁楼,展示了桃山建筑的一个方面。

除了狩野画派之外,还有一些技艺高超的画家,包括海北友松和长谷川等伯。他们有些是水墨画(墨绘)的专家,尽管这个门类没有脱离传统,但是他们通过黑白两色展示了桃山文化的典型活力。

在建筑方面,信长时代没有留下任何东西。但是秀吉的宫殿,还有那个时代的其他建筑物留下了不少重要遗迹。其中有大德寺的唐门,它展示了非凡的设计和精湛的技巧;位于西本愿寺的飞云阁,它是一座小巧优雅的建筑;还有醍醐寺三宝院,这里是秀吉最喜欢的休养地,1598 年,他在那里度过了人生最后的欢乐时光。

对于艺术史学家来说,它们是非常有趣的范本,能够展示桃山文化的品味和技巧。它们与其所属的巍峨壮丽的建筑群形成了鲜明的对比,代表着一种精美细腻的处理手法;而它们又属于本土精细工艺的一部分,所以也很少被视作桃山文化的特例。然而这些宏伟的建筑,确实代表了一种新的秩序,因为它们展现了一个勇敢的,充满雄心大志而又生机勃勃的时代。①

---

① 秀吉喜好大兴土木。他最重要的遗址是:

大阪城:对石山本愿寺的重建,开始于 1583 年。这是一项大工程,雇用了成千上万的劳力。1590 年完工时,它是日本当时最大和最坚固的城堡。

聚乐第:"欢乐的宅邸",始建于 1587 年,它的功能是作为秀吉的住所。

伏见城:是 1591 秀吉从关白之位隐退之后修建的。他将聚乐第移交给了秀次,以伏见作为自己的退居之所。工程开始于 1592 年或者稍微早一些时候,1594 年年底完成。在这项工程中,有 2 万—3 万名工人长年劳动,他们来自 20 个或者更多的国。

伏见从外面看像一座城堡,但是内部却是一座奢侈的宫殿,和聚乐第相似。

　　不言而喻,大宗支出之所以可能,得益于 16 世纪全国各类商品生产的急速增长——如果它不是后者的结果的话。粮食充裕,同时由于改进了采矿方法,矿井产量增加。另外,繁荣的城市中的富商们通过不懈努力促进了贸易的增长。

　　一些作者将这一章节中处理的文化运动等同于欧洲的文艺复兴,但是这个对比有些牵强,因为桃山文化的活力是由封建社会的物质观念所激发的,而在人文元素方面有些欠缺。

第二十五章

德川家康

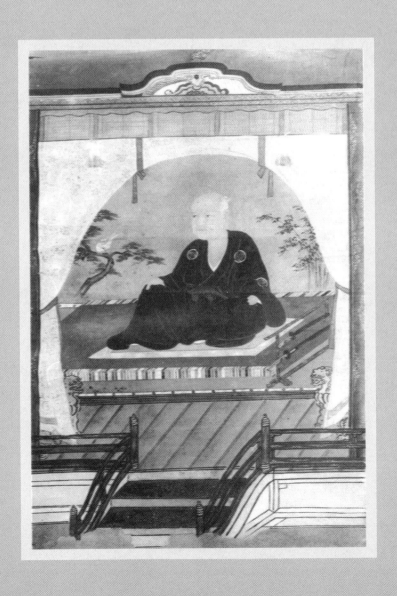

德川家康像，日光轮王寺家康墓的六幅画像之一。

一　早年生活

在秀吉死后的二十年里,家康是日本最重要的人物。在他于 1616 年去世之后,有关他的记忆占据了 17 世纪政治舞台的绝大部分。因此研究他的性格就显得非常重要,他的性格是在信长和秀吉先后两个统治时期,在军事和政治双重压力下形成发展的。

家康是一个姓松平的小军阀的长子,松平的土地夹在强大的今川占据的骏河和织田家族影响下的尾张之间。当时的局势复杂,给家康的早年生活投下了阴影。1547 年,在 6 岁的时候,他被送到了今川家当人质,但是在去骏河首府骏府的路上,他被织田信秀(信长的父亲)的密探抓到,而后被带到了热田,以人质的身份被关在那里两年。在那段时间里,他的父亲过世。当时年幼的家康被唤作竹千代,父亲死后,他的前途一片黯淡,整个松平家族的情况也差不多如此。但是后来织田和今川之间达成的一份停战协议给了他一些自由,他回到了家,不料又被今川家抓起来,被带到了骏府充当人质。

1560 年,桶狭间战役期间,竹千代(现在有了大名——元康)仍然是个人质,与一支今川部队一起行军,后来信长打败了今川义元,这样他才从长达 13 年的束缚中获得了自由。他得以重回位于三河(冈崎)的家,在那里受到了松平追随者们的欢迎。

二　与信长和秀吉的关系

1561 年,元康摆脱了与今川家族的联系,加入到了信长一方。他改名家康,在保护信长的后方不受袭击的同时,在三河开始筹划增强自己的实力。他证明自己是有力的盟友,以至于信长将自己的女儿嫁给了家康的大儿子信康。这些年里,家康在三河境内成功战胜了宗教门徒势力和地方豪绅,到 1567 年,他已经成为三河的主人,彻底驱逐了今川的残余势力。同时他的才能得到了朝廷的赏识,在 1566 年,被允许使用"德川"姓。

家康对付那些支持宗派分子的豪农乡绅的方式,是他打击宗派分子时的突出特点。面临着相同情况的信长把越前和加贺所有反对他的人都处极刑;但是家康,虽然他没收了那些最顽固的敌人的土地,但是对于那些愿意加入他的人却十分慷慨。在三河站稳脚跟后(他在 1570 年搬到滨松),家康一边坚定地支持信长的统一大业,一边开始计划在东部沿海扩展自己的势力。对于家康的人生轨迹来说,这是一个重要的节点。尽管从来没有忘记对信长应尽的义务,他也从来没有放弃在东部诸国的目标。他与武田信玄和武田胜赖的战斗是十分关键的,如果他去除了威胁侧翼的危险,那么就可以向东扩展自己的势力。他认为他是信长的盟友,而不是部下,认为自己向东扩大势力是在为国家统一做贡献。

有人指责家康没能迅速惩罚对信长的谋杀,但是消息传到时,他正在堺,他自己也是历经千辛万苦才成功地与一支小部队逃脱的。当然,他主要关心的是如何确保自己领地的安全。他经过一次危险的旅行穿过伊贺,回到老家,然后用随后的十天巩固了自己在甲斐和信浓的地位。然后,他才开始向西进发,秀吉告诉他不需要帮助。① 即便他觉得失望,也没有表现出来。他在鸣海驻扎了七天,静观事件的发展,然后开始处理自己的事情。

此后,他是秀吉得力然而绝不谄媚的伙伴。那时秀吉可以以关白和太政大臣的身份向他发号施令(特别是在小牧山和长久手战役之后),但是却十分尊重他的判断,也不会强迫他提供军事援助。如果他从三河参加到九州的远征,会有些浪费实力,甚至在加入围困小田原之前家康也比较犹豫。无论如何,他没有任何意愿参加侵略朝鲜。他象征性地派出一支部队到名护屋,且不愿自己亲自前往,他说他更愿意在他自己的领地上打猎。

尽管家康高度独立,但是他在由谁来领导国家这方面没有表现出任何与秀吉竞争的迹象,更别提要推翻他了。他对于自己领地的任何威胁会迅速做出反应,但是他向东扩张,远离首都。无疑,他对于自己的实力了然于胸,因为他是一名富有经验而且成功的武士和管理者;但是另一方面他也比较谨慎,知道如何等待时机。他得到了大名们的尊敬,秀吉在病榻上说出自己最后的遗嘱时,还提到了家康,在场的大名们不得不同意那位将死之人对于家康智慧和经历的赞扬。

秀吉希望任命五大老能确保他挚爱的秀赖顺利继承他的事业,这是很自然

---

① 明智是在杀死信长 13 天后被打败的,那时家康身在甲斐。

的。他急切地想要保护这个孩子的未来,他要求家康和他的同伴们庄严地向他做出保证,目的就是防止他们为了私利而交换人质或彼此联姻,这些都是封建社会的常见之举。如果秀赖很快可以成年的话,这些步骤可能会起作用。但是秀赖当时才五岁。从五岁到成年的年份里,发生争执的风险很大,如果秀吉当时头脑清醒的话,他本来可以预料到这些风险。但是他仅仅是从保存自己的血脉的这一角度来考虑未来的。在他死后,五大老一定会遇到一些紧急问题,他却没有留下处理它们的任何遗嘱或者命令。

很有必要注意这些情况,因为经常有人说家康无意遵守秀吉的遗愿。当然很有可能他深知未来不能只凭嘴上说的几句话来解决,但却希望能抚慰这位临终的同袍,所以同意了他的请求。还有另外一种可能,那就是他无法预料在接下来的几年里会发生什么事情。但是他无论是要保护秀赖还是希望发展自己,最迫切的问题是显而易见的。他必须不惜一切代价维持秀吉建立的统一。这个统一依赖于多少有点危险的力量平衡,而不是大领主长久的优势,他自己就是这些大领主的领袖。他的首要任务必须是巩固自己的势力,暂时不给予秀赖特别的关注。

在 16 世纪尾声,调查日本力量分布最好的办法,是列出最为重要的大名,按照收入评估他们的军事实力。

首先是秀吉在他临终之时任命的五大老的情况,他们的姓名,一年的收入大概如下所示:

大名	收入的石数
德川家康	2500000
毛利辉元	1200000
上杉景胜	1200000
前田利家	800000
宇喜多秀家	500000
共计	6200000

日本所有领地的总估值为两千万石,因此五大老的经济实力基本上要占国家总收入的三分之一。的确,这些大名的军事实力不一定与他们的收入相符。在某些条件下,战略位置也是一个重要的因素。因此,在本州岛西部雄踞九国的毛利辉元在军事重要性上要高于上杉景胜,上杉的领地主要在会津,那里在地理上和政治上都远离中部各国。前田利家的收入比不上一百多万石的上杉景胜,

但是他比上杉要强大得多，因为他的领地在越中和加贺，可以非常容易地进入京畿地区。因为利家忠心耿耿，所以他在 1583 年被赐予这个重要的地方。他和秀吉之间建立了亲密的友谊，（前面提到过）秀吉将看护秀赖的重任托付给了他。

在级别和财富上稍低一级的是五奉行，他们没有权力决定高级别的问题，但是作为执行机关的首脑，他们负责执行五大老成员的命令。他们是浅野长政、前田玄以、增田长盛、石田三成和长束正家。太阁赏赐给他们中等价值的领地，但是他们总收入还不到一百万石。他们单个或者集体都不敢挑战其上级。只要五大老和他们的手下团结一致，那么其他的那些还未驯服的大名举兵叛乱并获得成功的可能性是微乎其微的。在他们之中有仙台的伊达和筑前的小早川，他们俩合起来有一百万石，而且他们在内战开始时，一定会投靠家康或者五大老的其他成员。但是这里有几位有实力的大名，他们表面上中立，但是对家康充满敌意。其中最显赫的是：萨摩的岛津、常陆的佐竹、肥前的锅岛、肥后的加藤和四国的长宗我部。他们的总收入少于两百万石。如果他们与其他敌人联合起来，可以形成威胁，但是如果他们单独行事，那么就不足为惧。如果家康愿意的话，只要稍加留心，秀赖的继承就可以得到保障。

但是秀吉打败北条家族之后在关东地区建立的平衡绝不稳固。真相是秀吉在国内政策上失败了，他将国内事务的指挥权托付给部下，任由他们随心所欲地做出判断，而没有建立有效率的统治制度来支撑他的权力；同时凭借自己在国内的威望，他把所有的精力都放到了异想天开的海外征服计划上。有人说，他侵略朝鲜和中国的计划是想开疆拓土，以满足他的大封臣的和像岛津、毛利那样的独立大名的野心。这个论点没有太多的证据，但他认识到这些人不会安于臣服于人的现状，这个判断是正确的。在他临死之前，在他最亲近的助手之间就已经有了争吵，就如同我们已经看到的那样，在从朝鲜撤军这一点上，就形成了两种观点和两个派别。

的确，在秀吉死后，此事在政府内部制造了第一道裂痕。1598 年年末，在建立了五大老机制不久后，浅野和石田两大奉行被命令去安排从朝鲜半岛撤军的事宜。他们遭到一些将军的强烈反对，这些将军认为他们的阵地仍然很牢固，因为他们最近几次重创中朝军队，完全可以守住朝鲜南部各道。然而，一旦主张撤军的一派向港口撤退，其他人只得跟着。两派重返日本之后，都找到了支持者。在五奉行中的石田和浅野之间，产生了一些意见冲突，石田坚决支持全面撤离，但是浅野却支持继续作战。这场争吵发展成更大规模的冲突，因为一些大名也被牵扯了进来,岛津支持撤退,但是锅岛和加藤清正对此坚决抵制。

1599 年年初,五大老草草达成一致,但是在这个摄政体系中有其他的分歧,家康与石田三成(1560—1600)之间的矛盾不可调和。石田才智过人,雄心勃勃,他的身份不如家康,只是一名奉行;他也是秀吉最为欣赏的人之一,获得超越出身的官场高位。他是一个阴谋家,非常清楚他可以在混乱之中得利,在三成的暗中挑唆下,五大老中的其他人和五奉行指责家康,说他实行政治联姻,蓄意破坏他向秀吉起的誓。

这个指责有一些道理,但是家康孩子们的婚姻必然会产生政治影响。事实上是,如果家康坚决执行秀吉的消极政策,那么他将丧失权威,导致倾轧,而这对秀赖和丰臣家族来说不会是好事。于是,家康自行其是,两派——在大阪愤愤不平的摄政派和在伏见的家康——走到了冲突的边缘。双方都已经开始准备应战,但是再次达成共识。其结果是由石田三成领导的五奉行承认了他们的错误并公开忏悔。

三成的阴谋现在采取了另外一种方式。他的方法是煽动对家康的不满,他首先策划在家康和前田利家之间制造矛盾,前田是秀赖的保护人,全心全意地服侍秀赖。但是双方的角力只能两败俱伤,因为它会使大封臣分裂为两派,最后以灾难结束。幸运的是,家康和利家都是明白人,他们看出了隐藏在事件表面下的东西。细川忠兴头脑聪明,他很快看穿了石田三成的诡计,在他的斡旋下,双方达成了协议。1599 年 3 月,利家去伏见拜访了家康,不久家康去大阪回访了他。由于多年的征战,利家当时身体状况不是很好。他在 5 月病逝,时年 61 岁,他的追随者转而服侍家康,这下激怒了三成,他一直认为他可以在两名大老的持续对立中取利。

利家威望很高,在智慧方面,他与家康棋逢对手。在他死后,没有人能够制约家康,于是家康马上展示出了自己独裁的那一面,因而激起了那些效忠秀吉和声称效忠秀吉的人的猜忌和仇视。事态的发展鼓动石田去接近一些大名,提议他们联合起来抵抗家康。以家康的老道,不可能没有觉察到三成的阴谋。另外,他也有坚定的支持者,比如说加藤清正、福岛正则,他们和其他将军们一样,都瞧不起小市民似的阴谋家。

但是,两派的分裂削弱了五大老的内部统一。在利家死后,毛利不再值得信赖;在会津的上杉野心勃勃,三成对他蓄意挑唆。另外宇喜多的忠诚度也令人怀疑。

对家康的反叛看起来很有可能成功，但是三成性格急躁，两次试图暗杀家康。第一次是 1599 年早些时候，家康当时与秀赖去大阪城，第二次是在三个月后，当家康探访生病的前田利家的时候。三成的主意被加藤和其他的一些将军发现了，他们计划杀死他。然而三成却成功跑到了伏见，在那里寻求家康的保护。这些愤怒的将军们一路狂追到此，要求杀死三成，但是家康建议他们说把这个末路狂徒关起来是最好的选择。三成随后被押送到他自己位于佐和山（近江国）的领地，而且被命令不要惹麻烦。

不太清楚家康为何如此仁慈，他很可能认为三成或许会有用。他的下一个步骤是去除跟随三成的那些奉行们。虽然根据秀吉的遗嘱，前田玄以和长束正家都是负责监察的，但是家康将二人从伏见驱逐出去，而后在他们的位置上安插了他的儿子秀康，他自己也搬到大阪城，那里曾经是秀吉的地盘，是政府所在地。

前田利家在五大老中的职位被他的儿子利长代替，利长当时也回到了自己的领地。在剩余的成员中（上杉景胜、毛利辉元和宇喜多秀家），上杉不告而别，回到了不久前转封的领地会津。这样的话，五大老之中剩余的活跃成员就是家康、辉元和秀家，但是权力集中于家康一个人。表面上是与大老们商议，但是实际情况是，他更多依靠的是将军们的力量，他给予他们丰厚的领地。同时也恢复了人质制度，最知名的人质是秀吉的遗孀北政所，以免受到她亲戚们的报复。

通过这些手段，他没有信守他对于秀吉的承诺，但人们也不能因此谴责说他没有维持现有的摄政模式。出于自卫，他被迫采取措施去抵抗他所面对的联合威胁。他留给三成一段时间，因为他认为危险不是来自三成，而是来自大名们的野心。这些人无须阴谋家的唆使也会谋反，因为权力在他们之间的流转已成为其传统的一部分，每个军阀都力图攫取更多。日本所有的封建历史都记载了大家族的起起落落。直到秀吉的时候，才达成了一种不稳定的和平或者说是一场停战。总体而言，在这个国家或组成它的贵族们当中，像这样的稳定是前所未有的。这种和平一直贯穿朝鲜战争，到撤军的时候，和平也结束了。

三　关原之战

第一次公开反对家康的叛乱是由上杉景胜策划的。1600 年 5 月，当家康出于戒心召他到大阪去解释他的施政情况时，他已经准备行动好几个月了。在收到上杉出言不逊的回信后，家康旋即拟定了战斗计划，在这个计划中，他将率领 5

万精兵从南部直接对上杉发起攻击,其他部队则从西、北和东三方夹击。6 月 26 日,家康离开大阪。在第二天,他在伏见稍作停留,当时伏见守将是一位老将,名叫鸟居元忠。这两名老叟在伏见彻夜叙谈,在破晓的时候分别。双方都知道伏见不久将会遭到袭击,都清楚鸟居将会在防卫战中死亡。

家康并不急着开战。他沿着东海道一路走走停停,于 8 月 10 日抵达江户。在那里他待到了 9 月 1 日,而后动身北进,还在下野的小山建立了指挥部。他当时主要目的是想要观察三成的动向。与上杉的战斗不太重要,因为当时有伊达和最上,他们从北部靠近会津,可以迫使上杉按兵不动。

刚到小山不久,家康得到意料之中的口信,内容说三成的密谋即将瓜熟蒂落。他已经离开了佐和山城,领导一支大部队准备叛乱。这是家康事先充分料想到的情况,因为他从未打算要在会津开战。这只是对于三成的障眼法。

我们应当可以确定家康非常熟知敌人的动向。9 月 8 日,包围了十天之后,三成亲率一支大军成功占领了伏见城。在这次战役中,鸟居顽强抵抗,最终丧命。现在三成的目的是要以秀赖的名义为自己集中所有可能的支持者穿过美浓,进入尾张,从那里攻击位于三河的家康。这个计划是源于一个武断而又错误的论断,即家康会被上杉牵扯精力,而不能用全力去应付其他敌人。

按照这样的设想,三成向岐阜进发,在那里他受到了织田秀信的礼遇。随后他向冈崎进发,在 9 月 18 日进城。但是他在丹后、伊势和近江遭到了阻击,只得从大部队里抽调一支为数不少的军队去应付那里的敌人。同时,很多他所依靠的大名都不愿意向家康发出挑战,在他们之中有毛利辉元,他负责照看秀赖,不愿出兵。在缺乏名将的情况下,三成只得自己亲率西军。他在战争方面有胆识,有一些经验,但是,他不适合去领导一支临时拼凑的队伍与像家康那样强大而经验丰富的领袖作战。

9 月 11 日,家康撤往江户城,在那里指挥了对西军的强力攻势。他沿着东海道安排了一支部队,而后又命令儿子秀忠去扫清中山道。这两支大军将在美浓会师,家康在此处与他们汇合。

家康的目的是要在美浓趁着敌人立足未稳予以重击。这个地方的重要性在 30 年前或者更早,信长取得成功的时候就已经充分地证明过了,因为他在清洲城的据点成为其在 1568 年掌控畿内的前哨阵地。家康的先锋队在福岛、细川和其他值得信赖的将领指挥下沿着东海道快速行军,所有的部队在 9 月 21 日会师在清洲城。这样,两军隔着岐阜和清洲之间的 27 千米形成对峙。

9 月 26 日，福岛和他的部下收到了家康要求前进的命令。在接下来的几天里，他们渡过木曽川，占领了岐阜城。至 10 月 1 日，他们在一座高地上建立了根据地，从那里可以俯瞰整座城镇，他们在此静候家康的到来。家康同时在江户密切地关注着事态的发展，在看到了福岛及其同伴的忠诚和他们的表现之后，他才决定集合自己的部队出发。他 10 月 7 日才动身，在 10 月 17 日率领 3 万部队抵达清洲城。他于 10 月 20 日搬到了接近赤坂的高地上（在冈崎西北两公里）。

这些行动发生的同时，三成也不是对军事一无所知，他从每个有可能的地区积极寻求盟友。9 月底，他的盟友有岛津、宇喜多和小西。在接下来的 20 天里，毛利辉元、长宗我部和长束率领 3 万人在德川的前方安营。不久，小早川率领 8000 人抵达，在靠近关原的高处扎营。在数量上，西军队伍相对于家康的来说是有优势的，但是家康有足够的理由去怀疑一些三成支持者的忠心。

10 月 20 日早些时候，当家康在赤坂附近与将领们商议事情的时候，西军的一支大部队开始向关原村进发。路上他们遭到了暴风雨的袭击，只能在黑暗中行军，在第二天拂晓前抵达了目的地。尽管颇为艰难，西军部队大体上成功占据了有利地势，如果家康去大阪，那么他必须通过正面攻击的方式来摧毁这些阵地。所以说战势对西军非常有利，但是他们有一个弱点，这是家康深知的。在他们中有叛徒。

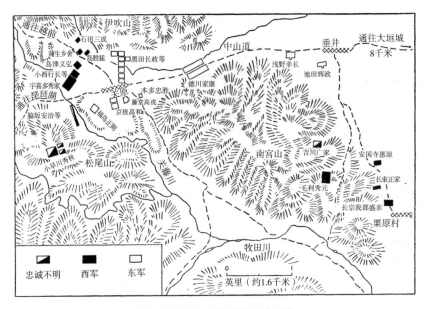

战役开始前关原参战部队的位置

　　西军在 10 月 20 日早晨占领有利地势的同时,家康的部队在中山道以北展开,当时雾气弥漫,福岛的前锋部队与宇喜多的后卫部队相遇。不久,浓雾散去,作战目标变得清晰起来,一场大战随即发生。沿线都是恶战,西军稍微占优。在这个时候,根据三成的战斗计划,小早川应冲下斜坡进攻家康的侧翼。但是直到家康逼迫他表明立场,小早川才开始行动:他变节,开始攻打西军的部队,西军开始在优势敌人面前溃散。小早川首先打败了小西,而后是宇喜多,他们两支部队的总人数是一万多,在小西和宇喜多战败后,整个战役就失败了。三成逃跑,而后岛津也离开了战场,他在付出了惨重的代价之后成功脱身,而后与宇喜多逃到大阪,从那里乘船逃往萨摩。

　　东军的胜利是压倒性的。的确,家康的胜利有一部分缘于敌人内部出现了叛徒,也有人会说他进攻兵力占优,而且占据有利地势的敌人颇有风险。但是家康并不是一名鲁莽的指挥家。他是一个军事天才,身经百战,积累了许多经验。①他擅长分析人的思维,政治判断无畏但又合理,他知道什么时候需要冒险。

　　因为很多参加关原之战的大名声名显赫,所以记录他们的名字是非常有用的,其中一些在随后的历史中反复出现。

　　1600 年 8 月,当得知家康已经东进之后,三成开始着手建立一支军队。他去了大阪,在那里得到了大谷吉隆、安国寺惠琼、前田玄以、长束正家、增田长盛等人的支持,他们都很有趣,但只是次要人物。在秀赖的名义之下,三成向那些不支持家康的大名提出请求。当他攻打伏见时,得到了毛利辉元和毛利秀元、宇喜多秀家、小西行长、岛津义弘、小早川秀秋、长宗我部元亲还有脇坂安治等人的支持。

　　三成一边增兵抵抗家康,一边试图通过劫持人质的方式影响家康的一些支持者。一个极端的例子是,他的党羽抓住了细川的妻子,她是一名基督教徒,名字叫格雷西娅,但是她拒绝被捕,最后被三成的一名武士所杀。

　　在家康这方,有浅野幸长、福岛正则、蜂须贺至镇、黑田长政、细川忠兴、生驹一正、中村一忠、堀尾忠氏、加藤清正、田中吉政、山内一丰、藤堂高虎、京极高知、筒井定次和寺泽广高。秀吉对于他们中的大部分都有恩。他们并不是家康的家臣,但是也可以说是为了他而战。

　　具体有多少人参与了关原之战未知,但是东西军至少各有 8 万人。并不是

_____

　　① 据说他一生参加了 50 多次战斗。

所有的人都参战了,因为战场是一个隘口,并没有足够的空间能够调遣这么多的士兵。而且,一些三成的支持者要么中途叛变,要么缺乏管理,并没有参加进来。这些人据说也达到了 3 万。在家康这一边,所有在场的人都投入作战,但是秀忠的 3.8 万人,本应已经由中山道抵达战场,但由于秀忠的判断错误,所以并没有到达,使家康恼怒不已。[1]

10 月 21 日,家康在营中过夜,首先召见了小早川和其他将领,这些将领们坚持继续追击三成并占领他的城堡。后来这座城被占,三成成功逃脱,但是在一周后被抓。11 月 6 日,他和小西行长,还有毛利的爱将、僧人安国寺一起被处死。小西的朋友们敦促他自杀,但是他以他自己信仰基督教[2]而拒绝。

四 大阪

关原之战后,家康立刻动身去他长期的指挥部。他当时在大津短暂停留几天,目的是打探大阪的消息。当时此地被毛利辉元据守,他的身份是五大老之一,正在照看秀赖。因为当时三成的一些将军已经将他们的队伍从关原调到此地,而且他们没有任何损失,情况良好,所以家康能否不使用武力进入大阪城是不确定的。确实,这次战役一个最令人吃惊的特征就是很多三成的部队没有采取任何行动。

在大阪,毛利秀元和他的一些将领支持抵抗家康,但是毛利辉元却认为持续与家康的敌对不妥。他对于现在所处的形势非常满意。他希望可以通过向家康臣服的形式维持他的领地,所以后来将这座城拱手让给了家康。家康是在 11 月 1 日进城的,在那里成为国家的统治者。后来,在其他地方,特别是在九州和上杉的领地,他还遇到了一些零星的抵抗,他通过武力或是和解的方式解决了这些问题,当时主要的威胁是来自中部和东部各国。所以他的目的是尽快建立自己的

---

[1] 有关关原之战的更多细节请参看附录 II。

[2] 1969 年 12 月,在早稻田大学展出的重要原始资料中有一份命令,上面写的日子是 1600 年 12 月 25 日,是家康写给参与关原之战的一位名叫田中吉政的将军,家康当时无法确认田中的忠诚。因为对他心有防备,所以这份命令是由家康的一名亲信送给田中的,这名亲信姓村越,他当时也带着一封加有家康花押的附信,上面也写着同样的日子。田中而后全力去抓捕宇喜多秀家、石田三成和岛津义弘。当时躲在美浓山里的小西也被抓获。这些信是在草津写的(家康在战后第四天到了那里),表明了他对惩罚敌人的重视。尽管宇喜多连同岛津从战场逃走,家康认为宇喜多应当被处死,但是由于岛津的恳求,他的惩罚被减为流放。

权威,建立一个组织有序而又高效的政府系统,全日本都必须听从此处发出的号令。

他的第一步措施是奖赏那些为他作战的大名,惩罚那些反对过他的大名。当时在日本有 214 块 1 万石或者更大的领地。家康首先没收了 90 个家族的领地,总石数超过 430 万石,而后将四块领地减了 221.6 万石,这样他就有至少 650 万石的土地留作自用或分封。他大幅度削减的领地是毛利、佐竹、上杉和秋田的领地。他们被削减的总量据有人估算,超过了所没收的 90 块领地总量的一半。①

获得的大部分收入被德川家保留;除此之外,德川家的财富还来源于在他东部统治下的广袤而又富庶的各国。家康还通过获得森林、矿藏、港口和重要贸易中心来增加自己的财富。同时,他将自己原先占有的领土赏赐给那些为他作战的大名,这些领土主要是在东海道和中山道,对于他来说,在那里拥有值得信赖的拥护者是很重要的。在全国各地,当时分封了超过 60 个独立大名,为德川家族建立了层层堡垒。

家康的下一个难题是为统治国家而建立一个具有合法性的形式,为了这个目的,他决定重建幕府。在信长看来幕府不值一提,秀吉即便没有摧毁幕府,对此也看不上眼。家康在 1603 年被天皇任命为征夷大将军,但是他有一段时间并没有使用这个称号。他努力避免人们对他产生要取代秀吉的这个印象,他极力与淀君保持联系,而淀君认为自己是丰臣家族的监护人。无论他最终的目的是什么,家康都不可能给他的敌人和对手提供一个反对他的理由。在大阪或者大阪附近,仍然有一些将军愿意保护秀赖。这里不单单包括率军从关原起兵的毛利辉元,还包括帮助家康抵抗三成的那些大名们,他们现在依然对于秀吉的恩情念念不忘。福岛、浅野、黑田、加藤和其他人都属于这一类型。如果家康冒犯了他们,那么他们也很有可能与他反目,如果那样的话,他们有可能与那些位于西日本和九州、与德川有敌意的大名们联合起来,共同抵抗家康。

家康行动非常谨慎。他在 1600 年进入大阪后不久就决定迁往江户,那里位于关东,是属于他的地盘。那里将会成为军事力量的中心,在不到几年的日子里,他逐步巩固了江户城,在江户附近的关键地点布置了一张防护网。在 1603 年之后的一段时间,他并没有在江户定居,他将此地交给了大儿子秀忠管理。他在各地都有很多事情要做。他在骏府(静冈)小住了一段时间,他小时作人质的

---

① 家康奖惩的具体列表参见附录 III。

时候是在那里度过的。

家康仍然还没有决定秀赖的未来。他是一个比较喜欢在暗地里行事的男人，在关原之战后的几年里，他主要在巩固自身势力方面下了功夫，仔细安排他的家臣，修缮要塞，最重要的是增加自己的收入和首都的财产。他非常关注发展国内工业和国外贸易。这是西班牙、荷兰和英国商人开始对与日本贸易感兴趣的时候，他们受到了家康的鼓励，同时家康非常明白海上交通的重要性，希望在日本发展造船业。

1603 年，去江户之前，家康分给秀赖总共 65 万石的封地，这个数字对于这么重要的人来说，中规中矩。在这之前，他已经在京都的各大要塞布置了强大的卫戍部队。他不厌其烦地向天皇表示忠诚，在信长曾经占领过的京都，他修建了二条城，这里成了所司代的驻地，所司代是将军的代官，他的主要职责是负责联系朝廷和将军，同时监视西部各国大名们的动向。

1603 年之后，家康的影响力迅速扩大，相反秀赖的影响力随着浅野长政、加藤清正、前田利长等忠实支持者的死去，逐渐被削弱。1611 年，家康开始向秀赖施压，到 1614 年，他已经下定主意要摧毁丰臣家族。尽管原来的支持者不再帮助他，秀赖向别的人提出了军事增援的请求。同时技艺高超的武士们——他们被称为浪人——从日本各处来到大阪，他们以守卫者的身份到达这座城。这些人主要是由于家康重新分配领地丧失自己的财产或者领地的人。

家康非常欢迎这个挑战。他一直在寻求一个攻打秀赖的借口，1614 年年底，一支 7 万人的部队在秀忠的领导下，包围了这座城。11 月份，爆发了一些前哨战和小规模的冲突。秀忠是在 12 月 10 日抵达此地的。尽管进攻的部队（现在又得到了家康家臣招募的士兵的增援）远远超过了 9 万人的卫戍部队，但是在 1 月初，他们没有取得任何进展，还受到了一些损失。他们继续战斗，不久家康也加入进来，他希望能够在这个无坚不摧的要塞避免一次代价惨重的围困战。他知道这座城唯一的缺点是它的占领者之间存在不和，于是很快准备好和平协议。对方接受了这些协议。是家康却破坏了协议的精神，如果说没有违背它的条款的话。这次战役被称为冬季包围战（冬の阵），是在 1615 年 1 月 21 日结束的。家康第二天就动手填埋外护城河，拆毁外城墙，而后又填埋内护城河，到 2 月 16 日，外部的防线被全部摧毁，家康回到了伏见。

5 月以后，包围战重燃战火。家康答应保护秀赖的安全，但是这次因为他先前的谎言，没人相信他。在夏季包围战中（夏の阵），守卫部队人数多达 10 万之众,攻击队伍的数量几乎是此两倍。殊死战斗没日没夜地进行着,直到 6 月 2 日,守军决定主动出击。这场战斗从第二天开始,持续到了傍晚,那时候家康的部队已经攻入城堡之内。

　　当天晚上,秀赖的妻子(秀忠的女儿)给秀忠和家康写了封信,要求他们放过她的丈夫及其母亲淀君。但是她没有收到任何回信。6 月 4 日,秀赖自杀,一名侍从为了保护淀君不被抓获,将她杀死。在道德层面上,家康的行为是不可饶恕的,因为他卑鄙地一次又一次地不守诺言,但是结果是,他摧毁了丰臣家族,成为日本的统治者。与信长和秀吉的短命政权相比,德川家族在日本的统治长达 250 余年之久。

第二十六章

德川幕府的前期统治

四季图。约 1550 年。

一　家康的政治

家康在 1616 年 6 月第一天去世,享年 75 岁。在秀吉死后,他花费了自己绝大部分时间处理棘手的军事问题,赢得两次关键战役,巩固了至高无上的地位。尽管如此,在他人生的最后 15 年里,他并没有忽视国内政治问题。的确,1605年,在他被任命为征夷大将军不过两年之后,他把将军之位让给秀忠。这样,他就有充足的时间来关注政治结构问题,以维持德川家族的权力。他的退位和秀忠的即位,目的也是要告诉公众,这个职位将会在德川家族内部代代相传。家康是一个非常成功的武士,他认为他的家族应当维护他赢得的东西,国内战争应当结束了。于是他自己设计出一套制度,用于遏止有实力的军阀的野心。尽管这些人在关原战役之后屈服于他,但他们的忠诚并不可靠。

尽管关原之战的胜利使家康获得了统治地位,但是在打败三成和攻克大阪之间,他仍然面临许多困难,特别是西日本飞扬跋扈的大名们。在全国没有需要使用军事手段镇压的公开叛乱,但仍然存在一定程度的隐蔽的敌意,需要他设法削弱。这需要一些政治智慧。这个任务的重要性不亚于那些野战和攻城战,家康在处理这个问题的时候展示了他的非凡才能,不亚于他所展示的作为战士的才华。

在西部的巨头中,最危险的是岛津家族,他们掌管萨摩、大隅,还有日向的一部分,这里的资源再加上地处偏远,使得岛津几乎无懈可击。关原之战之后,家康本来计划要立即攻打岛津,而且加藤清正也做好了准备,在北肥后站稳了脚跟,但是家康更愿意采取和谈而非武力。1602 年,岛津忠恒在伏见城向将军臣服,他在那里受到了款待和尊敬。其他一些次要的大名,比如说北部的上杉和佐竹,受到这个例子的感召,放弃了脑海里的反叛计划。

正如我们看到的那样,家康自己行动谨慎,避免触犯那些对秀吉及其继承人秀赖心存感激的支持者们的感情。家康没有直接管理畿内西部和关东地区的北部,所以他必须循序渐进、小心翼翼地在这些地区逐步实施限制当地豪强的计划。

家康的国内政策以分封领地为基础,他最信任的家臣们分得领地后,可以在那些地方监视、防备立场不很坚定的将领们。这些值得信赖的家臣被称为"谱代",也就是德川家族的世袭家臣,与之相对的是"外样",他们与家康没有世袭的纽带。大多数谱代大名的领地规模在5万石或更少,另外,松平忠吉(家康的第五个儿子)在清洲城领有50万石,井伊直政在箱根领有10万石。他们都被安排在从京都经东海道或者中山道东行到江户的战略要道上。

在"外样"大名中,家康不怎么信任原来保持中立或是在关原之战后依附他的大名。家康对他们以礼相待,但是细心地监视他们,不给他们任何机会联合起来抵抗幕府。他们被频繁要求执行代价不菲的任务,譬如,他们特别负有为了国家的利益修建或者修缮要塞的责任。在关原之战后的十年中,承担这些差事的有加藤、浅野、池田、锅岛、细川、岛津,家康要求他们为修建要塞提供劳力和物资。修建这些要塞的目的是保护位于伏见和江户之间的战略据点。他们可以从家康处得到少量黄金的报酬,报酬是以赏钱而非偿付的方式给的。①

家康采取所有可能的方法阻挠在"外样"大名中形成联盟或达成协议,限制他们城堡的大小以及沿海地区运输船只的载重量。只要有可能,就把"谱代"家臣们派到毗邻的领地里,以此来限制"外样"大名们的活动自由。一个有趣的例子是他为了防备北部有实力的"外样"大名而采取的措施,这些大名有伊达、蒲生、最上、上杉和佐竹。他在北关东地带的水户、宇都宫还有其他关键的地方安置了一些"谱代"家臣,以此防止伊达及其邻居形成联盟,而获得出口。为了采取这项监督性的措施,"谱代"大名们只得不断在各国之间调动,为此他们十分抱怨,这种形式当时被叫作"国替"。

尽管家康一直关心国内事务,但是他却没有努力去设立一套有凝聚力的政府管理系统。总是当问题出现之后,他才去处理,而且他的方法带有军事印记。他下决心让家臣们服从他,直接向他们发号施令,而不是通过制定法律来管理。他的确发布了一系列法令来规范大名们,但是这是在他生涯结束时才提出的。这些法令被称为《武家诸法度》,换句话说就是武家应当遵循的法令,它是1615

---

① 在1602年至1615年间开展的此类工作中,主要是修建和维修一系列的城堡——二条、伏见、箱根、江户、骏河、名古屋、龟山和高田——还有维修皇宫。"外样"大名承担这样的工作,在财政上的负担是非常沉重的。他们虽然发发牢骚,但是不敢抵抗。

年 8 月在伏见城向一群家臣颁布的（还有白话版本），是应家康的提议，由一些学者，包括僧侣和平信徒等编纂的。它最重要条款的目的是约束封建大名的权力，要求他们如果没有得到幕府的许可，不能扩大或者维修城堡，不得容留其他领地的人，他们的婚姻必须要经过将军的同意，必须告发邻国的颠覆活动。

这一法令的颁布不过就是履行手续或进行记录而已，因为家康早已达到了用上面描述的方法约束"外樣"大名，并且步步为营，逐渐收紧的目的。但是比起直接的约束来说，更为有效的是通过发展经济事业来增强自己的实力。就如同那些基督教传教士在他们给家人写的信中频繁提到过的那样，家康非常富有。关原之战后，他直接掌管了江户、京都、大阪、长崎、山田和奈良，通过这种方式，大幅度提高德川家族的经济收益。他指派官员管理这些地方，使收益不断增长。他同时还管理一些金银矿，委任大久保长安作为他的代理人管理佐渡、石见、生野和其他重要的矿藏。1601 年，在伏见设立了造币局之后，他通过为全国铸造流通金银货币而获利。但是他最大的兴趣是海外贸易，他认为发展海外贸易不仅可以为他自己源源不断地带来财富，而且也对国家有利。日本的海外贸易被掌握在葡萄牙人手里已经太久了。

二　家康的外交政策

在侵略朝鲜之后，日中之间官方层面的交流就终止了，但是从中国进口的货物对于日本经济，或者准确地说，对于统治阶级的经济来说十分关键。在勘合贸易时代，他们已经习惯了丝绸和其他奢侈品，离不开它们。幸运的是，葡萄牙人可以与中国进行贸易，他们不断将货物从澳门运到日本，以此来满足日本的需要。

同时，日本的船只也航行到遥远的东南亚，寻找能获利的货物。至 16 世纪末，日本人在海外的居住点明显增多。在缅甸、暹罗和柬埔寨，从 1550 年开始，就有日本人充当国王护卫的例子；到 1600 年，在远东的很多地方已经出现了日本人的居住点。在葡萄牙占领的马六甲和澳门，已经出现了许多日本士兵，在菲律宾群岛的日本人至 1605 年已经有好几千人了。

这是日本扩张的开始阶段，国内的需求只有通过海外贸易的增长才能得到满足。所以日本需要葡萄牙人，这种状况一直持续到在远东水域出现了一个新的残忍的竞争者。家康憎恨葡萄牙的垄断。在秀吉死后，他马上就表现出愿意与菲律宾进行贸易的意向。他甚至向位于马尼拉的西班牙总督送去口信，说他愿意向西班牙船只开放东日本的港口，要求他派有能力的造船工来日本造船厂工作。

毫无疑问，日军海军在侵略朝鲜的过程中大败，这给家康留下了深刻的印象，他也看到了葡萄牙船那样装备精良的船只的价值。但是，西班牙总督对于家康的请求却行动缓慢。最后他终于派船到日本，然而令家康恼火的是，来的船上没有一个造船工程师；有很多传教士，却没有真正的商人。同时，一系列奇异的事件将一个人带到了日本，他对于船只和造船很在行。他就是威廉·亚当斯，是一名来自肯特郡的英国人，他是一只名叫"列夫德号"（Liefde）的荷兰船只的首席领航员。列夫德号是由六只军舰组成的舰队的旗舰，它们从鹿特丹起航，穿过了麦哲伦海峡。它们远行的目的是为了与西班牙或者葡萄牙商人竞争。这些船只装备精良，他们接到的命令是，如果有机可乘，可以摧毁对手的船只或者贸易站点。这时是荷兰海员活跃在世界每个大洋上的时候，有意思的是，这艘荷兰船到达日本就在哈德森发现曼哈顿岛几年之前。

荷兰舰队在从智利起航之后，遭遇暴风雨，列夫德号损失惨重。当它被拖到九州的一个港口时，只有几个船员还活着，这些人（根据亚当斯的描述）受到了耶稣会传教士们的谴责，侥幸没有像海盗那样被钉死在十字架上。幸运的是，家康听说了他们的到来之后，立刻召唤亚当斯来见他。亚当斯在 1600 年 5 月到达大阪，同时列夫德号上的枪支和弹药也被送到了大阪。一位葡萄牙编年史家说，这些大炮被家康用在了关原之战中，但这是不太可能的。然而，它们一定被用在了 1615 年的大阪包围战中，那个时候，枪支是由位于平户的荷兰和英国贸易点来提供的，在日本制造的大炮也派上了用场。

在耽搁了一年之后，威廉受命为家康造了一些小型船只，①同时还为他讲解航海的一些事情，介绍欧洲国家的情况。五年之后，他请求回国，但是遭到了拒绝。他被禁止离开日本，但是在其他方面，却受到了优待。与此同时，荷兰东印度公司在远东建立了一些贸易点。他们不满足于和平的贸易，其船只得到命令可以任意攻击和毁坏所有的葡萄牙船并掠夺其财产。1601 年之后，这一命令成果斐然，但并不总是成功。到 1605 年，马尼拉方面对于家康的回应并不积极，令他颇为失望，于是开始邀请荷兰与日本贸易。1609 年（哈德森发现曼哈顿的那一

———————————

① 其中一个超过了 100 吨，它在 1610 年被家康借给了一位西班牙要人，后来被命名为"圣布埃纳文图拉号"（San Buenaventura），航行到了加利福尼亚。

年），两艘荷兰船只抵达平户，在那里建立了一个贸易点。在此之前这两艘荷兰船只一直在南日本海域漫游，目的是为了寻找每年从澳门到九州的葡萄牙大型商船。四年之后，英国东印度公司在日本设置了代理。

葡萄牙和荷兰商人之间的持续竞争对于家康来说是有利的。他向传教士和商人都做出了让步，因为他的脑子里想的都是如何促进日本国内外贸易的增长。他的确以行动告诉葡萄牙人，他们对商业和福音传道的垄断已经走到了尽头；那时一些日本海员因为在澳门寻衅滋事遭到葡萄牙人的残忍对待，他为此也惩罚了葡萄牙人。[①] 事实上他非常高兴看到葡萄牙处于麻烦之中，因为这样他就不再需要为了贸易利益而讨好耶稣会。

后来，他有一段时间公平对待所有的外国人，在葡萄牙人、西班牙人或荷兰人之间不偏不倚。他想从他们那里得到的是来自外国的贸易和知识。他和亚当斯的关系表明，他希望建设一支强大的商船队，获得强大的武器。在他与菲律宾总督（罗德里格·比韦罗[Don Rodrigo Vivero y Velasco]）的讨论中表明他需要技术娴熟的矿工，来传授高效的冶炼工艺。他认为这些事情最重要。

这些对于外国人的优待措施持续到 1611 年，那时德川政府突然改变了政策，开始禁止在全国传播基督教思想。这个改变的原因仍然有争议，但是很清楚是来自于政治方面的考量，与宗教无关。家康决定驱逐所有的传教士，1614 年 1 月 27 日，他下令在全日本镇压基督教徒。京都的教堂被毁，传教士们被关了起来。一些高层的日本基督教徒也被抓了起来，并被处以流刑，在他们当中有基督教大名高山右近，他一年以后在马尼拉死亡。一些可怜的日本人由于拒绝放弃自己的信仰而被惩罚，一些甚至还被关了起来。但是这个法令却不是针对普通人的，而是针对武士阶级，因为家康认为他们的基督教信仰违背了他们对于天皇的忠诚。家康活着的时候，尽管有很多人违犯法令，但没有一个外国传教士被处以极刑。

三　管理方略

正如我们看到的那样，家康并没有努力去创造一个有系统的政府，只是当问

---

① 惩罚的方式是在 1610 年拆毁葡萄牙商船"圣母号"（Madre de Deus），处死它的大部分船员。有关这一暴行的所有记述见于"The Affair of the *Madre de Deus*"（by C. R. Boxer, in Proceedings of the Japan Society, London, 1929）。

题出现时，他才会处理；他并不感觉有必要建立一个由各种部门组成的复杂机器。有人说，德川政府的管理方式就像是头领和长老们管理村庄事务。这在家康和秀忠时代是真实的，但是在他们之后，形成了一个非常完善和死板的文官政府。

家康管理国内政府的方式就和一个有实力的大名管理他的领地一样。他把命令传达给他的部下，而后他的部下会尽全力去完成它们。这是德川幕府前期阶段的典型特征，在职能之间没有明显的分工。尽管家康依靠他所信任的"谱代"大名来执行他的命令，但是他也依靠那些偶然进入视野的低级别的人。他命令僧侣和儒家学者起草《武家诸法度》，他还与大商人关系密切，除此之外，他还与有其他领域知识或者经验的人有来往。这些人都是有才能的人，他们代替他处理常规事务。

家康采取这种方法的一个有趣的例子就是大久保长安，我们已经提到过他在发展矿业方面是家康的代理人。长安出身低微，他原来是甲斐的一名猿乐师，而甲斐是武田的领地。长安后来去了三河，在那里被一个姓大久保的家康重臣看中，大久保非常喜欢猿乐表演。后来长安引起了家康的注意，于是转而服侍家康。当时，三河的岩渊地方正在开采金银矿。长安展示了出众的才华，以至于在家康的建议下，他被允许冠以"大久保"之姓，并获得石见守的头衔。他的努力帮助家康获得了很多的财富，这一点是不可否认的。

另外一个出身卑微而后被家康委以重任的是本多正信，他原来是一个养鹰的人。他和他的儿子正纯在执行外交机密事务方面大显身手，但是大体上来说，这些人没有特别的职位，他们只是在需要的时候才会得到重用。

我们应当记得，每位大名负责治理自己的领地，所以中央政府的职能是有限的。只要保持忠诚，那就只有在特殊的情况下，幕府才会干涉一个家臣领地的内部事务。在德川家族直接管理下的土地和城市好像是德川家专有的财产，那些受命管理它们的官员是德川家的仆人。因此，国家的管理笼统而不细致，不需要受过训练的专家。只有在这一背景下，才能理解乍看起来不是很清晰的《武家诸法度》的趣味和重要性。它们不是法典，而是陈述了封臣应该遵从的原则。

最重要的是第一条，包括了应当学习武艺和学问。因为家康想要结束国内战争，因此他理所当然设想了一个由他管理的和平的社会，而且他不能容忍武士精神的低落，所以必须鼓励武士们勤习剑术和骑射。第二条是禁止一些放纵的习惯，其他是在他的家臣及其下属中号召节约。

剩下的命令和禁令主要是处理领地之间的事务。各领主不得包庇逃犯,不得雇用叛逆或可能犯有重罪之人,也不得容留其他领地之人。

我们可以发现,这些条目的目的是对"外様"大名加以控制。"外様"大名尽管并非完全独立,但是他们实力过于强大,幕府难以严密控制。而"譜代"大名的社会基础与此不同,将军可以用剥夺领地的方式迫使他们遵守命令;没有一种行政机制可以强迫最强大的封臣服从大将军的命令;剩下的只有动用武力来威胁了,这是初代将军所不愿意使用的手段。

我们可以看到,《武家诸法度》的一些条目会让人想起《建武式目》,特别是在号召节约这方面,两者非常相像。我们知道,家康在命令学者们起草《武家诸法度》之前,已经认为《式目》和其他文件与之本质上是相似的。1615 年的谕令不止一次修订过,有关这些修订的研究有利于我们认识德川制度此后的发展。

虽然大名们并没有遵守所有的内容,但是《武家诸法度》旨在开辟一个和平的时代,它在这一点上获得了成功。在 1615 年开始的 250 余年中,日本在德川将军的领导下,实现了和平。

附　录

附录 I　京都地志

从 *A History of Japan to 1334* 的图中可见,京都的格局规划十分对称。然而,该图仅展示了京都东半部分的街道计划简图。西半部分直到 13 世纪也没有全面发展起来,甚至还在逐渐衰败,最后除了北边临近大内里的街道之外,其他地方都已荒废。这一趋势还在向东、向北蔓延,但是中世纪——公元 1200 年后——没有令人满意的都城地图,只能从一些不太可靠的文献史料中获取部分分散的参考信息。但是,我们知道到 1200 年,曾经横跨鸭川,向远处一直延伸到东山以至于使整个城市都显得有些不规则的由西向东的街道都已废弃。

但是整个城市最有趣的改变是其向北面的扩展,大内里的北边有数条东西走向的街道。以一条街开始的街道有:武者小路、今小路、北小路(今出川),五辻和毘沙门堂大路。它们向西延伸至北野,向东则一直跨过鸭川。道路的发展是一个渐进的过程,不过 1220 年后鸟羽天皇在五辻附近已拥有寓所,从这一点可以推测出这一过程在 13 世纪应该已接近完成。

大内里逐渐被废弃,很大程度上是由于火灾和其他灾害,皇室搬到外面的宫殿,通常在位于一条街和二条街之间的京城北部。只有太政大臣的太政官厅在不断修缮,从后鸟羽天皇(1187)到后土御门天皇(1442),新天皇的继位仪式都在这里举行。

1333 年,后醍醐天皇结束流亡返回都城后,在冷泉万里小路殿中暂住了一段时间。根据《太平记》的记载,翌年他下令重建大内里,但却从未实施。1336 年,后醍醐天皇被足利尊氏打败,而后被囚禁在花山院,这里是藤原家的一处宅邸。1337 年 1 月逃至吉野之前,他一直居住在此地。此时,足利尊氏支持持明院皇统，新继位的光明天皇被送往土御门殿居住，这座宫殿位于正亲町、土御门、东洞院（路）和高仓之间，占地甚广。1315 年后，富小路内里成为皇室的宫殿。1336 年，凑川合战之后足利尊氏攻打京都时，这里被细川定禅的军队摧毁。

在光明天皇继位的同一年，足利尊氏第一次占据京都，他退位后和其子足利义诠一起居住在二条高仓。之后在足利尊氏的有生之年里，这里一直是足利幕府的所在地。除足利尊氏以外，其弟足利直义和斯波义将在京城也拥有宅邸，当时，足利直义担任"武卫"，掌管整个城市的军队。

足利直义的住所是二条和三条之间的三条坊门殿，东边是东洞院（路）。它曾被大火焚毁，一度重建。1364 年，足利尊氏死后，足利义诠接管并把它作为新的幕府所在地。足利家族倒台之前，这里一直归他们所有。这里的占地面积大约是 1 公顷。

1338 年，足利尊氏成为征夷大将军后，被任命为"武卫"的斯波义将把住所和官厅安置在靠近室町和大炊御门殿的交界处，约有 250 平方米。这里在应仁之乱中被山名宗全占领，遭到破坏，后来得以重建。在 1573 年被织田信长夺去之前，足利氏一直是它的主人。1579 年，它被修缮并扩大。

直到 1377 年，足利义满开始修建室町殿（其"花之御所"的名字流传更广），"室町幕府"之名才名副其实。室町殿坐落在室町路和乌丸路之间，面朝今出川，这样就扩展了"一条"以北的都城区域（见 229 页插图）。1378 年，室町殿竣工，之后便成为足利幕府历代将军的将军府。通过改造今出川北面的土地，室町殿得以扩大，其四周都是护城河。足利义满在这里一直住到 1395 年，之后搬去北山殿。

1457 年，足利义满建造了上御所，应仁之乱时，后土御门天皇和后花园上皇在此避难。1476 年被大火烧毁。

寺院

足利幕府历代将军在京都和京都附近建造的重要寺院如下：

等寺院：该寺是禅宗分支之一临济宗的寺院，建于 1342 年。这里是足利尊氏的陵寝所在地，1358 年尊氏葬于此。等寺院坐落于城市北部、北野以北，成为幕府将军们的墓地。后毁于大火，1457 年又经足利义政重建。这里保存着历代所有足利将军的肖像。

等持寺：此寺院可以认为是为纪念足利尊氏而建，因为 1358 年足利尊氏死后,其住所二条高仓被改建为这一禅宗寺院。等持寺是应梦窗疏石之请所建,作为禅宗佛教十刹之首,深受足利义满喜爱。寺院毁于应仁之乱,之后再未被重建。

天龙寺:此寺是一座有名的禅宗寺院,由足利尊氏应梦窗疏石之请而建,用来供奉后醍醐天皇之魂。1345 年建成后,整个建筑群及周边区域占地接近 40.5 公顷。它坐落于岚山东北的佐贺乡附近,龟山天皇曾经在此居住。天龙寺是都城西部最大的寺院,香火极旺。它不时受到火灾波及,后来在丰臣秀吉的帮助下得到小规模修复。

妙心寺:花园上皇曾一直住在其私人寓所离宫荻原殿,1335 年,他剃度出家后,将部分建筑改为禅宗庙堂,称之为妙心寺,以纪念教诲过自己的宗峰妙超(大灯国师)。花园上皇在佛堂潜心修禅,将大部分时间用来学习和静思,直至 1348 年去世。到 1350 年,妙心寺才被扩建成后来的规模。寺院位于京都以西通往佐贺的路上,南边是花园。妙心寺毁于应仁之乱,1473 年重建。它占地甚广,保存了不少珍贵的文艺作品和重要的历史文献。

相国寺:这座临济宗的寺院由足利义满建造,位于五辻以北,乌丸以东。它于 1392 年建成并开始使用,1394 年被焚毁,一度重建,但在 1425 年再次遭到破坏,直到 1466 年才新建完成。翌年,即 1467 年,它又见证了应仁之乱的爆发。当时,相国寺是东军的营地,因而多场恶战发生于此。1467 年的一次激烈的战斗将它毁坏殆尽。

鹿苑寺:1397 年,足利义满在旧西园寺的遗址上修建了北山殿。足利义满死后它被赠予禅宗作寺院,以义满谥号“鹿苑院太上天皇”命名为鹿苑寺。众多建筑中只有金阁寺(鹿苑寺的别名)在应仁之乱中幸免于难,它在 1950年被一纵火者烧毁(近期得到重建)。北山殿幅域广阔,坐落于纸屋川以西,一直延伸至衣笠山畔。它的东面靠近西阵,应仁之乱中山名持丰的军队曾在西阵驻扎。

慈照寺:它的名字来源于将军足利义政在东山脚下一座富丽堂皇的宫殿。1490 年,他卒后谥号为“慈照院喜山道庆”,同年此宫殿作为寺院被赠予禅宗。在东山的众多建筑中,只有银阁寺矗立在相阿弥设计的花园中,得以幸存。

附录 II　关原之战：兵力与武器

关原之战以德川家康获胜而告终，这场战争清晰地勾画出 16 世纪末期日本战争的特性。

1. 兵力

无法确知参战士兵的人数，但是按照每 100 石领地可以供应 3 名士兵的标准，根据每位将领上缴的赋税，可以估算出可靠的人数。估算的示例如下：

为与上杉和佐竹交战准备的士兵

领　地	赋税（石）	兵力
结　城	101000	3030
蒲　生	180000	5400
里　见	90000	2700
相　马	60000	1800
佐　野	39000	1170
平　岩	33000	990
水　谷	25000	750
小笠原	20000	600
山　川	20000	600
皆　川	13000	390
松　平	5000	150
共计（人数）	18000	

按照以上方法，关原之战的参战人数可以做出以下估算：

德川家康率领的东军

德川秀忠率领的沿中山道西进的军队 ··· 38000

在关原参战的军队，包括家康直接指挥的 30000 人和福岛、黑田等其他将领率领的

　几支分队 ··· 74000

驻扎在南宫山和大垣城的兵力 ··· 26000

　共计 ··· 138000

石田三成率领的西军

聚集在关原地区一半以上的兵力来自宇喜多、小早川和毛利秀元 ············ 82000

投入大垣城的围城战或为之提供掩护的兵力 ································· 13000

　共计 ··· 95000

如上所示,1600 年,在关原地区集合了 23 万人的兵力。

很明显,大名们从 16 世纪以来接连不断的战争中积攒了很多宝贵经验,具备了掌控大军的技能。在阵地战中,他们利用夜色调遣大量兵力,关原之战的史料记载显示,交战前双方大军分别在暴风雪和黑夜中行军,前往战场。

为如此大规模的兵力提供补给十分艰难,粮食供应计划经常出现问题,主要是因为欠缺足够的运输手段,因为当时没有多少轮式车辆,驮马也不适合大规模运输。军队不得不经常抢夺尚未收割的庄稼和已收获的米来维持生存。关原之战前夕,石田三成从大垣城写信给一位将领说:"这里四处是丰收的田地,食物供应不断。"当时是 1600 年 10 月,一个适合作战的季节。

关原之战中两军在兵力上势均力敌,但德川家康的主要优势在于他是一人统领,而石田三成却不得不在杂乱无章的会议上商议制订计划,参会的成员与他具有同等地位。在石田等人达成一致前,家康已将西军逼入绝境,没有多少辗转腾挪的空间。德川家康和此前的丰臣秀吉一样,其成功源自于独立指挥大军的经验。

2. 武器

关原之战中双方所使用的武器并无准确记载,但是可以根据 1600 年 10 月伊达政宗为家康派遣的援军的构成进行推断。当时援军总数是 3000 人,其中骑兵420 名,很可能持刀作战,火枪手 1200 名,长枪手 850 名,弓箭手 200 名;情况不详者 330 名。

来自其他地区的一支类似的队伍有 2000 人,包括 270 名骑兵,700 名火枪手和 250 名弓箭手;其他情况不详。根据上述和其他一些记载,到 1600 年,当时最主要的兵器是火枪,其次是长枪,再次是弓箭,最后是刀。

火枪在日语中叫作"铁炮",以此为名的这类武器不是按照口径,而是按照弹丸的重量进行归类,从 0.5 盎司至 4 盎司。大炮在当时效果有限,只能发射不超过两或三磅的弹丸,射程短,也不够可靠。关原之战后,火炮经由英国和荷兰商人之手进入日本,并在德川军围攻大阪城时发挥了重要作用。

长枪也在关原之战中占有重要地位。一般的长枪约长 3 米,有些更长。薙刀实为一种宽刃的长枪,在当时很少使用,被视为一种过时又笨拙的武器。

弓箭手在关原之战中也发挥了作用,但数量不多。弓箭的主要用法是由熟练的射手进行精确射击,在攻城战中逐个射杀敌人时尤其有效。萨摩武士的武器非常守旧,岛津丰久携带弓箭驰入关原战场。

除了主要的武器,无论是火枪、长枪或弓箭,骑马或者徒步,大多数战士还随身携带一把或两把(一长一短)刀。

附录 III　领地和收入

1. 在秀吉统治下的领地和收入,1598 年

1598 年,日本全国共有 204 块领地,总收入是 18723200 石,其中不包括一些低于 10000 石的小块领地。在封建关系之外还有一些土地(被称为预かり地,寄存地),没有准确的信息。下表列出主要领主的名字和收入情况。

德川家康	2557000	宫部长熙	200000
毛利辉元	1205000	小西行长	200000
上杉景胜	1200000	石田三成	194000
前田利家	835000	秋田实季	190000
伊达政宗	580000	蒲生秀行	180000
宇喜多秀家	574000	黑田长政	180000
岛津忠恒	555000	蜂须贺家政	177000
佐竹义宣	545700	长冈忠兴	170000
小早川秀秋	522500	池田辉政	152000
锅岛直茂	357000	生驹亲正	150000
堀秀治	300000	中村一氏	145000
加藤清正	250000	织田秀信	135000
最上义光	240000	立花宗茂	132000
长宗我部盛亲	222000	毛利秀包	130000
浅野长政	218000	森忠政	127000
前田利政	215000	丹羽长重	125000
增田长盛	200000	堀尾吉晴	120000
福岛正则	200000	结城秀康	101000

此外有 5 块领地收入是 100000 石,3 块 90000 石,4 块 80000 石,3 块 70000 石,1 块 60000 石,9 块 50000 石,7 块 40000 石,20 块 30000 石,37 块 20000 石,还有 68 块 10000 石。

2. 在家康统治下的领地和收入,1602 年

关原之战后,家康收缴了他的主要敌人的领地;减少了那些对他支持不力或是没有支持他的家族的领地;而对于像上杉氏那样的家族,则出于谨慎,没有太过压制。

下表每一个项目都只列出主要人物。

(a) 被没收的领地

共有 90 块领地被没收,总收入达到 4307000 石,其中 78 块领地小于 100000 石(总收入达到 188000 石)。不少于 100000 石的如下所示。

宇喜多秀家	574000
长宗我部盛亲	222000
前田利政	215000
增田长盛	200000
宫部长熙	200000
小西行长	200000
石田三成	194000
织田秀信	135000
立花宗茂	132000
毛利秀包	130000
丹羽长重	125000
岩城贞隆	100000

(b) 被减少的领地

4 块领地合计从 3140700 石减少至 924800 石。

毛利　从 1205000 石减少 836000 石,保留 369000 石
上杉　从 1200000 石减少 900000 石,保留 300000 石
佐竹　从 545700 石减少 339900 石,保留 205800 石
秋田　从 190000 石减少 140000 石,保留 50000 石
总计减封 2215900 石,保留 924800 石

3. 在家康的统治下领地的重新分配

可供重新分配的领地包括没收获得的 4307000 石和减封所得的 2215900 石。在秀吉时代的 204 块领地中,69 块没有发生变动,4 块被减封,其余的被重新整

合为 115 块，用于奖赏那些支持家康的家族。下表列出没有发生改变或者增加的领地。

（a）没有改变的领地（100000 石以上）

岛津	605000
锅岛	357000
堀秀治	300000
南部利直	100000
本多忠胜	100000
神原康政	100000
合计	1682000 石

另外还有 62 块 100000 石以下的领地没有发生变化，总计 3429000 石。

（b）增加了的领地

领主	增加领地数量	总计（以石为单位）
前田利长	360000	1195000
结城秀康	650000	751000
伊达政宗	25000	605000
蒲生秀行	420000	600000
小早川秀秋	51000	574000
最上义光	330000	570000
黑田长政	343000	523000
松平忠吉	420000	520000
池田辉政	368000	520000
加藤清正	270000	520000
福岛正则	298000	498000
浅野幸长	178000	395000
长冈忠兴	139000	369000
田中吉政	225000	325000
堀尾忠氏	70000	240000
藤堂高虎	120000	203000
山内一丰	134000	202000
加藤嘉明	100000	200000
蜂须贺家政	10000	187000
井伊直政	60000	180000

中村一忠	30000	175000
生驹一正	23000	123000
武田信吉	110000	150000
京极高知	23000	123000
寺泽广高	40000	120000
里见义康	30000	120000
真田信之	88000	115000
奥平信昌	20000	100000
鸟居忠政	60000	100000
奥平家昌（新领地）	100000	100000
合计		10453000
另有 85 块领地在 100000 石以下		1746000
115 块领地合计		12199000

（c）1602 年日本领地总数

该年日本共有 188 块领地,合计 16552000 石,加上家康的领地(在 1598 年估值为 2557000 石),所以在日本超过 10000 石的领地合计 19109000 石。但是,这些数据并不包括皇家的或者宗教机构的数据。

附录Ⅳ　日本主要道路

在中世纪的日本,主要的道路包括东海道、山阳道、中山道和甲州街道。（参看文前地图）

东海道从京都出发,经过大津、草津、四日市、桑名、鸣海、冈崎和滨松,然后接近三河、远江和相模各国的海岸,穿过府中、江尻、箱根、小田原、户冢、吉田（镰仓以西 12.8 千米）、神奈川,最后到达江户。东海道总长度约为 500 千米。

山阳道从京都出发,到达伏见、淀、山崎,而后穿过兵库,沿着濑户内海沿岸到达下关海峡（赤間が関）附近的荻市。山阳道总长度为 145 里,或者说是 563 千米。山阳道这个名字表示路是建在山有阳光（阳）的一面,即位于中部山脉的南侧。与此相对的是,次重要的山阴道是沿着山没有阳光（阴）的那一侧修建的,也就是说经行这些山脉的北侧。

中山道从京都到草津的部分与东海道相同,而后经由关原、垂井,穿过美浓,而后又经下诹访、沓挂、轻井泽到达信浓。然后转向东南,经过上野、武藏（以及熊谷、鸿巢、桶川和越谷等市镇）到达终点江户。经由中山道从京都到江户的距离约为 531 千米。

甲州街道从江户出发，向西穿过府中和八王子，继而穿过包括驹岳、八岳在内的山脉，到达信浓的诹访湖。从这里出发，旅行者可以沿着木曾川南进，或者向北沿着长野的道路到达越后。甲州是指包括了甲斐国在内的地区。这条路线穿过了山区，海拔一般很高。从江户到甲府的距离是约 122 千米，从甲府到诹访的距离是约 71 千米。

书 目

对于西方学者而言，日本学者的权威著作是不可或缺的指南。在学习日本通史时，我认为《综合日本史大系》的第六卷和第八卷帮助最大，两卷分别记述南北朝时代和安土桃山时代，描写详尽准确。更晚近的一套历史丛书是"日本历史"，由《读卖新闻》自 1959 年 2 月起以十二次月刊的形式发行。这种方式偏向通俗，而且也带有新闻业的味道，不过撰稿人都是优秀的历史学家，他们的文章生动有趣地描述了真实的历史。

对于特殊的历史时期和话题，现代新的历史著作层出不穷，因而列出特定的书单意义不大。在我看来，1945 年之后的数年中，许多新近历史学家表现出一种意识形态上的偏见，所以我的原则偏重于选择战前的老手，其中包括一些德高望重的作者。不过，最近日本历史编纂已经进入一个新时期。历史学研究取得巨大进步，这一点可以从史学会的人数统计中推断出来。史学会现在有 3000 名会员，与几年前的 300 人形成鲜明对比。其他一些致力于推进历史学研究的相关组织人数也增长了超过 10 倍。

史学研究发展如此迅速的原因很多。其中最重要的毫无疑问是 1946 年宪法新赋予的自由表达权利。在重建时期，对社会和经济历史觉醒的兴趣促进了该领域研究的发展和进步，与之相伴的是对宗教和地方文献记载的大规模收集整理活动，不少研究改变了很多公认的观点。近年来，基于新素材编纂而成并且文本经过精心编辑的出版物丰富多样，这对于学者们来说意义重大。

显然，如果一位西方学者想要为西方读者追溯长达数个世纪的日本历史，仅仅依赖消化吸收日本专家的见解是不可行的。当然，他必须从整体上熟知这些作品的发展趋势，不过如果想要形成自己的风格，统一连贯，那么他必须小心，避免自己的叙述成为历史事实和他人观点的拼凑。出于这一原因，也出于节省精

力的必要性，对于不同的主题，我原则上只使用下面的一手史料之后列出的那些
著作。

一手史料

1. 史料集

在目前正由东京大学史料编纂所编纂的史料集《大日本史料》中，与本书时
段相关的部分是：

第六部分：已完成 1—32 卷，涵盖 1333—1370 年。

第七部分：应仁之乱，涵盖 1467—1477 年。

第八部分：已完成 2—21 卷，涵盖 1479—1488 年。

第九部分：已完成 1—13 卷，涵盖 1508—1521 年。

第十部分：已完成 1—9 卷，包括 1568—1572 年。

第十一部分：完成后将包括 1582—1603 年。

第十二部分：第 1 卷叙述了德川幕府的开端。1488—1508 年和 1522—1557
年的历史时段则未被涉及。

这项编纂工作极为卓越，不熟悉《大日本史料》的学者会发现它以日为顺序
呈现了原始史料的摘要，参考《史料综览》有助于这些材料的使用。《史料综览》
逐日记录所发生的事件，可以作为《大日本史料》中原始资料的索引。因此，例
如，借助这两部指南，可以跟踪应仁之乱的每日战况和当时政治舞台的变化。

至于权威的历史文本（包括一些二手材料），《史籍集览》大有用处，有时甚
至比古文献巨著《群书类丛》还要便利。

从三卷本《国史资料集》中可以很方便地查阅一些基础文献中的关键段落，
它按照年代顺序详列了重要事件的摘编。第三卷（466 页）包括战国时代和安土
桃山时代。它刊行于战时，虽然书的纸张和文字印刷质量较差，但是易于携带，
而且有时能够节省翻阅大量史料集的时间。

与《大日本史料》齐名的是《大日本古文书》，其中被称作"Iewake"（家わけ
文书）的部分致力于根据记录分类记载家族的历史。该书对于学习战国时代帮
助极大，这一时期所有的大家族和许多小一些的家族都沉迷于争夺权力。除了
武士家族，其中也包括朝廷贵族和宗教团体的文书。

除了这些权威的史料集之外，还有单独关于地区、分国和地方历史的资料集

目前正大量发行。我没有直接参考过这些书籍,不过最近的经济和社会史专家大量使用和征引它们。

2. 单行本

(a) 南北朝时代(1331—1392)

有关从 1318 年后醍醐天皇继位至 1367 年后村上天皇统治时期,最可信的单行本作品是经典著作《太平记》。该作以保皇派的视角进行描写,与《平家物语》相比,它要公正得多,甚至有时评论苛刻,因为书中讨论了南北朝内战时交战双方的情况。书的作者不详,但是其整体态度非常明确。对《太平记》观点偏颇的非难见于今川贞世(今川了俊)的《难太平记》,今川贞世指责《太平记》偏见严重,漏洞百出,无征不信,尤其是在提到今川家族的功绩时。

《太平记》最有价值的修订版本是《参考太平记》,它有数个版本。

《梅松论》的作者不详,约成书于 1349 年。它以足利尊氏为中心,记录了武家政权的崛起,直到 1338 年新田义贞死于金崎。它是一本重要的著作,应该与《太平记》对照阅读。

除上述书籍以外,《保历间记》也是一部很有价值的参考书。作者不详,不过很清楚的一点是它由在南北朝内战中扮演过重要角色的人所作。此书虽以军事传奇的风格写成,但是是一部非常重要的作品,包含了武家社会很多有价值的资料。它以 1156 年保元之乱为开端,一直写到 1339 年后醍醐天皇驾崩。新井白石认为它有失公正,但是新井本人就是一个成见颇深的人。

《神皇正统记》价值很高,书中北畠亲房以自己的视角描述了他所参与的事件。他写给结城亲朝的信件曾受到质疑,但是现在被认为是真实的。

《楠木合战注文记》是对楠木正成向千早城撤退之前战斗序列的有趣的叙述。收录于《群书类丛》,ZZ3。

《花宫三代记》是一部记载足利幕府的前三任将军时期的编年史。见于《群书类丛》第 12 卷。

《园太历》是洞院公贤在 1311 年到 1354 年间的日记。宝贵的《园太历》提供了起自 1334 年的有趣的细节。此书共四卷,由太阳社出版。

《花园上皇宸记》是花园上皇自 1310 年到 1332 年的日记,收录于《史料大成》中的两卷。第二卷还包括伏见天皇 1287 年到 1311 年的日记的片段。

《建武年间记》中收录了著名的讽刺文章《二条河原落书》,它讽刺了 1334 年京都的生活。

《椿叶记》记录了朝廷事务。收入《群书类丛》，在《历史地理》第 31 卷第 4 号中可以看到有关这部作品的研究。

（b）战国时代（1392—1568）

关于这一时期最为重要的文献是几本日记，包括：

《看闻御记》：伏见宫贞茂（后崇光院）的日记。记载了 1416 年到 1448 年间的事件，收录于《续群书类丛》补遗第 3 卷和第 4 卷。

《满济准后》：三宝院满济住持的日记。满济是深受将军足利义满和义教信任的谋士。日记收录于《续群书类丛》补遗第 1 卷和第 2 卷，记载了 1411 年到 1435 年间的事件。

《荫凉轩日录》：作者是一位由将军直接任命的秘书官，保存在相国寺的鹿苑院。这位官员的办公场所名为"荫凉轩"。日记的现存部分记载了 1435—1466 年和 1484—1493 年两个时期内的事件。（续篇《鹿苑院日录》记载了 1552—1572 年间的事件。）此人与将军关系甚为亲密，监管五个寺院的僧侣，也秘密参与幕府的重要决策。所以日记记载了政治、经济和美学事务的宝贵材料。收录于《大日本佛教全书》，第 133—137 卷。

《应仁记》《应仁略记》和《应仁别记》：应仁之乱时的可靠史料，很少存有异议，几乎所有记录都是唯一版本。参照《群书类丛》中应仁之乱的章节（合战部）。

《大乘院寺社杂事记》：或许是 1450 年到 1527 年间日本政治、经济历史上最重要的单行本史料。记录了应仁之乱期间及爆发前后的重要事件和局势变化。其中包括寻尊的日记和一些寺院其他僧人的日记，寻尊是奈良兴福寺大乘院的住持。1931—1937 年这本珍贵的杂事记由三共书院出版，共 12 卷。

《樵谈治要》：一条兼良撰写的杂记。当时正值应仁之乱后的动荡时期，兼良试图恢复制度。杂记基于朝廷贵族的视角。收录于《群书类丛》（杂部）。

《妙法寺记》：甲斐国一家寺院的日记。记录了武田、北条家族的小趣事及农村经济，还记载了 1473 年信浓川发生的饥荒。参照《续史籍集览》第 11 卷。

《空华日工集》：著名的禅僧义堂周信的日记。义堂生平的介绍，连同日记原文以及清晰的索引见于辻善之助教授的《空华日用工夫略集》，1939 年太阳社出版发行。

《实隆公记》：三条西实隆的日记。有关实隆的研究都以这本日记为依据。收录于 1941 年原胜郎著《东山时代的缙绅生活》一书。

《言继卿记》：另一部记录战国时代朝廷贵族生活的日记。山科言继在朝廷身居显位，负责天皇家族的财政。他向全国各地的巨头求助，据说曾劝说织田信长修复宫殿。日记记录了言继27岁到76岁（1576年）的生涯，是关于京都和山城当时情况很好的资料来源，他自己的地产就位于山城国。日记原文见于奥野高广名为《言继卿记》的著作，参见《大日本史料》第6部分第10卷。

《兼见卿记》：吉田兼见的日记。兼见是朝廷贵族，同时领有世袭神职。他与皇室和信长的亲信关系密切。日记中主要描述了安土城爆发的派系争斗和本能寺之变的余波。

家训：

《群书类丛》第17卷收录了北条、大内、武田、长宗我部和朝仓家的家训，今川家训收录于《史籍集览》第11卷，其他家训收录于《大日本古文书》"家文书"中。因为上杉家族在封建政治中扮演的角色，《谦信家记》和《上杉家谱》饶有趣味；前者收录于《续群书类丛》（合战部），后者收录于《史籍集览别记》。

《庭训往来》：书信形式的教育指南。提供了很多有关日常生活的有用信息，比如艺术、手工、贸易和运输等。书信范例收录于《续群书类丛》第13卷。

《多闻院日记》：保留在兴福寺的杂记。提供了15世纪后半期及16世纪大部分时间的有用的资料。奈良的大寺院非常关注发生在京都的事件，也经常收到庄园发来的关于各分国的报告。

（c）安土—桃山时代（1555—1600）

在前面（b）已经提到过了一些作品，比如说《兼见卿记》和《言继卿记》，二者的记载持续到安土—桃山时代；《大日本资料》的第10卷和第11卷收录了这一时段的史料。《多闻院日记》在信长和宫廷的关系、围攻本愿寺（1576—1578），以及1587年之前秀吉的征伐等方面为我们提供了很多有益的参考。《兼见卿记》提供了直到1587年的有价值的记述，1587年也就是秀吉在北野举行大型茶会的那年。《言继卿记》的记载止于1576年，但是言继的儿子续写到1601年。如前所述，《鹿苑日录》是《荫凉轩日志》的续篇，提供了关于1552年至1572年京都发生的事情的有用信息。

关于信长和秀吉生平的权威记述是《信长公记》和《太阁记》，二者都见于《史籍集览》，与那些流行的传记作品不同，它们都是可以信赖的。

《宗湛日记》是一位名叫神屋宗湛的博多富商的日记，他喜爱并擅长举办茶会。他描述了1587年在大阪城举办的一次大茶会，他和著名的利休以及其他来自堺的熟手茶人应邀参加。这些以及其他的文献说明了那个时代富裕商人的社会地位发生了怎样的变化。另外一次大茶会是在北野举办的规模巨大的娱乐活动，比前者更为大众，吉田兼见对此也做了记录。兼见记录宗易、宗及以及宗久等出席了这次茶会，他们是各个茶艺流派代表性的大师。这些以及类似记载可以在《茶道古典全集》中找到。

这些日记大部分都是从都市人的角度出发描写的，但是就重要的整体趋势而言，大家族的档案是不可缺少的。其中大部分在《大日本古文书》的"家文书"中很容易找到，其中特别值得注意的是有关毛利、小早川、吉川、上杉、浅野、细川、吉田和大友等家族的记录。例如，毛利家的文献中包括了一封来自秀吉的信件，在信件中秀吉描述了他的战斗；而且在大家族的文献中时不时会出现秀吉的条令或者法律的最好的文本。秀吉的搜刀令是在小早川家的文献中找到的。

大的宗教据点的文献对于政治史和宗教史来说时常具有很重要的价值。一个好的例子是《高野山文书》，收录在《大日本文书》的"家文书"中；另外一个是《本愿寺文书》，也被安排在了同样的类别之下。

一部有趣的作品是《御汤殿上日记》，是 1477 年至 1820 年间保存在皇宫中的一部日志。现存的部分涵盖了较长的历史，但是出版的只有 1477 年至 1687 年的部分，见于《群书类丛》的十卷增补本。对于这一文本的详细研究，见于《学士院纪要》的第 15、16 卷。该书是关于朝廷事务的私密日记，是由内部女官们记录的。尽管此书关注的是宫内的私密生活，但它也时常涉及皇室与幕府和大军阀的关系。它的价值部分来源于下述事实，即在应仁之乱之后，众多朝廷贵族和官员离开了首都而不再写日记。它主要是用假名书写的。

《善邻国宝记》严格地讲，应该不是一手史料，而是由一位叫瑞溪（周凤）的僧人在 1473 年编纂成书、记载室町时代日本与别国关系的书。他有办法接触与中国关系的外交文书。收入《续群书类丛》。

中村孝也博士对于德川文献的重要研究正在进行当中。至今为止，这个里程碑式的作品已有三卷出版，预计今后还有更多。第一卷（782 页）包含了 1556—1590 年的文献，第二卷（832 页）结束于关原之战之后的分封与没收土地。很遗憾，我收到这几卷书的时间太晚，没有机会充分利用它们。它是由日本学术振兴会出版的，东京，1958—1960。*

---

* 应即中村孝也《德川家康文书研究》，后来又出版了一卷，共四卷，由日本学术振兴会于 1958—1961 年间出版。——译者注

二手史料

除了历史字典和一部分其他的参考资料之外,下面列出了我准备撰写本卷时参考的主要单行本著作。

《南北朝》,鱼澄惣五郎,收入"综合日本史大系"。

《南北朝时代史》,久米邦武,收入"早稻田丛书"。

《南北朝时代史》,田中义成,史料编纂所首位所长的早期著作,最后版本,1922。

《足利时代史》,田中义成,1923。

《吉野—室町文化史》,"日本文化史大系",第Ⅶ卷。

《日本历史讲座》,东京大学出版社出版的丛书的第Ⅲ卷,1957。它是由历史学研究会编纂的,包括了由政治、社会和经济方面的权威学者撰写的从中世纪到桃山时代的论述。最后一篇文章是关于德川幕府的物质基础。本书是一部很有价值的著作,在最后几页给我们提供了一个有用的书单。

《关东中心足利时代》,渡边世祐,已绝版。该书是一部有价值的文献,展示了位于京都的足利幕府在控制东日本武士方面的困难。东京,雄山阁,1926。

《室町时代史》,渡边世祐,"早稻田丛书",1907。

《室町时代史》,长沼贤海,"大日本史讲座",第5卷。

《足利尊氏》,传记,高柳光寿,1956。

《北畠亲房》,中村直胜,京都,1920。很有用的著作,有时候略带浪漫色彩,记载了亲房的生平,还有关于显家的附录。它关注政治背景。同一作者著还有《亲房传》(东京,1937)。

《梦窗国师》,玉村竹二,京都,1958。

《梦窗国师》,西田直二郎,天龙寺,1950。是为了纪念梦窗逝世600周年而出版的,已绝版。

《人物和历史》,三浦弘行,传记集,包括对楠木正成的研究。东京,1916。

《战国时代史论》,收录了渡边世祐撰写的14篇文章。该书时间较早(1910),现已绝版,但是它包括了当时最好学者完成的杰出的材料。

《中世社会》,共七章,研究日本中世纪社会。包括佐藤进一有关守护大名的论文及丰田武一些关于新趋势的研究,丰田还为本书撰写了导言和一篇关于守护大名领地的形成及城镇发展的论文。

《中世社会的研究》，松本新八郎的权威著作。它包括对镰仓末期和南北朝时代社会政治和经济方面的详细研究。它论述导致庄园经济崩溃的农村发展和农民起义。

《中世日本商业史》，丰田武。是一部有关中世纪日本商业史引人入胜的著作，以最为娴熟的技巧呈现了历史证据。新版本由岩波书店出版，东京，1957。

《武家时代社会的研究》，牧野信之助 1913—1930 年间的论文集，论述了日本封建制度的法律、经济以及宗教等诸方面。内容包括讨论土地租佃、太阁检地的数据、社会变革、教会事务，以及寻尊住持和他的日志《寺社杂事记》的性质等有趣部分。

《堺》，论述这座城镇从起源到秀吉时代的历史。丰田武，"日本历史新书"，1957。

《日本海盗》，中村贤海，"日本历史新书"，1955。

《一向一揆》，论述了念佛宗与封建社会的关系，特别关注宗派分子的叛乱。笠原一男，"日本历史新书"，1955。

《日本封建都市》，权威史学家的著作。丰田武，"岩波全书"，第 160 号，1952。

《从信长到秀吉》，奥野高广，"日本历史新书"，1955。

《信长·秀吉·家康》，是大学者辻善之助的一部佳作。东京，1943。

《太阁信札》，收录秀吉信件的文本并进行评论，一部有用且可信的著作。桑田忠亲，东京，文艺春秋新社，1959。

《中世的寺社和社会的关系》，是有关中世社会的神社和寺院的研究。平泉澄，东京，1926。

《日本商人史》，从早期开始的贯穿中世纪的商人历史，是丰田武长期研究的结晶。东京，1950。

《幕府论》，是有关镰仓和室町时代幕府性质的一部短小精悍的论文（42页）。佐藤进一，"新日本讲座"，第 3 卷。

《室町时代政治》，鱼澄惣五郎对于幕府政体的研究。"岩波讲座·日本的历史"，第 2 卷。

《本能寺之变·山崎之战》，关于谋杀信长及其后事态发展的描述，是春秋社出版的有关中世日本战役的八卷本之一。高柳光寿，1958。

《日本战史》，日本权威军事史，由日本参谋本部编纂。在当前的版本中，它对桶狭间之战和关原之战的细节进行了总结，并调查了大阪围城战中的据点。它对于关原之战的文献尤其丰富。

《日本战史的研究》，是有关日本战争史的一个短篇研究。作者是林八十吉将军和林部与吉中佐。书中讨论了楠木的行动，叙述了信长、秀吉的历次战役，同时还有关于川中岛之战、关原之战和大阪围城战的描述。偕行社，1937。

《安土—桃山时代论》，由历史地理学会资助，12 位权威学者的演讲。东京，1959。

《五街道细见》，有关主要道路的详尽描述，书中有出色的地图。岸井良卫，东京，1959。

《易林本节用集》，古典观光会出版的摹本。关于中世纪日本发音的有用的指南。

《农民解放性质考察》，社会经济史学会编纂。收录了 6 位作者编写的对农民解放的研究，包括研究欧洲农民运动的两篇论文。

《服装和掌故》，铃木圭三对于服饰的研究。京都，1950。

《日明交聘史，1368—1549》(*Official Relations between China and Japan，1368—1549*)，哈佛燕京学社研究丛书，第 9 卷，王伊同，1953。

《中世纪日本的货币经济》(*Money Economy in Medieval Japan*)，德尔默·布朗(Delmer Brown)，远东学会专著，第 1 号，1951。

《东方和西方》(*L'Est et L'Quest*)，对东西方封建制度的有价值的比较研究。茹翁·德斯·郎格雷(Joüon Des Longrais)，东京，法日研究所，1958。

《冲绳》，乔治·H. 科尔(George H. Kerr)，是关于琉球列岛人民历史的研究。东京，1958。

《京都，日本的古都》(*Kyoto，The Old Capital of Japan*)，R.罗松-费恩(R.Ron-son-Fane)，记述了京都从 974 年至 1809 年的历史。京都，1956。

《圣母号事件》(*The Affairs of the Madre de Deus*)，C.R.博克瑟(C.R Boxer)，伦敦，日本学会，1929。

《远东的贵族，1550—1770》(*Fidalgos in the Far East，1550—1770*)，C.R.博克瑟，海牙，1948。

《日本的荷兰人，1600—1850》(*Jan Compagnie，1600—1850*)，C.R.博克瑟，海牙，1950。